Chefsache

Reihe herausgegeben von

Peter Buchenau, The Right Way GmbH, Oberterzen, Schweiz

Die Management-Reihe „Chefsache" beschäftigt sich mit Führungsthemen und Aufgabengebieten, die für die Führungskräfte von Morgen wichtig sind. Neben klassischen Themen wie Organisation, Führung, Human Ressource Management oder Vertrieb nehmen Gender-, Diversity- und Gesundheitsthemen oder Soft Skills eine besondere Stellung ein – laut dem Institut für Führungskultur im digitalen Zeitalter sind dies jene wichtige Faktoren für ein erfolgreiches Agieren am Markt. Das Führungsverhalten wird sich demnach in den nächsten Jahren massiv verändern. Künftige Chefs, die sich deren Relevanz bewusst sind, sie verstehen und berücksichtigen, werden zu den Gewinnern von Morgen gehören. Die Chefsache-Reihe besteht aus Autoren- und Herausgeberwerken. Erfolgreiche Manager bringen ihre Erfahrungen ein und bieten den Leserinnen und Lesern die Möglichkeit, sich Fachwissen anzueignen und im eigenen beruflichen Kontext umzusetzen. Peter Buchenau als Initiator der Chefsache-Serie lädt regelmäßig Führungskräfte aus unterschiedlichsten Institutionen ein, ihre Expertise in der Buchreihe auf verständliche und anschauliche Weise umsetzungsorientiert einzubringen. Die Fachbücher sind Werke von Profis für Profis, aus der Praxis für die Praxis. Zur Zielgruppe zählen Führungskräfte der zweiten und dritten Führungsebene in Konzernen, Unternehmer im klein- und mittelständischen Bereich sowie Selbstständige.

Peter Buchenau · Clarissa-Diana de Grancy
(Hrsg.)

Chefsache Beirat

Hrsg.
Peter Buchenau
Oberterzen, Schweiz

Clarissa-Diana de Grancy
BOARDWAY GmbH
Berlin, Deutschland

ISSN 2730-6887 ISSN 2730-6895 (electronic)
Chefsache
ISBN 978-3-658-45641-2 ISBN 978-3-658-45642-9 (eBook)
https://doi.org/10.1007/978-3-658-45642-9

Die Deutsche Nationalbibliothek verzeichnet diese Publikation in der Deutschen Nationalbibliografie; detaillierte bibliografische Daten sind im Internet über https://portal.dnb.de abrufbar.

© Der/die Herausgeber bzw. der/die Autor(en), exklusiv lizenziert an Springer Fachmedien Wiesbaden GmbH, ein Teil von Springer Nature 2025

Das Werk einschließlich aller seiner Teile ist urheberrechtlich geschützt. Jede Verwertung, die nicht ausdrücklich vom Urheberrechtsgesetz zugelassen ist, bedarf der vorherigen Zustimmung des Verlags. Das gilt insbesondere für Vervielfältigungen, Bearbeitungen, Mikroverfilmungen und die Einspeicherung und Verarbeitung in elektronischen Systemen.
Die Wiedergabe von allgemein beschreibenden Bezeichnungen, Marken, Unternehmensnamen etc. in diesem Werk bedeutet nicht, dass diese frei durch jede Person benutzt werden dürfen. Die Berechtigung zur Benutzung unterliegt, auch ohne gesonderten Hinweis hierzu, den Regeln des Markenrechts. Die Rechte des/der jeweiligen Zeicheninhaber*in sind zu beachten.
Der Verlag, die Autor*innen und die Herausgeber*innen gehen davon aus, dass die Angaben und Informationen in diesem Werk zum Zeitpunkt der Veröffentlichung vollständig und korrekt sind. Weder der Verlag noch die Autor*innen oder die Herausgeber*innen übernehmen, ausdrücklich oder implizit, Gewähr für den Inhalt des Werkes, etwaige Fehler oder Äußerungen. Der Verlag bleibt im Hinblick auf geografische Zuordnungen und Gebietsbezeichnungen in veröffentlichten Karten und Institutionsadressen neutral.

Planung/Lektorat: Claudia Rosenbaum
Springer Gabler ist ein Imprint der eingetragenen Gesellschaft Springer Fachmedien Wiesbaden GmbH und ist ein Teil von Springer Nature.
Die Anschrift der Gesellschaft ist: Abraham-Lincoln-Str. 46, 65189 Wiesbaden, Germany

Wenn Sie dieses Produkt entsorgen, geben Sie das Papier bitte zum Recycling.

Geleitwort

Liebe Unternehmerinnen und Unternehmer,
liebe Board Community,

mit einer Wirtschaft, die viel zu spät die Irrwege Berliner Politik erkannt hat, einer schweigenden, fast narkotisierten Zivilgesellschaft, einem Schulsystem, das immer mehr dem von Schwellenländern ähnelt, aber auch mit immer innovationsärmeren Mittelständlern werden wir unser Land nicht herausführen aus dieser Ära der spätrömischen Dekadenz. Die Position als kranker Mann Europas ist auf Jahre fixiert. Zukunftsfeste Handlungen, die die Wettbewerbsfähigkeit in unserem Land sichern? – Fehlanzeige. Qualifizierte Einwanderung – Pustekuchen. Reform des Bildungssystems? – Sankt-Nimmerleins-Tag. Neue Technologien? – Zurück in die Steinzeit. KI? – Hinter dem Mond. Konzepte, mit denen wir unsere Stellung im internationalen Wettbewerb wieder erringen würden, verhallen ungehört in der sogenannten "Berliner Bubble" jeder Couleur. Die Sorge, ja die Furcht, wächst. Deutschland ist die Puste ausgegangen.

Nicht wenige werden zu Nomaden und haben dieses Schwellenland in Bildung, Leistung und Innovation schon verlassen. Das werde ich nicht tun. Nicht, weil ich Optimist bin. Ich bin ein nüchterner, handlungsorientierter Skeptiker, der aber auch nicht im Stich lässt, ich bleibe. Zumindest die nächste Etappe meines bisher 54-jährigen Berufslebens.

Neben Innovation durch neue Geschäftsmodelle ist die Steigerung der Produktivität durch Investitionen in den Kapitalstock an Maschinen und Anlagen und die Gewinnung qualitativ hochwertiger und quantitativ ausreichender Experten, vor allem in Technik und Pflege der Schlüssel für eine bessere Zukunft. Gerade in unsicheren Zeiten ist Unternehmertum auf allen drei Feldern angesagt. Angesichts der zunehmend komplexen Gemengelage aus Krisenvielfalt, technologischen Umbrüchen, transformativen Herausforderungen im sozialen Sektor und instabiler Politik gilt es insbesondere für Unternehmerinnen und Unternehmer, für die Geschäftsleitung, den Blick über das Große zu wahren, die maßgeschneiderte Geschäftsstrategie frühzeitig zu erkennen und auf die Straße zu bringen.

Chefsache Beirat zeigt, wie ein effizient und effektiv zusammengesetztes Beiratsteam nicht nur so manches Berater-Tool und damit Kosten spart... sondern oft auch Ärger.

Heute sind Beiräte, einst reine Aufsichts- und Kontrollorgane, wichtige Begleiter:innen, Impulsgeber:innen und Sparringspartner:innen für Geschäftsführung und Vorstand.

Sie tragen zur Orientierung in Zeiten des Wandels bei und bringen Vielfalt der Perspektiven und frischen Wind ins Unternehmen und an den Entscheider-Tisch. Persönlichkeiten mit der richtigen Passung statt Anpassung, ein ausgewogener Generationen-Mix, technologisches Know-how und strategische Kompetenzen, die sich weitsichtig ergänzen – dies alles in Kombination macht den Beirat zur "Future Task Force" für Unternehmen.

Die Leserinnen und Leser dieses Praxis-Handbuchs erfahren, welche Win-Effekte ein Beirat für sie bereithält. Es informiert über die Tätigkeiten eines Beirates, damit verbundene Vorteile, Netzwerke und Take-aways für die optimale Zusammenstellung Ihres Beirats.

Geschrieben aus der Sicht von unternehmerischen Persönlichkeiten, Praktiker:innen mit unterschiedlichem Branchen-Hintergrund, ist dieser Ratgeber ein geradliniger Trigger für den Weg aus Larmoyanz, Mittelmäßigkeit und Minderleistung. Sie schmieden ebenfalls schon Umzugspläne? – Nehmen Sie dieses Buch als Inspiration für Macherinnen und Macher.

Ich finde es gut, dass Sie bleiben.

Ihr Thomas Sattelberger

Citoyen, Berliner
Politiker a.D., Vorstand i. R.
Im März 2025
Dr. Thomas Sattelberger

Vorwort

Liebe Leserinnen und Leser,
 Chefinnen und Chefs,
 liebe Rätinnen und -räte,
  wussten Sie schon, dass die meisten Tattoo-Liebhaber in Italien leben? Fragen Sie sich jetzt, was das mit „Beirat" zu tun hat? Wissen Sie, was innovative Ideen, die im Beiratsteam strategisch durchdacht wurden, von Insellösungen unterscheidet, und dass es neben einer kalten auch eine warme Innovation geben kann? Sie wollten längst mal lernen, wie gutes Boardbuilding geht? Haben Sie in Ihrem Beirat schon mal „Probesterben" ausprobiert oder kluge, „schräge Vögel" an Board geholt, ohne sich zu fragen: Was bringt mir das? – Als echter Zukunftsgestalter werden Sie sich jetzt nicht wundern, sondern neugierig sein auf das, was auf den nächsten Seiten passiert. Und weil das Leben die besten Geschichten schreibt, finden Sie einige davon in diesem Buch. Geschichten aus dem Beirat, Boardstories, durchlebt und aufgezeichnet von lebens- und gremienerfahrenen Machern und Könnern. Das „oblatendünne Eis eines halben Zweidrittelwissens" werden Sie hier in diesem Buch nicht finden, dafür fundiertes Erfahrungswissen von innovativen Unternehmensgestaltern (w/m/d).

Berater und Beirat – nur wenige Buchstaben voneinander entfernt, liegen manchmal Universen zwischen beiden. Tatsächlich, sollte man meinen, ist es manchmal besser, den Berater zu Hause zu lassen. Denn wer nicht als Berater, sondern als Beirat vor die Tür geht, verbessert seine Chancen, dass Türen sich öffnen, ins Innere der Unternehmen, zum Beispiel, dort, wo man als Berater gut ankommen möchte. Warum? Weil man hier gemeinsam mit anderen etwas Gutes bewirken kann, als verlässlicher Sparringspartner das Unternehmen fit machen, in diesen Zeiten globalen Wandels, der digitalen Transformation, der Krisen und politischen Verwerfungen, in einer Welt, deren Risse sich radikal vertiefen.

Da Sie dieses Buch zur Hand nehmen, weil Sie sich angesprochen fühlen, haben Sie gewiss an Ihrer Seite bereits einen exzellent orchestrierten Beirat. Mit guten Einwänden hat er Sie zum richtigen Zeitpunkt vor manchem Fehltritt bewahrt. Womöglich hat Ihnen Ihr Beirat geholfen, Geld einzusparen oder eine sinnvolle Investition zu tätigen, und Sie tragen sich noch nicht mit dem Gedanken, dieses Land zu verlassen, wie im Moment so viele Unternehmer, nein, Sie bleiben.

Dennoch – belastbare Zahlen seien nicht genau zu ermitteln, windet sich die KI, als wir sie fragten, wieviele Unternehmen hierzulande keinen Beirat hätten. Die Dunkelziffer sei hoch. Insbesondere Mittelständler würden sich kein Aufsichtsgremium leisten, vor allem jene Unternehmen, die als Einzelunternehmen bzw. Familienunternehmen geführt würden.

Tatsächlich liegt es auf der Hand, dass gerade Familienunternehmer sich nicht gerne in die Karten schauen lassen. Oft fehlt das Vertrauen sowie die Einsicht, dass ein Beirat zum Unternehmenserfolg entscheidend beitragen und gegenüber Wirtschaftsprüfern und anderen „Buddies" den Unterschied machen kann. Guter Rat muss nicht teuer sein, doch ohne Rat kann es teuer werden. Sparen lautet dennoch die Devise, gerne auch einmal am falschen Ende. Lieber schraubt man die Glühbirne raus, als in nachhaltigen Strom zu investieren. Dabei bringt ein gut gematchtes kompetentes Beiratsteam geballte Kompetenz an den Tisch und mit Macherpersönlichkeiten die Chance auf Innovation, von der jedes Unternehmen im besten Fall profitiert – nicht nur in Krisenzeiten.

Unternehmer sind Individualisten – beide eint, dass sie am liebsten eigene Wege gehen, um in kniffligen Situationen Rat zu finden. Egal, ob diese Wege ausgetreten sind – sie suggerieren Sicherheit. Und so schaut man gerne über den Zaun und tauscht sich aus. Dabei ist Umsicht geboten, denn nicht immer sprießen Inspiration und neue Ideen in des Nachbars Garten. Was dort wächst, muss hier noch längst nicht gedeihen.

Gerade im Umfeld von Familienunternehmen haben Berater es nicht immer leicht. Für Berater ist der Beirat deshalb ein beliebtes Modell, mit dem sich die Sinnhaftigkeit des eigenen Tuns wieder neu verorten lässt. Dem professionellen Beirat bietet sich jenseits der oft geringen Vergütung ein unverfängliches Terrain der Kontaktanbahnung mit der Chance auf potenzielle Bezahlmandate.

Galt das Aufsichtsratsmandat lange Zeit als i-Tüpfelchen auf der Konzernkarriere, verschiebt sich das Mandatsinteresse, nicht zuletzt angesichts steigender Haftungsrisiken, immer mehr in Richtung Beirat. Placer können ein Lied davon singen: Berater, die Schlange stehen, in der Hoffnung – digital- und technologiekompetent, das Zertifikat druckfrisch in der Tasche – als Beiratskandidat entdeckt zu werden.

Wollen Sie wirklich Beirat werden? – eine Frage, die sich die meisten der rund 184.000 allein in Deutschland tätigen Unternehmensberater – feste und freie – vermutlich kaum gestellt haben. Und sie stellen sich *dieser* Frage nicht, bedeutete dies doch, sich selbst zu hinterfragen und in Bezug zur Welt zu setzen. Dagegen stehen Egozentrismen sowie der Umstand, dass sich Selbstbefragung anfühlt wie Arbeit; herausfordernd in Zeiten, da wir längst wissen, dass das, was auf uns zukommt, größer sein wird als das, was jetzt ist. Auch wenn wir sie verdrängen, eine Gewissheit hat uns fest im Griff: Das Leben ist zu kurz und doch zu lang zugleich, als dass wir weitermachen könnten wie bisher.

Nicht alle Räte wissen Rat. „*Was könnte mein Beitrag sein?*" fragt so mancher – angesichts des Weltgeschehens – ein Wort wie aus der Zeit gefallen, Signum der

Vorwort

Einfallslosigkeit, persönlicher Verarmung, eine Frage der Ohnmacht. Unterdessen verlagern viele Unternehmer ihre Produktionsstätten ins Ausland. Ultima Ratio von Machern, die die Macht hätten, es besser zu machen. Es liegt auf der Hand, warum Beirat Chefsache ist. Wer als Unternehmerin bzw. Unternehmer auf die innovative Kraft und Kreativität und die Handwerkskunst eines unabhängigen Beirats setzt, kann zum echten Gamechanger werden.

Wie gelingt Kommunikation zwischen Geschäftsleitung, Vorstand und Gesellschafterkreis? Worin liegt das Potenzial digitaler Geschäftsmodelle? Woran erkenne ich den richtigen Moment für den U-Turn? Was für Persönlichkeiten brauchen wir an Board? – Zukunft ist und bleibt eine zentrale Gestaltungsaufgabe. Die Werkzeuge, die die Digitalisierung uns bietet, stehen allen dabei frei zur Verfügung.

Nun ist es an der Zeit, zu vertrauen, in uns, die wir die Zukunft selbst in der Hand haben. Veränderung ist ein Prozess, bei dem wir glauben, schnell sein zu müssen, um Schritt halten zu können. Dabei verlieren wir uns manchmal aus dem Blick. Statt über uns hinauszuwachsen, wächst uns die Zukunft über den Kopf, die längst da ist, während wir uns auf sie vorbereiten, und wir halten fest, was nicht festzuhalten ist. Es wird das neue Normal und – nicht nur im Beirat – unser neues *Deep Learning* sein, in Besonnenheit, in Freiheit, in Kontemplation: Alles ist da. Nichts bleibt.

Wir danken den Autorinnen und Autoren, die mit ihren bewegenden, authentischen, richtungsweisenden Beiträgen für dieses Buch eines deutlich gemacht haben: Beirat sollte nicht nur Chefsache sein – vielmehr Sache von uns allen, die wir gerne Zukunft gestalten.

Peter Buchenau
Clarissa-Diana de Grancy

Im März 2025

Inhaltsverzeichnis

1 **Der Beirat als Gamechanger** 1
  Josef Fritz

2 **Der Leitfaden für Beiräte zur generativen KI-Revolution** 17
  Victoria Riess

3 **Klartext: Der kluge Aufsichtsrat hat ein Konzept** 27
  Alexander Eichner und Clarissa-Diana de Grancy

4 **Raus aus der Beiratsblase!** 43
  Ulvi Aydin

5 **„Mal etwas ganz Neues wagen …"** 51
  Ralf Lauterbach und Clarissa-Diana de Grancy

6 **Wollen Sie wirklich Beirat werden?** 61
  Rudolf X. Ruter

7 **Der Innere Kompass zur Entscheidungsfindung** 73
  Petra Staudenmaier

8 **Digitale Kompetenz im Beirat** 91
  Michael T. Weilguny

9 **Immobilien mobil machen! Wie Newbies den Beirat bewegen** 109
  Anna-Elisa Göke

10 **Technologiekompetenz – Erfolgsfaktor wirksamer Gremienarbeit** 119
   Sven Neumann

11 **Der Beirat im Dialog: Kommunikation mit Stakeholdern** 131
   Kerstin Müller-Kirchhofs

12 **Der aktive Beirat als Innovationstreiber** 145
   Stefan W. Herzberg

13	Die Rolle des Beirats in einem Unternehmen	155
	Charlotte de Brabandt	
14	Mitarbeitervertretungen: Die unausweichlichen Beiräte – Hemmschuh, Ärgernis oder Chance?	163
	Urs Peter Janetz	
15	Beirat – Quo vadis?	175
	Martin von Hirschhausen	
16	Destroy and Rebuild – schöpferische Zerstörung als disruptive Innovation im Mittelstand	181
	Thomas Sattelberger und Clarissa-Diana de Grancy	
17	„Beirat ist kein Ehrenamt, sondern mitunter knallharte Arbeit" – Herausforderungen im Beirat von Familienunternehmen	195
	Axel Smend und Clarissa-Diana de Grancy	
18	C-Suite – Wie FitBoard einer neuen Generation unternehmerischer Aufsichtsräte Governance zukunftsgemäß nahebringt	205
	Claudia Heimer und Clarissa-Diana de Grancy	
19	AufsichtsART® – die Wahrheit über Beiräte oder wie ein Pop-up-Board Innovation und Kreativität ins Unternehmen bringt	217
	Clarissa-Diana de Grancy	
20	„Wir müssen andere Meinungen ertragen können" – Wenn ein Winzer Wirtschaft rockt	237
	Fritz Keller und Clarissa-Diana de Grancy	

Über den Initiator der Chefsache-Reihe

Peter Buchenau gilt als der Indianer in der deutschen Redner-, Berater- und Coaching-Szene. Selbst ehemaliger Top-Manager in französischen, Schweizer und US-amerikanischen Konzernen, kennt er die Erfolgsfaktoren bei Führungsthemen bestens. Er versteht es wie kaum ein anderer auf sein Gegenüber einzugehen, zu analysieren, zu verstehen und zu fühlen. Er liest Fährten, entdeckt Wege und Zugänge und bringt Zuhörer und Klienten auf den richtigen Weg.

Peter Buchenau ist Ihr Gefährte, er begleitet Sie bei der Umsetzung Ihres Weges, damit Sie Spuren hinterlassen – Spuren, an die man sich noch lange erinnern wird. Der mehrfach ausgezeichnete Chefsache-Ratgeber und Geradeausdenker (denn der effizienteste Weg zwischen zwei Punkten ist immer noch eine Gerade) ist ein Mann von der Praxis für die Praxis, gibt Tipps vom Profi für Profis. Heute ist er auf der einen Seite Vollblutunternehmer und Geschäftsführer, auf der anderen Seite Sparringspartner, Mentor, Autor, Kabarettist und Dozent an Hochschulen. In seinen Büchern, Coachings und Vorträgen verblüfft er die Teilnehmer mit seinen einfachen und schnell nachvollziehbaren Praxisbeispielen. Er versteht es vorbildhaft und effizient ernste und kritische Sachverhalte so unterhaltsam und kabarettistisch zu präsentieren, dass die emotionalen Highlights und Pointen zum Erlebnis werden.

Die von ihm initiierte Chefsache-Serie beschreibt wichtige Führungsthemen der sogenannten Ebene 2. Dies sind hauptsächlich die weichen zusätzlichen Erfolgsfaktoren abseits von Umsatz, Finanzen und rechtlichen Gegebenheiten. Als Zielgruppe sind hier Kleinunternehmer, Vorgesetzte und Inhaber in mittelständischen Unternehmungen sowie Führungskräfte in Konzernen angesprochen.

Mehr zu Peter Buchenau unter www.peterbuchenau.de

Der Beirat als Gamechanger

Josef Fritz

Zusammenfassung

Mit der bewussten Entscheidung für das Einsetzen eines professionell agierenden Beirats können Eigentümer mit wenig Aufwand Großes erreichen. Im Vergleich mit einem Aufsichtsrat hat ein Beirat eine große Zahl an Vorteilen. – Ein Praxisbericht mit Beispielen und dem Verweis auf mögliche Fallstricke.

1.1 Das Gestern – Die Wahl der Adäquaten Rechtsform

Blickt man in der Historie der Gremienentwicklung zurück, so fällt auf, dass der Aufsichtsrat als Gremium über mehr als 250 Jahre dominiert. Die Wiener Börse wurde 1771 als eine der ersten Wertpapierbörsen der Welt von Kaiserin Maria Theresia gegründet. Und eine börsennotierte Aktiengesellschaft bedarf eines Aufsichtsrates. Das Gremium Beirat gibt es zwar auch schon seit mehr als 200 Jahren, doch war ihm zumeist nur eine untergeordnete Bedeutung beschieden.

Ich erinnere mich gut an meine Anfänge im Beteiligungsmanagement der damals zweitgrößten österreichischen Bank mit hunderten Beteiligungen. Als Eigentümervertreter betreuten wir maßgebliche Unternehmen, damals vorwiegend aus der Industrie, zum Teil auch aus dem Handel und im Dienstleistungsbereich Sie hatten aufgrund der gesellschaftsrechtlichen Bestimmungen einen Aufsichtsrat einzurichten. Für alle börsenotierten Aktiengesellschaften war und ist der Aufsichtsrat ohnedies obligatorisch.

J. Fritz (✉)
Geschäftsführender Gesellschafter der BOARD SEARCH GmbH, Wien, Österreich
E-Mail: j.fritz@boardsearch.at

© Der/die Autor(en), exklusiv lizenziert an Springer Fachmedien Wiesbaden GmbH, ein Teil von Springer Nature 2025
P. Buchenau und C.-D. de Grancy (Hrsg.), *Chefsache Beirat,* Chefsache,
https://doi.org/10.1007/978-3-658-45642-9_1

Familienunternehmen blieben gerne in der Rechtsform der Gesellschaft mit beschränkter Haftung oder wählten als Personengesellschaften die Kommanditgesellschaft, selten – schon aus Haftungsgründen – die „Offene Handelsgesellschaft". Beliebt war die gesellschaftsrechtliche Mischform der „GmbH & Co KG" wobei die grundsätzlich unbeschränkte Haftung des Gesellschafters „komplementär" mit der Position einer limitiert haftenden Kommanditistin als GmbH kombiniert wird, um die Haftung generell und im Besonderen das Risiko eines Kapitalverlustes einzugrenzen.

Erreichten familiengeführte Kapital-Gesellschaften aufgrund der vorgeschriebenen Größenkriterien in zwei aufeinanderfolgenden Geschäftsjahren die gesetzlichen Schwellenwerte – Bilanzsumme (über 5 Mio. Euro), Umsatz (Erlöse über 10 Mio. Euro) und Mitarbeiteranzahl (mehr als 50 Arbeitnehmer) – galten sie ex lege als große Kapitalgesellschaften mit der Verpflichtung, einen Aufsichtsrat obligatorisch einzurichten.

Für ein Gremium Beirat war wenig Vorliebe und Bedarf.

1.1.1 Wo wurden nun Beiratsgremien errichtet?

Mein erstes Beirats-Mandat betraf eine kleine Gesellschaft mit nur fünf Mitarbeitern, die als Holdinggesellschaft fungierte. Für meine Kollegen aus dem Beteiligungsmanagement war dies aus deren Sicht wahrlich kein sonderlich attraktives Mandat. Ich sah das mir angebotene Gremium-Mandat differenziert und sollte für mich Recht behalten. Es trat genau das ein, was ich schon zuvor immer erfahren hatte, dass man in jedem Gremium – unabhängig von der Branche, Größe und Bedeutung – viel lernen kann. So erfuhr ich Wissenswertes über die Eigenheiten des Zementstreckengeschäftes, Branchenspezifisches, spannendes Insider-Wissen und lernte viel über das Kartellwesen. Mit dem Geschäftsführer verband mich nach einiger Zeit im Beirat – trotz meiner Jugend und des erheblichen Altersunterschiedes – ein wechselseitig wertschätzendes Band. Der Beirat selbst bestand nur aus drei Mitgliedern. Das hatte den großen Vorteil, dass sich alle vollinhaltlich einbrachten, den Beirat eine hohe Sitzungsökonomie auszeichnete und das Gremium auch ein gutes Arbeitsklima prägte. Während schon damals die Aufsichtsratssitzungen bei den großen Unternehmen Stunden dauerten, war die sehr gut vorbereitete Beirats-Sitzung zumeist nach einer halben Stunde zu Ende. Das in der Satzung wie auch in der Geschäftsordnung für den Beirat verpflichten vorgesehene Präsenzerfordernis von drei anwesenden Mitgliedern wäre bei einer Abwesenheit schon eines Mitgliedes ein Fallstrick gewesen, war es allerdings nie. Zu den beiden jährlichen Beiratssitzungen waren immer alle anwesend. Sogar von der zulässigen Vertretungsvollmacht wurde zu meiner Zeit niemals Gebrauch gemacht.

Wiewohl ich „gremiale Bekanntschaften" auf das für die Arbeit Wesentliche einzugrenzen wusste, entstand über die Jahre zu einem anderen Beiratsmitglied ein nicht nur von Sympathie getragenes, sondern auch freundschaftliches Verhältnis.

Im Laufe der Zeit kamen einige andere Beiratsmandate hinzu. Allen gemeinsam war die Sonderkonstruktion „wenig Operatives und mehr Holdingfunktion". Die von Spöttern gemachte Aussage, dass eine Holdinggesellschaft zumeist ein *Hohlding* sei, habe ich jedoch nirgends festgestellt.

Andere Beiratsmandate, die ich innehaben durfte, betrafen den Kulturbereich, die Bildung und den Zusammenschluss von großen börsenotierten Aktiengesellschaften für spezielle Exportgeschäfte wie zum Beispiel die Errichtung einer Eisenbahnstrecke in einem nordafrikanischen Land. Dieser letztgenannte Beirat hatte die Aufgabe, firmenspezifische Eigeninteressen, in einer volkswirtschaftlichen Sichtweise und Interessen ausgleichend, zu koordinieren.

Eine Sondercausa waren meine Beirats-Mandate im Private-Equity/Venture-Capital-Bereich. Das waren inhaltlich manchmal quasi Aufsichtsratsmandate. Wohlweislich und sich der viel größeren Risiken in diesem Geschäft bewusst, wählen Risikokapitalgeber, Investoren und Fonds aber bewusst die Bezeichnung Beirat aus vielerlei Gründen, hauptsächlich um die Haftungsproblematik einzugrenzen – nicht immer mit dem gewünschten Erfolg.

Ich bin mir sicher, dass diese meine Erfahrungen zum Beirat durchaus stellvertretend für die Stellung und Bedeutung des Beirats zu der damaligen Zeit waren.

Dem Beirat kam nicht die Bedeutung eines Aufsichtsrates zu. Dieses Organ war nicht nur der kleine Bruder, sondern diente als gesellschaftsrechtliche Form für spezielle Anforderungen.

Bei sogenannten „kleinen GmbHs" entwickelte sich eine attraktive Nische, wie sie die Kanzlei Fritz Kommanditgesellschaft aus Innsbruck auf ihrer Website zutreffend beschreibt (www.kanzleifritz.at):

„Obwohl das österreichische Gesellschaftsrecht den Begriff Beirat gar nicht kennt, ist ein solcher bei Gesellschaften mit beschränkter Haftung durchaus häufig anzutreffen. Genaue Zahlen, wie viele GmbHs einen Beirat eingerichtet haben, sind mangels Firmenbucheintragung dieses freiwilligen Organs nicht verfügbar. Der süße Duft der Nichtpublizität schmeckt manchen Entscheidungsträgern offenbar so gut, dass vielfach ein Beirat, dessen Aufgabenbereich nicht klar definiert ist, einem Aufsichtsrat mit seinen im Gesetz eindeutig geregelten Pflichten vorgezogen wird."

1.1.2 BEISPIEL für einen Kunden-BEIRAT bei einem Energieversorgungsunternehmen

Der Kundenbeirat wurde schon 2012 gegründet und besteht aus unabhängigen, ehrenamtlichen Mitgliedern, die unsere Kunden im Segment Privatkunden repräsentieren.

Die Kundenbeiräte helfen das Unternehmen mit den Augen der Kunden zu sehen. Sie leisten somit einen maßgeblichen Beitrag zur Verbesserung der Kundenorientierung und damit zur Steigerung der Kundenzufriedenheit. Die Mitglieder des Beirats werden für zwei Jahre bestellt.

Dabei werden aktuelle kundenbezogene Themen aufgegriffen und lösungsorientiert diskutiert: u. a. Tarife, Kundenbeziehung, Energierechnung der Zukunft, Klimaschutz, Elektromobilität.

In regelmäßigen Sitzungen steht der persönliche Dialog mit dem Management im Vordergrund, um Produkte, Prozesse und Service stetig zu verbessern.

Ziel dieses Gremiums ist, den Informationsaustausch zwischen der Unternehmung und den Kunden zu verbessern.

Beiräte informieren, wie Image, Kommunikationsmaßnahmen, Vertriebskanäle, Produktqualität und Serviceleistungen von den Kunden erlebt und wahrgenommen werden. Dieser offene, konstruktive Dialog soll die Kundenorientierung stärken und weiterentwickeln.

Der Kundenbeirat vertritt die Interessen der Privatkunden und ist Rat- und Impulsgeber. Er diskutiert und entwickelt Vorschläge, die der Verbesserung der Dienstleistungen und Produkte dienen. Die Mitglieder fungieren als Sprachrohr.

Die Empfehlungen des Beirats sollen in aktuelle Entwicklungen der Serviceleistungen, Vertriebs- wie Kommunikationsmaßnahmen einfließen und damit die Kundenorientierung und -zufriedenheit langfristig steigern.

Für eine Mitgliedschaft im Kundenbeirat kann sich jede natürliche Person ab 18 Jahren bewerben, die in einem von diesem Energieunternehmen belieferten Haushalt lebt.

Nicht-Kunden und Mitarbeiter sowie deren Angehörige sind von der Mitgliedschaft ausgenommen.

Der Beirat tagt in der Regel zweimal im Jahr. Je nach Tagesordnung dauern die Sitzungen etwa 4 h.

Der Kundenbeirat soll einen möglichst repräsentativen Querschnitt der Privatkundenstruktur abbilden, da der Kundenbeirat Vertreter aller Privatkunden ist. Dementsprechend wird bei der Auswahl auf die richtige Mischung unterschiedlicher Kundenprofile geachtet.

Der Kundenbeirat hat eine beratende Funktion. Die Vorschläge werden an die Fachbereiche geleitet, dort bewertet und gegebenenfalls umgesetzt. Die Rechte und Pflichten des Beirats sind in der Geschäftsordnung geregelt.

Der Kundenbeirat wurde ins Leben gerufen, damit ein regelmäßiger Dialog zwischen den Kunden, Mitgliedern des Managements und Fachexperten stattfindet.

Gemeinsam werden Empfehlungen zur Verbesserung der Energiedienstleistungen entwickelt. Daher ist es wichtig, dass alle Mitglieder an den Kundenbeiratssitzungen teilnehmen. Eine zweimalige Abwesenheit führt zum Erlöschen der Mitgliedschaft.

Die Mitgliedschaft ist verbindlich. Als Mitglied im Kundenbeirat unterschreiben alle Beiratsmitglieder eine Geschäftsordnung. In dieser Vereinbarung sind wesentliche Faktoren der Zusammenarbeit zwischen Unternehmen und Mitgliedern geregelt.

Die Mitglieder erhalten eine Abgeltung pro Sitzung wie zum Beispiel in Form von Energiegutscheinen.

1.2 Das Heute

Unlängst kam ein potenzieller Kunde zu mir, der einen Aufsichtsrat einrichten wollte.

Nachdem wir uns über seinen persönlichen und firmenmäßigen Werdegang, seine Zukunftsvorstellungen und den Zweck sowie die Ziele eines Gremiums ausgetauscht hatten, empfahl ich ihm für seine Bedürfnisse die Einrichtung eines Beirates.

Das aber entsprach vorerst nicht seine Vorstellungen. Also vereinbarten wir zwei Folgetermine.

Bei der gemeinsamen Analyse seines Unternehmens zeigte sich, dass die Gesellschaft durch einen lebhaften gesellschaftsrechtlichen Prozess gegangen war. Sehr lange Zeit war er mit seiner Spezialorganisation Teil eines Großkonzerns, der die Vorzüge seiner Erfindung weder richtig einzuordnen wusste noch die Möglichkeit eines Spin-Offs zuließ. Es dauerte viele Jahre, bis ihm endlich der Durchbruch gelang und er sich nun die Rechte sichern konnte und in ein neu gegründetes Unternehmen in der Rechtsform einer GmbH einbrachte. Seine wesentlichen Mitarbeiter, die von der inhaltlichen Arbeit, den Ergebnissen sowie den Marktpotenzialen überzeugt sind, wechselten in die neu gegründete Gesellschaft.

Der nunmehrige Entrepreneur – auch kraft Eigenständigkeit – hat klare Vorstellungen von der Zukunft. Er legte mir seine Vision, seine Mission und Geschäftspläne für die nächsten Jahre dar.

Ich sagte ihm, dass er auf diesem spannenden Weg, keiner Aufsichtsräte bedürfe. Er braucht auch niemanden, der seine Jahresabschlüsse kontrolliert und Einblicke in alle seine wesentlichen finanziellen Gebarungen erhält.

Das hat ihn sehr angesprochen.

Von dem, was er nicht braucht, kamen wir rasch zu den Anforderungen, die für ihn und sein Unternehmen wertvoll sein können. Diese Erarbeitung brachte folgende Ergebnisse.

Er braucht

- Ratgeber
- Sparringspartner
- Einbringer der externen Sichtweise
- Markt-Unterstützer
- Geschäftsmöglichkeiten Eröffnende
- Netzwerker mit internationalem Zugang in seinen bestehenden Märkten
- und vor allem neu zu erschließenden Ländern sowie
- Mitwirkung und Unterstützung bei seinen Großprojekten

Das ergibt ein Anforderungsprofil, das in einigen Punkten einem Aufsichtsrat gar nicht möglich wäre. Aber betrachten wir es im Detail:

1.2.1 Ratgeber

Das Wort Aufsichtsrat beinhaltet im Kern die beiden wesentlichen Funktionen, nämlich das „Aufsicht-Führen" und das „Rat-Geben".

Wie zuvor dargelegt ist in seinem besonderen Fall das Aufsicht-Führen nicht geboten.

Hingegen steht das Rat-Geben eindeutig im Vordergrund. Da kommt allerdings noch ein wesentliches Adjektiv hinzu, das die wenigsten buchstabieren können – nämlich das **unabhängige** Rat-Geben. In so gut wie allen Aufsichtsratssitzungen gibt es einen ständigen Begleiter und das ist der Interessenskonflikt. Diese entscheidende Hürde von Interessenskonflikten mangels Unabhängigkeit im Beirat schon im Vorhinein zu beachten und möglichst zu vermeiden, gilt als ein Erfolgsgeheimnis.

1.2.2 Sparringspartner

Das Wort Sparringspartner und Aufsichtsrat wiesen über mehr als 200 Jahre keinen Zusammenhang auf. Ganz im Gegenteil, ein Vorstand brauchte niemandem, der ihm sein Geschäft erklärte. Die alte Rollenverteilung war klar. Hier Vorstände, die ihr Unternehmen, ihr Geschäft, ihre Führungskräfte, ihre Mitarbeiter, die Kunden, die Lieferanten und die Branche kennen. Dort Aufsichtsräte, die überspitzt dargestellt mit der Visitenkarte „Aufsichtsrat eines möglichst prominenten Unternehmens" ihr Ziel vermeintlich erreicht hatten.

Doch die schon vor längerer Zeit eingeleitete Globalisierung, die Digitalisierung, das in Erscheinung-Treten neuer Wettbewerber und neuer Wettbewerbsformen bis zur Disruption, Corona, gestörte und zerbrechende bis gebrochene Lieferketten, der Ukraine Krieg, enorm gestiegene bis ruinöse Energiepreise, die Rückkehr der Inflation nach 70 Jahren, Führungskräfte-, Facharbeiter- und Mitarbeitermangel, Führung im Dauerkrisenmodus etc. haben die Vorstandsetagen durcheinandergewirbelt. Vorstände sind nicht länger die Deus ex machina, die sie jahrzehntelang waren. Verunsicherungen und der Bedarf an echtem Austauschen haben die Funktion des erwünschten Sparringspartner in die Gremien gebracht. Im Beirat ganz besonders.

1.2.3 Einbringen der externen Sichtweise

All die schon zuvor dargelegten Veränderungen der Rahmenbedingungen erfordern heute in der Gremiumsarbeit das Einbringen der „anderen" Blickwinkel. In einer komplex gewordenen Welt bedarf es des Blickes auf das Wesentliche und des Blickes über den Tellerrand hinaus.

Meine Kontakte zu Unternehmen in der schwierigen Corona-Zeit haben fast durch alle Branchen gezeigt, wie Vorstände plötzlich sehr operativ tätig wurden. Natürlich hat die Sicherung der Liquidität in herausfordernden Zeiten oberstes Unternehmensgebot.

Es darf aber nicht dazu führen, das CFOs Agenden der Mitarbeiter ihres Finanz- und Rechnungswesen „übernehmen". Auch Technik-Vorstände, die plötzlich vermeinen in die Ablauforganisation in ihren Werken bis ins Detail eingreifen zu müssen, waren letztendlich wenig hilfreich.

Je operativer Vorstände agierten, umso wichtiger wurde die Rolle der Aufsichtsräte: Diesen obliegt der auch in Krisenzeiten erst recht nötige Blick auf die Zukunft. Gilt es doch die mittelfristigen Ziele nicht aus den Augen zu verlieren.

Es zeigte sich, dass jene Unternehmen besser durch die Covid-Krise kamen, deren Räte Augenmerk auf geändertes Kundenverhalten, sich ändernde Kundenbedürfnisse und neue Kaufgewohnheiten etc. lenkten und hinterfragten.

Wie geht der Markt mit Veränderungen um? Wer profitiert, wer schwächelt, wer fällt zurück? Wer scheidet aus und aus welchen Gründen? Verändern sich nicht nur Kunden, sondern kommt es in unterschiedlichen Regionen und Ländern zu Neuerungen? Wissen wir darüber gut Bescheid? Messen wir weiterhin das Richtige, haben wir unser Ohr nahe genug am Konsumenten, am Markt und erkennen Trends? Krisen sind auch zugleich Chance. In Krisenzeiten nur die Kosten im Auge zu behalten, Einsparungen a la Rasenmäher (zum Beispiel „alle Bereiche müssen die Kosten um 15 % senken") und dabei nicht differenziert vorzugehen ist eine Misserfolgs-Formel.

In schwierigen Zeiten wird gerne auch das (überlebens-)wichtige Thema Innovation vernachlässigt oder gar dem vermeintlichen Kostensparen geopfert. Welch fatale Unternehmensfolgen können daraus resultieren.

Einige Beispiele, was und wie sich Räte durch ihre „andere" Markt-Sicht, durch ihre wertvolle Erfahrung und Versierte, die Krisen schon erlebt und vor allem erfolgreich gemeistert haben, bereichernd einbringen.

1.2.4 Marktunterstützer und Geschäftsmöglichkeiten Eröffnende

Einem Aufsichtsrat sind zum Thema Marktunterstützer Möglichkeiten genommen, die einem Beirat sehr wohl zur Verfügung stehen. So kann der Interessenkonflikt für einen Aufsichtsrat sehr rasch erreicht sein, wo Agenden für einen Beirat in der Unterstützung und Förderung seines Unternehmens erst anfangen.

Ich erinnere mich an zahlreiche Aufsichtsratssitzungen, wo der Vorstand den Aufsichtsrat oder einzelne Mitglieder des Aufsichtsrats um wohlwollende Unterstützung – zum Beispiel bei einer Geschäftsanbahnung, einem laufenden Kundenprojekt, beim Einholen von – auch vertraulichen – Markt- oder Mitbewerbs-Informationen, von Ausschreibungsdetails, von nicht offen bestehenden Kundenüberlegungen und Absichten eines zu akquirierenden Auftrages, beim Einblick in qualitative Wertungskriterien der Auftraggeber-Entscheider, ja, sogar auch noch bei Eintreibung von ausstehenden Kundenzahlungen herangetreten ist. Das war jedes Mal eine Gratwanderung des Möglichen, des Erlaubten bzw. Unerlaubten oder meist Unlauteren – sogar Verpönten. Spätestens beim Betrachten des Haftungs-Aspektes zogen Aufsichtsräte ihre vielleicht noch anfangs bestehende Good-Will-Absicht zurück.

Insbesondere sogenannte Multi-Aufsichtsräte sind einerseits begehrte Auskunftspersonen, wenn es um Informationen und Handhabungen von Unternehmen geht, in denen sie auch ein weiteres Mandat bekleiden. Der Grat zwischen unverfänglicher Information bis zum Bruch des Amtsgeheimnisses – auch als Aufsichtsrat – ist ein schmaler. Und der Teufel schläft immer im Detail oder noch treffender – er schläft nie.

All das, was einem Aufsichtsrat nicht möglich ist, kann für einen Beirat durchaus Werkzeug und Bestandteil seines Unterstützungsrepertoires sein.

1.2.5 Netzwerker mit internationalem Zugang

Vieles was ich zuvor ins Treffen führen durfte, trifft auch beim Thema „ich öffne mein Netzwerk" zum Vorteil des Unternehmens, in dem ich mein Mandat innehabe, zu. Gleich bleibt die Grundproblematik, dass dem Aufsichtsrat eher die Hände gebunden sein werden als einem Beirat.

1.2.6 Mitwirkung bei großen Kundenprojekten

Bei diesem Anforderungspunkt meines Kunden – der Mitwirkung bei den großen Kundenprojekten – müsste jedem Aufsichtsrat die Gänsehaut am Rücken auflaufen bzw. ist sehr rasch ein eindeutiges Nein die Antwort. Ein professioneller Aufsichtsrat wird dem Vorstand zu Recht entgegenhalten, dass der Vorstand die Geschäfte führt und der Aufsichtsrat überwacht. Einem Beirat hingegen steht diese Möglichkeit sehr wohl offen. Ein Mitwirken bei großen Projekten wird dem Beirat wertvolle Einsichten und Erkenntnisse sowie ein viel besseres Verständnis über „sein" Unternehmen, seine Anforderungen, Marktnähe, Kundenspezifisches, Projektabläufe, das Kennenlernen von Führungskräften und Mitarbeitenden auf beiden Seiten – Kunden und sein Unternehmen – und Implementierungs-Know-how bringen.

Natürlich beinhaltet all dies auch die pekuniäre Seite und bedarf vorab einer zumindest grundsätzlichen Regelung der Vergütungsfrage über das Beiratsentgelt hinaus, die im Einzelfall – je nach Ausmaß der erbetenen Mitwirkung und des Projektengagements – auch adaptiert werden darf.

Auch hier zeigt sich ein weiterer wesentlicher Unterschied im Anforderungsprofil des Beirats neuer Prägung. Es sind diese speziellen Aufgaben, die Aufsichtsräten gar nicht möglich sind, hingegen macht das ein Beiratsmandat erst spannend und attraktiv.

Wie überhaupt das Haftungsthema einen bedeutenden Unterschied zwischen einem Aufsichtsrat und einem Beirat ausmacht. Bei einer Aufsichtsratstätigkeit schwebt immer die Haftungsfrage wie ein Damoklesschwert über den Köpfen der Aufsichtsräte. Es ist eine nicht begrenzbare, das heißt unbegrenzte persönliche und auch private Haftung – mit dem eigenen Vermögen. Genau diese Haftung und vor allem das Schlagendwerden dieser Haftung hat bei vielen Aufsichtsräten zu einem „Erwachen", Bewusstwerden und zu beginnender Professionalität geführt. Spätestens die Verurteilung von Aufsichtsratsvorsitzenden und Aufsichtsratsmitgliedern nicht nur zivilrechtlich, sondern strafrechtlich mit dem Gang ins Gefängnis hat das Umdenken im „Amtsverständnis" bewirkt.

Das **Anforderungsprofil** für einen Beirat moderner Prägung und maßgeschneidert für meinen Kunden war in relativ kurzer Zeit erstellt. Dazu haben seine klaren Bedarfsanalysen und sein Bild von seiner Zukunft maßgeblich beigetragen.

Somit war uns beiden auch klar, dass es mehr als nur drei Personen im Beirat sein sollen.

1.3 Executive Search

Kunden, die man dem Kreis der Entrepreneure zuordnen darf, überzeugen mit ihren Vorstellungen und Bildern im Kopf. Selbst wenn ihnen eine Materie – in unserem Fall der Beirat – wenig geläufig ist, haben sie klare Vorstellungen von der Zukunft und wohin sie wollen. Ihre Planung beinhaltet wesentliche Parameter, die sie sich gut überlegt haben. Es sind dies die unverrückbaren Brückenpfeiler.

Für einen Headhunter ist es eine Freude, mit solchen Persönlichkeiten zusammenzuarbeiten.

Von einem sehr erfahrenen Personaldienstleister im internationalen Geschäft lernte ich den Ausspruch „ein gutes Kundengespräch zeichnet aus, dass der Kunde ca. 85 % der gesamten Zeit Redeanteil hat!" Somit kommen dem Headhunter die beiden Aufgaben des gut Zuhören-Könnens und der darauf aufbauenden Analyse zu.

Zurück zu unserem Fall, der nun schon Auftrag geworden war: Ich begann mit meinen Überlegungen, welche Persönlichkeiten meinen Kunden im Beirat begleiten und vor allem bereichern können.

1.3.1 Die Anfangsphase – von der Longlist zur Shortlist

Natürlich ist es verlockend gleich mit einer Datenbank-Abfrage zu starten. Ich habe mir jedoch angewöhnt zuerst einmal einen ausgiebigen Spaziergang in der Natur zu machen. „Bewaffnet" mit einem simplen Block Papier und einem Stift helfen die gute Luft, die Umgebung und das Alleinsein im Wald den Gedanken freien Lauf zu lassen. In diesem Brainstorming-Prozess gilt es den Gedanken Raum und Zeit zu geben, sie „sprudeln" lassen. Nichts soll ausgeschlossen werden und – als Kernelement des Brainstormings – nichts darf bewertet werden. Erlebnisse und Erfahrungen mit Personen, die mir ins Gedächtnis kommen, dürfen gleich wieder entweichen. Ziel ist ein objektiver Zugang.

Das Ergebnis dieser Phase ist die sogenannte „Longlist" potenzieller Beiratskandidaten.

Meist fallen mir so viele Namen ein, dass ich regelmäßig mit einer Namensliste von 25 bis 30 Kandidaten nach einem mehr als 2½-stündigem Spaziergang zurückkehre.

Diese Liste darf dann über Nacht „ruhen". Bei weiteren, anderen Tätigkeiten fallen mir noch der eine oder andere Namen ein, die ich der „Wald-Liste" hinzufüge. Während diese Phase sehr stark „bauchbezogen" und „gefühlsorientiert" abläuft, schließt daran die „Kopf-Arbeit" an. Es geht um ZDF: Zahlen, Daten und Fakten. Im Detail heißt dies dann Datenbank-Abfragen durchführen, CVs und Materialiensammlungen sichten sowie aufwendige Research-Arbeiten vornehmen.

Parallel gilt es, ein Kundenprofil in anonymisierter, wie auch in nichtanonymisierter Form zu erstellen. Dies beinhaltet „hard facts" wie Unternehmen, Gründung, Rechtsform, Eigentumsverhältnisse, Firmenbuchdaten, Organe und maßgebliche Personen sowie Ansprechpartner, Vision, Mission, Ziele und Aktuelles. Sofern dies mit weiteren Unterlagen – von Hinterlegungslisten einer Aktiengesellschaft bis zur Familienverfassung – in machbarer Zeit umsetzbar ist, werden auch aktuelle Presse-Mitteilungen bzw. Medienberichten gesammelt, die das Bild vervollständigen. Trotz der Aufwändigkeit ist dies auch ein Dokumentationserfordernis, das später Früchte trägt.

Das Zusammentragen von „soft facts" ist ratsam. Die alte (Journalisten-)Regel „Check, Re-Check und Double-Check" darf nicht außer Acht gelassen werden. Das Gebot des Machbaren in angemessener Zeit führt zu einer Priorisierung oder manchmal eben auch zu einem Verschieben auf später.

1.3.2 Die Ansprache der Kandidaten

In der daran anschließenden Phase geht es um die direkte Kandidatenansprache. Ziele sind das rasche Erreichen von Personen und das Abklären, ob das einmal bekundete allgemeine Interesse auch in diesem konkreten Fall aufrecht ist.

Nun kommt es zu ersten Selektionen, da Menschen nicht (in kurzer Zeit) erreichbar sind, sich in einer eventuellen Neuordnungsphase in ihrem Berufs- oder auch Privatleben befinden bzw. einfach auch nicht zur Verfügung stehen wollen oder können. Alle Zwischen-Ergebnisse wollen nicht nur für diesen Prozess, sondern auch für eventuelle zukünftige Anfragen, gut dokumentiert sein.

Für die Interessierten beginnt eine „Arbeitsphase" mit den beiden Aufgaben, in kürzester Zeit ein aktuelles CV sowie ein Motivations-Schreiben zu übermitteln. Vor allem das Motivations-Schreiben sorgt ab und zu bei „Neulingen" für mögliche Irritationen, da ihnen der Zweck und vor allem die besondere Chance erst verständlich gemacht werden müssen, dass dies keine „Auflage" ist. Ganz im Gegenteil. Im Motivations-Schreiben kann auf all das eingegangen werden, was im konkreten Fall einen besonderen Wert oder auch USP darstellt. Mit der Herausarbeitung von Alleinstellungsmerkmalen kann man sich nicht nur zu dem einen oder anderen potenziellen Mandatsinteressierten abgrenzen, sondern das Kundeninteresse gezielt auf sich lenken.

1 Der Beirat als Gamechanger

Entweder der eigene Ehrgeiz oder die Neugier des Kunden bzw. eine Kombination daraus führen zur Übermittlung von ersten Zwischenergebnissen an den Kunden. Wobei hier zu differenzieren ist. Manche Kunden sind an zu vielen Details und Namen in diesem Stadium gar nicht interessiert, andere wollen über in im Detail eingebunden sein. Beides will erkannt und auseinandergehalten werden!

Je nach Vereinbarung mit dem Kunden kommt es zu ersten Abstimmungen zwischen Headhunter und Kunden, wie auch zu einzelnen Vorkontakten mit Kandidaten.

Zumeist wird der Kontakt zu den Kandidaten aber erst mit der offiziellen Übergabe der Unterlagen – CV samt Motivations-Schreiben – bzw. danach erfolgen.

Je nach Kundenauftrag und Kundenwunsch, aber auch der Herausforderung eines internationalen Suchauftrages nach der berühmten Stecknadel im Heuhaufen, wird die Longlist auf eine Shortlist – zumeist gemeinsam mit dem Kunden – verdichtet oder der Headhunter nimmt dies eigenständig vor. Das kann auch von weiteren Faktoren wie zur Verfügung stehende Zeit, Einbindung von mehreren Personen oder Ebenen auf Kundenseite oder auch Änderungen im laufenden Verfahren abhängig sein.

1.3.3 Kandidaten-Präsentation

In der Hauptphase kommt es zum direkten Kontakt zwischen Kunde und „Shortlist"-Kandidaten. Die Palette ist bunt und reicht von einem persönlichen Gespräch, einer Videokonferenz, einem Essen, einer Einladung zu einer Begegnung auf neutralem Ort, ins Unternehmen, beim Headhunter oder – eher selten bei Beirats-Kandidaten – zu professionell gemanagten Assessment-Center-Verfahren.

Anders als bei einer Bewerbung für eine Management-Aufgabe, steht beim persönlichen Gespräch nicht mehr so sehr das Vertiefen von Fähigkeiten, Fertigkeiten und Erreichtem im Vordergrund, sondern ob der Kandidat das Unternehmen mit Know-how, Know-who und seinen Werten bereichern kann. Ob die wechselseitige Chemie stimmt, ist zentral.

Auch da gibt es für das Vorgehen keine feste Ordnung. Es hängt vom Kunden, der Anzahl der Shortlist-Kandidaten und den individuellen Umständen des Auftrages ab. Von „der Headhunter macht alles" bis zu „der Kunde macht die finale Auswahl allein" habe ich schon alles erlebt.

Last but not least kommt es dann zur Entscheidung für einen oder auch mehrere Kandidaten.

1.4 Die Grösse des Beiratsgremiums

Es gibt Kunden, die nicht ein einzelnes Beiratsmitglied suchen, sondern ein ganzes Gremium etablieren möchten. Das ist beim Beirat neuer Prägung sogar der „Normalfall".

Die Größe des Beirats wird in Korrelation zur Größe des Unternehmens oder der Institution zu sehen sein.

Unter drei Mitgliedern macht das Gremium wenig Sinn. Sieben wird eine in der Praxis vorkommende Obergrenze sein, um die Arbeitsfähigkeit des Gremiums sicherzustellen. Grundsätzlich empfehle ich meinen Kunden einen Beiratsgremium aus vier bis fünf Mitgliedern. Für eine ungerade Zahl an Beiräten spricht u. a. die Möglichkeit, Abstimmungen bewusst mit Mehrheiten zu adressieren. Bei fünf Mitgliedern ist eine ausgewogene Meinungsfindung und das regelmäßige Abwägen von Pro- und Contra-Meinungen gut möglich. Ein Gremium, das sich nur aus drei Mitgliedern zusammensetzt, wird unter Umständen den Zielen einer Meinungspluralität und einer Meinungsvielfalt nicht so gut entsprechen. Bei drei Mitgliedern wird das vermeintliche Wohlverhalten im Vordergrund stehen und es werden die Wünsche nach Harmonie und nach Einstimmigkeit dominieren. Hingegen lassen fünf Beiratsmitglieder mehr Möglichkeiten zu. Das beginnt bei der materiellen Erörterung, der Analyse, der Diskussion, dem Abwägen von Argumenten und kann bis zur bewussten Einnahme der Position eines „advocatus diaboli" durch den einen oder anderen Beirat gehen.

Für vier Beiratsmitglieder kann zum Beispiel sprechen, dass der Besteller bewusst einen ausgewogenen Geschlechtermix im Gremium haben möchte. Kunden präferieren auch die Zahl vier im Beirat aus der trivialen Überlegungen, dass drei Mitglieder zu wenig sind. Im Verhinderungsfall, im Krankheitsfall, bei Reisen oder anderen Gründen der Nichtteilnahme wäre dann ein möglicherweise vorgesehenes Abstimmungsquorum unterschritten. Manchen Kunden sind fünf Beiratsmitglieder „zu viel". Sie möchten bei der Organisation des Beirats, den Sitzungen, den Einladungen, den Abläufen etc. sich bewusst auf eine limitierte Anzahl von Beiräten konzentrieren und begnügen.

Es kann sich aus den kundenspezifischen Anforderungen auch ergeben, dass zum Beispiel 2 Beiratsmitglieder aus der Familie kommen und die Zahl der „Externen" die Zahl der Familienmitglieder nicht übersteigen soll.

Die Zahl der Beiräte kann sich auch aus geographischen Anforderungen ergeben. So sollen zum Beispiel neben dem Stammgebiet des Heimatlandes zwei bis drei Beiräte mit ihrem Know-how und ihren Erfahrungen andere wichtige Länder, in denen das Unternehmen präsent ist, „abdecken". Ähnliche Überlegungen können auch bei Expansionen und neuen Zielmärkten dazu führen, dass die Zahl der Beiratsmitglieder variiert.

Auch das Anforderungsprofil insgesamt an das Gremium sowie die einzelnen Anforderungsprofile an die Mitglieder haben Einfluss auf die Größe des Gremiums.

1.5 Fallstricke in der Praxis

Ist ein Beirat nun ausgewählt, so steht die erste Phase des Kennenlernens auf dem Programm. Die weit verbreitete Fehlannahme, das sind alles erwachsene und versierte Personen und die werden schon zusammenarbeiten und „performen", soll per System und vorab entgegengewirkt werden. Alle Arten von Vorstellungsrunden – am besten nie sich selbst vorstellen lassen, sondern nach bilateralen Vorstellungsgesprächen stellt ein anderer ein anderes Beiratsmitglied vor – haben ihre Wirkung noch nie verfehlt und tragen zur Auflockerung sowie zur Teambildung von allem Anfang an bei.

Ein moderierter Prozess hat seine Vorzüge. Jedenfalls sollen „Hahnenkämpfe" und das sich wechselseitige Beweisen-Wollen oder noch schlimmer das vermeintliche „Sichbeweisen-Müssen" wie gut man doch ist, strikt vermieden werden. Außerdem wäre dies ein No Go und ein evidenter Auswahlfehler!

Mögliche Fallstricke, die es zu vermeiden gilt:

- Unprofessionelles Onboarding
- Eine mangelhaft vorbereitetet erste Sitzung
- Keine Teambildung
- Kein „Einschwören auf die Ziele des Beirats"
- Kein Herausarbeiten, welchen Nutzen das einzelne Beiratsmitglied stiftet
- Kein Herausarbeiten der Vision sowie der Mission des Beirats
- Kein resümierendes Festhalten von Sitzungsergebnissen noch in der Sitzung
- Kein Abfragen des subjektiven Sitzungsempfindens am Ende der (ersten) Sitzung
- Keine Dokumentation der Sitzungsergebnisse
- Das Gefühl „Es war eine nicht wertvoll investierte Zeit"
- Das Gefühl „im falschen Gremium" zu sein
- Das Gefühl, nicht die richtige Person in diesem Beirat zu sein
- Keine Liste, wer was bis zur nächsten Runde macht
- Kein Follow-up nach der 1. Sitzung
- Ein zu langer Abstand zwischen erster und zweiter Beiratssitzung
- Ein zu kurzer Abstand zwischen den Beiratssitzungen

1.6 Vorzüge eines Beirats

Im Vergleich mit einem Aufsichtsrat hat ein Beirat eine große Zahl an Vorteilen wie zum Beispiel:

- Formfreiheit
- Flexibilität
- Individuelle Gestaltung
- Maßgeschneiderte Konstruktion
- Expertise mit Bezug zum Unternehmen
- Haftung steht nicht im Vordergrund bzw.
- Haftungsfreiheit
- Zukunftsorientierung
- Geschäftsorientierung
- Marktnähe

- Kundenbezug
- Kundenzufriedenheit
- Ergebnisbezug
- Eigentümerorientierung, die einem Aufsichtsrat so nicht möglich wäre
- Zielgerichtetes Gremium mit klaren, spezifischen Aufgaben
- Innovationsbezug
- Motivationsbezug
- Digitalisierung
- Transformation
- Fehlerkultur
- Familienfreundliche Ausgestaltung möglich
- Informelles Agieren
- Ausrichten auf Essenzielles ohne (zu viel) im Formalen verhaftet sein zu müssen
- Vertrauensarbeit
- Netzwerk
- Governance mit Anstand und Hausverstand
- Adäquate Transparenz ohne Zwang
- Kommunikationsstrukturen mit Augenmaß
- Nachhaltigkeit
- Klimaschutz
- Interessenausgleich
- Meinungsvielfalt
- Austausch frei von (aktienrechtlichen) Zwängen
- Nachfolgeprozess
- Generationswechsel
- Abgrenzung Unternehmen und Familie
- Rollen bzw. Nicht-Aufgaben von Familienmitgliedern im Unternehmen
- Ausgleich Thesaurierung versus Ausschüttung
- Internationalisierung
- Gesellschafterdisharmonien
- Mediationsaufgaben
- Bei Umstrukturierung
- Bewusstes Befassen mit kontroversen Inhalten
- Kostenadäquat bis Pro-bono-Regelung
- Beiräte in spe
- Gäste zu gezielten Anlässen einbeziehen
- Sounding Board

Diese Vorzüge können einzeln, in unterschiedlichen Kombinationen oder auch insgesamt in Erscheinung treten bzw. bewirkt werden.

1.7 Möglichkeiten für Beiratsgremien

Beiräte werden heute in der Wirtschaft, in der Kultur, In der Politik, im Sport, in den Wissenschaften, in der Gesellschaft, in der Kirche, bei Vereinen und im internationalen Bereich mannigfaltig eingerichtet und erfreuen sich hoher Beliebtheit.

Ihre Bandbreite reicht von unverbindlichen Beratungsgremien zu Spezialaufgaben, Kundenbeiräten, Beiräten zusätzlich zu bestehenden Aufsichtsrats-Gremien und bis eben zum strategischen Beirat moderner Prägung.

1.8 Der Beirat als Game Changer

Mit der bewussten Entscheidung für das Einsetzen eines professionell agierenden Beirats können Eigentümer mit wenig Aufwand Großes erreichen.

Sie werden durch Rat-Geber und dem Einbringen der anderen, zumeist externen Sichtweise in ihrem Denken und Tun breiter aufgestellt werden. Sie werden gegebenenfalls im Krisenmodus von erfahreneren Persönlichkeiten begleitet. Sie können Ausmaß und Intensität der erforderlichen Reflexionen im Team erfahren. Sie können effizient Rat bekommen. Sie werden von unabhängigen Räten zu exzellenten Entscheidungen animiert und, wenn sie es wollen, auch begleitet.

Es bleibt ihnen das Schicksal „you never take advice, some day you pay the price!" als zu teures Lehrgeld erspart.

Ein für mich und vor allem für meinen Kunden beindruckendes, sehr schönes Erlebnis hatte ich bei einem Treffen mit meinem Kunden, für den ich einen kompletten Beirat einrichten durfte.

Wir ließen seine Ausgangssituation, seine Herausforderungen, seine Familiendissonanzen und seine unterschiedlichen Mit-Gesellschafterpositionen noch einmal Revue passieren. Der neu etablierte Beirat konnte vieles zum Guten wenden. Es war kein schmerzlicher Prozess – ganz im Gegenteil – ein Weg mit viel Erkenntnisgewinn, Erfolgserlebnissen und gemeinsam Bewirktem.

Mit ihm auf der Terrasse mit Blick auf ein eindrucksvolles Landschaftspanorama sitzend hörte ich meinen Kunden sagen:

„Der Beirat war für uns *der* Game Changer!"

Josef Fritz Der promovierte Jurist und gelernte Bankier Dr. Josef Fritz wurde mit 37 Jahren in den Vorstand einer Aktiengesellschaft berufen und wirkte 20 Jahre im Top-Management als CEO, CFO sowie als Geschäftsführer in Konzernen und Familienunternehmen. Seit 2013 leitet er als geschäftsführender Gesellschafter BOARD SEARCH. Das Unternehmen ist Vorreiter in Österreich bei der Besetzung von Gremien mit qualifizierten, unabhängigen und geeigneten Persönlichkeiten.

2 Der Leitfaden für Beiräte zur generativen KI-Revolution

Wie der Beirat durch die Entwicklung einer generativen KI-Strategie die Chancen von KI nutzt und Herausforderungen bewältigt

Victoria Riess

> **Zusammenfassung**
>
> ChatGPT von OpenAI ist schneller auf über eine Million Nutzer angewachsen als viele der dominierenden Tech-Apps und -Plattformen des letzten Jahrzehnts. Die generative künstliche Intelligenz (KI) baut als das „nächste große Ding" der Technik auf jahrzehntelangem maschinellem Lernen auf, das bereits in Geschäftsprozesse integriert ist. Doch wie kann der Beirat und die Corporate Governance durch die Entwicklung einer generativen KI-Strategie die Chancen von generativer KI nutzen und Herausforderungen bewältigen?

2.1 Die Chance – Warum ChatGPT die Spielregeln der KI verändern wird

Was heute im Bereich der KI geschieht, ist die Beschleunigung von Technologieprozessen, die bereits seit bis zu zwei Jahrzehnten in einer Vielzahl von Unternehmensfunktionen eingesetzt werden, von der Softwareentwicklung bis hin zu Finanzen, Betrieb, Recht, Logistik und Kreativität. Beiräte mit Mandaten aus allen Branchen von Einzelhandel, Medien, Recht, Landwirtschaft bis hin zur Logistik berichten von zahlreichen Beispielen, wie KI bereits in effizientere Geschäftsprozesse eingebettet ist.

V. Riess (✉)
Nürnberg, Deutschland
E-Mail: victoria@victoriariess.de

© Der/die Autor(en), exklusiv lizenziert an Springer Fachmedien Wiesbaden GmbH, ein Teil von Springer Nature 2025
P. Buchenau und C.-D. de Grancy (Hrsg.), *Chefsache Beirat,* Chefsache,
https://doi.org/10.1007/978-3-658-45642-9_2

Der Markt nimmt die neuesten KI-Fortschritte eindeutig ernst, vielleicht nirgendwo deutlicher als Anfang Februar 2023 in der Schlacht zwischen Microsoft und Google über konkurrierende KI für Suchmaschinen. Die KI wird alle Branchen verändern, deshalb muss jeder darüber nachdenken, nicht nur in der Data Science. Bei allem, was Unternehmen tun, werden sie über verstärkende Tools verfügen, die sich in den nächsten drei bis zehn Jahren als Grundlage für alles, was sie tun, durchsetzen werden. Bei der generativen KI und der KI im weiteren Sinn geht es um viel mehr als nur um eine neue Ära der Internetsuche.

Im Folgenden sind einige der Vorteile und Risiken aufgeführt, an die Beiräte denken müssen, wenn Topmanager:innen ihrer Mandatsunternehmen generative KI in die Geschäftsabläufe sowie in die Dienstleistungen und Produkte für Verbraucher:innen integrieren – wobei viele von ihnen KI bereits eingeführt haben (vgl. Deutscher Corporate Governance Kodex 2022).

2.1.1 Vom Meistern einer Aufgabe durch KI zur Beherrschung aller Aufgaben

Viele KI-Fortschritte der letzten Jahrzehnte haben gezeigt, dass Rechenleistung für die Beherrschung einer einzigen komplexen Aufgabe eingesetzt werden kann, z. B. für ein Schachspiel oder einen Netflix- oder TikTok-Empfehlungsalgorithmus. Die Lektion von ChatGPT ist in einer wichtigen Hinsicht anders: Sie definiert die Grenzen dessen, was eine Maschine lernen kann, neu. Man kann sogar davon sprechen, dass eine weitere industrielle Revolution im Gange ist.

Die Deep-Learning-Modelle, die derzeit entwickelt und auf den Markt gebracht werden, haben Anwendungsfälle, die letztlich alle Sektoren und alle Funktionsteams betreffen, die heute Aufgaben manuell erledigen.

Um es auf den Punkt zu bringen, ist das Beispiel der Aktienanalyse beim Mandaten einer Beirätin zu nennen. Das Topmanagement in diesem Unternehmen verwendet ChatGPT im Finanzbereich. Dazu wählt das Unternehmen 5.000 Bilanzen aus, liest sie mit ChatGPT innerhalb von Sekunden, kann alle Finanzinformationen extrahieren, einen Risikoscore berechnen und eine Entscheidung über das Risiko eines Portfolios treffen.

Auch in der Kreativwirtschaft hat das Niveau der Ausgereiftheit und der Lösungen, die man lösen kann, wenn man Deep-Learning-Sprachmodelle wie ChatGPT trainieren kann, tiefgreifende Auswirkungen auf funktionale und kreative Arbeitsplätze. Während die traditionelle KI nur Probleme in stark analytischen Bereichen gelöst hat, bringt diese neue generative KI diese Fähigkeiten zu jedem/jeder Mitarbeiter:in in der Kreativwirtschaft und nicht nur den Data Scientists – die „Demokratisierung von KI".

2.1.2 ChatGPT wird Arbeitsplätze kosten, aber auch Arbeitsplätze schaffen

Während das klassische Argument gegen KI lautet, dass sie Arbeitsplätze vernichten wird, verfechten Beiräte aus verschiedenen Branchen seit Jahren die Meinung, dass dies nicht der Fall sein und KI repetitive oder banale Aufgaben übernehmen wird, die Menschen gar nicht erst erledigen sollten, sodass Menschen wichtigere Aufgaben übernehmen können. Allerdings gibt es auch einige Beispiele für Arbeitsplatzverluste.

Beispielsweise wurden die manuellen Laborant:innen, die sich mit Mikroskopen und Bildern abmühen, bereits in den letzten zehn Jahren ersetzt. Bei Anwält:innen und Buchhalter:innen zeichnet sich ab, dass die KI im Moment nicht die Anwält:innen ersetzen wird, sondern dass jene, die KI nutzen, die Anwält:innen ersetzen werden.

Im Technologiesektor zeigt sich, dass Experimente, die vor vier Jahren mit generativer KI für Serviceanfragen durchgeführt wurden, dazu geführt haben, dass etwa 89 % der ungeplanten Serviceanfragen des Unternehmens jetzt völlig autonom bearbeitet werden. Da sich die Reaktion auf diese Front-End-Interaktion im Laufe der Zeit verbessert hat, gab es auch keine Fluktuation im Team.

2.1.3 Der Einzelhandel baut auf die vorhandene KI-Intelligenz der Geschäfte

Im Einzelhandel zeigt sich, dass aktuelle Technologien wie die Automatisierung von Roboterprozessen und Anwendungen des maschinellen Lernens im Bereich der Prognosen Bausteine sind, die bereits in fast jeder Branche im Einsatz sind. Sie zeigen, dass die nächste Stufe der KI nicht darauf ausgerichtet ist, Arbeitsplätze zu ersetzen.

Jeder Beirat hat den tiefen Wunsch aus betrieblicher und finanzieller Sicht, effizienter zu werden, damit die Kund:innen bekommen, was sie wollen. Was generative KI leistet, ist, dass sie dem Topmanagement wirklich hilft, dessen maschinelles Lernen auf die n-te Stufe der endlichen Stufe zu bringen. D. h. generative KI hilft, viel schneller zu einer vorgefertigten Antwort zu kommen, bei der man nicht für jede einzelne Sache alle Modelle mit seinen eigenen Daten trainieren muss.

Das kann bedeuten, dass KI die besten Standorte für Einzelhandelsgeschäfte identifiziert und den Versand von Artikeln an die Geschäfte optimiert, ohne dass ein Data Scientist bei jedem Schritt des Prozesses dabei sein muss.

Wenn die generative KI die Data Scientists und Expert:innen für maschinelles Lernen von der Schulung der Technologie bei jedem Schritt befreien kann und nur auf das „Inkrementelle" achtet, wird es immense Produktivitätsverbesserungen im Einzelhandel geben.

Diese intelligenten Maschinen können ohne Investitionen, ohne kostspielige Investitionsentscheidungen Top Executives dabei helfen, zu verstehen, was das Ergebnis sein könnte und dieses auf einige wenige Auswahlmöglichkeiten eingrenzen, im Gegensatz zu einer unendlichen Anzahl an Auswahlmöglichkeiten. Darin liegt die wahre Stärke.

2.2 Die Herausforderungen der generativen KI

Es gibt beim Setzen von Impulsen für die Nutzung generativer KI in der unternehmensinternen Diskussion aber auch ernstzunehmende Herausforderungen und Risiken für den Beirat (vgl. KOM/2021/206):

- Fehlinformationen oder einfach nur ungenaue Informationen, die bereits von KI produziert werden;
- Rauschen in den Daten, auch bekannt als „junk science", das Unternehmen in kostspielige Sackgassen führen kann;
- Voreingenommenheit;
- Bedrohung menschlicher Arbeitsplätze;
- Probleme im Zusammenhang mit der Einwilligung, wenn Menschen mit KI sprechen und den Unterschied nicht mehr erkennen können;
- Urheberrechtsfragen.

2.2.1 Ein Wilder Westen beim Urheberrecht von Konsumgütern ist denkbar

Konsumgüter sind ein Bereich, in dem Urheberrechtsfragen häufiger und ohne Präzedenzfall beim Beirat auftauchen könnten, und zwar aufgrund der Basisnatur dessen, was derzeit geschieht (vgl. Verordnung (EU) 2016/679).

In der jüngeren Vergangenheit wurden Produktentwicklung und Technologie integriert, um Kundenerlebnisse zu schaffen, jetzt geschieht es aber, dass kreative Leute Produkte wie DALL-E und Midjourney – zwei beliebte generative KI-Kunstprogramme – nutzen, um sich bei der Produktentwicklung in der Konsumgüterindustrie inspirieren zu lassen.

Die positive Seite ist, dass es eine großartige Möglichkeit ist, den kreativen Prozess in Gang zu bringen, um KI-gesteuerte Moodboards und ähnliche Dinge zu erstellen, wenn sie neue Produkte entwickeln. Aber die Kehrseite der Medaille ist, dass dieser ganze IP-Aspekt, das Eigentum am geistigen Eigentum und wie ChatGPT und künstliche Intelligenz sich entwickelt, der heikle Teil der Sache für den Beirat ist.

2.2.2 Einverständniserklärung bei der Nutzung generativer KI ist nicht klar

In den Nachrichtenmedien wurde viel über die Befürchtung berichtet, dass Fehlinformationen noch effektiver werden, und in der akademischen Welt wird befürchtet, dass Studierende neue KI-Tools zum Schummeln verwenden und der Betrug nicht aufgedeckt werden könnte. Im Beirat wird jedoch auch eine andere Form des Betrugs als Risiko bei der Einführung von Technologien gesehen.

Beiräte in der Gesundheitsbranche befürchten, dass Marken, die wahllos KI einsetzen, möglicherweise das Vertrauen der Verbraucher untergraben, wenn die Technologie die Gespräche ohne ein hohes Maß an Transparenz führt.

Apps für die psychische Gesundheit haben z. B. bereits mit ChatGPT experimentiert und die Antworten von ChatGPT verfassen lassen, was tatsächlich effektiv sein kann, aber die Frage aufwirft, ob die Antworten nicht von einem Menschen stammen. Das allgemeine Konzept von Chat-Apps für psychische Gesundheit, die Bots verwenden, ist nicht neu, und viele gibt es schon seit Jahren.

Aber die Bots so weit zu bringen, dass sie wie Menschen wirken, ist in gewisser Weise das Ziel der KI, wie es im Turing-Test festgelegt wurde: den Punkt zu erreichen, an dem Menschen in einer Unterhaltung nicht mehr zwischen einer Maschine und einem Menschen unterscheiden können. Und es wird für den Beirat schwerwiegende Probleme geben, wenn es darum geht, wie das Topmanagement der Mandatsunternehmen die KI offenlegt und die Zustimmung der Nutzer erhält.

2.3 Die Entwicklung einer generativen KI-Strategie für Beirat und Corporate Governance

2.3.1 Die generative KI-Revolution gewinnen

Beirat und Corporate Governance sollten sich darauf konzentrieren, wie sich generative KI auf ihr Unternehmen und ihre Branche auswirken wird und welche strategischen Entscheidungen ihre CEOs in die Lage versetzen werden, Chancen zu nutzen und Herausforderungen generativer KI zu bewältigen. Wie wir gesehen haben, hat generative KI das Potenzial, nahezu jede Branche umzukrempeln – was sowohl Wettbewerbsvorteile als auch kreative Zerstörung verspricht. Die Implikation für Beiräte liegt auf der Hand: Der Vorstand muss eine generative KI-Strategie entwickeln, die vom Beirat getragen wird. Mit den richtigen Anwendungsfällen, Personalstrategien und Richtlinien können die Beirät:innen ihren Top Executives helfen, das immense Potenzial der generativen KI zu nutzen.

1. Erstens müssen Beirät:innen ihr Unternehmen beraten das volle Potenzial der generativen KI auszuschöpfen; indem Topmanager:innen die Anwendungsfälle identifizieren und implementieren, die zu einer Quelle von Wettbewerbsvorteilen werden.
2. Zweitens sollten Beirät:innen diese Experimente auch nutzen, um zu verstehen, wie sich generative KI auf die Mitarbeiter:innen in ihrem Unternehmen auswirken wird. CEOs sollten dieses Wissen nutzen, um Betriebsmodelle und Organisationspläne neu zu definieren. Aber während dieser Neudefinition von Risiken sollten sie sich durch Veränderungsmanagement besonders um die berufliche Identität ihrer Mitarbeiter kümmern. Sie sollten nicht unterschätzen, wie sehr sich generative KI auf deren berufliche Identität auswirken wird.
3. Drittens muss der Beirat den Vorstand kontrollieren, verantwortungsvolle KI-Richtlinien und Strategien zur Eindämmung der generativen KI zu entwickeln.

2.3.1.1 Den strategischen Vorteil entdecken und auf generative KI setzen

Da generative KI die Einführung von KI in großem Maßstab für alle erleichtert, müssen Beirät:innen ihren Vorstand beraten zu bestimmen, welche Anwendungsfälle echte langfristige Wettbewerbsvorteile bieten. Die demokratisierenden Kräfte der generativen KI bedeuten per Definition, dass Wettbewerber den gleichen Zugang zu diesen Anwendungsfällen haben werden. Aus diesem Grund sollten Beirät:innen der Meinung sein, dass Topmanager:innen sich nicht auf diese einfachen Anwendungsfälle konzentrieren sollten, sondern auf die richtigen Anwendungsfälle, die langfristig einen echten Wettbewerbsvorteil bringen.

Diese Anwendungsfälle können an jeder Stelle der Wertschöpfungskette entstehen. Am Anfang der Wertschöpfungskette kann generative KI genutzt werden, um schnell völlig neue Angebote zu entwickeln.

Der Markt entwickelt sich rasant, daher ist es wichtig, dass der Beirat sorgfältig abwägt, wo der Vorstand sich engagieren und worauf er setzen soll. CEOs sollten sich das gesamte Spektrum der Optionen anschauen und dabei sorgfältig die Kosten, die Anforderungen an die Talente, die Bedenken hinsichtlich des Datenschutzes und die Partnerschaftsoptionen prüfen, wobei sie zwischen der internen Durchführung und der Auslagerung an diese Anbieter unterscheiden.

2.3.1.2 Den Mitarbeiter:in in den Mittelpunkt der generativen KI stellen

Mit der richtigen Fortbildung, Umschulung und Rekrutierung können Beirät:innen dem Topmanagement helfen eine Belegschaft aufbauen, die in agilen, innovativen Organisationen, die den Wert generativer KI nutzen, gedeihen kann. Der Beirat muss CEOs dazu anhalten, den Mitarbeiter:in in den Mittelpunkt des Implementierungsprojekts zu stellen und jetzt zu handeln, um einen strategischen Personalplan zu erstellen, das Betriebsmodell zu überprüfen und die Mitarbeiter:innen auf diese aufregende Transformationsreise mit der Personalabteilung mitzunehmen.

Vorständ:innen müssen strategische Personalpläne entwickeln, um eine Belegschaft aufzubauen, die in zehn Jahren wettbewerbsfähig sein wird, und daher sollte dieser Plan die Talente und Fähigkeiten antizipieren, die für die Belegschaft erforderlich sind, um generative KI zu übernehmen, und festlegen, wie diese Belegschaft durch Umschulung oder Anwerbung neuer Talente entwickelt werden kann. Durch die Fähigkeit der generativen KI, erste Entwürfe von Inhalten zu erstellen, werden die Mitarbeiter:innen weniger Zeit für die Erstellung von Inhalten aufwenden müssen und mehr Zeit für andere Aktivitäten haben.

Selbst bei der Implementierung herkömmlicher KI ist es sechsmal wahrscheinlicher, dass ein Unternehmen erhebliche finanzielle Vorteile erzielt, wenn die Mitarbeiter:innen persönlich einen Nutzen aus der KI ziehen. Während Einzelpersonen experimentieren, sollten Beirat und Vorstand eine Reihe von Reaktionen sehen, die von „Das macht meine Arbeit viel leichter und macht Spaß" bis hin zu „Das kann meine Arbeit besser machen als ich, werde ich ersetzt?" reichen.

2.3.1.3 Starke Richtlinien können Risiken durch generative KI verringern

Durch die Entwicklung klarer Richtlinien für den Einsatz von generativer KI können Unternehmen von den Vorteilen profitieren, Innovationen kanalisieren und Risiken mindern. Wie inzwischen jeder Beirat wissen sollte, setzt generative KI, wenn sie ohne wirksame Richtlinien und Abmilderungsstrategien eingesetzt wird, das Unternehmen dem Risiko von Urheberrechtsverletzungen, dem Durchsickern geschützter Daten, einer geringeren Glaubwürdigkeit durch minderwertige Inhalte, etc. aus.

Viele dieser Risiken lassen sich relativ leicht durch die Festlegung klarer Richtlinien für den Einsatz generativer KI und die Einführung verantwortungsbewusster Normen wie die Einrichtung von Prüfgremien für Inhalte, die mit Unterstützung generativer KI erstellt wurden, abmildern.

Beirät:innen sollten CEOs darauf kontrollieren, dass sie damit beginnen die Schatten-KI zu reduzieren, indem sie Richtlinien durchsetzen, die die unerlaubte Nutzung von Tools wie ChatGPT einschränken. Dann sollte der Beirat – insbesondere der Ausschuss Strategie und Technik – überwachen, dass der Vorstand mit seinen Technikteams zusammenarbeitet, um Schutzmaßnahmen gegen den Verlust sensibler Daten zu schaffen, wie z. B. die Monetarisierung aller Daten, die bei diesen Experimenten mit generativer KI verwendet werden. Schließlich sollten die Beirät:innen den Topmanager:innen raten die Einrichtung eines Roten Teams in Erwägung zu ziehen, um gezielt Fehlermöglichkeiten und Schwachstellen für das Unternehmen zu finden, die auf generative KI zurückzuführen sind, wie z. B. unerwartete Funktionen von Anwendungen und verbesserte Möglichkeiten für Betrug und Phishing.

2.3.2 Unternehmensvorstände brauchen möglicherweise einen KI-Beauftragten

Der verantwortungsvolle Einsatz von KI wird weiterhin ein wichtiger Bestandteil der Diskussion sein. Beiräte müssen möglicherweise darauf hinwirken, eine KI-spezifische Vorstandposition einzurichten. KI wird die Menschheit vorantreiben, aber das Topmanagement müsste es langsam angehen, während es herausfindet, wie generative KI am besten zu nutzen ist; ähnlich wie bei Software gibt es Viren und Antivirenprogramme.

Das könnte generative KI auch ins Fadenkreuz von ESG-Investoren rücken, die sicherstellen müssen, dass der ethische Aspekt Teil der Mission von Unternehmen ist, die KI einsetzen. Hier müssen Beirat und große Investoren eingreifen und kontrollieren, was das Profil des Unternehmens ist, wenn es diese KI einsetzt. Ebenso wie Unternehmen einen ESG-Beauftragten im Vorstand haben, müssen sie in Zukunft einen KI-Beauftragten – Chief AI Officer – im Vorstand haben.

2.3.3 Der Verzicht auf den Einsatz von KI könnte für die Gesellschaft das schlechtere Ergebnis sein

Die Debatte wird weitergehen, aber auf der anderen Seite aller Risiken, die mit der Einführung von KI verbunden sind, steht das Risiko für den Beirat und dessen Mandate, KI nicht zur Optimierung von Prozessen in Bezug auf Themen wie Umweltauswirkungen einzusetzen – vor allem in der Logistikbranche.

KI-gesteuerte Fertigung und Automatisierung sind entscheidend für Optimierung und Ertrag. Wenn Logistikunternehmen mit ihren Kunden sprechen, erscheint es heute einfach unverantwortlich, KI nicht zu nutzen, um die Umweltauswirkungen des Schrotts und die niedrigen Erträge in der Produktion auszugleichen. Es ist unverantwortlich für den Beirat, sich nicht mit KI-Lösungen zu befassen, weil diese heute so leistungsstark sind.

2.4 Der Beirat sollte Impulse für Richtlinien setzen

Abschließend sei gesagt, dass der Beirat das Geschehen nicht unterschätzen sollte, weil es die Zukunft wettbewerbsfähiger Unternehmen und erfolgreicher Top Executives prägen wird.

Es gibt viele Herausforderungen und eine Reihe schwieriger Governance-Probleme, die der Beirat bewältigen muss. Die Chancen sind aber viel zu groß, um sie einfach zu ignorieren.

Die Realität ist, dass es bei jeder Veränderung Herausforderungen gibt. Der Beirat muss sich da durcharbeiten. Die Zeit wird sehr schnell ablaufen.

Daher sollte jeder Beirat die Probleme, die KI aufwirft, bewerten, um festzustellen, inwieweit sie ein wesentliches Risiko für das Unternehmen darstellen. Jeder Beirat muss KI unter Berücksichtigung des eigenen Risikoprofils des Mandatsunternehmens betrachten (vgl. KOM/2022/496 endg.).

Literatur

1. Vgl. den Deutschen Corporate Governance Kodex idF vom 28.4.2022 (mit Bekanntmachung im elektronischen Bundesanzeiger am 27.6.2022).
2. Vgl. Vorschlag für eine Verordnung des Europäischen Parlaments und des Rates zur Festlegung harmonisierter Vorschriften für Künstliche Intelligenz (Gesetz über Künstliche Intelligenz) und zur Änderung bestimmter Rechtsakte der Union, KOM/2021/206 endg.
3. Vgl. Verordnung (EU) 2016/679 des Europäischen Parlaments und des Rates vom 27.4.2016 zum Schutz natürlicher Personen bei der Verarbeitung personenbezogener Daten, zum freien Datenverkehr und zur Aufhebung der Richtlinie 95/46/EG (Datenschutz-Grundverordnung), ABl L 119 vom 4.5.2016.
4. Vgl. Vorschlag für eine Richtlinie des Europäischen Parlaments und des Rates zur Anpassung der Vorschriften über außervertragliche zivilrechtliche Haftung an künstliche Intelligenz (Richtlinie über KI-Haftung), KOM/2022/496 endg.

Victoria Riess, MBA von den Deutschen Digitalen Beiräten ist Senior Strategy Leader, Executive, Geschäftsführerin, Gründerin, Board Advisor in der Technologiebranche, Cambridge MBA und mehrfach ausgezeichnete Top Women Leader in Tech.

3. Klartext: Der kluge Aufsichtsrat hat ein Konzept

Alexander Eichner und Clarissa-Diana de Grancy

Zusammenfassung

Ein verzweigtes Gespräch mit dem Transition- und Aufsichtsratsmanager Alexander Eichner – jenseits des traditionellen Denkens. Über das Warten auf Godot, an der Trennlinie zwischen absurdem und abstraktem Theater mit Industrieschauspielern, Selbstvermarktungsmaschinen sowie eventuell auch Fachleuten.

Eichner, de Grancy – Klartext: Der kluge Aufsichtsrat hat ein Konzept
Dieser Beitrag erschien bereits in De Grancy, Klartext: Der kluge Aufsichtsrat hat ein Konzept – Gespräch mit Alexander Eichner, Aufsichtsrat aktuell 2023, 23.

Berufen fühlen sich viele – gerufen sind wenige, haben Sie mal so schön gesagt …
… das kommt aus der Kirche: Wer ist ein guter Pfarrer, wer ein weniger guter?

Was macht denn einen guten Pfarrer aus, lieber Herr Eichner – im Aufsichtsrat?
Ein Pfarrer? Im Aufsichtsrat? – Das erinnert mich gleich wieder an die durchaus immer wieder anzutreffende Variante bei Aufsichtsratsbesetzungen mit Provinz-Lokalgrößen und Dorf-Machiavellis. Da gibt es ja sehr traurige Fälle, wie dieser Bankenfall Mattersburg in Österreich, wo das gleiche Schlawinerstück wie bei Wirecard inszeniert worden war, nur mit ein paar Nullen weniger, aber im Prinzip die gleichen Ingredienzien: Luftbuchungen,

---

A. Eichner (✉) · C.-D. de Grancy
Berlin, Deutschland
E-Mail: frontoffice@transition-manager.com

C.-D. de Grancy
E-Mail: sdg@aufsichts.art

konstruierte Intransparenz usw. Und dann hat man sich mal den Aufsichtsrat näher angeguckt. Da waren dann drin: der lokale Kneipier, der Dachdeckermeister und der Ex-OB dieser Gemeinde. Das hatte ich ähnlich beim Bankverein Werther – da war die Gemeinde versammelt, ua auch der Landwirt, der eigentlich den Sitz schon von seinem Vater geerbt hatte und dessen Hoffnung es war, seinen Sitz an seinen Sohn weiter zu vererben. Auch der lokale Apotheker fehlte nicht, oder war es der Dorflehrer?, in jedem Fall ein Klassiker. Das Gremium musste ausgetauscht werden, weil das so nicht funktionieren konnte. Die am Ende erfolgreiche Sanierung wäre in dieser Zusammensetzung nicht möglich gewesen. Bei dem Bankenfall in Österreich war das eben auch so. – Jedes Mal, wenn ich solchen Konstellationen begegne, frage ich mich, wie so etwas möglich ist. Dabei braucht man sich nur mal die Profile der Aufsichtsräte anzuschauen, dann ist der Fall klar. Ein prominentes Beispiel war übrigens auch der Aufsichtsrat der Praktiker AG.

Da braucht es einen feinen Mann fürs Grobe, der vorbeikommt und aufräumt, stimmt's?
Das funktioniert nicht immer. Sie brauchen für einen erfolgreichen Aufsichtsrat auch andere Teile der Gesamtformel, die mitziehen, wie Gremienkollegen, Aktionäre, Vorstände etc. Es ist ja so: Aufsichtsrat ist kein Ausbildungsberuf, und wie lässt sich feststellen, ob jemand für den Aufsichtsrat einer bestimmten Gesellschaft wirklich geeignet ist. Wie ist es um die Interessenlagen der Gesellschaft oder jene der Aktionäre bestellt? Seit Langem bemüht man sich, das irgendwie geregelt zu bekommen. So hat vor zehn Jahren eine Kommission einen Begriff etabliert – jenen des „ehrbaren Kaufmanns". Aber was soll das eigentlich sein? Was ist der ehrbare Kaufmann, wenn das unterliegende Wertesystem nicht überall angenommen und respektiert wird?

Die Idee des ehrbaren Kaufmanns ist doch prima. Parenthese: Auch wenn man die Kauffrau hätte erwähnen dürfen. Der ehrbare Kaufmann denkt ethisch, handelt verantwortungsvoll, verhält sich fair, kommuniziert transparent. Da kann man eigentlich nix gegen haben. Von dem, was er verdient, gibt der ehrbare Kaufmann was ab, denen, die nichts besitzen. Früher waren auch Politiker dabei, oder auch Entdecker, wie Christoph Kolumbus und überhaupt: Geschichtsschreiber. Heute stehen die Geschichten bloß noch im Wirtschaftsteil der Zeitungen – nicht immer ehrbare …
Seit Mannesmann hat sich diesbezüglich viel verändert, weil in diesem Fall zum ersten Mal ein Aufsichtsrat quasi sichtbar geworden ist. Da musste sich was tun, weil es ein paar Herrschaften gegeben hatte, die sich wirklich die Taschen vollgestopft haben. Seither hat sich, wie gesagt, viel getan. Das liegt daran, dass jetzt immer mehr Vorstände oder Aufsichtsräte vor Gericht stehen oder schon im Gefängnis sind. Der Aufsichtsrat musste moderner werden, das konnte so nicht mehr weitergehen. Aber es gibt eben nach wie vor dunkle Flecken, und zwar meistens da, wo Beamte mit im Aufsichtsrat sind oder Leute sich eingekauft haben, die dann ihre Ehefrauen dort reinsetzen, damit die auch ein Trampolin haben: Stichwort VW und ua das Diess-Desaster. Wenn man nämlich den

erfolgreichen Teil der jüngeren VW-Geschichte genauer analysiert, lässt sich feststellen, dass die prägende Persönlichkeit der damalige Aufsichtsratsvorsitzende 2002 bis 2015 Ferdinand Piech war. Ein Mann, der evident einen Plan, sprich ein Konzept, hatte.

Apropos Desaster: Flughafen Berlin Brandenburg (BER). Wenn man da ein paar Details zu den damaligen Abläufen im Aufsichtsgremium kennt, dann ist schnell klar, dass das natürlich ein Aufsichtsratsproblem gewesen ist, mit Wowereit und all den anderen führenden Politikern, die völlig überfordert gewesen sind. Keine Sachkompetenz im Gremium, nicht mal darüber, wie ein Projektmanagement ordentlich aufgesetzt wird. Beispielsweise entschied das Ampel-Modell darüber, welche Themen auf die Tagesordnung einer Sitzung kamen. So ist zB ein Gutachten, das den Fertigstellungstermin in Frage stellte, nicht auf die Tagesordnung gekommen, weil es dem öffentlich bekannt gegebenen Termin widersprach und „konsequenterweise" mit Rot etikettiert wurde. Der Gutachter hat dann das Dokument postalisch an das Gremium geschickt, wiederum „konsequenterweise" wurde die Annahme verweigert. Ein Beispiel von vielen. Ein Aufsichtsgremium im offensichtlichen Blindflug -und das ausgerechnet bei einem Flughafen-Projekt!.

Im Auftrag der Stiftung Familienunternehmen ist kürzlich eine Studie herausgekommen, die zeigt, dass Deutschland Platz 18 von insgesamt 21 Ländern belegt, wenn es um die internationale Wettbewerbsfähigkeit geht. In Österreich sind die Ergebnisse fast genauso ernüchternd. Und dann sind immer alle ganz verwundert ...

Ich sag mal so: Die Ohrensessel- und Kaffeekränzchenzeiten der Gremien sollten eigentlich vorbei sein. Trotzdem ist es interessant zu sehen, wie oft man dieser Erscheinung noch begegnet. Es ist immer wieder die Frage, wie die Konstellation im Aufsichtsgremium aussieht, gerade bei Mittelständlern, auch bei den Größeren, um besonderen Herausforderungen zu begegnen. Modernisierung ist eines der zentralen Themen einer Unternehmensentwicklung. Das ist nicht unbemerkt geblieben. Es gibt Forschungen darüber, Umfragen, Erhebungen – man weiß in der Theorie über all das schon sehr viel. Die Fragen bleiben bestehen: Welche Qualität hat der Aufsichtsrat? Welche Leute sind dort? Wie kommen die Leute in die Gremien? Und aus welchen Gründen sitzen die da drin? Sind diese Leute geeignet, mit einer solchen Herausforderung umzugehen?

Es gibt doch diese transition-manager-Matrix, die Sie gerne zitieren, wonach es verschiedene Spannungsfelder im Aufsichtsrat gibt
Genau! Insgesamt unterscheidet man zwölf Spannungsfelder in der Interaktion eines Aufsichtsrats, und allein drei davon hängen mit Qualifikation, Besetzung und Weiterbildung zusammen. Es geht insofern wesentlich um die Qualifikationen der Leute. Es war auch eine Weile mal en vogue, sich mit Begriffen wie „gesunder Menschenverstand" und, wie ich eben sagte, „der ehrbare Kaufmann" zu behelfen, weil Aufsichtsrat nun mal kein Ausbildungsberuf ist. Entschuldigung, aber das sind so komplexe Vorgänge in diesem Spannungsgeflecht, da kann man nicht einfach sagen, dass der gesunde Menschenverstand ausreicht. Es gibt sogar die These, dass Vorstände durchaus Interesse daran

haben, Aufsichtsräte an Bord zu haben, die die Komplexität des Business gerade nicht durchschauen. Da brauchen Sie auf der Seite der Aufsicht schon Personalien auf fachlicher bzw. beruflicher Augenhöhe.

Wie damals vor Einführung der Quote, als manche prophezeiten, man werde bei der paritätischen Besetzung von Aufsichtsräten bewusst auf Rätinnen setzen, die den Mund nicht aufkriegen und die Füße stillhalten – Komparsen sozusagen. Kompetenz sollte ausschlaggebend sein, doch ist genau dieses Kriterium anfällig dafür, im Eigeninteresse ausgelegt zu werden. Dann bringt der Lieblingskandidat ein Spezial-Know-how mit, das die Kandidatin ausgerechnet nicht nachweisen kann …
Tatsächlich gab es, und das ist auch interessant, vor vielen Jahren eine Erhebung unter Vorständen, aus der hervorging, wie sehr die Realität bzw. entscheidende Details von den Informationen abweichen, die der Vorstand dem Aufsichtsrat gezielt gibt, um über eine Färbung Entscheidungen durchzudrücken. In einem Fall, bei Praktiker, habe ich ernsthaft den Versuch einer optischen Täuschung in der Entscheidungsvorlage aufgedeckt.

Nun ist es ja so: Vorstände sind meistens auch Betriebswirte oder Manager, die ehrlich gesagt den rechtsfreien Raum lieben, weil dadurch Neugeschäft generiert werden und man Themen entwickeln kann. Demgegenüber ist der Aufsichtsrat in seiner Funktion der Überwachung dazu da, immer auch die legalen Grenzen auszuloten.

In diesem Zusammenhang hat die EU immer wieder Überlegungen angestellt, man solle eine Weiterbildung einfordern – plus eine Auffrischung alle zwei Jahre, mit der Aufsichtsräte ihre Qualifikation belegen können. Das ist alles durchaus legitim. In Deutschland ist es so, dass schriftlich und rechtlich empfohlen wird, Weiterbildung in eigener Sache zu betreiben. Allerdings muss der Aufsichtsrat dies dann auch entsprechend beim Vorstand einfordern. Es ist eben gerade nicht so, dass es einen Lehrplan gibt.

Bei aller Verantwortung auf Kandidatenseite – rhetorische Frage: Sollten Unternehmen nicht schon bei der Architektur ihres Boards auf ein geordnetes Prozedere Wert legen?
Wie Sie sagen, das ist eine rhetorische Frage, die selbstverständlich mit „JA!" beantwortet werden muss. Interessant fand ich das im Fall eines Unternehmens, wo das Mandat ausgeschrieben war und sogar Personalberater dafür ausgesandt wurden. In diesem Fall wurden nur Leute gesucht, deren Profil enthielt, dass sie mindestens drei der größeren Geschäftsfelder des Unternehmens verstehen oder zumindest darüber Bescheid wissen, plus Digitalisierung. Das war das Minimum. Bei den Kandidaten mussten also Qualifikationen nachgewiesen werden – obwohl natürlich auch noch viele andere Aspekte hinzukommen. Das fand ich schon mal einen guten Ansatz.

Die Board Gesamtperformance von Aufsichtsräten steht doch aus Stakeholderperspektive viel stärker unter Beobachtung als noch vor einigen Jahren. Stichwort:

Effizienzprüfung. Als Persönlichkeit mit Ambitionen braucht man heute ein klares Profil – sonst lässt das Mandat lange auf sich warten.
Tatsächlich, ja… Ich erinnere mich an einen Vortrag, bei dem ein Familienunternehmer erzählte, wie sie dergleichen bei sich im Unternehmen gezielt betreiben, den Aufsichtsrat komplementär zusammenzusetzen und je nach Entwicklungsphase des Unternehmens die Besetzung nach Kompetenzbedarf zu justieren. Da ist einfach klar, dass Aufsichtsräte oder Beiräte nach einer Weile wieder gehen müssen, wenn die Themenschwerpunkte sich verändern.

Aber auch hier spielen dermaßen viele andere Spannungsfelder zusätzlich mit rein, die Board-Organisation zB und das Konzept. Oder eben auch die Beziehung zum Vorstand – das ist eine ganz, ganz delikate Angelegenheit, weil es da nicht diese Abgrenzung, die Distanz gibt, die gewahrt sein muss. Man darf sich nicht als Obergeschäftsführer gerieren. Man muss schon auch sehen: Das sind normalerweise alles Alphatiere. Dann das Spannungsgeflecht mit den Aktionären – das ist auch noch mal speziell, besonders dann, wenn jemand über eine Aktionärsgruppe reingewählt wurde, oder weil die das reklamieren, dass man auf den Sitz einen Anspruch hätte. Und dann gilt eben der Spruch: „Wes Brot ich ess, des Lied ich sing."

Die etwas inzestuöse Form der Stakeholder Kommunikation … Gretchenfrage: Wie hält es der Aufsichtsrat mit der Haftung?
Das Thema Haftung ist durchaus präsent, aber nie wirklich ernst genommen worden. Warum? Weil man sich hinter den eingekauften Beratern, die jede Entscheidung mundgerecht aufbereiten, sicher fühlt. Inzwischen wird Haftung schon immer mehr in Augenschein genommen und verfolgt. Lange Zeit war aber der Aufsichtsrat ein absolut rechtsfreier Raum, in dem man tun und lassen konnte, was man wollte. Man hat ja auch mal überlegt, eine Profession aus der Aufsichtsratsarbeit zu machen. Aber was ist da eigentlich die Profession? Man kann Aufgaben definieren und beschreiben, gut und schön, aber man braucht doch schon auch bestimmte erfahrene Persönlichkeiten an Bord.

Was sollten ein Aufsichtsrat und eine Aufsichtsrätin denn heute unbedingt an den Tisch bringen?
Ein großes und wichtiges Auswahlkriterium ist die Praxiserfahrung in bestimmten Gebieten – einer der überhaupt wichtigsten Aspekte. Dann: Unabhängigkeit. Man muss bedenken, dass es bestimmte Automatismen gibt: Wenn jemand lange Vorstand war, heißt es, dass er dann auch Aufsichtsrat kann? Das ganze Thema Deutschland AG – das Thema mit den ganzen Rücksichtnahmen, Betulichkeiten, persönlichen Abhängigkeiten –, deren ganze Handlungsweise ist dem eigentlich unterworfen. Und wenn ich sage, ich setze jemanden von der Deutschland AG da rein, jemanden, der aus diesem Geflecht kommt, womit ich mir dann noch ganz was anderes einkaufe, dann muss ich mich halt fragen, ob ich das haben will oder nicht.

Die Deutsche Corporate Governance Kommission äußert sich nicht gerade häufig zu Skandalen und Affären. Oder haben Sie zu Wirecard aus dieser Richtung ein Statement gehört oder gelesen, das über das Fachzeitschriftenniveau hinausging? Trotzdem ist die Kommission bis heute Anstifter für gute Unternehmensführung …
Der kluge Aufsichtsrat ist eigentlich das, was gewünscht ist. Früher war das Aufsichtsratsthema eher ein juristisches. Das hat sich aber mit dem Deutschen Corporate Governance Kodex verändert – mehr hin zu betriebswirtschaftlichen Aspekten, bei denen es zentral um die Weiterentwicklung eines Unternehmens geht und darum, dieses zu beleuchten. Insofern braucht man nun mal auch andere Typen im Aufsichtsrat – weniger den Juristen als den Wirtschaftswissenschaftler oder den Praktiker, der aus der Wirtschaft kommt.

Was sind denn nun aus Ihrer Sicht die Kernkompetenzen und idealen Persönlichkeiten für den Aufsichtsrat der Zukunft?
Da möchte ich eines vorwegschicken: Die Aufsichtsräte sind schon besser geworden. Zumindest in Deutschland hat sich das bereits verändert, weil im Laufe der Zeit die Anforderungen gestiegen sind und eine neue Generation heranwächst, die andere Vorbildungen mitbringt. Da gibt es durchaus eine jüngere Generation, die sich engagiert einbringt und das auch wirklich gut machen will, die entsprechende Einsatzbereitschaft zeigt und das Thema ernst nimmt. Diese positive Entwicklung ist da, aber es gibt auch immer noch diese blinden Flecken. Zum Beispiel bei Banken oder überall dort, wo Staatsdiener oder Mitarbeitervertreter mit drinsitzen. Da wird es dann manchmal schwierig. Besser wäre der erfahrene Wirtschaftsmanager, kein Industrieschauspieler. Von denen allerdings – und das ist auffällig – finden Sie recht viele in den Aufsichtsräten.

Industrieschauspieler? Woran erkennen Sie so einen?
Ich will jetzt nicht dissen [lacht]. Wenn Sie Erfahrung haben, kriegen sie das ziemlich schnell mit. Allein am Auftreten, an der Wortwahl, am "Sprech" – man merkt das einfach. Bei den ganzen Firmen, wo häufig solche Alphatiere auftauchen, die natürlich alle eine Mega-Erfolgsstory zu erzählen haben, da müsste diese Firma, wo die im Aufsichtsrat sind, doch förmlich abgehen, wie 'ne Rakete. Tut sie aber nicht. Da frage ich mich doch, warum nicht? Das ist doch interessant, oder? Was sind die Antworten darauf? Die kann man sich ausrechnen: Weil die Personen, die da sitzen, eigentlich ganz andere, wichtigere Sachen zu tun haben und ehrlich gesagt auch nur dort sitzen, weil sie noch Vorstand in einem anderen Unternehmen oder eben nur Blender sind. „So what?" Auf diese Weise kommt keine Bewegung rein, keine Aktion. Da steht auch kein Konzept dahinter. Leider wird dann jede Sitzung eher zum Rhetoriker-Treffen.

Das Konzept ist die Seilschaft?
Das ist zu kurz gesprungen, eher ein typisches Zeichen der Deutschland AG übrigens. Die Aussage „… naja, der ist ja da und da" kommt immer wieder. „Der ist in dem und dem Netzwerk, der kennt den und den, den holen wir dann da rein, das ist dann doch

wieder gut für das Renommee der Firma." Da gibt es vielleicht andere Leute, die viel besser geeignet wären, die aber nun mal nicht Vorstand eines DAX-Unternehmens sind oder eben nicht in 'zig Aufsichtsräten sitzen und sich die Sachen gegenseitig zuschieben oder eben keine Selbstvermarktungsmaschinen sind. Ein seriöses, fundiertes Konzept für einen Aufsichtsrat braucht schon mehr Substanz als eine Seilschaft. Der Glaube an die Seilschaft ist übrigens weit verbreitet.

Okay, Götterdämmerung. – Was ist Ihre Lösung?
Ideal wäre der unabhängige, erfahrene Manager, der Mann aus der Wirtschaft. Das ist, glaube ich, das Thema. Sie sind doch der Chef, die Aufsicht des Unternehmens, der Arm der Aktionäre. Sie müssen schauen, dass sich das Unternehmen positiv weiterentwickelt. Schauen Sie, das Problem taucht doch dauernd auf. Wir haben vorhin über den Flughafen BER gesprochen. Da saßen lauter tolle Menschen im Aufsichtsrat. – Warum funktionierte das nicht? Dann bei VW, ich meine das ganze Desaster mit dem Ex-Vorstand. Den haben die Aufsichtsräte ausgewählt, das ist ein Ungetüm an Aufsichtsrat – ein unkoordinierter Leviathan. Nach Piechs Ausscheiden evident ohne Führung. Das muss man sich mal anschauen, wer da sitzt. Sitzen da überhaupt Fachleute drin? Allerdings auch Leute, die ihr eigenes Süppchen bei VW kochen. Also, wie kann das passieren?

Jene, die zB bei Wirecard reinkamen, waren auf Schmusekurs mit dem Vorstand und dem Hauptanteilseigner und hatten jedes korrektive Momentum verloren. Oder auch Bayer, dieses ganze Desaster mit der Klage in Amerika. Es war doch nicht so, dass da nicht Stimmen gewesen wären, die schon vorher gesagt hätten: „Mensch, ob das mal gut ist, jetzt, so 'ne Aktion?" Oder jüngst mit ThyssenKrupp, wo Sie auch hinschauen und feststellen, dass da einzelne Figuren im Aufsichtsrat sitzen, die als Treiber die Zügel in der Hand haben, aber ihrer eigenen, ganz persönlichen Agenda folgen. Praktiker AG ebenfalls – eine Ansammlung von Inkompetenz – Ich muss ehrlich sagen, so eine geballte Inkompetenz wie ich sie bei Praktiker vorgefunden habe, hatte ich bis dahin noch nicht gesehen.

Das Mandat haben Sie damals niedergelegt
Und zwar ziemlich schnell, weil die Sache für mich umgehend klar war – um das zu erkennen, musste man kein Genie sein. Ich habe auch demjenigen, der als Investor angefragt war und gesagt hatte, „Ich möchte aber erstmal den Eichner im Aufsichtsrat sitzen haben", mitgeteilt: „Ich würde da nicht reininvestieren". Es war völlig irre, was da abging. Der Investor hat das dann auch nicht gemacht, zurecht, denn kurze Zeit danach war das Unternehmen (unnötigerweise) insolvent.

Den Niedergang zu verhindern, wäre tatsächlich machbar gewesen, aber da muss man sich wirklich auskennen und wissen, was man tut. Die Auswahl eines passenden Strategie-Ausschusses zB wäre eine unumgängliche Maßnahme gewesen. Ich hatte diese Maßnahme beantragt, weil das der Weg war, wie man bei Praktiker tatsächlich aus der unglücklichen Konstellation mit Roland Berger rausgekommen wäre. Doch dann gab es eine riesige Diskussion um diesen Strategieausschuss. Nach langer Diskussion wurde dem tatsächlich zugestimmt, allerdings mit der Spitzengruppe der Inkompetenz des Gremiums. Daraufhin habe ich niedergelegt. Der Aufsichtsratsvorsitzende war ein inkompetenter „Hans-Dampf-in-allen-Gassen", der im Aufsichtsrat saß, weil ihn einer der Geldgeber unbedingt da drin haben wollte. Aber wenn man sich mal das Profil von dem anschaute, den er da reingesetzt hatte, dann war klar: Der kann das nicht. Ein Mann, der in 40 Gremien gleichzeitig vertreten war – lächerlich. Der konnte gar nicht mit dem Thema umgehen, war mit der Aufgabe völlig überlastet, setzte zum Einstieg bereits gleich eklatante Klopper…

Wie konnte so ein Mann das Board entern?
Lassen Sie uns lieber mal anschauen wie dieser AR-Vorsitzende einen regionalen Spezl als Interimsvorstand für einen Tagessatz von 5.000 € platzierte, ohne Anwesenheit am Firmensitz, plus einem Aktienbonus, den höchsten der Firmengeschichte in einer Insolvenzsituation etc., aber optisch gut angezogen und eine flotte Zunge.

Das Zustandekommen dieser Personalie war nur über ein Telefonat, nicht über einen geordneten Vorgang gelaufen. Normalerweise gibt es einen Personalausschuss, der sich damit beschäftigt. Da gibt es Systeme dafür. Ich habe gesagt, dass ich die Entscheidungsvorlage sehen möchte – die gab es natürlich nicht. Der Aufsichtsrat war inkompetent, aber an zwei, drei Sitzen auch noch von Beratern mit erheblichen Eigeninteressen besetzt. Ich rede nicht von den Arbeitnehmervertretern. Arbeitnehmervertreter müssen natürlich auch sein, aber diese Leute waren ja auch überfordert mit diesem Sanierungsfall. In einem Fall war von englischen Financial Engineers eine Finanzierungsstruktur vorgelegt worden, die dick wie ein Karl-May-Buch daherkam, noch dazu in englischer Sprache. Die sollte man über das Wochenende schnell gelesen haben. Und dann gab es da diese Arbeitnehmervertreterin, die zu Recht gesagt hat, dass sie doch gar kein Englisch könne. Praktiker ist ein Horror-Beispiel für das, was passiert, wenn die falschen Leute im Board sitzen.

Da gab es doch auch diese Strategie „20 % auf alles, außer Tiernahrung". Ich habe den Ex-Vorstand besucht und darüber gesprochen, wie das alles gelaufen ist. Und dann hat er erzählt: „Sie haben völlig recht, dass das nicht gut war für das Unternehmen, das war ursprünglich auch bloß als einmalige Marketingaktion geplant. Wir wollten das eigentlich nicht mehr machen, denn eines war klar, das Ding geht mittelfristig in die Hose." Dann hat der Aufsichtsrat dem Vorstand gesagt, dass die das wieder machen sollen, weil die Umsätze mit dieser Aktion gestiegen waren und das für den Kurs gut war. Der Vorstand hat gemacht, was der Aufsichtsrat gesagt hat. Was genauso ein Unding ist. Aber er hat eben auch riskiert, dass, wenn er sich dagegen stellt, der Aufsichtsrat ihm kündigt. Da sieht man: Solche Fehlleistungen finden sich nicht nur bei kleineren Unternehmen … Aber nochmal, man sieht das eben öfter auch in größeren Unternehmen. Beispiel: Deutsche Bank. Der Ruf der Deutschen Bank ist bzw. war katastrophal. In Amerika wurde sie als Kriminellenveranstaltung gesehen. Und da fragt man sich, wie es gehen kann, die Marke so zu verwahrlosen, anstatt zu bewahren.

Auf den Unternehmenswert muss die Aufsicht wirklich achten. Allerdings haben die Vertreter im Gremium dann angefangen, selbst zu lavieren. So wurde eine Rochade organisiert, bei der sie jemanden aus ihrem Kreis in den Vorstand hievten. Der Aufsichtsrat sozusagen als Ersatzbank für die Vorstände – Freestyle à la „Das machen wir jetzt so …" Das ist einfach unverantwortlich und weit weg von dem, was zu einer ordentlichen Aufsichtsrats-Performance gehört. Fairerweise muss an dieser Stelle aber auch darauf hingewiesen werden, dass der Deutschen Bank offensichtlich der wirtschaftliche Turnaround gelungen ist. Der Aufsichtsrat ist eben schon dafür zuständig, dass sich das Unternehmen, in diesem Fall zwar nicht systematisch aber trotzdem, weiterentwickelt. Deshalb kann man dem Aufsichtsrat hier nur gratulieren.

Selbst- und Fremdwahrnehmung liegen eben manchmal auch bei Aufsichtsräten weit auseinander …
Zweifellos! Die Nähe zu Wahrnehmungsstörungen und Realitätsverlust ist in diesem Feld oft gefährlich nah. Es gab eine Umfrage zu genau diesem Thema unter Aufsichtsräten, die sagen sollten, was sie tun, um sich strategisch aufzustellen, und für wie kompetent sie sich halten. Und da haben 8,2 % von 70 Befragten gesagt, sie würden sich überfordert fühlen. Was aber wirklich schlimm ist: Über 90 % sind der Meinung, dass sie strategisch voll kompetent sind. Das passt jetzt wieder zum Selbstdarsteller, zum Industrieschauspieler: eine gnadenlose Selbstüberschätzung.

Startups haben Mitgesellschafter, Anteilseigner, die gerne von ihrem Mitspracherecht Gebrauch machen, um ihre Interessen durchzusetzen. Glauben Sie, dass es trotzdem eine Chance sein kann, in jungen Unternehmen ein „Board from scratch" aufzubauen und so gleich von Anbeginn dafür zu sorgen, dass die Dinge anders laufen?
Als ich mich selbständig gemacht habe, 1998, da war ich für einen Mandanten von mir, eine VC Gesellschaft, in den verschiedensten Start-up-Aufsichtsräten. Da habe ich eines gelernt: In einem Start-up, vor allem damals im neuen Markt, haben Sie mit jungen Menschen zu tun, die voller Tatendrang einfach losgerannt sind.

Demgegenüber hatten wir im Aufsichtsrat teilweise sehr erfahrene Leute. Da musste ich feststellen: Sie erreichen die jungen Leute nicht. Die glauben das alles gar nicht, was Sie denen erzählen, und an Ihrer Erfahrung sind die auch nicht wirklich interessiert. Deshalb: Erfahrung ist das Wichtigste, aber Sie brauchen bei den Rezipienten, die schließlich Nutznießer dieses Erfahrungswissens sein sollen, eben auch jemanden, der sich wirklich damit auseinandersetzt und bereit ist anzunehmen, was einem da gesagt wird. Und das war eigentlich nie der Fall. Ich habe damals noch ein paar von diesen verunglückten Start-ups im Auftrag verkaufen können, aber was ich gesehen habe: Viele Unternehmen sind damals pleite gegangen, in völliger Selbstüberschätzung der eigenen Fähigkeiten und auch der völligen Fehleinschätzung über das vorhandene Wissen. Von Start-ups würde ich die Finger lassen. Ich persönlich tue mir das nicht mehr an. Da können Sie kaum etwas verändern. Wo Sie etwas verändern können, ist bei gestandenen Unternehmen. Da gibt es genauso Fehlentwicklungen, aber es gibt Strukturen, und diese können Sie verändern.

Glauben Sie, dass sich auch in Familienunternehmen mehr bewegen lässt?
In Familienunternehmen haben wir es mit gewachsenen Strukturen zu tun, eine eigene Welt. Ich behaupte, nicht meine. Vor Jahren habe ich ein Interview gelesen, mit einem, der ein Family Office geleitet hat und dann für die Familie den Dackel Gassi geführt hat. – Was ist denn das für 'ne Nummer? Das ist ein Familienunternehmen.

Noch mal: Man darf nicht alle über einen Kamm scheren, aber in der Tendenz ticken Familienunternehmen schon anders, sehr eigen und besonders, sie haben eine eigene DNA. Ich weiß einfach, dass mir dafür die Geduld fehlt. Da bin ich zu sehr Klartextsprecher, weil das einfach in meinem Job, den ich mache, sehr wichtig ist: Klar sprechen, keine Luftschlösser bauen, sehr klar die Analyse fahren und auf das Wesentliche runterbrechen. Mir fehlt einfach die Geduld im Umgang mit Familienmitgliedern, wo dann eine Malerin ihre Tochter mitbringt, die eine der drei Teilerben ist, die dann noch ihre Schwester mit reinbringt, die in der Konsequenz noch ihren Sohn mit reinbringt, der im ersten Semester Jus studiert – also ganz ehrlich da fehlt mir die Lust.

Wer die Wahrheit sagt, braucht ein schnelles Pferd, hat mal ein kluger Kopf gesagt. Trotz dem (oder vielleicht gerade darum) sind Sie weit gekommen, mit Ihrem Klartextsprechen
Das ist auch mein Markenzeichen geworden. Das Banalisieren des Problems oder der akuten Lage auf das Wesentliche. Mit dem Seziermesser zu analysieren und daraus aber auch Lösungen zu erarbeiten, um zeigen zu können, wie man eine Herausforderung, ein Problem angeht.

Das Interessante ist, dass in der 25-jährigen Geschichte von transition-manager einige Unternehmen tatsächlich aus dem Aufsichtsratsvorsitz heraus saniert bzw. neu ausgerichtet werden konnten. Und damit weiß ich für mich, wie der Lateiner sagt: „Quod erat demonstrandum." Zumindest in diesem Thema [lacht] weiß ich, wovon ich spreche.

Ich sage immer, der Aufsichtsrat ist die DNA des Unternehmens. Man hat doch einen freieren Blick auf die Vorgänge im Unternehmen …
Ich halte den Aufsichtsrat für das wichtigste Gremium überhaupt. Wer den Aufsichtsrat innehat, wer dieses Gremium besetzt, hat das entscheidende Tool in der Hand. Der Vorstand kommt dann dazu. Das sind Söldner, die Sie sich dazu holen. Da kann es auch durchaus sein, dass der Aufsichtsrat sagt, wir holen jemanden in einer bestimmten Phase, einen bestimmten Typus an Vorstand, der aber dann, wenn die Situation sich verändert, wieder abgelöst werden muss. Der Aufsichtsrat ist eben verantwortlich, um für die Weiterentwicklung des Unternehmens zu sorgen. Und genau das ist es ja, was oft nicht richtig gemacht wird – und damit sind wir wieder bei den Stichworten Kaffeekränzchen und Ohrensessel als gewohnter Modus in deutschen Aufsichtsräten.

Und bei den Stichworten Weiterbildung und Digitalisierung …
An der eigenen Weiterbildung muss man wirklich arbeiten, um zu verstehen, was Unternehmen machen. Das alles hört sich ein bisschen so wie die Quadratur des Kreises an, ist es aber nicht. Es gibt genügend vernünftige, kluge, lebenserfahrene Manager:innen, das sage ich jetzt ganz bewusst, nicht nur Männer, sondern auch Frauen, die da durchaus ihre Expertise einbringen können. Interessant war, dass es zB bei Wirecard kurzfristig eine Bankerin im Aufsichtsrat gab, der es genauso wie mir bei Praktiker erging, weil da lauter Leute mit ihren eigenen Interessenlagen und Verbindungen saßen. Sie hat dann am Ende aber auch nur eine normale Niederlegung gemacht.

Tina Kleingarn …
Genau. Sie konnte sich aber nicht durchsetzen. Das habe ich übrigens auch gemacht, eine „normale" Niederlegung. Als ich das gelesen hatte, dachte ich, das hätte ich vielleicht damals auch anders machen können. Ich hätte meine Mandatsniederlegung durchaus ausführlicher begründen sollen.

Die Vertragslaufzeiten von Vorständen werden tendenziell kürzer. Manchmal ist Erstarrung bei den Playern zu beobachten, wenn sich der Vertrag seinem Ende zuneigt – man möchte nichts riskieren, was die Verlängerung aufs Spiel setzen könnte. In Familienunternehmen ist der Trend inzwischen fast andersherum. Da werden CEO-Verträge im Sinne von längeren Gestaltungsspielräumen angepasst. Wie sind Ihre Beobachtungen?
Die Generation, die heute Mitte 20 ist und aufwärts, hat eine andere Vorstellung, wie sie ihr Leben gestalten will. Die fragen sich: „Will ich mein ganzes Leben hier verbringen? Will ich nicht auch mal was ganz anderes machen? Habe ich nicht ganz andere Pläne?" Und mit den Abfindungssummen, die teilweise gezahlt werden, ist das dann ja auch möglich. Da habe ich einfach den Verdacht, dass es für den ein oder anderen ein ganz ureigenes Businessmodell ist, den Vertrag aufs Spiel zu setzen. Da gibt es ein paar Jobhopper. Wenn man sich anschaut, wie kurz die teilweise bei einem Unternehmen waren … Teilweise werden solche Kandidaten richtig gehypt. Aber wenn man sich das mal genauer ansieht und die Kernfrage stellt: Was hat der eigentlich genau erreicht in der kurzen Zeit? Wann hat er angefangen, und was war konkret das Ergebnis? – Dann werden Sie auf erstaunliche Sachen kommen.

Frei nach William Shakespeare (Der Kaufmann in Venedig): „Nicht alles, was glänzt, ist Gold." Trotzdem geht es doch auch um den potenziellen Gesichtsverlust. Wer würde sich hinterher schon den Ausweis ausstellen wollen, eine Niete zu sein?
Aber dann ist es doch der Job des Aufsichtsrats, das entsprechend zu hinterfragen und zu analysieren. Bei PWC war ich mal bei einer Runde von Großkunden eingeladen, Bereich Familienunternehmen. Jeder der anwesenden Berater sollte sich vorstellen. Da habe ich gesagt, dass ich beobachtet habe, dass, wenn was schiefläuft mit dem Vorstand, sich der Beirat häufig distanziert. Die Frage, die keiner stellt: „Wie kommt einer eigentlich an

den Vorstandsjob? Wie ist der ‚jetzige Flop' denn dahin gekommen? Hey, das warst doch du!" – Die Verantwortung liegt im Aufsichtsgremium. Danach war ich die persona non grata. Tja, aber Klartext sprechen, ist halt Klartext sprechen.

Am Ende will es keiner gewesen sein
Das erinnert mich an die Tierpsychologie. Da gibt es diese Geschichte der Schimpansendame Sheila. Sheila hatte irgendwie Mist gebaut, Kacka gemacht im Forschungsraum, oder sowas. Sie wurde dann von den Tierpsychologen gefragt, wer das wohl gewesen ist. Dann haben sie die Mimik ausgelesen und festgestellt: Sheila lügt. Sheila hat natürlich nicht gesagt, dass sie es war und stattdessen mit dem Finger auf eine Forscherin gezeigt. Selbst bei Primaten ist das ein normaler Reflex. Bei Bewerbern ist sowas nachvollziehbar: Natürlich verkauft sich jeder so positiv wie möglich, aber letztlich steht der Aufsichtsrat in der Verantwortung, hinter die Kulissen zu schauen.

Wie schaffen Sie es als Vorsitzender, Mehrheiten hinter sich zu versammeln, wenn Sie sehen, dass jemand nicht geeignet ist und es für das Unternehmen besser wäre, diese Person würde ihren Sitz räumen?
Nehmen wir eine Situation, wie ich sie beim Bankverein Werther hatte: eine Besetzung im Aufsichtsrat aus ehrenwerten Bürgern des „Museumsdorfs" (Zitat eines Aktionärs) – der Landwirt, der Lehrer etc. An das Meeting kann ich mich noch genau erinnern. Ich habe das im Aufsichtsrat ganz offen angesprochen und erklärt, dass die Bank für eine konstruktive Sanierung andere Mitglieder im Gremium brauche, die mit Fachwissen und adäquaten Netzwerken helfen könnten. Dann haben die Betroffenen gesagt: „Ja, da muss ich mal drüber nachdenken." Am Ende waren sie tatsächlich einsichtig. Allerdings hatte ich parallel natürlich die Großaktionäre ins Boot geholt. Übrigens auch in meinem allerersten Mandat, als ich mich 1998 selbständig gemacht hatte: Da war ich im Bereich einer Holding aktiv, die Electronic- und Media-Beteiligungen hatte. Im Aufsichtsrat saßen Leute aus der Pharmazie und ähnlich entfernten Branchen. Denen habe ich das auch so erklärt: „Ich habe hier jemanden von Bertelsmann, Topmanager, der würde den Aufsichtsrat verstärken können." Ich habe das einfach sachlich erklärt. Es ist nur eine Frage der Logik, der Vernunft. Natürlich hätten sich die Leute weigern können – die Konsequenz wäre gewesen, dass sie in der nächsten Hauptversammlung nicht mehr gewählt werden. Bei sowas brauchen Sie die Aktionäre hinter sich.

Ich möchte noch einmal auf die Qualifikation und die Besetzungsfrage zu sprechen kommen. Der Governance Kodex gibt dahingehend Empfehlungen – harte Regularien bzw. Auflagen gibt es nicht.
Nein, die gibt es nicht. Deswegen haben sich die Beteiligten der Kommission 2012 auf den Begriff des ehrbaren Kaufmanns zurückgezogen. Und jetzt sagt man sich, schauen wir uns doch mal die Leute an, Middelhoff zB, und noch so ein paar Gestalten. Wie kann das denn passieren? Antwort: Da hat der Aufsichtsrat versagt.

3 Klartext: Der kluge Aufsichtsrat hat ein Konzept

Aufsichtsrat – Beruf oder Berufung?
Die Aufsichtsratstätigkeit ist multikausal, also kein Sachbearbeiterjob. Solche Zusammenhänge können Sie nie monokausal begründen. Das geht jetzt auch in Richtung Frauenquote. Wir können kein Raster machen und nach Alter, Größe, Nationalität, Glauben, sexueller Orientierung einteilen. Genauso wenig können Sie es nach der Professionalität fassen. Das funktioniert nicht. Außer es wäre tatsächlich eine Ausbildungsgeschichte, dass man sagt, das ist ein Zusatzstudium. Da gibt es inzwischen auch verschiedene Anbieter – so ein Zeugnis kostet dann allerdings rund 10.000 €. Wesentlich günstiger und qualitativ hochwertig ist auch das Fernstudium an der EFH.

Ich glaube, dass die genderadäquate Aufsichtsratsbesetzung eine gesellschaftspolitische Herausforderung ist. Aufsichtsratsitze sollten keine Währung sein, genauso wenig wie Ministerposten übrigens.

Vor ein paar Jahren habe ich gelesen, dass über 500 Frauen insgesamt 160 Mandate bei den S-DAX und weiteren Indizes besetzt hätten. Und jetzt ist die Frage: Egal, was die Gründe gewesen sein mögen, warum die da reingekommen sind, es wäre schön, wenn ihre Mandatierung dem Unternehmen tatsächlich weitergeholfen hätte. Ich bin nicht gegen Frauen im Aufsichtsrat, aber ich sage einfach: Die Kompetenz muss ausschlaggebend sein – in Verbindung mit dem Thema Erfahrung. Das sollte der Maßstab sein. Es ist ja bekannt, dass 75 % aller Unternehmenszusammenschlüsse nicht funktionieren. Dementsprechend sind das Aufgaben, für die man fähige Leute braucht, die wissen, wovon der Vorstand überhaupt spricht. Spätestens bei diesem Thema trennt sich in einem Gremium die Spreu vom Weizen. Um solche Challenges austarieren zu können, müssen Sie schon wirklich Erfahrung und Know-how haben. Jeder Aufsichtsrat tut meines Erachtens gut daran, dass er komplementär besetzt ist – wenn es gut läuft. Deswegen hängt viel davon ab, dass man einen vernünftigen Vorsitz hat, der das Ganze auch als Team begreift – ein ganz entscheidender Faktor.

Deswegen sage ich, dass der Aufsichtsrat ein Konzept braucht. Man braucht einen Vorsitzenden, der ein Konzept, einen Plan hat und sich dann sehr genau anschaut, wer noch mit an Bord ist. Wie kann man die Kolleg:innen am besten einbinden? Wer kann welchen Beitrag leisten und daraus analysieren, was für ein Know-how bringen wir an den Tisch, und welche Kompetenz jetzt eher nicht, um auf dieser Basis dann von extern bei Bedarf Know-how zuzukaufen.

Manche sagen, der Status sei nicht ganz unerheblich, um berufen zu werden. – Wie stark wird auf Titel geschaut?
Es gibt eine Studie darüber, wie wichtig ein Doktortitel ist. Das Ergebnis besagt, dass knapp 58 % der DAX-Vorstandsvorsitzenden und 38 % der übrigen Vorstandsmitglieder promoviert wurden. Interessanterweise ist es so, dass im Aufsichtsrat über 62 % promovierte Leute sitzen. Also scheint das dann doch auch ein Kriterium zu sein.

Diese Leute haben ein bisschen länger am Schreibtisch verbracht und etwas weniger Praxiserfahrung vorzuweisen. Wollen Sie darauf hinaus?
Sie haben natürlich besser verdienen können und konnten sich somit besser verkaufen. Ich habe drei Studienabschlüsse in zehn Semestern gemacht und hatte keine Zeit für Promotion, aber meines Wissens kommt es darauf nicht an. Sie brauchen einfach Leute, die Ahnung vom Business haben, die wissen, wie ein Unternehmen funktioniert und in welchem Geschäft das Unternehmen sich bewegt. Sie brauchen Leute, die eine bestimmte Art haben, in so einer Situation mit Krisen umzugehen. Und dann gibt es noch dieses Spannungsfeld – die Beziehung, Vorstand und Aufsichtsrat. Diese ganz spezielle Verbindung. Da darf man auch mal diplomatisch sein, sich zurücknehmen und sollte nicht unbedingt einer sein, der die großen Interviews gibt, weil das einfach nicht der Job ist. Da gibt es ein paar goldene Regeln, an die man sich halten darf. Lebenserfahrung und Erfahrung im Business – beides ist einfach unbezahlbar.

Was gibt es denn für goldene Regeln?
Genau diese Rollenabgrenzung zu machen. Eine zweite Regel ist das Thema der Verschwiegenheit, eine dritte jene der Unabhängigkeit, zumindest einer gewissen Unabhängigkeit. Sie können durchaus die Interessen eines Aktionärs vertreten, der Sie da reingeholt hat, eines Investors.

Was Sie da aufzählen, gehört zu den Basisqualifikationen eines jeden Aufsichtsrats. Ich meinte eher: Welche Regeln darf ich beachten, wenn es um das finale Gespräch geht, das zu einer Mandatierung führen soll? Auf welche Details achten Sie als Aufsichtsratsvorsitzender bei solchen Gesprächen?
Es geht darum, dass ein Aufsichtsrat ein Innenorgan ist, und darum, als kontrollierender Aufsichtsrat wahrgenommen zu werden, der sich ansonsten eben in den Medien reduziert, aber möglichst souverän präsentiert. In der Hauptversammlung ist der Vorsitzende des Aufsichtsrats zugleich der Leiter der Versammlung, wenn er aber etwas zum Unternehmen sagen möchte, das nichts mit der rein formalen Abwicklung zu tun hat, muss er eigentlich die Zustimmung des Vorstands einholen.

Der Aufsichtsrat ist ein Innenorgan. Das Verständnis dafür muss vorhanden sein. Aufgaben der Geschäftsführung können nicht auf den Aufsichtsrat übertragen werden, und der Aufsichtsrat hat das dann auch nicht zu übernehmen – so nach dem Motto: *„Ich bin der bessere Vorstand, und ich zeig dir jetzt mal, wo die Harke hängt."* Das kann man machen, das muss dann aber in einer bestimmten Art und Weise passieren, so wie beim Bankverein *Werther,* wo wir permanent Vorschläge eingesammelt und Kontakte eingespielt haben, die der Vorstand dann aufgenommen hat. Natürlich hat der wiederum auch nicht alles gemacht, aber er hatte zumindest die Möglichkeit, alle Geschäftsansätze zu verfolgen. In einem Geschäftsjahr hat der Aufsichtsrat mehr Umsatz generiert als der Vorstand.

Das andere Thema, eine wichtige Sache, ist jenes der Informationsversorgung. Der Vorstand muss mich mit ausreichend Informationen versorgen, alles andere interessiert mich nicht – so einfach geht es nicht. Informationsversorgung müssen beide betreiben – beide aktiv: der Vorstand, aber auch der Aufsichtsrat, Letzterer durchaus auch extern.

In welchem Umfang würden Sie dazu raten, sich proaktiv Informationen zu beschaffen?
Sie können das unternehmensintern organisieren und sich einen Spezialisten suchen, der bestimmte Sachverhalte nochmal explizit erklärt. Man kann das auch alles schön offiziell machen, man muss nicht durch die Hallen gehen und sich die Leute schnappen. Das Thema der Informationsversorgung, der Beschaffung, kann man auf andere Art und Weise betreiben, indem man auch selbst mal über das Netzwerk der Firma in das Unternehmen eintaucht. Oder man spricht explizit Leute und Kunden an. Man darf die benötigten Informationen durchaus auch beim Vorstand einfordern und sollte sich nicht wie beim Kaffeekränzchen einfach nur hinsetzen.

Wie stellen Sie einen potenziellen Keks-in-den-Tee-Tunker auf die Probe?
Wenn da jemand aus irgendwelchen Gründen über Proporzbesetzung einen Sitz bekommen soll oder zwischendrin mal ein Sitz frei wird, muss der Vorstand jemanden bei Gericht vorschlagen. Dann kann man da im Aufsichtsrat nochmal was dazu sagen und muss eben klarmachen, dass die Aufsichtsratsmitglieder persönlich handeln, also eigenverantwortlich, und dass sie eigentlich nur ihrem Gewissen verpflichtet sind. Das ist eine weitere goldene Regel.

Das Gespräch führte Clarissa-Diana de Grancy

Dipl. Pol. Dipl.Betriebsw. Alexander Eichner M.A. ist laut Handelsblatt „Der feine Mann fürs Grobe". Seine beruflichen Stationen umfassen Bertelsmann, Sony, KPMG & CAIB sowie Eutelis Consult. 1998 gründete Eichner transition-manager. Schwerpunkte seiner Tätigkeit sind Restrukturierungen, M&A, Aufsichtsratsmanagement, Beteiligungsbetreuung, Sondersituationen. Einige Leuchtturmprojekte, die Legende sind: Spütz AG (erste echte feindliche Übernahme Deutschlands), Aluval SA (Shutdown Management französische Schweiz), Metalcorpgroup AG (Lizenzbeschaffungen Bauxit), Bankverein Werther AG (Sanierung und Verkauf) sowie Octavian Gruppe wg. Hotel Adlon (Abwehr feindlicher Übernahme und Verkauf).

Raus aus der Beiratsblase!

Pflichtaufgaben für eine erfolgreiche Beiratsbesetzung

Ulvi Aydin

Zusammenfassung

Unternehmen stehen vor vielfältigen Herausforderungen. Da sind homogen besetzte Beiratsgremien mit fehlender Diversität und Digitalisierungskompetenz nur ineffektiv. Studien zeigen, dass Beiräte oft sehr einseitig besetzt sind und wenig Vielfalt aufweisen. Dabei ist Diversität in Beiräten, nicht nur in Bezug auf Geschlecht und Alter, sondern auch in Bezug auf Erfahrung und Herkunft enorm wichtig, um komplexe Herausforderungen erfolgreich zu bewältigen. Der Beirat sollte nicht nur als Kontrollinstanz, sondern als aktiver, unabhängiger Berater und Coach fungieren, der die Unternehmensführung herausfordert und vielfältige Perspektiven bietet. Warum eine bewusste und kritische Auswahl von Beiratsmitgliedern wichtig ist, um die Unternehmensentwicklung und Anpassungsfähigkeit an die sich ständig verändernde Wirtschaftswelt zu fördern, finden Sie hier.

Da draußen geht die Post ab! Struktureller Wandel, politische Krisen, fragile Märkte: Für viele Unternehmen fühlt es sich so an, als werde die Liste aktueller Herausforderungen immer länger. Von einer „Polykrise" ist schon die Rede. Stefan Wintels, Vorstandsvorsitzender der staatlichen Förderbank KfW, sagte Anfang 2023 im Deutschlandfunk dazu: *„Die Polykrise ist das Überlagern von verschiedenen Krisen, die sich gegenseitig*

U. Aydin (✉)
Ottobrunn, Deutschland
E-Mail: ulvi.aydin@aycon.biz

bedingen und teilweise sogar verstärken."[1] Okay, wir haben gerade viele Krisen. Aber warum das für manche Unternehmen ein Grund zur Panik ist, ist mir schleierhaft.

Macht die Wirtschaftswelt da draußen nicht im Prinzip genau das, was sie schon immer getan hat? Also: sich wandeln? Wer beim Thema Wirtschaft an einen statischen Zustand denkt, sollte zum Arzt gehen. Oder nochmal ins erste Semester BWL! Denn Wandel war schon immer ein natürlicher Prozess unserer Wirtschaftswelt – und gehört für jedes Unternehmen dazu, wie Steve Jobs zu Apple! Denken Sie einmal zurück: Krisen wurden seit jeher von jeder Generation als existenziell und bedrohlich wahrgenommen: 1. Weltkrieg, Black Friday, 2. Weltkrieg, Ölkrise, Kalter Krieg, 9/11. Eigentlich gibt es in jeder Generation Endzeitstimmung.

Nach der Krise ist vor der Krise

Mein Rat: Verzweifeln Sie nicht an der vermeintlich zunehmend komplexen Wirtschaftswelt. So verfallen Sie und Ihr Unternehmen nur in eine Krisenschockstarre. Machen Sie sich dagegen bewusst: Es gibt nur drei Phasen eines Unternehmens: Restrukturierung, Konsolidierung, Wachstum. Das ist ein ewiger Kreislauf. Nach einer Wachstumsphase geht es irgendwann wieder bergab – und es wird eine Restrukturierung nötig. Ist diese erfolgreich, kann das Unternehmen in die Konsolidierung treten und sich erholen, bis es wieder genug Wind in den Segeln hat und mit voller Fahrt auf Wachstum gehen kann. Und wir wissen alle: Die nächste Krise kommt bestimmt!

Das ist auch gar nicht schlimm. Krisen haben etwas Schöpferisches, denn aus ihnen entsteht Neues. Oder wie es Max Frisch so schön ausdrückte: *„Krise ist ein produktiver Zustand. Man muss ihr nur den Beigeschmack der Katastrophe nehmen."* Bei Unternehmen in einer existenzbedrohenden Krise stellt sich heraus, wer ihr trotzt, wer ihr nicht gewachsen ist, wer gestärkt und erneuert aus ihr hervorgeht – und wer an ihr scheitert. Um es nach der Evolutionstheorie zu beschreiben: Nicht das stärkste Unternehmen überlebt, sondern jenes, das in der Lage ist, sich an die Veränderungen anzupassen! Aber: Wenn Unternehmen das erst jetzt begreifen und ihren Modus Operandi erst jetzt von „business-as-usual" auf „change-as-usual" umstellen, frage ich mich ganz ehrlich: Wer sitzt denn da bei Ihnen im Beirat? Ein Blick auf zahlreiche Studien lässt Böses erahnen.

Gleich und gleich berät sich gern

Da wäre zunächst die Kienbaum-Studie „Beirat und Aufsichtsrat im Mittelstand"[2] von 2022. Laut Umfrage des deutschen Beratungshauses sind gerade mal 49 % der Gremien mit mindestens einer Frau besetzt. Und überwiegend ist dann auch wirklich *nur eine*

---

[1] Birgit Scholtes (2023): *Fragile Kapitalmärkte Warum eine neue Finanzkrise droht.* Deutschlandfunk, Minute 1:05. Link: https://www.deutschlandfunk.de/politische-krisen-fragile-maerkte-droht-eine-neue-finanzkrise-dlf-749f5cf7-100.html [aufgerufen: 15.02.2023].

[2] Vgl. Kienbaum (2022): *Beirat und Aufsichtsrat im Mittelstand.* Download-Link: https://www.kienbaum.com/de/publikationen/beirat-und-aufsichtsrat-im-mittelstand/ [aufgerufen: 15.02.2023].

Frau vertreten. Hinzu kommt: Nur acht Prozent der Befragten antworteten, dass Diversität eine hohe Bedeutung für sie spiele. Rund die Hälfte, fast 50 %, gab an, dass Vielfalt „keine" oder „eher keine" Bedeutung habe.[3] Das ist, gelinde gesagt, erschreckend!

Und Altersvielfalt? Auch davon ist laut Kienbaum in den meisten Beiräten nicht viel zu sehen. Sieben Prozent der Gremienmitglieder sind unter 40 Jahre, 16 % unter 50 Jahre alt.[4] Klar, Alter bedeutet Erfahrung. Und Erfahrung ist für so einen wichtigen Posten wie den eines Beirats oder Aufsichtsrats enorm wichtig, keine Frage. Allerdings ist das hohe Alter in den Beiräten mit Blick auf Innovationen und den digitalen Wandel fragwürdig. Denn: Wenn es ein Thema gibt, bei dem wir Älteren unseren jüngeren Mitmenschen mehr Kompetenz einräumen müssen, als wir selbst sie haben – dann ja wohl bei der Digitalisierung!

Die PwC-Studie „Der Beirat im Familienunternehmen" (2021) schreibt zum Thema Digitalkompetenz in Beiräten:

> „Nicht einmal jedes dritte Beiratsgremium verfügt über ausgewiesene Expertise in der Digitalisierung. Das ist auch deshalb fahrlässig, weil dieses Wissen in vielen Familienunternehmen aufgrund fehlender Fachkräfte ebenfalls noch nicht ausreichend vorhanden ist. Zudem haben 40 Prozent der Unternehmen keine Maßnahmen eingeleitet, um ihre Beiräte über aktuelle Trends und Entwicklungen zu informieren und die Kompetenzen ihrer Beiratsmitglieder auf den neusten Stand zu bringen."[5]

Lassen Sie sich das einmal auf der Zunge zergehen. Ich wünsche guten Appetit!
Und zuletzt: Wie ist es eigentlich mit ethnischer Vielfalt in Beiräten bestellt? Dazu habe ich leider keine Statistiken für den Markt in der DACH-Region gefunden (ich freue mich auf Hinweise). Wäre schon interessant, zu erfahren, ob sich die Gender- und Altersmonotonie auch in der Herkunft der Gremien widerspiegelt. Also: Alte weiße Männer beraten alte weiße Männer. Mal wieder. Und dann auch noch das Gefühl haben, alles werde komplexer. Aber dazu später mehr.

Family, Friends & Fools? Nein, danke!
Zunächst noch ein kleiner Exkurs in meine eigene Erfahrung: In bin schon lange „im Game". Seit über 30 Jahren Manager, seit fast 20 Jahren Interim Manager, Management Consultant, Trusted Advisor, Coach und Beirat. In dieser Zeit habe ich schon viele Beiratsgremien aus nächster Nähe gesehen. Meine Beobachtung: Die konstanten Low Performer haben in der Regel einen Beirat aus homogenen Jasagern und Mitläufern. Menschen also, die nur nachbeten, was ihnen die Gesellschafter vorpredigen. Wenn ich Unternehmen bei der Besetzung von Beiräten begleite, warne ich immer vor den „drei Fs":

---

[3] Ebd.
[4] Ebd.
[5] PricewaterhouseCoopers (2021): *Der Beirat im Familienunternehmen.* Seite 19. Link: https://www.pwc.de/de/mittelstand/der-beirat-im-familienunternehmen-2021.pdf [aufgerufen: 15.02.2023].

Family, Friends and Fools. Wen meine ich damit? Sandkastenfreunde im Beirat, die nie Kritik üben. Wirtschaftsprüfer und Steuerberater, die seit 20 Jahren für die Firma arbeiten und vor allem Golf-Buddys der Geschäftsleitung sind. Wer seinen Beirat nur aus Freunden und Familie zusammensetzt, bewegt sich in einer Blase voller Gleichgesinnter – und verliert den Anschluss an die Wirtschaftsrealität außerhalb der Unternehmensmauern.

Warum? Weil Nahestehende im Beirat oftmals nur Resonanzkörper der eigenen Aussagen sind. Sie bestärken die Geschäftsführung in ihrem Wunschdenken und halten sie warm und gemütlich in dieser Komfortzone. Pures Gift für die Unternehmensentwicklung! Übrigens: Auch nicht jedes Familienmitglied ist die beste Wahl. Denn was haben Unternehmen davon, wenn künftige Erben im Gremium sitzen, die nur auf Opas Jacht schielen und bloß niemandem in die Parade fahren wollen? Zu viele zu gleiche Menschen, die alle dasselbe wollen – ohne zu hinterfragen und sich im konstruktiven Diskurs für das Unternehmen reiben: Das ist so überflüssig wie ein Blockflöten-Solo auf einem Heavy-Metal-Konzert!

Watzlawick hatte recht
Kurz zur Klarstellung: Ich spreche hier keinen einzelnen Menschen in den Beiräten die Kompetenz ab. Bestimmt ist jeder für sich absolut genial in seiner Sache. Nur: Als Einheit im Gremium kann da nicht viel bei herauskommen, wenn alle blind in dieselbe Richtung denken und handeln, aus der sie gekommen sind. Oder frei nach Paul Watzlawick: Wenn in Ihrem Beirat nur Hammer sitzen, werden diese in jedem Problem einen Nagel sehen. Erinnern Sie sich: Wir befinden uns in Zeiten von „Polykrisen"! Wie wollen Sie denn dieser hohen Komplexität mit einem homogenen Beirat begegnen?

Also: Brille aufsetzen und Denkerpose einnehmen! Was sagen denn die Studien? Mitarbeitende der Helmut-Schmidt-Universität Hamburg haben für die Jahre 2006 bis 2013 die Jahresabschlussinformationen von 95 DAX30-, MDAX- und SDAX-Unternehmen analysiert.[6] Eine Erkenntnis: Die Qualität der Finanzberichterstattung in Unternehmen mit Frauenquote in den Aufsichtsgremien war höher als die Qualität in Unternehmen mit homogenen Aufsichtsräten.[7] Ähnliches bestätigt auch der McKinsey-Report „Delivering through Diversity" von 2018: Die Chance für Unternehmen mit hoher Gendervielfalt, eine überdurchschnittliche Rentabilität zu erzielen, sei um 21 % größer als für Unternehmen mit geringer Gendervielfalt. Bei ethnischer Vielfalt sogar um ganze 33 %![8]

---

[6] Vgl. Lena Panzer, Dr. Stefan Müller (2015): *Diversität im Aufsichtsrat fördert Qualität der Finanzberichterstattung*. In: Zeitschrift für Corporate Governance, Ausgabe 06/2015. Link: https://zcgdigital.de/ce/diversitaet-im-aufsichtsrat-foerdert-qualitaet-der-finanzberichterstattung/detail.html [aufgerufen: 15.02.2023].

[7] Ebd.

[8] Vgl. Vivian Hunt, Sara Prince, Sundiatu Dixon-Fyle, Lareina Yee (2018): *Delivering through Diversity*. McKinsey & Company. Link: https://www.immigrationresearch.org/system/files/Delivering-through-diversity_full-report.compressed-min.pdf [aufgerufen: 15.02.2023].

Komplexität mit Diversität begegnen
Und das lässt sich auch ganz einfach herleiten: Komplexen Systemen sollten wir nicht mit Homogenität begegnen, denn das führt zu Trivialisierung. Homogenität im Beirat bedeutet: Zu viele Gleichgesinnte interpretieren und lösen eine Herausforderung auf ähnliche Weise. Doch gute Beiräte helfen der Geschäftsleitung, zu lernen, sich außerhalb ihrer Komfortzone wohlzufühlen – und Probleme aus unterschiedlichsten Blickwinkeln zu betrachten. Darum sollten Sie sich einen Beirat suchen, dessen Mitglieder möglichst anders sind als Sie selbst und sich auch untereinander unterscheiden. Menschen, die Mehrdimensionalität mitbringen. Dafür müssen Sie Rahmenbedingungen schaffen, in denen Kreativität und Mehrdimensionalität wachsen und gedeihen können. Und eine dieser Rahmenbedingungen lautet Diversität. Denn: Ein vielfältig besetzter Beirat betrachtet die Unternehmenssituation aus vielfältigen Perspektiven – und kann genau darum mehrdimensionale Lösungsansätze unterbreiten.

Was bedeutet das für die Geschäftsführung in der Praxis? Nun, die Beiratsversammlung wird sicher kein Zuckerschlecken oder fröhliches Schulterklopfen. Im Gegenteil: Die Geschäftsführung muss sich unangenehmen Fragen stellen, bekommt den Finger in die Wunde gelegt und holt sich im Sparring auch mal ein blaues Auge ab (bildlich gesprochen). Anschließend kommt sie aber gestärkt, souverän und handlungsbereit daraus hervor. Der vielfältige Beirat zeigt der Führung so viele Perspektiven auf, dass sie eine solide Entscheidungsgrundlage dadurch gewinnt und mit klarer Sicht die neuen Herausforderungen meistern kann. Lieber im Training ein blaues Auge holen, als im Ring hinterher vermöbelt zu werden. Oder wie es Ex-Boxer Mike Tyson sagte: „*Everybody has a plan until they get punched in the mouth.*"

Geschäftsführung auf dem Grill
Wahrscheinlich bin ich jetzt schon vielen von Ihnen, liebe Leserinnen und Leser, auf den Schlips getreten. Nehmen Sie es mir bitte nicht persönlich. Streng genommen habe ich mich nämlich nur in allerbester Beiratsmanier verhalten: Als ein wohlwollender, aber unbequemer Gegenspieler der Geschäftsführung. Als jemand, der das Kind beim Namen nennt und keine Schokoladensoße über seine Worte gießt. Ich tue das immer hart in der Sache, aber fair und wertschätzend im Umgang. Denn Wertschätzung bedeutet nicht, sein Gegenüber mit Samthandschuhen anzufassen. Nein! Es bedeutet, die sachliche Konfrontation zu suchen, wenn ich Missstände erkenne. Nur so kann das Unternehmen besser werden. Gute Beiräte müssen die Geschäftsführung auch mal grillen. Das ist Teil ihrer Aufgabe. Sie sind der Advocatus Diaboli im Haus, der nicht eher Ruhe gibt, bis die letzten Zweifel aus dem Weg geräumt sind.

Die High Performer wissen es schon längst: Die Rolle des Beirats hat sich, wie die Wirtschaftswelt, gewandelt: Früher war der Beirat ein passives Kontrollorgan – heute ist er aktiver Trusted Advisor, Mentor und Coach. Er bereitet die Geschäftsführung auf die harte Realität da draußen vor. Erfolgreiche, moderne Beiräte challengen die Ideen der Geschäftsleitung und grillen sie so lange mit kritischen Fragen, bis sie geklärt sind.

Als Sparringspartner stellt der Beirat die Ideen der Geschäftsführung kontinuierlich auf die Probe, hinterfragt – und coacht sie dabei, auch in turbulenten Situationen standfester, resilienter und handlungsfähiger zu bleiben. Wenn ich so darüber nachdenke, stelle ich fest: Eigentlich sollte jedes Unternehmen einen Beirat haben! Die Welt hätte bessere Geschäftsführerinnen und Geschäftsführer.

Der Advocatus Diaboli im Haus
Als Advocatus Diaboli ist der Beirat die „Gegenstimme", die die Geschäftsführung aus der Komfortzone stößt, wachrüttelt – und ihr die Schmerzpunkte des Unternehmens ungeschminkt vor Augen führt. Wie ist der Cashflow? Wie viele offene Posten gibt es? Wie viele Rechnungen schreiben wir an wie viele Kunden? Was sind die drei wichtigsten KPIs? Was ich immer wieder beobachte: Vielen Managern ist gar nicht bewusst, dass ihre Unternehmen Restrukturierungsfälle sind. In solchen Unternehmen hat der Beirat versagt! Was passiert denn da auf der Beiratsversammlung? Das ist doch kein Kaffeekränzchen für die Geschäftsführung! Vielmehr ist sie der ultimative Kompass für sie und zeigt ihr auf, ob die Firma auf Kurs ist, welche Maßnahmen wasserdicht sind und ob die Finanzen stimmen.

Somit sind Beiräte *Business Enabler!* Sie befähigen die Geschäftsführung, Herausforderungen zeitnah zu überwinden – und dem Wettbewerb strategisch sowie operativ immer einen Schritt voraus zu sein. Denn natürlich bringt der Beirat auch seine Erfahrung aus anderen Unternehmen und Branchen mit ein, stellt sein Netzwerk zur Verfügung und will das Unternehmen verbessern. Doch das gelingt eben nur, wenn die Geschäftsführung sich von ihm herausfordern und hinterfragen lässt.

Wie sollte Ihr Beirat nun besetzt sein?
Halten wir fest: Altersvielfalt, Gendervielfalt, Bildungsvielfalt oder Herkunftsvielfalt sind wichtige Erfolgsfaktoren für eine starke Beiratsbesetzung. Was noch? Die Fähigkeiten und Eigenschaften der Beiratsmitglieder sollten einander ergänzen, um die gewünschte Mehrdimensionalität zu erreichen. Denn ein vielfältiger Beirat, der nicht in derselben Blase wie die Geschäftsführung unterwegs ist, verbessert das Unternehmen. Wichtig ist auch, dass die Gremiumsmitglieder nicht der Unternehmensvergangenheit hinterhertrauern – sondern nach vorn blicken. Richtung Zukunft! Die optimalen Beiratsmitglieder lassen sich weder von unternehmerischen Seilschaften beeindrucken – noch von familiären Konflikten.

Unabhängigkeit ist das Stichwort. Ich als unabhängiger, selbstständiger Unternehmer kann auf Augenhöhe Klartext mit Unternehmerinnen und Unternehmern sprechen. Nur ein unabhängiges Beiratsgremium stärkt den Zusammenhalt der Gesellschafter. Das gilt besonders für Familienunternehmen, wo es durch Erbschaften vorkommen kann, dass neue Gesellschafter mit einem Stimmrecht ausgestattet sind – aber nur wenig mit dem Tagesgeschäft des Unternehmens zu tun haben und unterschiedliche Ziele verfolgen. Der Beirat arbeitet dann als Vermittler zwischen Unternehmen und Gesellschaftern, um die verschiedenen Interessen zusammenzuführen und potenzielle Konflikte zu lösen.

Auch hierfür ist wieder eine wichtige Voraussetzung, dass die Mitglieder des Beirats unabhängig sind und keine eigenen Interessen haben, die im Widerspruch zu den Unternehmensinteressen stehen. Ist der Beirat in der Lage, konstruktiv zu arbeiten und unangenehme Themen anzusprechen, kann er Unternehmen erfolgreich in die Zukunft führen.

Fazit: Lassen Sie sich hinterfragen!
Diversifizieren Sie Ihre Gremien! Jasager und Mitläufer gehören in den Wellnessbereich der persönlichen Empfindungen, nicht aber in einen Beirat. Wer dagegen auf Vielfalt setzt, erhält vielfältige Lösungswege. Mit einem vielfältig besetzten Beirat oder Aufsichtsrat sichern sich Geschäftsführer ab, die Entscheidungshoheit und Handlungsfähigkeit über die wichtigen Agenda-Punkte zu behalten – auch in der „Polykrise". Denn: Ein starker Beirat bündelt unterschiedlichste Sichtweisen. Aus der Vielfalt dieser Blickwinkel erschließt sich für die Geschäftsführung ein ganzheitlicher Lösungsansatz – und eine fundierte Entscheidungsgrundlage. Dabei spielt es keine Rolle, ob das Gremium rechtsgebunden und organschaftlich ist oder ob es sich um ein freies Gremium handelt. Dafür müssen Sie aber bereit sein, sich kritisch hinterfragen zu lassen. Immer im Sinne des Unternehmens.

Übrigens: Ich mag die englische Wortwahl „Advisory Board" lieber als den eher technokratischen deutschen Begriff „Beirat". Ähnlich verhält es sich mit „Supervisory Board" und „Aufsichtsrat". Die deutschen Bezeichnungen haben mehr mit Aufsicht und Kontrolle zu tun. Ja klar, auch das soll und muss oft sein. Die englischen Begriffe „Supervision" und „Advisory" kommen aus der beruflichen Beratung und beinhalten auch, das eigene Handeln zu reflektieren sowie die Qualität der professionellen Arbeit zu sichern und zu verbessern. Ähnlich verhält es sich mit dem Begriff „Qualitätskontrolle". Kontrolle kommt aber schon zu spät. Vielmehr beschreibt „Qualitäts*sicherung*" den begleitenden Prozess zur Exzellenz.

Ich als Beirat berate und begleite lieber, anstatt zu kontrollieren und zu beaufsichtigen. Denn Kontrolle und Aufsicht wirken *ent*mutigend – Beratung und Begleitung dagegen *er*mutigend. Oder was denken Sie?

Ulvi Aydin , Jahrgang 1960, ist preisgekrönter Premium Executive Interim Manager, Beirat, Aufsichtsrat, Unternehmens- und Unternehmer-Entwickler, XING-Insider und Buchautor. Als international agierender Interim-CEO und -CSO, Beirat und Aufsichtsrat unterstützt er mittelständische Unternehmen und Konzerne bei Marken- und Marktentwicklung, Neupositionierung, Restrukturierung und Vertriebsexzellenz. Über seine Erfahrung schreibt er in diversen Wirtschaftsmedien (u. a. WirtschaftsWoche, Harvard Business Manager, Manager Magazin). Mehr Infos: www.aycon.biz.

"Mal etwas ganz Neues wagen …"

Wie digitale Beiräte den Zukunftsblick ins Unternehmen bringen und dabei die Welt verändern

Ralf Lauterbach und Clarissa-Diana de Grancy

Zusammenfassung

Vor rund sieben Jahren initiierte der Digital-Unternehmer Ralf Lauterbach die Marke Deutsche Digitale Beiräte. Seine Mission: mit digitalen Kompetenzen mittelständische Unternehmen nach vorne bringen – der Beirat als Mittler und Trigger für mehr Innovation und Zukunftsblick. Inzwischen ist aus der Marke ein täglich wachsendes Netzwerk geworden. Immer mehr Unternehmer:innen erkennen den Mehrwert, den ihnen ein gut orchestrierter Beirat bringen kann. Digitaler Rat muss nicht teuer sein. Meist bringt er sogar mehr als das promotete Berater-Tool. Doch wie findet man Player, die wirklich was von Digitalisierung verstehen? Dr. Ralf Lauterbach über Narzissten, „Sitz-Beiräte" und die 100.000-Dollar-Frage.

Lauterbach, de Grancy – „Mal etwas ganz Neues wagen …"
Dieser Beitrag erschien unter dem Originaltitel „"Mal etwas ganz Neues wagen …" – Wie digitale Beiräte den Zukunftsblick ins Unternehmen bringen und dabei die Welt verändern (Gespräch mit Ralf Lauterbach)" bereits in Aufsichtsrat aktuell 2023, 123.

Ralf Lauterbach: Gerade vor einigen Tagen ist mir durch den Kopf gegangen, dass es doch einfach nicht wahr sein kann, dass immer noch Personen in Aufsichtsräte und

---

R. Lauterbach (✉)
Deutsche Digitale Beiräte, Düsseldorf, Deutschland
E-Mail: mail@ralflauterbach.de

C.-D. de Grancy
Berlin, Deutschland
E-Mail: sdg@aufsichts.art

© Der/die Autor(en), exklusiv lizenziert an Springer Fachmedien Wiesbaden GmbH, ein Teil von Springer Nature 2025
P. Buchenau und C.-D. de Grancy (Hrsg.), *Chefsache Beirat,* Chefsache,
https://doi.org/10.1007/978-3-658-45642-9_5

Beiräte berufen werden, die überhaupt keine Digitalkompetenz haben. Ich bin der Meinung, Digitalkompetenz muss heute zum Handwerkszeug eines jeden gehören, der/die in solch ein Gremium berufen werden will. Ich empfinde es als geradezu sträflich, diese Rollen an Menschen zu vergeben, die keine Digitalkompetenz mitbringen. Auch bei den *Deutschen Digitalen Beiräten* (DDB) mache ich gerade die Erfahrung, dass mich immer wieder Leute ansprechen und sagen: *„Ich wäre gerne dabei, denn ich bin digitalkompetent und somit der perfekte Kandidat."* Im nächsten Moment falle ich über zwei Dinge: Das Erste ist, dass es sich oft um reine Corporate Manager handelt. Sie sind durchaus erfolgreich, aber häufig mit einer Attitüde von Selbstbewusstsein ausgestattet, bei der ich mich frage, wo die bloß herkommt. Diese Player gehen mit einem ziemlich speziellen Selbstbild los, das da wäre: *„Ich bin doch auf den Punkt die geeignete Person, um einem Unternehmer zu sagen, wie der sein Geschäft zu führen hat."* – Die Krux: Das sind eigentlich gar keine Unternehmer, das sind Manager. Manager sind schon sehr erfolgreich, wenn sie fünf Prozent ihrer Effizienz in irgendeinem Bereich verbessert haben; sie haben aber kein echtes persönliches Risiko mit ihren Entscheidungen. Kaum ein Manager springt über Hürden ins Ungewisse, wie das ein Unternehmer macht, oder wagt mal etwas ganz Neues.Das Zweite ist, dass Leute auf mich zukommen, die vielleicht in den 1990er-Jahren mal ganz erfolgreich waren. Sie präsentieren sich mir heute als die angeblich perfekt geeignete Person, um als digitaler Beirat einen relevanten Beitrag zu leisten. Nun sei man zwar nicht mehr operativ tätig, jedoch könne man sich durchaus kompetent einbringen. Offen gestanden hatten diese Persönlichkeiten häufig schon 1990 keine Ahnung von Digitalisierung. Und es ist fraglich, ob das seither besser geworden ist. Es kann doch nicht sein, dass heute Leute im Beirat oder Aufsichtsrat aktiv werden, die weder die Themen Digitalisierung noch Nachhaltigkeit noch sonst irgendetwas auf dem Radar haben. Selbstverständlich reagiere ich dann immer freundlich und unterhalte mich auch ausführlich mit derlei Mandatsinteressierten. Doch wie sage ich's dem Kinde, dass diese Person weder Unternehmer ist noch irgendeine Ahnung von Digitalisierung hat und somit nicht als Mitglied unseres Netzwerks in Frage kommt?

Mit welchen Argumentationslinien hast du in solchen Gesprächen zu tun? Was spürst du zwischen den Zeilen?
Nun bin auch ich nicht mehr der Allerjüngste. Trotzdem gibt es einen Unterschied: Ich bin kein *„digital immigrant"*, sondern ein *„digital pioneer"*, weil ich das Ganze mitaufgebaut habe. Ich habe einen Internet-Provider gegründet sowie Systemtechniken und Infrastrukturen mitgebaut und schon an den allerersten E-Commerce-Modellen mitgearbeitet. Das heißt: Ich bin nicht jemand, der da irgendwie reingewachsen ist und als Anwender gesagt hat: *„Huch, wie geht das?"* Es macht einen deutlichen Unterschied, ob man die Dinge von innen heraus gemacht hat oder sie nur aus der Draufsicht kennt. Deshalb ist mir der *„proven track record"* bei den Kandidat:innen so wichtig. Ich will wirklich sehen können, ob der/die schon mal Digitalgeschäft gemacht hat. So sage ich den jenigen immer: *„Ich will nicht Menschen dabei haben, die ein Buch über Digitalisierung gelesen haben. Ich möchte jene dabei haben, die das gemacht haben."*

Für wie wichtig hältst du branchenspezifisches Know-how im Beirat?
Persönlich bin ich ein Verfechter dessen, dass man das Fachliche einer Branche relativ schnell lernen kann. Aber man muss das Handwerkszeug für Digitalisierung & Co. wirklich in der eigenen DNA haben. Also: Wie geht Service-Design? Wie geht Architektur-Design? Wie erstelle ich eine User-Centric-Analyse? Demnach alles, was mit Digitalisierung von IOT bis hin zu Marketing zu tun hat. Diese Leute sind dann auch geeignet, branchenübergreifend zu arbeiten. Die Methoden sind ja immer die gleichen. Branchenwissen kann man sich – wie gesagt – relativ schnell aneignen; dann hat man zwar vielleicht kein Netzwerk, doch über ein solches verfügt z. B. der Chief Executive oder jemand anderes, der/die da mit im Beirat sitzt..

Wie läuft die Zusammenarbeit mit denjenigen, die das Thema Beirat am meisten angeht: den Unternehmen selbst? Erkennen Unternehmer:innen überhaupt die Chancen, die mit einem Beirat einhergehen?
Letztens ist es mir wieder passiert, dass mir ein Unternehmer sagte: *„Da haben wir keinen … Wir wollen lieber jemanden, der Stallgeruch hat."* Ich fragte: *„Was ist das denn? – Stallgeruch?"* *„Ja, der soll hier aus der Szene und der Branche kommen …"* Ich sagte: *„Dann stell doch deinen Buddy ein. Aber wie wär's denn, mal jemanden einzustellen, der woanders herkommt und ganz andere Fragen stellt, weil der einen ganz anderen Blick auf die Dinge hat?"* Das ist doch das, was man sich reinholen möchte: den Blick von außen, einen, der nicht aus der eigenen Soße kommt, sondern frisch ist und sagt: *„Habt ihr eigentlich auch schon daran gedacht, oder daran? Und wieso redet jetzt eigentlich über dieses oder jenes Thema überhaupt keiner?"* Ja, warum nicht? Weil der Horizont gar nicht vorhanden ist. Ein Unternehmer muss sich aber zwingend mit Zukunftsthemen befassen, sonst kann er irgendwann die Tür abschließen. Das ist Unternehmerpflicht.

Kann es sein, dass manche Unternehmer gar nicht wissen, auf welche Digitale Kompetenz sie konkret setzen müssen und sich aus Unkenntnis heraus nicht trauen, neue Wege zu gehen? So nach dem Motto: Der Wald vor lauter Bäumen …
Da kann ich nur schmunzeln, weil das auf allen Wegen immer wieder auf einen zurückkommt: Viele leben im Bewusstsein, dass sie etwas tun müssen, wenn man das aber wirklich mal konkret einfordert und sagt: *„Jetzt müssen wir aber mal was tun"*, dann kommt die Antwort: *„Das haben wir ja bisher auch nicht gebraucht."* – Dann kriegt man allzu häufig Widerstände. Das hat mit Angst zu tun, vor allem der Angst, das eigene Geschäftsmodell zu ruinieren. Das ist das berühmte *„Innovator's Dilemma"* nach Clayton M. Christensen. Es ist nun mal so: Wenn man Dinge in Sachen Digitalisierung wirklich maßgeblich verändern möchte, dann stößt man häufig auf ein mittleres Management, das alles blockiert und der Meinung ist: *„Das haben wir noch nie gebraucht. Was für ein Quatsch, das bringt meine Ziele doch jetzt gar nicht voran."* Ich erlebe immer wieder und in unterschiedlichen Ausprägungen, dass gerade jene Menschen, die lange Zeit im Unternehmen sind, Neues gerne behindern. Manchmal sagen die einem das dann vielleicht nicht einmal. Man wird einfach geblockt und bekommt gar nicht mit, warum es nicht weitergeht oder man gebetsmühlenartig immer das gleiche sagen muss und nichts

passiert. Das ist kein seltenes Phänomen. Sich aus seiner eigenen Komfortzone herauszubewegen, ist manchmal schmerzhaft. Deshalb ist es auch so wichtig, dass Beiräte und Aufsichtsräte eben nicht nur fachlich gut drauf, sondern zugleich auch dazu imstande sind, die Leute mitzunehmen.

Stichwort: Lesen von Bilanzen. Muss ein digitaler Beirat einen kaufmännischen Background mitbringen?
Bei uns ruft niemand an, weil wir Bilanzen lesen können, sondern weil wir Digitalgeschäft verstehen. Dafür gibt es in diesen Gremien ohnehin die Wirtschaftsprüfer:innen oder Steuerberater:innen. Digitale Geschäftsmodelle heißt das Stichwort. Und das ist eigentlich auch der Grund, warum ich das Thema digitale Beiräte so vorantreibe, gerne in Zukunft noch mit dem Zusatz „nachhaltige Beiräte". Im Kern geht es darum, die neuen Themen zu setzen – und das Thema Digitalisierung treibt uns als DDB-ler seit 2016 massiv an – und begann eigentlich schon vorher. Als ich die DDB gegründet habe, war ich an dem Punkt, dass mir die verschlafene Digitalisierung in Deutschland dermaßen auf den Keks gegangen ist, dass ich gesagt habe: „Ich mache jetzt was." Und jetzt fangen wir gerade mit dem nächsten Ding an: der künstlichen Intelligenz. Ich bin gespannt, ob wir das in Deutschland auch versemmeln.

Wir werden das nicht versemmeln, denn dieses Interview wird die Stunde Null des Erwachens aller Digital-Schlafschafe sein! Worauf achtest du grundsätzlich und ganz konkret bei der Aufnahme der Player in dein Netzwerk? Es gibt einen Kriterienkatalog: Kannst du den kurz skizzieren?
Ja, es gibt 15 Kriterien, um aufgenommen werden zu können; ich bin aber nicht päpstlicher als der Papst. Ich lasse mir von den Leuten ihren Lebenslauf erzählen, höre mir an, was sie gemacht haben und stelle Fragen dazu. Dann schaue ich mir an, was sie in welchem Maß gemacht haben. Nicht alle sind nur als Unternehmer unterwegs gewesen, sondern haben vielleicht auch mal was ganz anderes gemacht. Nicht alle haben einen 100 %igen Footprint irgendwo in der Start-up-Szene hinterlassen. Das gibt's auch nicht, es ist nicht alles binär. Manche erfüllen die Kriterien zu 80 %, manche zu 120 %. Es muss nun mal auch von der Persönlichkeit her passen und von dem, was die jeweilige Person unserem Netzwerk in der jetzigen Situation, in der wir gerade sind, bieten würde. Wenn ich mir so anschaue, wie eine Aufnahme vonstatten geht, dann ist das, zugegeben, schon ein bisschen Rosinenpicken, was ich da mache – ein bisschen nach Gutsherrenart.

Wir haben so viele Leute, die bei uns mitspielen wollen. Denen erzähle ich, wie unser Netzwerk funktioniert. Und dass wir nicht jeden aufnehmen können. Hinterher picke ich mir dann jene Personen heraus, bei denen ich das Gefühl habe, dass sie in der aktuellen Situation mit ihrem Netzwerk und ihrer Expertise gut zu uns passen würden. Natürlich kann es sein, dass sie dann eine Fähigkeit ein bisschen mehr oder weniger haben. Der Fokus ist aber klar: Sie müssen ein Digitalgeschäft gemacht haben. Das kann in allen möglichen Ausprägungen geschehen sein. Das kann jemand sein, der einen Internetprovider gebaut hat, das kann aber auch jemand sein, der eine Produktionslinie digitalisiert hat.

Die Interessierten müssen in irgendeiner Form auch unternehmerisch tätig gewesen sein. Entweder haben sie selbst mal ein Unternehmen geleitet oder ein Start-up gegründet, oder sie sind in eine Gründung mit hineingegangen. Ich nehme keine puren Corporate Manager auf – das ist mir wichtig, weil wir vor allem mittelständische Unternehmen beraten. Und der – doch sehr häufig anzutreffende – 75-jährige mittelständische Patriarch wird einen Beirat, der nie ein Unternehmen geleitet hat, nach 15 min vor die Tür setzen, wenn er merkt, dass dieser die Schmerzen eines echten Unternehmers gar nicht kennt.

Wie organisiert ihr euch als Netzwerk?.
Wir haben bei uns 80 bis 90 % echte Macher:innen, die alle irgendetwas auf die Beine gestellt haben. Das liegt daran, dass die Personen, die bei den DDB aktiv sind und in Aufsichtsräten sowie Beiräten mitarbeiten, auch als Geschäftsführer tätig sind oder waren. Die meisten haben das Potenzial, auch unser Netzwerk ordentlich durcheinander zu wirbeln. Das heißt, ich muss schauen, dass ich die Mitglieder irgendwie in diesen Leitplanken halte: dass wir für Digitalisierung und Unternehmertum stehen, dass wir von außen einen frischen Blick in andere Unternehmen hineinbringen, dass wir gewisse Expertisen mitbringen und die neuen Themen, die wichtig sind, entsprechend beherrschen. Deshalb stand im letzten Jahr etwa das Thema Cyber Security ganz oben auf der Agenda. Dieses Thema haben wir immer wieder hochgeworfen, uns intern damit beschäftigt und gesagt. „Hey Leute, wenn ihr als digitale Unternehmer in einem Beirat aktiv seid und euer betreutes Unternehmen angegriffen wird, ohne dass ihr euch damit zuvor je beschäftigt habt, dann seid ihr hier falsch. Ihr müsst die Unternehmen darauf vorbereiten, dass so ein Fall eintreten kann. Also: Habt ihr geschaut, ob es da Checklisten gibt? Hat sich das Unternehmen bereits darüber informiert, wer, sollte der Fall X eintreten, angerufen werden kann, oder fangen die dann an, das Rad neu zu erfinden? – Nein, das muss alles vorbereitet sein! Und das ist u.a. eine Rolle, die ein digital affiner Beirat können muss. Er/ Sie muss ein Unternehmen für solche Fälle fit machen – auch wenn das nochmal so sehr gegen den Strich gehen mag. Ein digitaler Beirat muss diese Forderung stellen, denn eine solche Situation wird eintreten. Es ist nicht die Frage, ob, sondern wann. Deswegen wollen wir diese wichtigen Themen, um die sich ein Beirat kümmern muss, in unserem Netzwerk diskutieren und die Leute fit dafür machen. Das ist u.a. auch ein Grund, warum ein Beiratsgremium ein hohes Maß an wirtschaftlicher Unabhängigkeit mitbringen muss. Wenn sich die Beiräte nicht trauen, Unangenehmes anzusprechen, weil sie fürchten, dann ihr Mandat zu verlieren, sind sie für den Job nicht die Richtigen.

Ein anderes großes Thema ist das Netzwerk selbst. Wir sind kein Verein, kein Verband, keine gemeinnützige GmbH. Wir sind nur eine Marke. Wir sind noch nicht einmal eine „legal entity". Wir haben nur ein gemeinsames Verständnis, einen gemeinsam unterzeichneten Markenvertrag, keine Jahresbeiträge, keine Vermittlungsprovisionen, ja auch kein eigenes Geschäftsmodell der Plattform. Eine kommerzielle Beziehung kommt daher immer nur bilateral zwischen den Kandidat:innen und dem mandatierenden Unternehmen zustande, niemals aber mit der Plattform der DDB. Wir sind daher kein Wettbewerber von Headhuntern oder anderen suchenden Organisationen, sondern laden alle gerne ein, sich auf unserer Plattform umzuschauen und die Mitglieder direkt anzusprechen. Die DDB sind ein altruistisches Netzwerk meinerseits, und ich habe mich selbst einfach als möglicher Kandidat dort mit eingereiht. Wir wollen die Methode „digitaler Beirat" in Unternehmen sozusagen hoffähig machen.

Was sind die aktuellen Themen, die euch umtreiben?
Im Moment sind wir auf dem Stream künstliche Intelligenz. Wir haben bei den DDB Mitglieder, die seit vielen, vielen Jahren tief im Thema drinstecken und selbst ganz viel Erfahrung mitbringen. Das heißt, wir brauchen noch nicht mal so sehr Input von außen, sondern können einfach in unser Netzwerk hineinfragen: Auf diese Weise findet ein sinnvoller und gewinnbringender Austausch auch intern statt.

Bei Aufsichtsräten in DAX-Unternehmen gibt es juristische Stellschrauben. Da möchte man das Board schon aus diesem Grund kompetent besetzen. Wie ist das bei Unternehmen, die nicht mal einen Beirat haben, weil sie denken, das sei zu viel Aufwand, oder wenn, dann bloß als „Sitz-Beiräte", die man der Website und der klingenden Namen wegen rekrutiert hat? Wie kann man Unternehmer:innen den Mehrwert transparent machen, den ihnen ein gut gematchter Beirat bringt?
Wie nennst du das? „Sitz-Beiräte?" [lacht] – Das ist die 100.000-Dollar-Frage, würde ich sagen. Wenn du die Lösung hast, lass es mich wissen – dann würde ich manchen noch mal ein bisschen was erzählen. Es ist ja häufig so, dass Unternehmer nach außen hin sagen, dass es völlig klar sei, dass etwas verändert und getan werden müsse. Aber einen Beirat installieren? „Nee, das können wir alles selber." Darum geht es aber nicht. Es geht doch darum, Input von außen und neue Sichtweisen zu bekommen. Da bekommt man dann an den Kopf geknallt: „Ich lass doch nicht irgendwelche fremden Leute in meine Zahlen gucken." Je weiter man in solche Familienstrukturen reinkommt, umso weniger ist man bereit, Zahlen sichtbar zu machen. Dabei musst du diese als Beirat kennen, damit du weißt, wo das Unternehmen steht. Welche Möglichkeiten es überhaupt hat und welche Investitionspower überhaupt vorhanden ist. Wie viel Budget kann ich umwidmen, um irgendetwas Neues zu machen? Wenn jemand als Beirat wirklich ernsthaft arbeiten will, dann muss er in alle Zahlen blicken können, Zugriff auf alles im Unternehmen haben, um sich überhaupt ein Bild machen zu können. Die Unternehmer:innen sollten es so verstehen: „Ja, ich lasse da wildfremde Leute reingucken, die hole ich mir gezielt rein – als sich langfristig dem Unternehmen verbunden fühlende Menschen, die auch dann bleiben, wenn es mal knirscht und nicht so gut läuft." Ein Berater ist weg, wird es mal eng. Sind die Zahlen in herausfordernden Zeiten nicht mehr so gut, schwindet das Interesse schnell. Demgegenüber bleibt man als Aufsichtsrat oder Beirat dem Unternehmen langfristig verbunden, auch wenn es durch die Krise geht.

Und wenn wir einen Schlüssel gefunden haben, mit dem wir Unternehmer:innen davon überzeugen können, in diesem Punkt ihre Einstellung zu ändern und zu sagen: „Die wollen mir ja nichts, die wollen mir helfen, das sind erfahrene Unternehmer, die dieses Geschäft vielleicht schon mal woanders gemacht haben, die ein Netzwerk mitbringen, die wissen, wovon sie reden, die auch wissen, welchen Blödsinn man lieber nicht machen sollte, weil dieser nur Geld kostet und nichts bringt." Irgendwann werden sie dann vielleicht verstehen, dass es nicht klug ist, sich Personen reinzuholen, die bloß Profit machen wollen, sondern besser solche, die sich wirklich als Sparringspartner mit an einen Tisch setzen und auf die man sich in den nächsten Jahren verlassen kann.

Dass man mit einem Beiratsmandat nicht unbedingt reich wird, sollte bekannt sein. Ungleich mehr profitieren Unternehmen, die sich einen Beirat leisten – eine Investition in die Zukunft.
Es gibt so viele, die denken, mit Beiratsmandaten könne man viel Geld verdienen. Mitnichten! Als Beirat verpflichte ich mich, für einen Pauschalbetrag typischerweise viermal im Jahr für das Unternehmen da zu sein – und ob die mich nun zehnmal im Jahr anrufen oder 50 Mal: Das kostet das gleiche. Es ist für jene, die einen Beirat engagieren, in der Regel immer viel lukrativer, als ein Consulting-Unternehmen einzubinden, das bloß darauf aus ist, abrechenbare Tagessätze zu verkaufen. So etwas macht ein Beirat nicht. Gerade in der Corona-Krise haben wir gemerkt, dass die Anzahl der Kontaktaufnahmen zu unseren Beiräten sprunghaft zunahm, weil die Unternehmen zum Teil dastanden und nicht mehr weiter wussten. Die Beiräte sind einfach da und bleiben dem Unternehmen auch in solchen Krisensituationen erhalten.

In Abgrenzung zum Aufsichtsratsmandat haben Beiratsmandate oft noch das Image von „Mandätchen", die man in Form von vier Sitzungen im Jahr abfeiern kann. Den guten Beirat zeichnet doch aus, dass man einzelne Beiratsmitglieder bei dringenden Fragen, wie du eben sagtest, auch mal informell, abseits der vereinbarten Board Meetings kontaktieren kann. Wie stimmt man so etwas optimal ab, damit beide Seiten zufrieden sind?
In meinen eigenen Engagements ist es so, dass man seine festgelegte Anzahl an Sitzungen hat. Diese vereinbart man zwei-, drei-, viermal, je nachdem, wie häufig sich die Unternehmensleitung oder der Gesellschafterkreis eine offizielle Beiratssitzung wünscht. Dann hat man typischerweise vier solcher Sitzungen. Ich habe es aber immer so gehalten, dass ich mindestens einmal im Monat zusätzlich One-to-One-Meetings mit dem Geschäftsführer und den Gesellschaftern on top gemacht habe. Das waren teils sporadische Gespräche, mal hier zwei Stunden, mal dort drei Stunden, bei denen man sich noch einmal zusammensetzt und ausgetauscht hat. Ich halte sehr viel davon, nah am Unternehmen zu sein und wirklich zu begleiten.

Andernfalls kann man hinterher auch keinen vernünftigen Rat geben. Das Wort Beirat besteht ja nun mal aus „Bei" und „Rat", so wie Aufsichtsrat aus „Aufsicht" und „Rat" – man hat schließlich nicht nur eine Kontrollfunktion, sondern soll auch Input geben. Im Übrigen kann das Unternehmen über seine Beiratsordnung genau festlegen, was es sich wünscht, was der Beirat mitentscheiden darf und was nicht.

Damit sind wir wieder beim Thema digitaler Beirat und Nachhaltigkeit. Der Beirat sollte eine eindeutige und aktuelle Expertise in diesen Themen haben, sonst kann er/sie keinen Rat geben.
Genau. Wenn jemand Beirat werden möchte und sagt, er habe zwar Unternehmen geleitet, das sei aber schon 20 Jahre her, dann gebe ich zur Antwort, dass das nichts bringt. Auch zum Geldverdienen ist das, wie erwähnt, nichts. Schau dir etwa die Studien zum Thema Beirat von PwC an. Man ist als Beirat top bezahlt, wenn man 35.000 € pro Jahr bekommt. Die meisten Beiratsmandate sind viel kleiner – die echten Ausnahmen sind etwa jene zehn Lichtgestalten in Deutschland, die mehr als 100.000 € über ihr Beiratsmandat verdienen.

Trotzdem ist zu beobachten, dass die Attraktivität von derlei Mandaten zunimmt. Bei manchen ist es vielleicht doch der Gedanke, bei geringerer Vergütung mehr Freiheit zu haben und dabei den Blick für neue Themen zu weiten. Welchen Persönlichkeitstypen begegnest du, und wie siehst du deren Rolle im Beiratsteam?
Für mindestens 90 % der Leute aus unserem Netzwerk kann ich sagen: Die machen das nicht wegen des Geldes, sondern weil sie Lust auf die Rolle haben und etwas weitergeben oder zurückgeben wollen – das ist eigentlich das richtige Wort: zurückgeben. Sie sind der Ansicht, bisher Glück in ihren eigenen Karrieren und Laufbahnen gehabt sowie gut verdient zu haben und nun etwas zurückgeben wollen. Natürlich gibt es aber auch eine gewisse Anzahl von Leuten, die sich auf eine Art Thron setzen wollen. Solche, die meinen, das sei eine gute Rolle, die man für die eigene Reputation vermarkten könne. Die meisten Dinge sind jedoch nicht planbar. Bei Licht betrachtet, entsteht unternehmerischer Erfolg zu 80 % durch Zufall. Man braucht also letztlich sehr, sehr viel Glück. Ich kann das auch von mir behaupten, weil an den richtigen Stellen zur richtigen Zeit neue Unternehmen gegründet wurden, bei denen ich die Hand gehoben und gesagt habe, das würde ich gerne machen. Wäre ich z. B. ein paar Monate später dagestanden, wäre das Ding an mir vorbeigelaufen. Und das wissen viele, die ein bisschen reflektieren: Wieso stehe ich eigentlich da, wo ich bin? Viele erkennen, dass sie selbst Glück hatten und möchten nun ein bisschen von dem an andere zurückgeben und weiterhelfen. Das ist eine große Motivation, die man nicht unterschätzen darf.

Und woran erkennst du die wahre Motivation der digitalen Beiratsinteressierten? Wer ist wirklich Sinn-driven?
Ich hatte das Vergnügen, sehr viele Gespräche in meinem Leben zu führen, mit Leuten, die sehr schlau sind, die viel erlebt und ein großes Netzwerk haben. Ich habe auch viele Bewerbungsgespräche auf wichtige Rollen in Unternehmen geführt – auch Coaching-Gespräche, weil ich da ja selbst aktiv bin und nebenbei Executive Coaching mit Führungskräften gemacht habe, die sich in ihren eigenen Rollen irgendwie weiterbringen wollten. Hat man das eine Weile gemacht, kommt man in den Gesprächen innerhalb kürzester Zeit auf den eigentlichen Treiber. Man weiß nach fünf Minuten, ob derjenige/diejenige das kann oder nicht. Man weiß auch relativ schnell, ob sich da jemand auf einen Sockel setzen will oder es sich um jemanden handelt, der/die einfach Lust hat, das zu machen, um die Sache weiter voranzubringen. Du spürst das sofort.

Ich versuche auch, keine Leute in unser Netzwerk zu holen, die narzisstische Züge haben. Es ist mir zutiefst zuwider, mit solchen Leuten zusammenzuarbeiten. Da versuche ich, einen großen Bogen drum zu machen. Gerade in Managementpositionen oder – noch schlimmer – in Corporate-Management-Positionen im Vergleich zu Familienunternehmen findet man derlei narzisstische Charaktere jedoch häufig, die andere weggerammt haben und dann irgendwann in so einer Position sind, wo sie sich so richtig ausleben und jeden Tag erneut auf den Sockel setzen können. Solche Personen möchte ich in unserem Netzwerk nicht haben. Daher achte ich auch sehr stark darauf, wer oder was die Treiber dahinter sind. Möchten diese Leute etwas weitergeben? Haben die vielleicht eine altruistische Motivation? Sind es Personen, die ihr Leben verändern möchten, weil sie z. B. aus der operativen Rolle heraus, aber weiter Kontakt haben und noch was Sinnstiftendes tun wollen? Dabei handelt es sich um jene, die bereits am Ende ihres Berufslebens angekommen sind. Dann haben wir auch viele Personen, die Anfang, Ende 40 sind und das, was sie jetzt machen, weitergeben möchten, weil sie reflektiert genug sind und wissen, was sie tun. Sie möchten etwas Sinnstiftendes tun und so in entsprechende Rollen hineinkommen, die dann auch, wie man so schön sagt, Impact haben. Das ist das Schöne am Beirats- und Aufsichtsratswesen: Man ist an einer Stelle, an der man wirklich Einfluss ausüben kann, wirklich etwas verändern kann.

Deutsche Digitale Beiräte: Dürfen auch Österreicher:innen mitmachen?
Natürlich dürfen auch Österreicher:innen mitmachen – wir haben auch Mitglieder aus dem Schweizer Raum und aus den Niederlanden. Dafür haben wir das Ziel der Chapter-Bildung bei uns ausgerufen. Allerdings fahren wir hier mit angezogener Handbremse. In den Niederlanden gibt es inzwischen den NEDERLANDSE DIGITALE ADVIESRAAD, in der Schweiz denken wir über eine lokale Initiative nach. Aber das ist immer verbunden mit der Anforderung von Sprachkenntnissen und der Kenntnis der lokalen Gegebenheiten. So haben wir in der niederländischen Initiative auch nur Personen, die Niederländisch sprechen. Außerdem sollen sich die Initiativen an den Werten der DDB orientieren: kein Geschäftsmodell, keine Gebühren, keine Provisionen und klare Kriterien für die Aufnahme. Ein ähnliches Modell gibt es in Österreich bereits mit der „Digital Governance Excellence"-Initiative von Michael Weilguny. Damit ist Österreich bereits gut aufgestellt; wir sind partnerschaftlich miteinander verbunden, und es gibt keinen Grund für uns, als DDB aktiv zu werden.

Künstliche Intelligenz: Was ist dein Gebot der Stunde?
Mitmachen! Deutschland sollte mitmachen und sich nicht treiben lassen, vor allem nicht in Sachen künstlicher Intelligenz. Alles, was an neuen Technologien auf dem Markt ist, hat eine positive und eine negative Seite. Und wir wären ja mit der Wurzelbürste gepudert, würden wir immer nur sagen, wie schlimm das ist und wie wir das verhindern können. Wir sollten da jetzt aktiv mitmachen. Denn nun können wir mitgestalten, die richtigen Weichen stellen und somit mitbeeinflussen, wie sich künstliche Intelligenz in unsere Gesellschaft einbringen wird. Da geht es ganz entscheidend darum, ethische Aspekte einzubringen. Man sollte aber bitte nicht wieder zuviel verweigern, wie bei vielen anderen Sachen der Digitalisierung.

Die Eigenverantwortung, selbst gestalterisch tätig zu werden, wenn es um die Zukunft geht, kommt lustigerweise selbst im Denken der Zukunftsgestalter:innen kaum vor. Künstliche Intelligenz nehmen viele als monströses Gegenüber wahr, das sich mit schwarzen Schwingen über unser Land breitet, statt mal auf die Idee zu kommen, dass wir selbst es sind, die diese Schwingen mitgestalten können.
Ja, das ist so genial! Damit kann man so tolle Sachen machen.

Die verstehen einfach nicht, dass man auf den Flügeln der Krähe, die Flügel der Friedenstaube geradezu kreieren könnte …
Die künstliche Intelligenz wird unsere Welt mehr verändern als der Digitalisierungsschub vor 30 Jahren. Sie wird unsere Gesellschaft und unsere Wirtschaft radikal verändern, und das betrifft diesmal nicht die ganz einfachen Jobs, wo Schreibkräfte ersetzt werden, sondern die künstliche Intelligenz wird smarte Jobs, also jene von Kreativen, Textern, Übersetzern, Juristen und sogar Softwareentwicklern weitgehend ersetzen. Erst kürzlich kam die Meldung von Dan Rosenzweig, dem Chef von Chegg, einer Plattform für Online-Bildungssysteme, dass der Börsenkurs abgesemmelt sei. Warum? Weil Rosenzweig anmerkte, dass er sehe, dass jene Studenten, die sonst auf seine Plattform kommen würden, ChatGPT für sich entdeckt hätten. Daraufhin meinten einige, das könnte disruptiv das Geschäftsmodell der Online-Learning-Plattformen angehen. Und daraufhin stürzte der Aktienkurs von Chegg um 38 % ab.

Also Leute: Aktien kaufen!
… und hoffen, dass sie sich wieder beruhigen. Das wäre doch mal eine Maßnahme. Wie schön, wenn wir in Deutschland in allen Dingen erstmal das Positive sehen würde … Die künstliche Intelligenz wird die Welt verändern, und zwar dramatisch. Davon bin ich fest überzeugt. In fünf Jahren wird unsere Welt deutlich anders aussehen – positiv anders.

Das Gespräch führte Clarissa-Diana de Grancy.

Dr. Ralf Lauterbach, Jahrgang 1960, Diplom-Physiker, Nebenfach Informatik, promovierter Maschinenbau-Ingenieur, Gründer, Unternehmer, Gesellschafter, Investor und Beirat mit mehr als 20 Jahren Erfahrung als Geschäftsführer von Digitalunternehmen. Über 10 Jahre tätig als Corporate Manager in Führungspositionen u.a. als CTO. Gründer, Initiator und Schirmherr der Deutschen Digitalen Beiräte. www.deutsche-digitale-beiraete.de

6 Wollen Sie wirklich Beirat werden?

Ausgewählte Kernfragen für die Realisierung der Vision „Beirat werden"

Rudolf X. Ruter

Zusammenfassung

„Wenn das es nicht wert ist anzustreben, was dann? Wenn nicht ich, wer dann? Wenn nicht jetzt, wann dann? Wenn nicht hier, in welchem Unternehmen denn dann?" fühlen viele und sehen in sich den idealen, potenziellen Kandidaten für eine Berufung in einen Beirat bzw. in einen Aufsichtsrat und ignorieren die Weisheiten des deutschen Sprichwortes: „Alter schützt vor Torheit nicht". Um einen Platz in einem Beirat kann und sollte man sich nicht bewerben. Man wird berufen bei ausreichender fachlicher und persönlicher Qualifikation. Losgelöst von der eigenen fachlichen Qualifikations- und persönlichen Kompetenzvoraussetzung ist aber am Anfang *die* zentrale Ausgangsfrage zu stellen: „Will ich wirklich Beirat werden?" Eine gründliche Selbstreflexion und schonungslose Einschätzung der eigenen (vielleicht schon abnehmenden) Ambitionen und Fähigkeiten ist dringend zu empfehlen. Dabei sollten die zentralen Kernfragen „Warum, Wo, Wann, Was, Wie und Wer" ehrlich und schriftlich für sich beantwortet werden. Der folgende Beitrag liefert bei der Formulierung der Vision „Beirat werden" und beim Schreiben des ersten schriftlichen „Erfolgs-Fahrplans" eine Anleitung und Fahrplan im Sinne von Hilmar Kopper (1935–2021), deutscher Bankmanager: „Visionen brauchen Fahrpläne".

R. X. Ruter (✉)
Stuttgart, Deutschland
E-Mail: Rudolf.x@ruter.de

6.1 Als Beirat kann man sich nicht bewerben – man wird berufen

Uminen Platz in einem Beirat kann und sollte man sich nicht bewerben. In ein Aufsichtsgremium wird man nur bei ausreichender fachlicher und persönlicher Qualifikation berufen. Eine Berufung bedeutet aber nicht automatisch eine Bestätigung der entsprechenden Eignung. Eine persönliche Eignung hat man oder hat man nicht. Sie kann nicht herbeigeredet werden. Die Beurteilung zur Eignung trifft man auch nicht selbst, sondern sie wird von „fremden Dritten" vorgenommen.

6.2 Allerdings ist der Bedarf groß und die Berufungen zahlreich

Der Bedarf gerade nach jüngeren und diversen, qualifizierteren und verantwortungsvollen, engagierten und offenen, unabhängigen, glaubwürdigen und ehrbaren Beiräten mit besonderen Fähigkeiten (u. a. Digitalisierung, Cyber Security, Künstliche Intelligenz, Krisen-Resilienz, Nachhaltigkeit) und vor allem einem stabilen und akzeptierten Wertekompass mit Mut zur Konfliktfähigkeit ist groß (vgl. Kap. 10 von Sven Neumann). Wer glaubt, diese Fähigkeiten zu besitzen, hat daher gute Ausgangschancen in der Beiratslandschaft, sichtbar und berufen zu werden. Die Vision „Beirat werden" kann realisiert werden.

„Wenn das es nicht wert ist anzustreben, was dann?", „Wenn nicht ich, wer dann?", „Wenn nicht jetzt, wann dann?","Wenn nicht hier, in welchem Unternehmen denn dann?" fühlen viele und sehen in sich den idealen, potenziellen Kandidaten für eine Berufung in einen Beirat. Warum wollen so viele erfahrene Top-Manager oft am Ende ihrer operativen Karriere ihr bisher gesammeltes Wissen und ihre Erfahrung gerne noch zeitweise Unternehmen und Organisationen zur Verfügung stellen? Weil sie aufgrund ihrer jahrzehntelangen unternehmerischen Erfahrung außergewöhnliche Qualifikationen und Kompetenzen entwickelt haben. Weil sie herkömmliches Vorgehen radikal verändern und umfassende Bereiche des Business Case eines Unternehmens nachhaltig revolutionieren können (vgl. Kap. 1 von Josef Fritz). Sie vereinen Persönlichkeit und Leadership. Sie sind integer und unabhängig und besitzen zahlreiche weitere Fähigkeiten, mit denen sie einen Mehrwert für ein Beiratsgremium leisten können.

6.3 Selbstreflexion ist unabdingbar

Losgelöst von der eigenen fachlichen Qualifikations- und persönlichen Kompetenzvoraussetzung ist aber am Anfang *die* zentrale Ausgangsfrage zu stellen: **„Will ich wirklich Beirat werden?"** Eine Selbstreflexion und schonungslose Einschätzung der eigenen (vielleicht schon abnehmenden) Ambitionen und Fähigkeiten. Bei der Beantwortung dieser zentralen Frage können die klassischen sechs Motivations-Fragen (warum und wo, wann und was, wie und wer) detailliert helfen und jedem ehrliche Antworten finden lassen, die auch abstimmbar mit seinen bisherigen Fähigkeiten, Erfahrungen und seinen Lebensumständen sind. Eine Reflexion der Antworten mit Lebenspartnern, Freunden und beruflichen Weggefährten zur Reduzierung evtl. Selbsttäuschungen ist hierbei empfehlenswert. Nur wer zu sich selbst ehrlich ist, findet den richtigen Weg und wird ihn zügig beschreiten können.

Im Folgenden sind einige Kernfragen aufgelistet, die Ihnen bei Ihrer Selbstreflexion und bei einer ehrlichen Selbstbeantwortung den Grad Ihrer Unzufriedenheit aufzeigen können.

6.3.1 Kernfrage 1: Warum will ich Beirat werden?

Was sind meine Motive für die Mitarbeit in einem Beirat? Ist es nur ein „normaler Wunsch" oder habe ich eine Vision? Eine Vision umfasst aber mehr als die wirtschaftlichen und finanziellen Ziele. Zahlreiche Aspekte müssen vorher bedacht und einer Entscheidung zugeführt werden. Z.B. entspricht die Vergütung als Beirat in vielen Fällen bei weitem nicht den bisher gewohnten Vergütungen und Einkünften. Insbesondere im Verhältnis zum erforderlichen Zeitaufwand sollten finanzielle Beweggründe nicht ausschlaggebend sein.

6.3.1.1 Will ich nur oder kann ich auch?
Warum will ich Beirat werden? Was sind meine originären Gründe und Antriebe? Was sind meine Ziele für die Arbeit im Beirat? Warum will ich nicht meinen wohlverdienten Ruhestand mit Rosenzüchten, Golfspielen und Reisen verbringen? Passen zukünftige Beiratsmandate in meine grundsätzliche Karriere-End- und Lebensplanung? Will ich nur oder kann ich auch? Ganz im Sinne vom deutschen Komiker Karl Valentin (1882–1948): „Kunst kommt von können, nicht von wollen, sonst müsste es ja Wunst heißen." Oft hört man auch „Die es können, wollen nicht, und die wollen, können es nicht". Als zukünftiger Beirat sollte man mit der Selbsteinschätzung seiner Fähigkeiten und Erwartungen immer fest auf dem Boden der Realität stehen.

6.3.1.2 Bin ich noch zu Höchstleistungen fähig?
Ein Aufsichtsgremium besteht in der Regel aus einer einzigartigen Konstellation von Persönlichkeiten, die ausgewählte komplexe unternehmerische Entscheidungen treffen. In diesem Umfeld zählen nur Top-Expertise und regelmäßige Höchstleistungen insbesondere in schwierigen wirtschaftlichen Zeiten. Intensives lebenslanges und ständiges Lernen ist nur ein Bestandteil des andauernden Aufsichts-Trainings. Was sind meine fachlichen und persönlichen Kompetenzen? Wo muss ich nachbessern oder auffrischen? Aufsichtswissen ist nicht identisch mit Vorstandswissen.

Weitere Fragen sind: Will ich aktiv beraten und überwachen oder geht es mir um Reputation? Reputation für mich (was sonst könnte ich auf meine Visitenkarte schreiben) oder bringe ich Reputation in das Beiratsgremium mit? Ist der Titel Beirat für mich nur eine weitere „Trophäe" oder der letzte große Verantwortungsbereich, den ich mit all meiner Kraft und meinen Möglichkeiten meistern will?

Bedenken Sie auch den Aspekt der eigenen Zufriedenheit! Warum sind Sie nicht zufrieden mit dem, was Sie bisher erreicht haben? Mäßigung bedeutet zufrieden zu sein mit dem, was genug ist, und bedeutet nicht Entbehrung. Brauchen Sie noch eine Verantwortung als Beirat? Warum genießen Sie nicht Ihren Lebensabend zusammen mit Ihrem Lebenspartner und Ihrer Familie? Bereiten Ihnen Ihre Enkelinnen und Enkel nicht genug Freude und Spaß? Ist Spazierengehen in frischer Luft und freier Landschaft (ohne Beiräte) nicht dem Aufenthalt in Konferenzräumen vorzuziehen?

6.3.2 Kernfrage 2: Wo will ich Beirat werden?

Sebastian Hakelmacher (alias Eberhard Scheffler) ist davon überzeugt, dass man Beirat oder Aufsichtsrat „aus Ehrgeiz, Zwang, aus Gewohnheit, durch Erbschaft oder aus Versehen wird". Um das Versehen etwas einzugrenzen, sollten sie sich über das „Wo" ausreichend Gedanken machen.

6.3.2.1 Bin ich ein Konzernballett-Tänzer oder ein Familienunternehmer-Versteher?

Für welche Branche und welche Art von Unternehmen sind meine überdurchschnittlichen persönlichen und fachlichen Kenntnisse, Fähigkeiten und Erfahrungen am besten geeignet? Unternehmensinhaber, Aktionäre und Gesellschafter wollen in der Regel einen maßgeschneiderten „Marken"-Beirat (vgl. Kap. 7 von Petra Staudenmaier). Dabei spielt die Rechtsform des Unternehmens eine übergeordnete Rolle.

In welchen Unternehmensformen habe ich bisher die meisten Kenntnisse sammeln können:

- für große kapitalmarktorientierte Unternehmen (z. B. ATX, SMI, CAC40, DAX40, MDAX)
- für eher kleinere kapitalmarktorientierte Unternehmen (z. B. TecDAX, SDAX)
- für große nicht-kapitalmarktorientierte, mittelständische Familienunternehmen
- für eher kleine nicht-kapitalmarktorientierte, klein- und mittelständische Familienunternehmen
- für gemeinnützige oder kirchliche Unternehmen und Organisationen
- für öffentliche Unternehmen des Bundes, der Länder und der Kommunen
- für Start-ups bzw. Jungunternehmen oder traditionsreiche, seit über 100 Jahren bestehenden Unternehmen

Mittelständische Unternehmen haben andere Probleme als Großkonzerne. Börsengesellschaften andere als Familienunternehmen (vgl. Kap. 17 von Axel Smend/Clarissa-D. de Grancy). Hier gilt es sich für die Richtung zu entscheiden. Außerdem müssen die Fragen beantwortet werden: Bin ich eher national oder international orientiert? Wie perfekt sind meine Fremdsprachenkenntnisse? Immer mehr Aufsichtsgremien werden mit ausländischen Kandidaten besetzt und Deutsch ist schon in vielen Gremiensitzungen nicht mehr die Sitzungssprache.

6.3.2.2 Bin ich noch zukunftsfähig?

Sind meine bisherigen Branchenerfahrungen noch zukunftsfähig und können sie auch für andere noch von Nutzen sein? Welche bisherigen Erfahrungen habe ich in Krisen- und Ausnahmesituationen gesammelt? Lähmen mich die momentanen Krisen-Situationen oder erkenne ich die zahlreichen Chancen – nicht nur im Digitalisierungsbereich (vgl. Kap. 8 von Michael Weilguny)? Umso weniger verschiedene Branchen ein potenzielles Beiratsmitglied bisher kennenlernen durfte und umso begrenzter seine Erfahrungen mit unterschiedlichen Unternehmensformen sind, umso eingeschränkter werden seine Möglichkeiten für ein zukünftiges Beiratsmandat sein.

Wie so oft im Leben, ist das erste Mal das schwerste Mal. Für einen Kandidaten kann es daher genauso schwer sein, das „erste Mandat" zu erhalten, wie seinerzeit die erste Position mit Mitarbeiterverantwortung. Auch auf der obersten Stufe der Karriereleiter gilt der Grundsatz des „Hochdienens". Der Kandidat sollte sich also zuerst für kleinere Unternehmen und kleinere Aufsichtsgremien bemühen als direkt auf große Industrieunternehmen zu zielen. In der Regel werden z. B. Mitglieder in den Aufsichtsrat eines ATX oder DAX-Unternehmens nur dann berufen, wenn diese mindestens schon Mitglied eines Gremiums einer MDAX-Unternehmung waren oder sind. Ein Anfang wäre auch, in einer örtlichen karitativen oder christlichen Organisation oder in einem Verein eine erste Aufsichtsfunktion zu übernehmen.

Der Weg zum Gipfel erfordert also eine vorausschauende (Karriere-)Planung. Dabei sollte bedacht werden, dass es aufgrund der eigenen Kondition und Ausrüstung (bzw. fachliche und persönliche Voraussetzungen) manchmal sinnvoller erscheint, lieber im Tal oder im Basiscamp erfolgreich Verantwortung zu übernehmen als auf dem Weg zum Gipfel zu scheitern.

6.3.3 Kernfrage 3: Wann will ich Beirat werden?

Sehr oft dauert der Mandatssuchungs- und Mandatsfindungs-Prozess zum Beirat einen längeren Zeitraum. 12 bis 24 Monate sind in diesem Zusammenhang eher als ein kurzer Zeitraum zu sehen. Selbst der finale „Beurteilungsprozess" benötigt seine Zeit: Befragung durch Headhunter, intensive Gespräche mit dem Vorsitzenden des Aufsichtsgremiums, mit dem Präsidial- oder Nominierungsausschuss.

6.3.3.1 Habe ich ausreichend Zeit?

„Wann will ich Beirat werden?" ist daher eine wesentliche Frage auf dem Weg zum ersten Beiratsmandat. Wann habe ich wie viel Zeit für diese arbeitsintensive Verantwortung? Wie schnell soll es mit der Übernahme eines Mandats gehen? Habe ich noch ausreichend Lebens- und Schaffenszeit? „Um ernst genommen zu werden, bedarf es einer realistischen Selbsteinschätzung" empfiehlt Heiner Thorborg (*1944), deutscher Personalberater, seinen potenziellen Kandidatinnen und Kandidaten.

Wenn der Kandidat also möglichst bald nach Auslaufen seiner operativen Berufskarriere ein Mandat anstrebt, sollte er schon rechtzeitig, während der letzten aktiven Berufsjahre entsprechende Maßnahmen einleiten. Somit ergibt sich ein reibungsloser Übergang von einer operativen Tätigkeit zu einer Aufsichtsgremien-Verantwortlichkeit.

6.3.3.2 Bin ich schon bereit?

Eine angedeutete Berufung zum Beirat durch fremde Dritte führt auch nicht immer zwangsläufig zu weiteren Sondierungsgesprächen bzw. einer Mandatierung. Oft werden nur unverbindliche Gespräche mit großem zeitlichem Vorlauf geführt ohne konkrete Ergebnisse.

Darüber hinaus ist zu bedenken, dass nach dem Ausscheiden aus operativen Verantwortlichkeiten das persönliche Netzwerk sich in der Regel schnell verkleinert. Viele menschliche und geschäftliche Beziehungen sind oft an eine Funktion und/oder Organisation gebunden und lösen sich bei Verlust dieser zügig auf. Demzufolge sollten diese Kontakte und Möglichkeiten während der aktiven Berufszeit intensiv gepflegt und auf zukünftige Fragestellungen hin überprüft und evtl. neu intensiviert werden.

Auch nicht jede mögliche Berufung bzw. nicht jedes mögliche Mandat kann passend sein im Abgleich mit den persönlichen Kompetenzen. Auch gut vernetzte Persönlichkeiten benötigen Zeit, bis sich die richtige Opportunität auftut.

Diese Zeit kann aber sinnvoll genutzt werden zur ehrlichen und kritischen Beantwortung der folgenden weiteren Kernfragen: „Was", „Wie" und „Wer".

6.3.4 Kernfrage 4: Was habe ich Besonderes zu bieten?

Aufgrund der in der Regel mittelständischen Strukturen in der Wirtschaft und deren zu großen Teilen noch begrenzten Erfahrungen im Bereich von Corporate Governance und Unternehmensaufsicht sind zahlreiche Beiratsgremien eher beratende als aktienrechtlich geprägte Gremien mit typischen Defiziten in der Zusammensetzung und der effektiven und effizienten Zusammenarbeit. Deshalb werden neue bzw. weitere Beiratsmitglieder mit komplementären und besonderen Fähigkeiten bzw. Sonderqualifikationen gesucht. Sogenannte „ergänzende" außergewöhnliche Persönlichkeiten in Hinblick auf Branchen- und Markterfahrung, Alter, Geschlecht und berufliche Herkunft. Funktionale

Schwerpunkte sind eher gefragt als Allrounder und Generalisten. Teamplayer sind erwünschter als Solisten.

Fragen zur eigenen Person benötigen für ehrliche Antworten eine starke persönliche Selbstüberprüfung aller vorhandenen Kompetenzen und Eigenschaften. Also sind Sie ehrlich in der Beantwortung der folgenden Fragen:

6.3.4.1 Was sind meine besonderen fachlichen Kompetenzen?

Meine Stärken und Fähigkeiten sollen dem Beiratsgremium helfen. Also ist es wichtig zu wissen, wo habe ich mich bisher mit meinen fachlichen und unternehmerischen Fähigkeiten als State-of-the-Art bewiesen? Ein Beirat muss sich bewusst sein, dass sein Amt Extrementscheidungen mit sich bringen können. Da ist für Mittelmaß kein Platz. Was sind also meine konkreten USPs (Unique Selling Points), die mich aus der Masse herausheben? Welchen Mehrwert kann ich als Mitglied eines Beiratsgremiums dem betreffenden Unternehmen bieten? Kenne ich die Gruppenkompetenz meines zukünftigen Gremiums? Passe ich mit meiner Individualkompetenz in eine vorhandene Gruppe hinein? Welchem Gremium genau kann meine fachliche Expertise einen konkreten Mehrwert bringen?

6.3.4.2 Was sind meine besonderen persönlichen Kompetenzen?

Bin ich materiell, finanziell, emotional und persönlich unabhängig? Habe ich eine gesellschaftlich akzeptierte persönliche Sinn- und Werte-Orientierung? Will ich die Konsequenzen meines Handelns übernehmen (und nicht auf eine D&O-Versicherung abwälzen)? Kann ich den erforderlichen großen Zeitaufwand zur Wahrnehmung einer Aufsichtsgremienarbeit darstellen? Bin ich auf dem gebotenen Wissensstand? Werde ich mich im Zeitalter des lebenslangen Lernens in den neuen Themen aktiv fort- und weiterbilden? Bringe ich die erforderliche Motivation, Leidenschaft und Innovationsfreudigkeit mit. Kann ich sowohl nach innen als nach außen zielorientiert kommunizieren (vgl. Kap. 11 von Kerstin Müller-Kirchhofs).

6.3.4.3 Bin ich geeignet als Beirat?

Kann ich mit meinen zukünftigen anderen Beiratsmitgliedern und externen Parteien erfolgreich zusammenarbeiten? Insbesondere in diesen außergewöhnlich schwierigen Zeiten benötigen wir fachlich versierte Persönlichkeiten mit Charakter, die allen Handelnden als Vorbild dienen (vgl. Kap. 15 von Martin von Hirschhausen). Unabhängigkeit und ehrbare Sinn- und Werte-Orientierung sind Basis allen Handelns. Zum Wohle des Unternehmens ist persönliche Verantwortung und das Akzeptieren persönlicher Haftung sowie ausreichende zeitliche Verfügbarkeit unabdingbar. Zeit auch für Fort- und Weiterbildungsmaßnahmen. Eine entsprechend hohe Motivation und Innovationsfreudigkeit sind selbstverständlich vorausgesetzt. Empfehlenswert ist, diese Selbsteinschätzung gemeinsam mit einem „Mentor" oder guten Freund durchzuführen.

6.3.5 Kernfrage 5: Wie muss ich als zukünftiger Beirat auftreten?

Fachliche und persönliche Qualifikation und Reputation eines zukünftigen Beirats sollten im Wesentlichen über persönliche Kontakte und Gespräche bekannt sein. Kern des Networkings in der Beiratslandschaft ist und bleibt die persönliche Begegnung, das vertrauliche Gespräch, die gleiche "Wellenlänge", eine gemeinsame „Vertrauensbrücke" und eine gegenseitige herzliche Beziehung. Ein Auftritt und eine Beteiligung z. B. in den Sozialen Medien können nur unterstreichend wirkend (vgl. Kap. 4 von Ulvi Aydin).

6.3.5.1 Bin ich bescheiden und geduldig genug?

Es ist sehr zu empfehlen, sorgsam, bescheiden und besonnen vorzugehen. Oder anders ausgedrückt: In der Beiratslandschaft bewegt sich insbesondere die ältere Board Community „scheu wie Rehe" und sie wollen grundsätzlich „unsichtbar sein wie Eulen". Nur selten treten sie aus dem Dickicht heraus, um an Wasserlöchern Futter und Wasser in Form von Wissen und Informationen aufzunehmen. Junge, unerfahrene Jäger (potenzielle Mandatsanwärter) haben bei fehlender Geduld und entsprechender Lautstärke keinerlei Chancen auf einen Treffer. Rüpel, Wilderer oder gar moderne Mountainbiker verjagen alles auf nimmer Wiedersehen. Üben Sie sich in Mäßigung und Besonnenheit. (Selbst-) Beherrschung, Bescheidenheit, Maßhalten. Das Finden des richtigen Maßes erhöht Ihre Chancen mehr als laute Begierden und rastloses Herumrennen.

6.3.5.2 Bin ich anerkannt?

Es ist also nicht nur wichtig „Wie sehe ich mich selbst", sondern auch „Wie beurteilen andere meine Persönlichkeit". Bin ich tatsächlich geistig, emotional und finanziell unabhängig? Für welche Sinn- und Werte-Orientierung stehe ich? Bezeichnen andere mich auch als tugendhaft und ehrbar? Bin ich noch fleißig und belastbar wie in jungen Jahren? Brennt in mir noch sichtbar eine Leidenschaft für Innovation, Veränderung und Transformation (vgl. Kap. 12 von Stefan Herzberg)?

Und es muss nochmals an den Grundsatz „Man wird berufen, man bewirbt sich nicht" erinnert werden. In einen Beirat gebeten zu werden ist immer auch eine Bestätigung der eigenen Leistung und Kompetenz. So etwas wie Anerkennung und Ehre. Etwas, was wachsen und reifen muss. Der Kandidat braucht Geduld. Oder wie Berthold Beitz (1913–2013), deutscher Manager, es formulierte: „Man kann nicht heute Apfelbäume pflanzen und schon im nächsten Jahr die Früchte ernten".

6.3.6 Kernfrage 6: Wer wird mich unterstützen?

Wenn nun alle vorangegangenen Fragen positiv beantwortet wurden und persönliche Kompetenzen ausreichend vorhanden sind, muss der Mandatssuchende die Anzahl der Gelegenheiten erhöhen, wo er berufen werden könnte. Dazu braucht es ein funktionsfähiges Netzwerk mit ausreichenden Kontakten in die Welt der Aufsichtsgremien. Wer würde mich unterstützen oder tragen sich meine Kontakte und Bekannten mit den gleichen Gedanken? Sind meine Freunde vielleicht Wettbewerber oder eignet sich jemand sogar als Mentor in dieser Angelegenheit – ein vertrauenswürdiger und kompetenter Mentor, der bereits mit der Beiratslandschaft gut vertraut und in dieser anerkannt ist. Einige der in der letzten Zeit gegründeten Frauennetzwerke betreiben bereits erfolgreiche Mentoren-Programme für Mandatssuchende.

6.3.6.1 Kenne ich das Beirats-Netzwerk?

Die Erfahrung zeigt, dass ein großer Teil der deutschen Führungskräfte kein berufliches Netzwerk in der Aufsichtsrats- und Beiratslandschaft besitzt. Der Kandidat sollte also eruieren: Welche Netzwerke sind interessant? Wo muss ich mich frühzeitig positionieren und aktiv einbringen? Formelle und informelle Netzwerke gibt es zahlreich in allen Bereichen des Lebens und der Wirtschaft. Im Bereich der vermeintlichen Wirtschaftselite sind es eher informelle Zirkel, die meist im Geheimen ihre Beziehungen und Verknüpfungen leben. Welche Netzwerke kenne ich bereits? Wie vertraut ist mir die deutsche Beiratslandschaft? In welchem Netzwerk bin ich heute schon ein aktiver Netzwerker? Welche Netzwerke gibt es, in die ich aufgenommen werden sollte?

Der Kandidat muss beim Auf- und Ausbau auf ein zielgerichtetes Netzwerk für seine „Vision Beirat" aktiv hinarbeiten. Da die Berufung als Mitglied eines Aufsichtsgremium in der Regel auf einem vorhandenen Vertrauensverhältnis beruht, kennt der Kandidat im Idealfall bereits das infrage kommende Unternehmen und den aktuellen Vorsitzenden. Der Kandidat muss also zuerst sein bestehendes, eigenes Netzwerk und seine bestehenden Mitgliedschaften kritisch durchleuchten wie z. B. Interessens- und Berufsverbände, Branchenverbände, Service- und Businessclubs und sonstige persönliche und berufliche Netzwerke. Allerdings werden Netzwerke wie „Family, Friends and Fools" heutzutage für eine Beiratsberufung immer unbedeutender. Erst wenn diese bisherigen Netzwerke keine ausreichenden Kontakte liefern, sollte an die Erweiterung bzw. dem zielgerichteten Aufbau eines eigenen Beiratsnetzwerks gedacht werden.

6.3.6.2 Will ich gefunden werden?

Dabei muss der Mandatssuchende folgende Fragen stellen: Welche Eigentümer, Familienunternehmer, Gesellschafter, Aktionäre, Aktionärsvertreter und Aktionärsvereinigung kennen mich bereits? Wo bin ich bereits im Gespräch? Welche Entscheider wissen schon von meinem Wunsch der Berufung? Welcher Beiratsvorsitzende, welches Beiratsmitglied hat meine Telefonnummer bereits in seinem Handy abgespeichert? Welche Interessens- und Berufsverbände für Aufsichtsgremien und welche Berater kennen meinen Wunsch? In welchen Verzeichnissen von potenziellen Mandatssuchenden bin ich bereits aufgeführt? Nochmals zur Erinnerung: Mann oder Frau kann sich nicht bewerben. Mann oder Frau wird berufen. Das „Gefunden-Werden" ist das oberste Ziel eines Mandatssuchenden.

6.3.7 Zusammenfassung: Visionen brauchen Fahrpläne

Jetzt haben Sie die zentralen Kernfragen „Warum, Wo, Wann, Was, Wie und Wer" durch gründliche Selbstreflexion ehrlich und schriftlich für sich beantwortet und können nun den richtigen Weg zur Mandatsberufung zügig beschreiten.

Sie haben für sich selbst positive Antworten gefunden für: Will ich weiterhin noch lernen? Bin ich in der Lage ein aktives Networking zu betreiben? Will ich mir selbst einen Plan mit detaillierten „Mandatsgewinnungsmaßnahmen" schreiben und selbst in den nächsten zwei bis drei Jahren abarbeiten? Kann ich ohne Assistenzunterstützung und ohne Delegation selbstständig kommunizieren? Beherrsche ich die modernen IT- und Kommunikationsinstrumente?

6.3.8 Welche Maßnahmen und Aktivitäten kann ich ergreifen?

In den vorherigen Abschnitten hat der potenzielle Mandatsträger schon eine Menge konkrete Hinweise und „Mandatsgewinnungsmaßnahmen" als unverbindliche Empfehlungen und Anregungen erhalten. Jetzt gilt es, diese in einem persönlichen schriftlichen Erfolgsplan zusammenzuführen mit den vier Hauptfeldern für eigene Maßnahmen und Aktivitäten:

- Permanente Fort- und Weiterbildung und Vervollständigung der fachlichen und persönlichen Fähigkeiten.
- Erhöhung der eigenen Aufmerksamkeit und Senden zielgerichteter Informationen an das eigene bestehende und noch zu erweiternde Netzwerk einschließlich der sogenannten „Board Community" in der „Beiratslandschaft" bzgl. der eigenen Wünsche.
- Regelmäßige Kontaktpflege in den unterschiedlichsten internen „Aufmerksamkeitsbereichen" wie Eigentümer, Gesellschafter, Aktionäre, Aktionärsvertreter, Aktionärsvereinigung, Aufsichtsgremien (Aufsichtsrat, Beirat, Verwaltungs- und Stiftungsrat), und Geschäftsleitungen (Vorstand, Geschäftsführer). Am leichtesten ist es Beirat zu werden, wenn man in dem betreffenden Unternehmen Mehrheitseigner wird.
- Externe „Aufmerksamkeitsbereiche" müssen parallel gepflegt werden wie Interessens- und Berufsverbände für Aufsichtsgremien, Personal- und Unternehmensberatungen, Rechtsanwaltskanzleien, Steuerberatungs- und Wirtschaftsprüfungsunternehmen, Zertifizierungs-Organisationen und Fort- und Weiterbildungseinrichtungen, Fachpublikationen und Medien.

Bei allen möglichen „Mandatsgewinnungsmaßnahmen" ist Zurückhaltung, Behutsamkeit und ein gewisses Maß an Bescheidenheit ratsam. Fingerspitzengefühl und Takt führen eher zum Erfolg als ungefragte und penetrante Direktansprachen. Bei allen Aktivitäten sollte sich der potenzielle Mandatsträger von dem Grundsatz leiten lassen: Laufen Sie nie einem konkreten Mandat hinterher für das Sie nicht aktiv gerufen wurden.

6.3.9 Persönlicher Erfolgsplan

»Damit das Mögliche entsteht, muss immer wieder das Unmögliche versucht werden« motiviert uns der deutsche Schriftsteller Hermann Karl Hesse (1877–1962). Der agile Mandatssuchende akzeptiert keine nicht unüberbrückbaren Hürden. Er folgt den einfachen drei Grundsätzen: Engagement, Engagement, Engagement. Er ist pro-aktiv und nicht re-aktiv. Er liebt Taten mehr als Worte. Kleine Erfolge sind ihm lieber als große Theorien. Mit systematischem Vorgehen weiß er den Zufall zu beschleunigen. Bzw. wie schon Albert Einstein (1879–1955), deutscher, theoretischer Physiker, erklärte: »Planung ersetzt den Zufall durch Irrtum«.

Ich wünsche Ihnen viel Erfolg bei der Formulierung ihrer Vision „Beirat-Werden" und beim Schreiben ihres ersten schriftlichen „Erfolgs-Fahrplans". „Visionen brauchen Fahrpläne" wusste schon Hilmar Kopper (1935–2021), deutscher Bankmanager.

Rudolf X. Ruter , Mit Augen und Ohren eines gelernten Wirtschaftsprüfers und Unternehmers hat er einen Kopf als Stratege und ein anständiges Herz. Er ist Experte für Nachhaltigkeit und Corporate Governance und beschäftigt sich verstärkt mit Ethik und Ehrbarkeit in der Wirtschaft. Er ist Mitglied des Beirats Financial Experts Association e. V. (Berufsverband für Aufsichtsräte) und Mitglied der Deutschen Digitalen Beiräte. Er liebt die Kommunikation mit Aufsichtsräten und Beiräten und seinen Aufsichtsrat-Livestream/Podcast-TALK bei Directors Academy und ist überzeugt, dass Glaubwürdigkeit und Reputation die Währungen unserer Zukunft sind. Rudolf X. Ruter, Jahrgang 1953, lebt in Stuttgart – www.ruter.de.

Der Innere Kompass zur Entscheidungsfindung

7

Petra Staudenmaier

„Forget your perfect offering. There is a crack, a crack in everything. That's how the light gets in." (Leonard Cohen, Anthem) [1].

Zusammenfassung

Beiratssituationen sind Entscheidungssituationen. Häufig fallen Entscheidungen intuitiv, Erfahrungswissen spielt eine große Rolle. Aber – dieses wird häufig nicht gut genug gehört, oder nicht gut genug erklärt – weil man es selber gar nicht so genau weiß. Es geht also darum, die Intuition gut zu «framen», sich sicher zu sein, dass es richtig so ist, sich darauf verlassen können, und den anderen Menschen Sicherheit zu vermitteln, indem man die eigene Reaktion gut erklären und verstehbar machen kann. Das Erkennungszeichen einer vertrauenerweckenden Reaktion sind reflektierte Argumente und motivierte Mitarbeitende, gleich auf welchem Level. Mit einem durchlebten eigenen BrandSoulCompass hat man ein Instrumentarium, um beides zum größten Wohle des Ganzen zu verbinden.

P. Staudenmaier (✉)
ConSOULt GmbH, Affoltern am Albis, Schweiz
E-Mail: petra@consoult.com

© Der/die Autor(en), exklusiv lizenziert an Springer Fachmedien Wiesbaden GmbH, ein Teil von Springer Nature 2025
P. Buchenau und C.-D. de Grancy (Hrsg.), *Chefsache Beirat,* Chefsache,
https://doi.org/10.1007/978-3-658-45642-9_7

7.1 Intuitives Wissen

Wir kennen die Situationen, in denen wir als Entscheidungsträger und Entscheidungsträgerinnen[1] gefordert sind: Die Sachverhalte sind komplex, die Zeit ist wie immer knapp, die Argumente sind auf dem Tisch, der Agenda-Punkt «Entscheidung» steht an. Die Augen sind erwartungsvoll auf uns gerichtet, und wir wissen, das ist der Moment, in dem wir die Weichen stellen für die Zukunft eines Unternehmens, für viele Mitarbeitende und ihre Familien, für die Aktionäre, Investoren oder Gesellschafter. Beiratsarbeit eben, nichts Besonderes, wir sind ja gut ausgebildet, gut trainiert und erfahren. Und wir lieben diese Momente, in denen es auf uns ankommt, auf unsere Entscheidungen. Gleich werden wir sie verkünden, und die dazugehörenden Worte finden, die Erläuterungen, die so wichtig sind für die Menschen, die unsere Entscheidung betreffen wird. Wir tragen die Verantwortung.

Was, wenn plötzlich zwei Seelen in unserer Brust wohnen, und wir hin- und hergerissen sind zwischen dem, was wir intuitiv wissen, und dem, was wir und die anderen vermutlich für vernünftig halten?

Häufig reagieren wir dann so wie diese Produktmanagerin eines großen Konsumgüterunternehmens: «Ich wusste es ganz genau, dass diese Verbraucherpromotion keine gute Idee ist, für die wir da gerade beschlossen haben, viel Geld in die Hand zu nehmen. Es war mir sofort klar – aber ich konnte es an nichts festmachen. Drum habe ich nichts gesagt und damit der Entscheidung zugestimmt. Viele Monate später war klar: Die Verbraucher hatten die Gadgets, die wir verschenkt haben, anders eingesetzt, als wir uns das gedacht hatten. Und wir hatten viele Beschwerden über kaputte Geräte, die durch unsere Werbegeschenke verursacht worden waren – also viele verärgerte Kunden und Kundinnen. Das Gegenteil von dem, was wir erreichen wollten, und ich hatte es gewusst, aber nicht artikulieren können.»

Viele von uns kennen sie, diese «lichten Momente», in denen wir plötzlich die Antwort wissen oder eine wichtige Erkenntnis haben.

Diese Momente erleichtern uns die Arbeit an sich und vor allem das Treffen wichtiger Entscheidungen ungemein. Denn plötzlich geht alles wie von selbst, der Weg ist klar, wir sind uns unserer Sache sicher. Dadurch sind wir entspannt, im Flow, und wir können handeln. Könnten handeln. Eigentlich.

Meistens überraschen uns diese Momente, nicht immer hören, fühlen oder sehen wir sie auch wirklich. Sie sind kurz, schnell, vorübergehend. Und schon ist der Verstand wieder da, der nachdenken und logisch begründen will, was wir eigentlich schon wussten.

Manchmal ist das gut so, denn er hat Recht und warnt, bewahrt uns vor Fehlentscheidungen, die aufgrund eines reflexartigen Verhaltens passieren können.

---

[1] Hier ist bewusst die weibliche und die männliche Form verwendet worden, von nun an wird im Text zur besseren Lesbarkeit darauf verzichtet und im Wechsel die weibliche, männliche oder neutrale Form verwendet. Es sind immer alle Formen mitgemeint.

Manchmal spielt er sich auch auf als Spielverderber, Besserwisser, Schlaumeier, der schnelle Impulse bewertet, verurteilt. Und dann sind da noch die anderen, denen wir unsere Entscheidungen, unsere Eingebungen, erklären wollen oder sollen. Denn wenn wir es nicht tun, besteht die Gefahr, dass sie uns nicht verstehen und wir sie in der Folge verlieren. Wir müssen also kommunizieren, wenn wir das Engagement der anderen wollen – egal in welchem Gremium, auf welcher Ebene. Am schwierigsten ist das, wenn wir einander nicht so gut kennen, weil wir uns nur selten treffen. In eingespielten Teams, die tagein tagaus zusammenarbeiten, kennt man sich besser, man kann auf die Erfahrung zurückgreifen, dass es die Chefin oder der Teamleiter schon richtig entscheidet, auch wenn man es gerade noch nicht versteht. Oder man kann sich damit auseinandersetzen.

In Gremien wie Beiräten, Aufsichtsräten – wo man sich weniger häufig sieht, weniger gut kennt, aber im Team die Verantwortung trägt, spielt es eine noch größere Rolle, erstens, sicher und schnell entscheiden zu können. Und zweitens, diese schnelle Entscheidung auch schnell und nachvollziehbar zu begründen, um die anderen nicht zu verlieren oder sich eventuell nicht durchsetzen zu können, weil man den eigenen Standpunkt, die eigene Entscheidung, vor allem, wenn es eine Bauch-Entscheidung war, nicht gut genug erklären kann.

Darum ist es wichtig

- die eigene Entscheidungs-Fähigkeit und Entscheidungs-Schnelligkeit zu trainieren
- Zu wissen und zu verstehen, worauf sich diese Entscheidungsfähigkeit begründet, um sich damit sicher zu fühlen
- Ein eigenes System, einen Kompass zu haben, mit dessen Hilfe man die eigenen Entscheidungen erklären und so darlegen kann, dass sie für andere nachvollziehbar werden.

7.2 Der BrandSoulCompass

7.2.1 Grundlage: Intuition

Was sind diese «lichten Momente», der «crack», durch den das Licht reinkommt, wie es Leonard Cohen in «Anthem» besingt?

Einige werden sich jetzt an Daniel Kahneman [2] erinnert fühlen, mit «Schnelles Denken, langsames Denken», und an seine Theorien von System 1 und System 2.

Sein Buch erzählt uns die Geschichte des «schnellen» Systems 1, das uns quasi «automatisch» aufgrund gemachter Erfahrungen und vorhandenen Wissens handeln lässt. Vor allem dann, wenn wir keine Zeit zum Nachdenken haben, oder wenn wir keine Notwendigkeit dafür sehen – wir wissen ja die Antworten aus System 1, intuitiv und schnell.

Das Beispiel der Produktmanagerin aus Abschn. 7.1 zeigt uns aber auch eine andere Seite des o.g. Mechanismus: Wenn wir nämlich unser Erfahrungswissen, unsere Intuition, die «schnelle Antwort» aus System 1 genauso schnell wieder überhören, wegdrängen, weil wir viel mehr im Nachdenken, logischen Reflektieren und im Betrachten und Abwägen von rationalen Argumenten geschult sind als darin, System 1 auch zuzuhören.

Ich möchte hier dafür plädieren, *beide* Systeme, die uns als Menschen zur Verfügung stehen, bewusst zu nutzen und zu verknüpfen, und damit Intuition und Verstand miteinander zum Besten des Ganzen einzusetzen.

Unser Fokus wird also hier darauf liegen, die Basis unserer «Erkenntnisse», das System 1, gut zu nutzen, zunächst einmal für uns selbst. Das heißt, wir sollten uns bewusst machen, dass wir uns selbst und unseren schnellen Reaktionen zuhören sollten, und unser eigenes System 1 als wertvollen Partner anerkennen und nutzen. Ebenso wichtig ist es, unser System 2, also unsere Fähigkeit, nachzudenken, zu hinterfragen, logische Schlüsse zu ziehen, aktiv und bewusst zu nutzen, um eine Balance herzustellen und unser intuitives Wissen für uns selbst und für andere einzuordnen und nachvollziehbar zu machen. Denn damit werden wir für andere besser einschätzbar, «berechenbar», auch wenn wir aufgrund unseres Zugangs zu System 1 eventuell «unberechenbare» Entscheidungen fällen – denn wir werden sie erklären können und die anderen «mitnehmen».

Werfen wir zunächst einen Blick auf die **Intuition**, ein Bestandteil der Elemente, die wir in System 1 nutzen, die Basis unseres in Lichtgeschwindigkeit verfügbaren Wissens, das so flüchtig ist wie ein Blitz oder ein kurzer Sonnenstrahl, aber eine ebenso große Kraft entfalten kann, wenn wir sie entsprechend nutzen.

> „Mein Vater ist ein Fischer. Das war er schon sein ganzes Leben lang. Gelegentlich nimmt er mich in seinem Boot zum Fischen mit. Nach einer Weile sage ich dann: ‚Das sieht nach einer guten Stelle aus. Lass uns hier anhalten und fischen.' Mein Vater lächelt nur und sagt: ‚Heute nicht. Heute sind die Fische da drüben', und zeigt ein oder zwei Meilen nach Westen. Und er hat fast immer Recht. Ich habe aufgegeben zu fragen, woher er das weiß. Er schaut in den Himmel. Er spürt den Wind. Er beobachtet die Wellen und sieht die Strömungen. Er weiß einfach, wo die Fische sind."

Kjell Nordstrom [3], weltweit anerkannter Management-Vordenker, internationaler Bestseller-Autor und Vortragsredner beschreibt hier den Moment, wo er mit seinem geschulten Verstand und Intellekt nicht gegen das intuitive Wissen seines Vaters, des Fischers ankommt, der eben weiß, wo die Fische sind – und der genau das bei seinem Sohn auslöst, was wir in Gremien oder in anderen Momenten erleben, in denen jemand intuitiv, aber nicht unbedingt nachvollziehbar entscheidet – er hat aufgegeben zu fragen.

Der Sohn kann es dem Vater – vielleicht – zugestehen. Die Kollegen im Beirat, die Manager und Mitarbeitenden wollen von uns wissen «Warum»? Wenn sie aufgeben zu fragen, dann sind sie demotiviert, und es besteht die Gefahr, dass wir sie «verlieren».

An dieser Schnittstelle wollen wir ansetzen, um hier die Brücke zu bauen, und es uns zu ermöglichen, die Intuition häufiger einzusetzen, ihr zuzuhören – und sie gleichzeitig «vernünftig» erklären zu können. Nicht nur mit einem unbefriedigenden «Ich habe entschieden, das machen wir so. Punkt.».

7.2.2 Was ist nun Intuition?

Intuition ist Sehen mit der Seele – wie es Dean Koontz [4] umschreibt. Wir würden auf Deutsch vielleicht eher Albert Camus [5] zitieren, aus dem Kleinen Prinz: «Man sieht nur mit dem Herzen gut».

Diese und ähnliche Weisheiten deuten darauf hin, dass hier andere Kräfte wirksam sind als unsere Intelligenz, unser Verstand.

Vienda Maria [6], Autorin, Leiterin von The Mentor Training, Gründerin von Plannher und Sammlerin von Freunden, Geschichten und Abenteuern, drückt es so aus:

> «Intuition ist ein Phänomen, das eine Brücke zwischen Herz und Verstand schlägt, und zwar durch einen nicht greifbaren Sinn oder ein Gefühl. Sie beschreibt die Fähigkeit, sich Wissen anzueignen, ohne Schlussfolgerungen zu ziehen oder logische Überlegungen anzustellen. Das Wort „Intuition" stammt vom lateinischen Verb „intueri" ab, das mit dem Wort intuit, „betrachten", übersetzt wird. Intuition wird oft als die Fähigkeit interpretiert, etwas instinktiv zu verstehen, ohne dass ein bewusstes Denken erforderlich ist. Es handelt sich um eine Fähigkeit, die uns allen zur Verfügung steht, von der allgemein bekannt ist, dass sie ein Aspekt der Funktion unserer rechten Gehirnhälfte ist, und die, wie ein Muskel, gestärkt werden muss. Je mehr man sie einsetzt, desto leichter wird sie und desto schneller reagiert sie.»

Wie ein Muskel also. Die trainieren wir gerne und häufig, und wir haben keine Probleme damit, unseren Mitmenschen zu erklären, warum wir ins Krafttraining oder joggen gehen. Wie trainieren wir, die Intuition wahrzunehmen und ihr zuzuhören, und wie erklären wir, was und warum wir da trainieren?

Es ist dieser erste kleine, flüchtige Moment, den es zu erwischen, wahrzunehmen gilt. Das erste kleine Kribbeln im Magen, die erste Stimme im Hinterkopf, der erste Gedanke, der gleich überlagert wird von so vielen anderen Gedanken. Das erste Bild, das uns in den Kopf kommt, bevor gleich der Verstand einsetzt. Häufig ist es auch ein Gefühl, oder eine andere Sinneswahrnehmung, ein erster Geschmack oder ein Geruch, der plötzlich da ist.

Versuchen wir uns zu erinnern, wann wir das schon mal so erlebt haben.

Vielleicht war es bei der letzten Präsentation des Finanzchefs, als die Zahlen plötzlich für einen Moment keinen Sinn machten – doch die Nachfrage konnte beantwortet werden. Wirklich? War da nicht noch mehr, ein Unbehagen, eine Ahnung, dass die neue Investition überbewertet sein könnte? Ein Bild, eine Ahnung, ein Gefühl, eine Stimme? Sind Sie danach nochmals hingegangen und haben selbst nochmal nachgelesen, nachgeschaut, hinterfragt? Und wenn nicht – warum nicht?

7.2.2.1 Intuition lernen zu trainieren

Meine Einladung ist es, diesen Mini-Momenten nachzugehen. Im ersten Schritt in der Vergangenheit:

- Suchen Sie nach den Momenten, in denen Sie es eigentlich gewusst haben, dass etwas nicht stimmte, oder vielleicht stimmte, aber es wurde nicht gehört. Von Ihnen selbst, oder von anderen, wenn Sie darüber geredet haben.

- Merken Sie sich dieses Gefühl – wie war das, was haben Sie da wahrgenommen?
- Und fangen Sie an, jetzt, zunächst bei ganz einfachen, stressfreien Gelegenheiten, vielleicht beim Auswählen des Essens aus der Speisekarte, oder bei der Wahl des Kleidungsstücks, hinzuhören, hinzuschauen – wer sagt da was? Wem hören Sie eigentlich zu? Notieren Sie diese Momente, und lernen Sie, wie die Intuition sich Ihnen zeigt. Vielleicht ziehen Sie innerlich oder tatsächlich eine Augenbraue hoch in dem Moment. Oder es kribbelt im Bauch. Oder Sie hören die Stimme eines alten Lehrers, einer Vertrauensperson. Hier geht es darum, das eigene Vertrauen zu schulen und sicher zu werden, wenn die «Stimme» sich meldet – wie bei Kjell Nordstroms Vater, der weiß, wo die Fische sind (Abschn. 7.2.1). Er weiß, wie er das wahrnimmt, und er kann darauf vertrauen.
- Hilfreich ist es dabei, dem Verstand zu «sagen», dass er still sein soll. Auch das kann man trainieren, zum Beispiel mit Achtsamkeitsübungen, mit Meditation oder Atemübungen, mit Yoga oder anderen Praktiken, die das bewusste Wahrnehmen und das Stillwerden des Verstandes schulen.

7.2.2.2 Intuition wahrnehmen unter Stress

Im zweiten Schritt geht es darum, die Intuition auch dann wahrzunehmen, wenn Sie unter Druck sind, im Stress. Wenn der Alltag laut und fordernd ist.

- Trainieren Sie für sich selbst. Notieren Sie, ob Sie unter Stress die gleichen «Symptome» zeigen, um intuitiv wahrzunehmen. Eventuell zeigt sich das intuitive Wissen hier anders. Lernen Sie Ihre Intuition kennen.
- Üben Sie, den negativen Einfluss von Stress zu reduzieren. Auch dafür gibt es gute Techniken, um das zu trainieren – von Meditation, Atemschulungen oder anderem für das generelle Training bis hin zu Fingermudras [7], die man in der jeweiligen stressigen Situation unbemerkt halten kann.
- Schauen Sie hin, ob Sie das nicht sowieso schon können, und es bereits einsetzen – nur noch nicht ganz bewusst. Wo waren Sie schon mal erfolgreich und zufrieden mit einer spontanen Entscheidung – und wie haben Sie sich dabei gefühlt? Nicht nur im Business, das kann auch im Sport, in der Freizeit, mit Freunden passiert sein.
- Fangen Sie an, Sätze zu sagen wie «mein Gefühl sagt, wir sollten A nehmen». Trauen Sie sich das zu, und üben Sie es dort, wo Sie sich sicher sind, dass man Sie nicht sofort mit Nachfragen überfällt – oder Sie eventuell belächelt. So, wie Sie auch Ihr Fitnessprogramm oder Ihre Laufstrecke auswählen, Ihrem Level angepasst.

7.2.2.3 Intuition systematisch angehen

Bevor Sie es dann in der «Höhle der Löwen» anwenden, sollten wir einen weiteren Schritt einschieben. Nun geht es darum, den eigenen Kompass zu erstellen, um die Intuition, die eigene Wahrnehmung, gut in ein «System 2», wie es Kahnemann genannt hat, einzubauen. Und die beiden Systeme auf natürliche Art und Weise miteinander zu verknüpfen.

7 Der Innere Kompass zur Entscheidungsfindung

Am besten lässt sich dies wieder an einem Beispiel aufzeigen. Die Situation ist wie folgt, aus einem anderen Kontext, könnte sich aber auch in einem Beiratsmeeting ganz ähnlich abspielen:

> Präsentation der Designagentur in einer Konsumgüter-Firma, das Verpackungdesign für ein neues Produkt. Das Marketing-Team ist begeistert, die Verkaufsleitung ebenfalls. In dem Moment schaut der CEO zur Tür herein, nichts Ungewöhnliches. Man stellt ihm die Agentur und das Projekt vor und bittet die Agentur, für ihn doch nochmal eben in 3 Minuten die Präsentation zusammenzufassen – was die Agentur perfekt löst. Danach steht der CEO auf, geht langsam zur Tür und sagt nur «Das Projekt machen wir sicher nicht. Die Agentur kann sofort nach Hause gehen.» Er verlässt den Raum. Betretene Stille…

Was ist passiert? Drei verschiedene Ebenen stecken hier drinnen, die alle mit bewusstem Umgang mit Intuition und mit gut trainierter, schneller Entscheidungsfähigkeit anders hätten laufen können:

- Offensichtlich hat sich das Team im Überschwang der eigenen Begeisterung zu einer unüberlegten Handlung hinreißen lassen – und niemand hat «Stopp» gesagt. Bei wem hat wohl die innere Stimme davor – aber nicht laut genug – gewarnt, die Agentur und das Projekt dem CEO so ohne Einordnung und entsprechende Vorbereitung quasi «hinzuwerfen»? Und wenn ja, was hätte die Person gebraucht, um den «Stopp» klar und deutlich auszusprechen?
- Niemand hatte die Chuzpe und war verwegen genug, um den CEO nach seiner Reaktion aufzuhalten und ihn zu einer echten Stellungnahme zu verpflichten – warum nicht? Was hätte die Person gebraucht?
- Der CEO hat tatsächlich sehr intuitiv gehandelt – aber eben nur intuitiv. Und das gesamte Team verdutzt und hochgradig frustriert zurückgelassen. Ob er das gemerkt hat? Ob er es gewollt hat – oder nicht anders konnte? Was hätte er gebraucht?

Wir gehen allen drei Ebenen nach, denn alle drei sind Ausprägungen desselben Themas. Es geht darum, sich selbst zu kennen, die eigene Position, oder besser die eigene Positionierung zu kennen, um aus diesem Bewusstsein heraus intuitiv wirken und handeln zu können.

7.2.3 Die Essenz Ihres Handelns kennen und nutzen lernen

Ich frage Sie also: Was ist die Essenz, was ist die Seele Ihres Wirkens und Handelns?

Wer diese Frage klar für sich beantwortet hat, kann immer wieder darauf zurückgreifen und

- Spontan und intuitiv, und dabei sicher und klar handeln
- Die eigenen aus der Intuition geborenen Handlungen sich selbst und damit auch anderen verständlich und nachvollziehbar erklären
- Und dadurch motivierend handeln, führen, wirken.

7.3 Die Seele des eigenen Wirkens und Handelns kennen – der innere Kompass zur Entscheidungsfindung

Wie beantworten Sie selbst die Frage nach der Essenz, der Seele Ihres Wirkens und Handelns?

Das Erstellen des eigenen **BrandSoulCompass** eröffnet die Möglichkeit, sich mit sich selbst zu genau diesen Punkten effizient auseinanderzusetzen. Es ist ein Werkzeug, dass ich eigentlich für die Positionierung von Marken, Brands entwickelt habe. Seit einiger Zeit wende ich es auch für die persönliche Positionierungsarbeit, für die Positionierung von uns selbst als Marke an. Die Erfahrung zeigt, dass wir uns selbst ebenso als Marke verstehen können wir ein Produkt oder eine Dienstleistung – und über diesen Weg unsere Erfahrungen, Leidenschaften, Haltungen, unseren Charakter und unseren USP verdichten können zu einer BrandSoul, die es uns ermöglicht, uns selbst besser kennenzulernen, und damit sicherer zu werden in der Nutzung unserer intuitiven Fähigkeiten und der Verbindung unseres inneren Antriebs mit unserem Verstand, unserer Intelligenz, unserem erlernten und geschulten Wissen. Das passiert in von mir geführten, strukturierten Workshops mit dem Ziel, den eigenen Kompass zu erstellen und eben die oben dargelegten drei Ebenen – den Umgang mit sich selbst, mit der Herausforderung und mit anderen – für sich selbst immer wieder zu beantworten und sich selbst beständig daran auszurichten.

Wir erschaffen uns hier einen eigenen, inneren Kompass, um unser eigenes «intuitives System» zu erkennen, zu kennen und damit zu arbeiten.

Nun kommt der erste Teil des Zitats von Leonard Cohen ins Spiel: «forget your perfect offering…» oder besser gesagt «besser einzigartig als perfekt». Und besser gemacht als perfekt. Es geht nicht um die perfekte Formulierung einer Positionierung, sondern darum, es zu *tun*. Es geht auch nicht um den perfekten Wettbewerbsvorteil, die perfekte Lösung oder das Beste im Vergleich mit allen anderen. Es geht hier um unsere eigene Einzigartigkeit.

7.3.1 «Unique» versus «perfect»

Einzigartig wollen die meisten von uns sein. Meistens sind wir das auch – Individuen. Wir müssen uns nur klar darüber werden. Wir wollen also unseren Kern finden, hinter unsere Worte hören, hinter unsere Bilder schauen. Wir wollen herausschälen, was unser eigenes Seelenfeuer nährt und am Leuchten hält. Wofür brennen wir, und was können wir besonders gut. Womit sind wir einzigartig, eigenständig, besonders. Nicht besser, perfekter, schneller, billiger, sondern ANDERS. Um bei Cohen zu bleiben – was, wie ist der besondere Crack, der besondere Riss, durch den unser besonderes Licht scheint. Und wollen uns ein System dafür erstellen, das wir immer und leicht verfügbar haben und anwenden können.

Wir werden uns positionieren. Also wird es darum gehen, Entscheidungen zu treffen. Dies ist ein Prozess, den man allein angehen kann. Leichter geht es mit einem Sparringspartner, Freund, Coach, Mentor, Spiegel. Noch besser funktioniert es aus meiner Erfahrung in einer kleinen Gruppe, in der 3 bis 6 Personen das gleiche Ziel, ihren eigenen BrandSoulCompass zu erstellen, haben. Die gegenseitige Herausforderung kann sehr befruchtend und erkenntnisreich wirken.

Hinweis: Es geht hier immer um unsere berufliche Positionierung, um unsere Position im Berufsleben, als Profi oder als öffentliche Person, unsere Marke. Ich grenze dies klar ab von Themen, bei denen es um persönliche Coachingthemen geht, für die andere Spezialisten zuständig sind. Auch wenn es dabei um die eigene Person geht, ist dieser Prozess dazu gedacht, unsere berufliche Positionierung zu schärfen.

7.3.2 Die einzelnen Felder des BrandSoulCompass an Beispielen erläutert

Anhand von zwei fiktiven Beispielen gehen wir nun kurz durch die einzelnen Felder des BrandSoulCompass, um einen Überblick über die Bestandteile zu erhalten. Dabei ist die Reihenfolge irrelevant, die Inhalte werden in den Workshops individuell und fließend erarbeitet. Sie bauen wie selbstverständlich aufeinander auf, ergänzen sich, bieten immer wieder einen anderen Blickwinkel auf wesentlichen Kern, und sind auch alle für sich selbst sprechend und relevant. Zusammen erläutern sie den Kern, die BrandSoul, die in der Mitte zu finden ist.

Beispiel 1: Eine Führungskraft in leitender Stellung, mit Leidenschaft und Verantwortung für gelebte Nachhaltigkeit in ihrem Unternehmen, auf der Suche nach der Essenz seines Handelns und Wirkens – also ihrer persönlichen Marke (Brand), um sich entsprechend zu positionieren.

Beispiel 2: Ein Hersteller von stilvollen Bequemschuhen, ein traditionelles Familienunternehmen, der wissen möchte, wie er sich von anderen abheben kann, um erfolgreicher zu sein – also der die Essenz seiner Marke, seiner Brand erkennen und nutzen möchte.

7.3.2.1 Werte und Story

Wir werden unsere Werte, unsere Story, unsere «Herkunft» anschauen und feststellen, was davon uns heute noch wichtig ist. Was beeinflusst und prägt uns heute noch? Was aus unserer Entwicklung, unserem Leben und Erleben ist wesentlich, um unseren beruflichen Wesenskern zu beschreiben und zu erklären? Das kann im Beispiel 1 die Ehrlichkeit sein, die man selbst lebt und bei anderen einfordert. Es kann die Nachhaltigkeit aller Handlungen sein. Oder im Beispiel 2 das Fortführen einer Familientradition, die zur Berufung geworden ist.

7.3.2.2 Herausforderung

In diesem Prozess werden wir uns auch anschauen, welches unsere spezielle Herausforderung ist – welches besondere Problem wollen und können wir mit unserer Positionierung für andere Menschen lösen? Was ist unsere «Aufgabe»? Es könnte sein, Beispiel 1, dass sie Freude an der Arbeit als ihre wichtigste Herausforderung erkannt hat. Oder, Beispiel 2, dass es dem Unternehmer wichtig ist, dass die Menschheit in bequemen und gleichzeitig schönen Schuhen unterwegs ist, weil Schuhmacher seine Tradition und Berufung ist. Wichtig ist, dass man es erkennt, sich dafür entscheidet und es schriftlich festhält.

7.3.2.3 Zielgruppe

Genauso verfahren wir dann mit unserer «Zielgruppe»: Beispiel 1, für den Menschen mit dem Bewusstsein, etwas zur anständigen Führung beitragen zu wollen, könnte seine Zielgruppe alle seine Mitarbeitenden und Kolleginneben sein. Für den Schuhmacher für bequeme Schuhe aus Familientradition sind es vielleicht Menschen mit Fußproblemen und Anspruch an Stil und Schönheit.

7.3.2.4 Wettbewerb

Ebenso breit und offen definieren wir unseren «Wettbewerb», unsere Mitspieler. Das sind dann beim ersten Beispiel eventuell die Geschäftsleitungs- oder die Beiratskollegen. Oder beim Schuhmacher-Beispiel sind es vielleicht die Hersteller von bequemen Barfußschuhen.

7.3.2.5 Vision und Purpose

Wir definieren unsere Vision, wie soll die Welt aussehen, in der wir leben wollen (immer bezogen auf unser Angebot, unsere Positionierung). Im Beispiel 1 könnte das eine Welt sein, in der Menschen einfach immer gerne arbeiten. Oder im Beispiel 2 eine Welt mit Menschen, die auf gesunden Füßen wandeln. Und was ist der Zweck, der Purpose unseres Handelns? Beispiel 1, vielleicht das Lächeln der Mitarbeitenden – oder im anderen Beispiel das Erschaffen bequemer und schöner Schuhe.

7.3.2.6 Leistungsversprechen

Irgendwann in diesem Prozess sind wir in der Lage, unsere Value Proposition, also unser Leistungsversprechen zu beschreiben. Für den Leader aus Beispiel 1 könnte das etwa das Führen aller MitarbeiterInnen und der Firma auf Augenhöhe sein. Oder beim Schuhmacher – das Herstellen von individuell angepassten Schuhen, die maximale Zehenfreiheit garantieren.

7.3.2.7 Kundennutzen und Begründung

Spätestens dann geht es ums Ausarbeiten der USP-Elemente, also der Definition des Kundennutzens – was hat unsere Kundin, unsere Zielgruppe von unserem Angebot?

Um in den Beispielen zu bleiben – Freude an der Arbeit beim Leader, oder Füße ohne Hühneraugen, Schuhe ohne Einlagen beim Schuhhersteller.

Des Weiteren sollten wir festhalten, warum unsere Kunden uns das glauben sollen, was wir ihnen da als «Benefit» anbieten wollen – also zum Beispiel welche Ausbildung oder welche Haltung hat der Manager, welche Erfahrungen oder Erfolge kann er vorweisen? Oder welche Preise und Auszeichnungen hat der Schuhmacher gewonnen, welches Feedback erhalten seine Schuhe in den sozialen Medien, neben den Fakten, der Ausbildung, der Familientradition, der Empfehlungen von Orthopäden?

7.3.2.8 Charakter

Die Beschreibung des Charakters oder der Persönlichkeit definiert einen weiteren Baustein unseres Kompasses: Wie sind wir, wie verhalten wir uns, was macht uns aus? Oder woran erkennen uns unsere Kunden? Welchen Archetyp verkörpern wir in unserem Beruf (wobei hier nicht nur die 12 Urbilder des kollektiven Unbewussten nach C.G.Jung [8] gemeint sind, es gibt viele Mischformen und weitere Ausprägungen, die uns für diesen Zweck eventuell wesentlich besser beschreiben, charakterisieren). Sind wir in unserem Wesenskern Erfinder, Tüftler, Heiler, Gaukler, Magier, Tänzer, Priester oder Weise? Vielleicht ist der Nachhaltigkeitsmanager in seinem Charakter ein Entertainer, während der Schuhhersteller in Wahrheit ein Magier ist.

7.3.2.9 Das Zentrum des Kompasses – die Brand Soul

Und am Schluss können wir die zentrale Frage beantworten: Was macht unser Handeln und Wirken aus? Was macht es besonders? Ist die Essenz des Leaders, Schuhmachers, dass er die Schwerelosigkeit herstellen und uns wie auf Wolken laufen lassen kann? Wenn wir diesen Kern erkannt haben und definiert haben, dann ist unser BrandSoulCompass, unser eigener Marken – Seelenkompass zentriert.

7.3.3 Mit dem BrandSoulCompass arbeiten

Wir haben uns ein Instrumentarium erschaffen, mit dem wir unsere berufliche Identität beschrieben haben. Dies nutzen wir zum Navigieren in unseren Handlungen. Wir können uns damit auf der Landkarte der möglichen Herausforderungen bewegen. Wir erkennen Untiefen und Hindernisse, und können unsere Reaktionen und unser eigenes Verhalten besser einschätzen und einsetzen.

Zurück zum Ausgangspunkt – dieses Wissen erlaubt uns, nun eine Zieldefinition durchzuführen, eine Strategie zu entwickeln, wie wir es erreichen wollen, und entsprechende Maßnahmen abzuleiten. Klassische Strategiearbeit also. Der Kompass dient als Orientierung, als Instrument, um immer wieder gegenzuchecken – sind wir «on track» mit unserem eigenen Projekt, unserer beruflichen Identität? Verhalten wir uns kongruent zu unseren Werten, zu unserem USP, erfüllen wir unser Leistungsversprechen uns selbst gegenüber, damit wir unserer Vision näherkommen? Am wichtigsten ist vielleicht die Rückversicherung, dass wir unserem beruflichen Wesenskern, unserer BrandSoul treu sind. Denn wenn wir dies sichergestellt haben, dann sind wir in der Lage, unserer Intuition zuzuhören und freien Lauf zu lassen, schnell und sicher Stellung zu nehmen, Position zu beziehen, zu entscheiden. Wir können ihre Stimme hören, ihre Bilder erkennen und noch viel wichtiger: Wir können endlich *erklären*, warum wir intuitiv so handeln, wie wir handeln. Das mag wie ein großer Widerspruch klingen, aber genau das benötigen die Menschen um uns herum von uns – in den Gremien und Teams, in denen wir uns nun so bewegen wie der Vater von Kjell Nordström, wenn er genau weiß, wo die Fische sind. Mit dem großen Unterschied, dass wir die Menschen mitnehmen können. Weil es nicht mehr einfach so ist, wie es ist, sondern weil wir Vertrauen schaffen können, dass nicht nur blind erfolgen muss, und nicht erst durch jahrelange Erfahrungen erarbeitet werden muss, sondern dass durch Erklären der eigenen Handlungen schneller und effektiver entstehen kann.

7.4 Kern – Nutzen des BrandSoulCompass

Mit dem bewussten, gezielten Einsatz gewinnen wir Effizienz bei der Entscheidungsfindung. Wir können uns freier bewegen, weil wir unsere eigenen Werte kennen, und wissen, was unsere Vision ist. Wir werden auf zwei Ebenen schneller:

- Wir selbst werden effizienter in unseren Handlungen und Entscheidungen, weil wir uns selbst und unsere Positionierung kennen.
- Wir werden effizienter im Umgang mit Mitarbeitenden, Teams, Mitgliedern, weil wir Vertrauen schneller herstellen können.

Zurück zum Beispiel mit der Designagentur und den dort angesprochenen drei Ebenen (Abschn. 7.2.2.3):

Wenn unser eigenes Leistungsversprechen an uns selbst zum Beispiel das Führen auf Augenhöhe ist – dann wäre es uns in dem oben genannten Fall wohl möglich gewesen, den CEO in der Tür zurückzuhalten und um eine Erklärung seiner Entscheidung zu bitten – zum besseren Verständnis für alle, und zur Stärkung seiner Position, denn er hätte Vertrauen gewonnen.

Stellen wir uns nun vor, wir sind dieser CEO, und unsere BrandSoul/Markenkern ist zum Beispiel, dass wir *immer* eine Lösung finden für alle Herausforderungen. Dann hätten wir vermutlich vor unserem Abgang hinzugefügt, dass wir den Marketingleiter zum Gespräch bitten, um das Projekt zu verstehen und um unsere intuitive Ablehnung zu erläutern. Damit würden wir uns treu bleiben, schnell und effizient zum Verständnis unserer Entscheidung beitragen und weiterhin eine positive, vertrauensvolle, motivierende Arbeitsatmosphäre ermöglichen.

Und als Marketingleiter in dem Beispiel hätten wir vielleicht den Reason to Believe und den Charakter unserer Marke so definiert, dass das intuitive Wissen des CEO mit eingeflossen wäre – und das ganze Projekt hätte präziser und zielgerichteter gebrieft werden können, mit einer sehr guten Chance auf reale Umsetzung und Verkaufserfolg.

7.5 Einsatz des BrandSoulCompass in der Praxis

7.5.1 Eine Genussmittel-Herstellerin, Definition der Firmen- und Marken-BrandSoul

Ein Beispiel für den Einsatz des BrandSoulCompass, den ich aus einer Beiratsrolle angeleitet und begleitet habe. Hier geht es um die gelungene Definition einer BrandSoul, die sich mehr auf die Marke als auf einzelne Personen bezieht, aber letztlich das Verhalten einzelner Personen maßgeblich beeinflusst hat, bei einer Herstellerin von Luxus-Genussmitteln (reale Situation verfremdet).

Es handelt sich um ein Start-up, ein Unternehmen mit dem sozialem Anspruch, die Lieferanten ihrer Rohwaren aus kleinen Gärten im globalen Süden nicht auszunutzen, sondern sie einzubinden, indem sie zu Miteigentümern werden. Die Rohwaren werden in Europa von kleinen Feinkost-Küchen zu leckeren, gesunden und nachhaltigen, bio-zertifizierten Genussmitteln verarbeitet und online sowie im klassischen Lebensmitteleinzelhandel und in Fachgeschäften in Deutschland vertrieben.

Was die drei Gründerinnen nicht entschieden hatten, ist, wer und was sie nun eigentlich sind – Gourmets, Spitzenköche, Ernährungsexperten oder… GärtnerInnen. Alle vier Optionen hatten Vor- und Nachteile, und das jahrelange Hin und Her lähmte die Organisation, verunsicherte die Kunden und die Miteigentümer, die Gärtner. Denn sie wussten zwar, was sie tun, aber nicht, wer sie sind. Content in den sozialen Medien kreiste immer wieder um die Gärtner in Afrika, ihr Leben, das Anbauen, Pflegen, Ernten der Früchte und die Erhaltung des Lebensraumes, mit dem Prinzip, dass der Preis für die Rohwaren von den Gärtnern gemeinsam mit dem Team in Deutschland festgelegt wird, und nicht via Weltmarkt und spekulativen Börsenpreisen das Einkommen der Bauern ruiniert.

Andererseits wurde die Qualität der anderen Zutaten zelebriert, und auf Verpackungen das ursprüngliche Prinzip nur klein auf der Rückseite erwähnt. Somit war klar, dass der fehlende Fokus das kleine Budget unnötig zersplitterte, und nirgends eine kritische Masse erreicht werden konnte. Es galt also, Entscheidungen zu treffen. Und zwar nicht mit monatelangen quantitativen oder qualitativen Marktforschungen und Strategieprozessen – denn dafür sind in einem Start-up (und auch in den meisten KMUs) weder das Geld noch die Zeit noch die Ressourcen und die entsprechende Energie vorhanden.

Wir lösten das Thema in drei Workshops à je ein paar Stunden, sogar remote, mit Vertretern der Gärtner vor Ort. Es ging für mich vor allem darum, das intuitive Wissen über die richtige Positionierung herauszufiltern, und die 3 GründerInnen alles aussprechen zu lassen, was ihnen vor, beim und seit dem Start des Geschäfts wichtig war. Schnell wurde klar, dass es natürlich darum geht, exzellente Produkte herzustellen und Gourmets damit glücklich zu machen. Viel wichtiger war jedoch allen drei Personen der Gründungs-Impuls: Die Gärtner sollten Miteigentümer sein und mitbestimmen, was mit ihren Früchten und Kräutern passiert, und zu welchen Konditionen sie selbst und die Mitspieler in der ganze Wertekette bis hin zum Endverbraucher, zur Konsumentin davon profitieren. Es ging also um das Experiment der Gärtner, ihre Ernten selber zu vermarkten – auch wenn der physische Prozess der Verarbeitung zum fertigen Produkt in Europa passiert. Also war spätestens nach der ersten Session klar: Sie sind Gärtner, und nicht Spitzenköche. Als diese Entscheidung gefallen war, war es ein Leichtes, alle anderen Fragen konsistent zu beantworten, und dann die Strategie entsprechend auszurichten.

Natürlich kommt es immer wieder zu Diskussionen darüber, doch der gemeinsam erstellte BrandSoulCompass liegt auf dem Tisch, in Wort und Bild, und hilft, sich immer wieder daran zu erinnern und sich wieder auszurichten, bis die Nadel wie beim richtigen Kompass wieder justiert ist und die Navigationsrichtung neu festgelegt oder wieder bestätigt werden kann.

Spannend an diesem Beispiel war und ist, wie das ganze Team sich sofort anfing, an der Entscheidung auszurichten, und sie in die Tat umzusetzen. Das zeigt, dass hier intuitiv richtig gehandelt wurde, und es sozusagen in der Luft lag – aber es brauchte den offiziellen Prozess und die Fakten, an denen sich das Team tagtäglich orientieren kann. Die intuitive Entscheidung wurde so objektiviert und kann erklärt und nachvollzogen werden.

7.5.2 Erfahrungen beim Erarbeiten des «BrandSoulCompass» für eine Coachin mit einer Einzelfirma

Iris Patricia Furer [9] mit ihrer seit Jahren bestehenden Praxis als Transformation Coach hörte von dem Prozess.

Der BrandSoulCompass weckte ihr Interesse. Seit über 15 Jahren ist sie als Transformation Coach tätig und unterstützt C-Level Executives sowie Unternehmer dabei, ihren Lebensfluss wieder in Schwung zu bringen. In ihrer Marketingkommunikation folgt sie ihrer inneren Stimme und Impulsen. Dennoch konnte sie bisher nicht präzise formulieren, was ihr einzigartiges Leistungsversprechen ist oder wie sie das Herzstück ihres INSIDEOUT Coaching beschreiben würde. Sie wusste, dass es wichtig war, aber der richtige Zugang fehlte ihr.

Ein paar Jahre zuvor hatte sie versucht, ihre Marktnische genauer zu definieren, jedoch empfand sie das Vorgehen als zu technisch. Ihr Herz und Bauchgefühl waren nicht dabei. Mit dem BrandSoulCompass und meiner Begleitung war es anders. Meine Intuition, der marketing-technische Hintergrund und mein strategischer Blick ermöglichten es ihr, spielerisch und sogar mit Freude die Antworten zu den einzelnen Aspekten des BrandSoulCompass aus sich selbst herauszufiltern. Die prägnanten Fragestellungen zu jedem Schritt im Prozess halfen ihr zu erkennen, was die einzelnen Elemente im BrandSoulCompass ermöglichen und unterstützen sollen, sodass sich Widerstände zu bestimmten Aspekten einfach und schnell auflösten.

In unserer offenen und flexiblen Zusammenarbeit wurden die Puzzleteile einzeln bearbeitet, Blitzgedanken festgehalten, spontane Einfälle notiert und das große Ganze im Auge behalten. Gemeinsam konnten wir den Kern, die Seele ihres Angebots sozusagen visuell in Form von Worten zum Vorschein zu bringen.

Ihre Erfahrung: ein persönlicher BrandSoulCompass sowohl für Einzelunternehmen als auch für größeren Firmen ist die Grundlage für fundiertes, bewusstes Dasein, Erschaffen und Wachsen.

7.6 Nutzen des inneren Kompasses zur Entscheidungsfindung

Typische Einsatzbereiche zeigen sich in der täglichen Arbeit sehr häufig. Es kann um die Entscheidung für einen neuen Standort gehen, um eine große Investition oder einen Firmenverkauf oder Zukauf – bekannte Szenarien im Unternehmer- oder Beiratsalltag. Und bei manchen löst die Beschreibung allein schon Unbehagen aus, weil wir wieder die berühmten zwei Seelen in unserer Brust hören:

Man hat den externen Dienstleister gebrieft, und nun wird das Ergebnis deren Arbeit vorgestellt. Die verschiedenen Vorschläge bevölkern das Sitzungszimmer oder den Bildschirm. Erwartungsvolle Gesichter, Spannung, und die Frage «Und? Was meint ihr?» lösen häufig die Reaktion bei uns aus: «Was soll ich denn jetzt nur sagen?»

Eigentlich wissen wir es – unser «Bauch», unsere Erfahrung oder unsere Intuition haben uns die Antwort ja längst eingeflüstert. Hören wir sie, vertrauen wir ihr? Wie argumentieren wir so, dass der Dienstleister nicht einfach nach Hause geschickt wird (siehe oben), sondern ein Feedback bekommt, mit dem er weiterarbeiten kann?

Die erste, spontane Reaktion wird meist, wir kennen es, mit einem wohlwollenden Zurkenntnis-Nehmen und einem Dankeschön verbrämt. Das ist noch kein zufriedenstellendes, konstruktives Feedback, sondern höchstens der persönliche Einstieg in ein wertschätzendes und hilfreiches Gespräch.

Stellen wir uns vor: der BrandSoulCompass wurde vorgängig erstellt und ist verinnerlicht. Damit kann er «intuitiv» zurate gezogen werden. Außerdem ist eine darauf basierende Strategie entwickelt worden, und ein konkretes Briefing, das man natürlich ausführlich erläutert hatte.

Dann ist es kein Problem mehr zu erkennen und zu formulieren, welche Lösungen genau auf die Strategie passen, und welche Vorschläge und Ideen dem entsprechen, was man erreichen will.

Basierend auf dieser gemeinsam vereinbarten Strategie-Grundlage kann man nun mithilfe der eigenen intuitiven Reaktion verständliche, konstruktive Argumente liefern, *warum* etwas gut oder nicht gut ist. Man kann gezielt und motivierend diskutieren und konkrete nächste Schritte verbindlich und zielführend, schnell und effizient vereinbaren. Dabei ist man wertschätzend, wohlwollend und ganz einfach menschlich miteinander unterwegs. Mit dem eigenen BrandSoulCompass ist man nun gut ausgerüstet, um sich in dieser oder anderen kniffligen Situationen schnell und motivierend, effizient und effektiv zu verhalten.

Voraussetzung dafür ist das eigene Training, den Moment zu erkennen. Ihn wahrnehmen zu lernen und sich selbst immer wieder zu fragen – was war jetzt gerade meine allerallerallererste «gut reaction», mein Bauchgefühl? Welches war sie *wirklich*? Und was habe ich schon wieder drübergelegt, drumherum gepackt, abgewunken, postrationalisiert?

Dann kommt das Einüben der Vertrauen-schaffenden Kommunikation dieser echten intuitiven Reaktion, indem wir auf unserer eigenen beruflichen Positionierung aufbauen, auf einem gemeinsam erarbeiteten und durchdrungenen BrandSoulCompass der Firma oder Marke, um die es geht. Um unser Wirken auch hier einzuordnen und in den Kontext zu stellen.

7.7 Verinnerlichen des BrandSoulCompass

Noch klingt das sehr mechanisch, auch ein bisschen theoretisch? Es geht ums Lernen, um zu «vergessen», um zu verinnerlichen, und natürlich damit umzugehen. Irgendwann muss der Moment kommen, wo wir wieder ohne unseren Onepager BrandSoulCompass herumlaufen. Davor steht das Üben. So schnell uns der Zugang zur eigenen Intuition zu richtigen Schlüssen verhelfen kann, so notwendig ist es doch, den Prozess zu erlernen, einzuüben, zu trainieren. Wir sollten so weit kommen, dass es wieder natürlich wirkt und aussieht. Das ist die Kunst daran – man sieht es bei jedem Musiker oder Sportler, wie leicht und perfekt die Leistung daherkommt, aber das Training dahinter sieht man nicht. Darum geht es also – lernen, üben, trainieren, durchdringen – die Regeln kennen, solange, bis wir sie wieder vergessen können, weil wir sie automatisch und mit intuitiver Leichtigkeit anwenden. Wie beim Autofahren, Radfahren, und bei vielen anderen Tätigkeiten, die uns in Fleisch und Blut übergegangen sind.

Gut ist, dass wir in den meisten Fällen viele Möglichkeiten zum Üben und Trainieren haben, auch live, in echt. Es geht meist nicht um eine einzige Olympiamedaille, sondern es geht bei uns um langfristigen Erfolg. Also jeden Tag wieder erfolgreich zu sein mit unserem Business. Sozusagen immer wieder zurück zum Anfang – aber jeweils ein oder mehrere Levels höher, weiter, besser, schneller, mit mehr Freude daran.

Zusammengefasst
Es geht darum, die Stimme der Intuition zu Wort kommen zu lassen, und diese gut zu «framen», sich sicher zu sein, dass es richtig so ist, sich darauf verlassen können, und den anderen Menschen Sicherheit zu vermitteln, indem man die eigene Reaktion gut erklären und verstehbar machen kann.

Das untrügliche Erkennungszeichen einer echten, intuitiven Reaktion ist die Geschwindigkeit. Man weiß es eben, sofort.

Das Erkennungszeichen einer vertrauenerweckenden Reaktion sind reflektierte Argumente und motivierte Mitarbeitende, gleich auf welchem Level.

Mit einem durchlebten eigenen BrandSoulCompass hat man ein Instrumentarium, um beides zum größten Wohle des Ganzen zu verbinden.

Literatur

1. Leonard Cohen – Wikipedia https://de.wikipedia.org Cohen Leonard Norman Cohen [lɛnərd ˈkoʊən], CC, GOQ (geboren am 21. September 1934 in Westmount, Provinz Québec, Kanada; gestorben am 7. November 2016 in Los Angeles) war ein kanadischer Singer-Songwriter, Schriftsteller, Dichter und Maler. Das buchstäblich hymnische Lied **Anthem** wurde von seiner damaligen Lebensgefährtin, der Schauspielerin Rebecca De Mornay produziert. Text: https://www.songtexte.com/songtext/leonard-cohen/anthem-7bdb72e4.html
2. Schnelles Denken, langsames Denken. Daniel Kahneman, Verfasser. Aus dem Amerikanischen von Thorsten Schmidt, Verlag Pantheon, 2015
3. Kjell Anders Nordström (geboren am 26 Februar 1958) ist ein schwedischer Wirtschaftswissenschaftler, Schriftsteller und Redner. Das Zitat von seinem Vater, dem Fischer, stammt aus seinem Vortrag, den er mehrere Male öffentlich und in privaten Veranstaltungen gehalten hat, zum Thema «Funky Business».
4. https://de.quotes.pics/zitat/6934
5. „Man sieht nur mit dem Herzen gut, das Wesentliche ist für die Augen unsichtbar." — Antoine de Saint-Exupéry, Der kleine Prinz, Original franz.: „Adieu, dit le renard. Voici mon secret. Il est très simple: On ne voit bien qu'avec le cœur. L'essentiel est invisible pour les yeux." – Le Petit Prince, chap. XXI Der kleine Prinz, Le petit prince (1943), Variante: «Hier mein Geheimnis. Es ist ganz einfach: Man sieht nur mit dem Herzen gut. Das Wesentliche ist für die Augen unsichtbar.» Quelle: https://beruhmte-zitate.de/werk/der-kleine-prinz-181/
6. https://viendamaria.com/intuition-is-seeing-with-the-soul/
7. z.B. Gertrud Hirschi, Mudras – FingerYoga für Gesundheit, Vitalität und innere Ruhe, ARKANA Goldmann
8. Archetypen Urbilder und Wirkkräfte des Kollektiven Unbewussten. C. G. Jung; https://de.wikipedia.org/wiki/Archetyp_(Psychologie)#Die_%E2%80%9EArchetypen%E2%80%9C_in_der_Psychologie_C._G._Jungs
9. Iris Patricia Furer, www.ceotransform.com, Rotterdam/NL

Petra Staudenmaier (Jahrgang 1965), Dipl.- Betriebswirtin, war zuletzt als Interim-CEO und Verwaltungsrat bei Choba Choba, einem sozialen Schokoladenunternehmen in der Schweiz tätig.

Zuvor war sie in globalen Marketingfunktionen für Upfield und für Weleda für Markenstrategien und Innovationen verantwortlich. Bei Aryzta (Hiestand) in der Schweiz führte sie als Geschäftsleitungsmitglied die Bereiche Marketing, Entwicklung und Procurement.

Von 1998 bis 2015 leitete sie bei Lindt & Sprüngli das globale Marketing und den strategischen Ausbau der weltweiten Marke Lindt.

Sie studierte Europäische Betriebswirtschaft in Deutschland und Frankreich, in einem integrierten Studiengang der FH Reutlingen, gestaltete danach von 1988 bis 1998 internationale Marken bei Unilever.

Heute berät und coacht sie Unternehmen und Menschen mit ihrem eigenen Unternehmen ConSOULt. Sie sorgt als Brand & Business Builder für den professionellen Einsatz des operativen und strategischen Marketing – Handwerks und ist spezialisiert auf Positionierungsberatung.

Sie ist Mitglied des Management Teams bei Chiway AG, einer Akademie für asiatische Medizin, und wird immer wieder als Referentin und Gastdozentin engagiert.

Digitale Kompetenz im Beirat

Kenntnisse, Fertigkeiten und Einstellung

Michael T. Weilguny

8

> **Zusammenfassung**
>
> Die meisten Beiratsmitglieder sind ausgebildete Wirtschaftsprüfer, Betriebswirte oder Juristen. Es gibt kaum Beiräte, die im Bereich Digitalisierung und Technik eine Ausbildung vorweisen können. Dies ist, neben vielen weiteren, ein Grund, warum Digitalisierung in Europa vor allem in der „old economy" nur schleppend voran geht und es den Digitalen Beirat braucht. Um ein Digitales Beiratsmitglied werden zu können, benötigten Sie unterschiedliche Kompetenzen, Weiterbildung, Arbeits- und Denkweisen. Damit unterstützten Sie die Geschäftsführung bei der digitalen Transformation. Der Digitale Beirat muss jahrelange Erfahrung mitbringen, die Anforderung der Gegenwart kennen und gedanklich bereits in der Zukunft leben.

8.1 Bestandsaufnahme

Die Digitalisierung verändert die Welt. Das Internet und soziale Medien haben die Art und Weise verändert, wie wir kommunizieren, innovativ sind, Waren und Dienstleistungen produzieren, vertreiben und Inhalte konsumieren. Auch wenn viele davon ausgehen, dass die Digitalisierung in erster Linie der digitalen Wirtschaft zugutegekommen ist, ist dies nicht der Fall. Wichtige Branchen wie Landwirtschaft, Fertigung und Medien sind ebenfalls von Umbrüchen und Veränderungen betroffen. Viele Experten glauben,

M. T. Weilguny (✉)
Wien, Österreich
E-Mail: mtw@mtw.co.at

dass die Digitalisierung nicht nur die Art und Weise, wie wir leben, sondern auch die Art und Weise, wie wir über Arbeit denken, weiter verändern wird. Digitalisierung treibt die Globalisierung an. Globalisierung ist der Prozess der zunehmenden Vernetzung zwischen Nationen und Kulturen weltweit. Es ist ein Trend, der den schnellen Austausch von Dienstleistungen, Ideen, Waren und Kapital über nationale Grenzen hinweg vorantreibt.

Die Welt wird mehr und mehr gleichgeschalten, neben wirtschaftlichen Auswirkungen betrifft das die Kultur und die Massenmedien. Die Folgen der Globalisierung sind: Leichtigkeit des internationalen Reisens, niedrigere Transportkosten, sofortiger Zugriff auf Informationen aus der ganzen Welt und einfachere globale Kommunikation durch neue Technologien.

Ein Blick in den Beirat: Die meisten Beiratsmitglieder sind ausgebildete Wirtschaftsprüfer, Betriebswirte oder Juristen. Es gibt kaum Beiräte mit einer Ausbildung im Bereich Digitalisierung und Technik und folglich sind Beiratsgremien mit Experten in diesem Bereich die Minderheit. Dies ist, neben vielen weiteren, ein Grund, warum Digitalisierung in Europa vor allem in der „old economy" nur schleppend voran geht.

Auf der anderen Seite: Den meisten Digital-Experten hingegen fehlen die nötigen juristischen und wirtschaftlichen Kenntnisse für eine fundierte Beiratstätigkeit.

Untersuchungen haben gezeigt, dass Unternehmen mit größerer Diversität in Vorstand und Beirat bessere Erfolge erzielen. Der moderne Beirat verfügt über Diversität in Alter, Geschlecht, Herkunft, Ethnie und Fachkompetenz (Betriebswirtschaft, Recht, Recruiting, Digitalisierung, Marketing, Vertrieb, Einkauf).

8.2 Kompetenz

Die digitale Kompetenz des Vorstandes und des Beirates ist der Schlüssel zum Erfolg eines jeden modernen Unternehmen. Allerdings klafft oft eine Lücke zwischen den meist konservativen Vorstellungen der CEOs und CFOs und den frischen Ideen jüngeren, digital affineren Mitarbeitern. Mangelndes digitales Wissen und Fähigkeiten der Entscheidungsträger führen dazu, dass diese Verantwortungsbereiche an andere Führungskräfte z. B. Fachabteilungsleiter delegiert wird. Es fehlt schlicht das Bewusstsein der Geschäftsführung für die Bedeutung digitaler Kompetenz und dafür, was heute mit Technik an Unternehmensleistung gesteigert werden kann.

Im klassischen Aufsichtsrat ist bis dato kein Mitglied mit digitaler Kompetenz vorgeschrieben. Dies wird von vielen als Problem angesehen. Meine Lösung ist eine digitale Kompetenzzertifizierung oder zumindest eine fachliche Überprüfung, die garantiert, dass die jeweilige Person über die notwendigen Kenntnisse in relevanten Bereichen wie IT, Datenschutz und Cybersicherheit verfügt, um fundierte Entscheidungen zur Digitalisierung treffen zu können, gepaart mit aktiver Berufserfahrung. Dadurch werden neue Kompetenzen wie zum Beispiel digitale qualitative Datenanalyse, IT-Strategie und Risikomanagement in das Gremium eingeführt.

Da die IT-Branche so breit und vielfältig ist, kann es schwierig sein, sich auf alle diese Fachbereiche zu konzentrieren, sei es Sicherheit, Datenschutz, Prozessoptimierung, Hard- oder Software. In all den Fachgebieten kann man nicht Spezialist sein. Es sind zu viele Themengebiete. Sie müssen sich also als Digitaler Beirat auf diejenigen konzentrieren, die Ihnen wichtig sind, und Leute finden, die Ihnen in den anderen Bereichen helfen können. Sie brauchen also als Beirat ein Netzwerk an Spezialisten oder besser zu andere Digitalen Beiräten mit denen Sie laufend in Kontakt sind, die Ihr Wissen komplettieren und Ihre Kompetenzlücken füllen.

Als Beispiel möchte ich Cybersecurity anführen: Cybersecurity ist ein sich ständig weiterentwickelnder Bereich, und es ist, wenn man in dem Gebiet nicht hauptberuflich arbeitet, schwierig, mit den neuesten Entwicklungen Schritt zu halten. Die Folgen eines Cyberangriffs können katastrophal sein. Ihr gesamter Geschäftsbetrieb könnte gefährdet sein, zusammen mit dem Vertrauen der Kunden, Compliance-Vorschriften und finanziellen Verlusten. Es ist zwar unmöglich, das Auftreten aller Schäden zu verhindern, aber es gibt Maßnahmen, die Sie als Digitaler Beirat hinterfragen müssen, um die Wahrscheinlichkeit zu minimieren, dass es überhaupt dazu kommt. Bei solch einem wichtigen Gebiet müssen Sie die Grundlagen beherrschen und erkennen, wann ein Spezialist benötigt wird.

Hinterfragen Sie Ihre Geschäftsführung, ob Hackerangriffe regelmäßig simuliert werden. Was passiert, wenn plötzlich die komplette IT still steht? Was passiert, wenn alle Daten weg sind? Wie bei einer Feuerwehrübung sollte die IT-Abteilung solche Szenarien testen und trainieren. Sie sollte vorgefertigte Abläufe haben, auf die Sie sofort zurückgreifen kann. Es muss dazu ein Kapitel im Firmenhandbuch geben. Laut einer Studie[1] sind im Jahr 2021 durchschnittlich über 86 % der Unternehmen von einer erfolgreichen Cyberattacke betroffen gewesen!

Sollte in Ihrem Beirats-Unternehmen ein Cybersecurity-Schaden eintreten, dann gehe ich davon aus, dass dies für Sie einen Ausnahmefall darstellt, dies nicht zu Ihrer täglichen Routine gehört und Sie somit nicht über die nun benötigte Kompetenz verfügen, um dies professionell abzuarbeiten. In dem Fall brauchen Sie auf Abruf ein ganzes Netzwerk an Spezialisten von Daten-, juristischen-, bis zur Krisenkommunikationsexperten, um technisch und unternehmerisch die Geschäftsführung richtig beraten zu können.

Ich persönlich habe in meiner Laufbahn schon öfter bei Lieferanten, Kunden und auch im eigenen Unternehmen digitale Betrugsfälle erlebt. Die meisten wurden durch Vorkehrungen vorzeitig erkannt und Schäden wurden verhindert. Aber ich habe auch erfolgreiche Angriffe erlebt und beobachtet, dass diese Betrüger immer raffinierter werden. Bei einem Fall war ein ganzes Angreifer-Team involviert, das in mehreren Schritten eine 6-stellige Summe ergaunert hat. Einige dieser Schritte wären erkennbar beziehungsweise verhinderbar gewesen und der Schadensfall wäre nicht eingetreten. Manche Schritte waren genial, ohne Chance für das Opfer. Ich vergleiche einen guter Cyber-

---

[1] https://cyber-edge.com/wp-content/uploads/2021/04/CyberEdge-2021-CDR-Report-v1.1-1.pdf.

kriminellen immer mit einem guten Zauberer. Bei beiden erkennen Sie den Schaden erst wenn es schon längst zu spät ist, und Sie fragen sich: „Wow, wie hat der das gemacht". Und wie beim Zaubertrick verraten die Cyberkriminellen ihre Tricks nicht und halten diese strikt geheim. Es braucht Spezialisten, die das Rätsel lösen und daran arbeiten, diese Zauberei zukünftig zu verhindern. Es hat seinen Grund, warum diese Spezialisten Tagessätze in der Höhe von mehreren Tausend Euro verlangen und in Summe manchmal so viel verdienen wie die Kriminellen und sich die Gesamtschadenssumme im Verhältnis zum Schaden somit fast verdoppelt.

Neben der fachlichen Kompetenz ist als Digitaler Beirat der für Digitales offene Mindset entscheidend. Dieser lässt sich aber schwer messen. Welche Einstellung haben sie zu den aktuellen Trends? Welche IT-Produkte und Prozesse verwenden Sie privat? Wie alt ist Ihr Smartphone? Verwenden Sie oder haben Sie zumindest einmal Kryptowährung/Blockchain-Lösungen, Sprachassistenten, Virtual Reality ausprobiert? Sind Sie Neuheiten gegenüber aufgeschlossen oder stehen Sie zum Fortschritt eher pessimistisch?

Ich hatte erst vor kurzem (Dezember 2022) ein erschreckendes Gespräch mit einem potenziellen Kunden, einem IT-Leiter eines sehr großen, verstaatlichten, deutschen Infrastruktur-Unternehmens. Nach der Begrüßung haben wir uns geeinigt, dass mein Gegenüber die Vorstellungsrunde beginnt.

Er ist seit 1998 im Unternehmen, immer schon in der IT-Abteilung, seit einigen Jahren Abteilungsleiter und somit der Entscheidungsträger betreffend die digitalen Belange des Unternehmens. Von Digitalisierung hält er nicht viel. („IT-Leiter", verantwortlich für tausende IT-Arbeitsplätze!) Cloud-Lösungen sind ihm suspekt, jede Software muss auf Servern bei ihnen vor Ort laufen. Sein aktueller Fokus ist, dass er in ca. fünf Jahren in Pension geht.

Diese zur Schau getragene Einstellung machte mich sprachlos.

Glaube Sie, dass dieses Unternehmen mit solch einer Führungskraft in den nächsten fünf Jahren irgendein zukunftsorientiertes Digitalisierungsprojekt erfolgreich stemmen wird? Die fachliche Kompetenz wäre vermutlich vorhanden, aber stellen Sie sich vor, so eine Person ist Mitglied in Ihrem Beirat.

Das ist leider kein Einzelfall, die Pensionswelle baut sich gerade erst auf und wird in den nächsten Jahren ihren Höhepunkt erreichen. Viele ältere Verantwortliche für Digitalisierung hoffen, dass die Digitalisierung an ihnen „noch" vorüber geht. Als ob mit der Pensionierung die Digitalisierung und die modernen Bedürfnisse in ihrem Privatleben aufhören. Denken Sie mal über die technischen Errungenschaften der letzten 40 Jahre nach. Und dann versuchen Sie sich vorzustellen, was in den nächsten 40 Jahren noch passieren wird, mit dem Wissen, dass es immer schneller vorangeht.

Aber es gibt auch sie, die älteren digital-affinen Persönlichkeiten, die trotz Boomer-Generation up-to-date sind. Die 60+ sind und erkannt haben, dass dank steigender Lebenserwartung noch bis zu 40 Lebensjahren samt unvorstellbarer Veränderung auf sie zukommen. Die begeistert jede Neuheit ausprobieren müssen, um sich eine Meinung bilden zu können. Deren Neugierde nach Forschung und Fortschritt nicht versickert und die sich laufend weiterbilden.

8 Digitale Kompetenz im Beirat

Abb. 8.1 Hannes Androsch 01/2023. (Foto: Bernhard Windisch)

Dabei denke ich gerne als Paradebeispiel an die Diskussionsrunden mit Hr. Dr. Hannes Androsch[2] (siehe Abb. 8.1) im alljährliche Forum Alpbach. Er war ehemaliger Finanzminister Österreichs, seit Jahrzehnten Eigentümer mancher Hi-Tech-Konzerne und im Aufsichtsrat einiger Forschungseinrichtungen. Mit seinen deutlich über 80 Jahre kann man mit ihm über Blockchain-Technologien, Künstliche Intelligenz und Quantentechnologie plaudern. Körperlich sieht man ihm sein Alter an, geistig ist er digital fitter als manch 20-Jähriger. Apropos, ich habe dieses Jahr einen Studenten der Technischen Universität (Teil-Fachbereich Informatik) kennengelernt, der bewusst kein Smartphone besitzt. Die Tatsache, dass er diesen Schritt bewusst setzt, ist prinzipiell OK. Als Philosophiestudent eventuell verständlich, aber als Student an der Technischen Universität für mich irritierend. Hat er das richtige Studium gewählt?

Persönlichkeiten, die sich also laufend mit IT-Schulung und Weiterbildung befassen, und zwar aus persönlichem Interesse heraus, das sind die perfekten Kandidaten für Ihren digitalen Beirat, egal welchen Alters.

Wie umfassend das benötigte Kompetenzfeld ist, veranschaulicht die Kompetenzstreckennetz in Abb. 8.2.

---

[2] https://de.wikipedia.org/wiki/Hannes_Androsch.

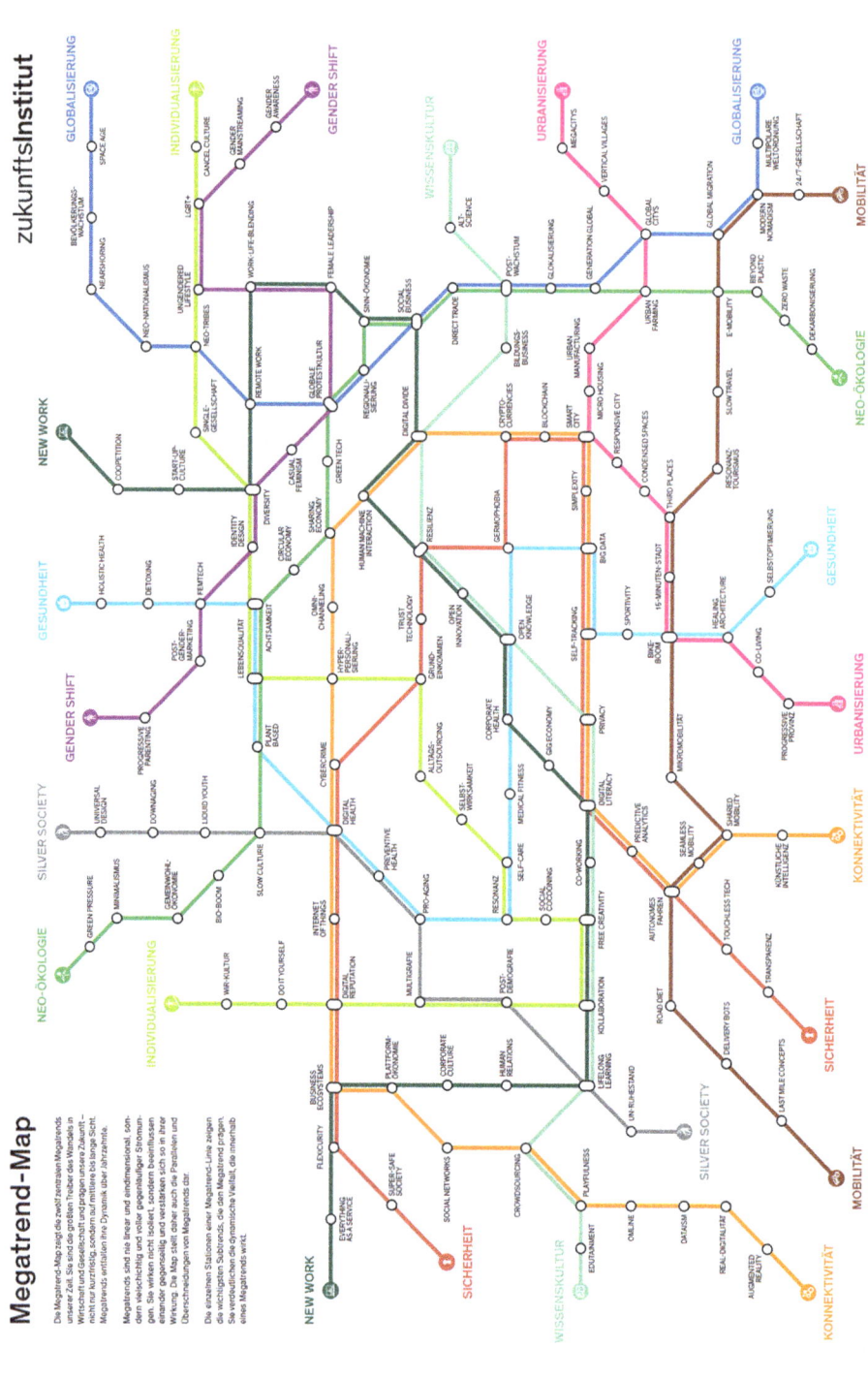

Abb. 8.2 Megatrend Map; Copyright Zukunftsinstitut GmbH. Mit bestem Dank an Caroline Kubeczko (Kommunikation und Presse). https://www.zukunftsinstitut.de/

8.3 Schulung/Weiterbildung

Die Technologie schreitet schnell voran und die Geschäftsführung sowie der Beirat mit digitaler und technischer Expertise werden immer wichtiger. Technologien erfordern kontinuierliche Schulungen, um auf dem Laufenden zu bleiben.

In einer Welt der Technologie muss der Entscheidungsträger mit den neuesten Entwicklungen Schritt halten. Folglich müssen diese permanent geschult werden, um sicherzustellen, dass sie nicht ins Hintertreffen geraten und das, parallel zum in dieser Branche überdurchschnittlichen Arbeitspensum. Parallel zum Bewerkstelligen des laufenden Tagesgeschäfts und dessen herausfordernden Aufgabenstellungen.

Digitale Vorgesetzte sind ein fester Bestandteil des Führungsteams, aber was macht einen guten digitalen Vorgesetzten aus? Es gibt viele Qualitäten, auf die man achten muss, darunter starke Führungsqualitäten, Empathie und die Fähigkeit, Entscheidungen zu treffen. Unsere Plattform „Digital Governance Excellence" gibt einen Überblick über potenzielle Kandidaten mit den nötigen Kompetenzen.

Als digitaler Beirat beziehungsweise digitale Führungskräfte identifizieren Sie die digitalen Ziele und Zielsetzungen Ihrer Organisation und stellen sicher, dass Ihr Team auf diese Ziele ausgerichtet ist. Sie führen ein vielfältiges Team in einem Umfeld des ständigen Wandels.

Ich selbst nehme jedes Jahr an diversen Schulungen teil, es gibt kein Jahr, in dem nicht irgendein neues Zertifikat zu meiner Sammlung hinzukommt oder ein bestehendes eine Erweiterung oder Auffrischung erhält.

8.4 Aufgabe des Digitalen Beirates

Aufgabe des Digitalen Beirates ist es, die Geschäftsführung bei Entscheidungen über die Digitalstrategie des Unternehmens zu unterstützen. Diese Strategie kann alles umfassen, von der Entscheidung für eine neue Plattform über die Bestimmung, wie Budget und Ressourcen am besten zugewiesen werden können, oder die Bestimmung, welche Art von Datenanalyse durchgeführt werden soll. Die digitale Strategie eines Unternehmens wird zur Grundlage, die sich in einem Businessplan wieder findet. Sie hilft, um die technologische Entwicklung von Unternehmen zu überwachen und sicherzustellen, dass sie nicht zurückbleiben.

In meiner jahrelangen Erfahrung habe ich sechs Bereiche identifiziert, in denen die technische/digitale Transformation vorangetrieben werden sollte, um erfolgreiche Ergebnisse liefern können:

1. Im Bereich der Exekutiv- und Managementführung
2. Beim Humankapital

3. In modernen Geschäftspraktiken, einschließlich Konsumverhalten und Technologieeinführung
4. Innerhalb des Wettbewerbs, der Preisgestaltung und bei kundenorientierten Strategien
5. Technologiegestützte Fähigkeiten und Prozesse
6. People Operations, einschließlich Talentakquise, Training, inklusive Organisation und Entwicklung.

Diese sechs sind gesamtheitlich zu betrachten, nur ein Bereich allein ist zu wenig.

8.5 Was macht ein gutes Digitales/Technisches Beiratsmitglied aus?

8.5.1 Der Digitale Beirat muss jahrelange Erfahrungen mitbringen

Er muss durch frühere Erfahrungen erahnen könne welche digitalen/ technischen Trends sich durchsetzen werden und welche nicht. Damit unterstützt er die Geschäftsführung des Unternehmens beratend, um falsche Entscheidungen zu verhindern.

Es ist nötig zu wissen, in welcher Phase sich eine digitale Lösung eines zum Beispiel neuen potenziellen Lieferanten gerade befindet. Sollte sich das Produkt noch in der „Testphase" befinden, in der Ideen entwickelt und wieder verworfen werden, dann besteht das Risiko, dass das Projekt scheitert und Sie Geld verlieren. Ist es bereits in der „Einführungsphase", dann können Sie als Vorreiter bereits Vorteile dieses technologischen Vorsprungs nutzen, während es langsam zum Mainstream wird. Oder handelt es sich um die „State of the art Phase", in der die Technologie oder Anwendung ihr volles Potenzial ausschöpft und weit verbreitet ist. Dann kommen Sie zumindest auf das gleiche Level wie die meisten Ihrer Mitbewerber. Abheben werden Sie sich mit solch einem Lieferanten nicht. Problematisch wäre, wenn die Lösung bereits in der „auslaufenden Phase" ist, in der veraltete Technologien oder Anwendungen bald durch Neuere ersetzt werden. Wählen Sie diesen Lieferanten, besteht das Risiko, dass die Lösung nicht mehr lange unterstützt wird und Sie wie in der Testphase all Ihre Investitionen verlieren.

Dabei gibt es viele Analogien zum Wellenreiten: Auf welche Welle springen Sie wann und wie auf? Eine lange Welle bringt sie langsam, aber weit, eine hohe schnell, aber nur kurz voran. Zu früh aufgesprungen und heruntergefallen können Sie zusehen, wie andere lässig an ihnen vorbei gleiten. Zu spät aufgesprungen und Sie bewegen sich nicht vorwärts.

Und besonders in der IT gilt wie im passenden Song von Herbert Grönemeyer, „Bleibt alles anders":[3] „Stillstand ist der Tod". Der richtige Zeitpunkt ist in der IT entscheidend und ausschlaggebend, wie lange und wie weit Sie Ihrem Mitbewerber voraus

---
[3] https://www.groenemeyer.de/bleibt-alles-anders/.

sind. Den richtigen Zeitpunkt zu finden und auf die richtige Welle aufzuspringen, bedarf Erfahrung und Fingerspitzengefühl.

8.5.2 Die Anforderungen der Gegenwart kennen

8.5.2.1 Der digitale Beirat muss die aktuellen technische Normen und Gesetze kennen

Es ist wichtig, dass der Beirat mit den relevanten Standards und Gesetzen vertraut ist, um sicherzustellen, dass seine Arbeit den Vorschriften entspricht und rechtlich abgesichert ist. Dies kann Kenntnisse über Aktiengesetz und Unternehmerische Richtlinien umfassen.

Die meiner Meinung nach vier wichtigsten Punkte sind:

1. AktG – Aktiengesetz zum Thema Aufsichtsrat speziell § 86 bis § 99 bzw. § 116 in Österreich sowie § 95 bis § 125 in Deutschland – diese müssen sattelfest sitzen. (Aber natürlich auch die Paragrafen davor und danach sollten bekannt sein.)
2. Corporate-Governance-Kodex des jeweiligen Landes
3. DIN 33456 (Leitlinien für Geschäftsprozesse in Aufsichtsgremien)
4. Business Judgement Rule

Und natürlich nicht unrelevant sind viele weitere Punkte rund um die gesetzlichen Vorgaben.

8.5.2.2 Ein MBA oder ähnliche Expertise

Ein MBA oder eine ähnliche Ausbildung kann ergänzend zu Ihrer technischen Ausbildung aus mehreren Gründen wichtig sein. Einige der wichtigsten Vorteile des MBA sind:

Betriebswirtschaftliches Wissen: MBA-Programme bieten eine umfassende betriebswirtschaftliche Ausbildung, einschließlich Themen wie Finanzen, Marketing und Betriebsführung, die für Personen in geschäftsbezogenen Rollen wertvoll sein können.

Networking: MBA-Programme bieten Studenten oft die Möglichkeit, sich mit anderen Fachleuten zu vernetzen und Beziehungen aufzubauen, die für ihre Karriere von Vorteil sein können.

Führungsqualitäten: MBA-Programme konzentrieren sich häufig auf die Entwicklung von Führungs- und Managementfähigkeiten, die für Personen in Führungspositionen von Vorteil sein können.

Unternehmertum: Ein MBA kann für Personen hilfreich sein, die daran interessiert sind, ein eigenes Unternehmen zu gründen oder Unternehmer zu werden.

Verbesserung der Glaubwürdigkeit: Ein MBA-Abschluss kann die Glaubwürdigkeit einer Person in der Geschäftswelt stärken und mehr Möglichkeiten für berufliches Wachstum bieten.

All das sind Bereiche, in denen selten die Stärken des Vollbluttechnikers liegen – und genau diese machen den Unterschied aus zwischen einem Techniker und einem Digitalen Beirat.

8.5.2.3 „Emotionale Intelligenz"

Der Digitale Beirat muss feinfühlige, beratende Kommunikation beherrschen.

Der Grat zwischen konstruktivem Rat und arroganter Besserwisserei ist ein sehr schmaler. Auch bedarf es Menschenkenntnis, denn zusätzlich ist die Weise, in der konstruktive Kritik aufgefasst wird, stark vom individuellen Gegenüber abhängig. Ein gut gemeinter Ratschlag gepaart mit konstruktiver Kritik will auch wohl dosiert sein. Die nötige Emotionale Intelligenz (EI) bezieht sich auf die Fähigkeit, eigene Emotionen sowie die Emotionen anderer zu erkennen, zu verstehen und damit umzugehen. Sie umfasst mehrere Fähigkeiten, darunter emotionales Bewusstsein, die Fähigkeit, die eigenen Emotionen zu kontrollieren, und die Fähigkeit, sich in die Emotionen anderer einzufühlen und sie zu verstehen. EI gilt als Schlüsselfaktor für den persönlichen und beruflichen Erfolg, da sie Einzelpersonen dabei helfen kann, soziale Interaktionen zu steuern, Beziehungen aufzubauen und aufrechtzuerhalten und effektive Entscheidungen zu treffen. Sie bezeichnet die Fähigkeit, erfolgreich Beziehungen zu gestalten und die Grundlage für reibungslose Zusammenarbeit in nahezu allen beruflichen Umfeldern, im Gremium und in der Beratung der Unternehmensführung. Sie ist Voraussetzung für Anerkennung, Wertschätzung und Integration in eine Gemeinschaft, sowie Akzeptanz als anerkannte Führungskraft.

8.5.2.4 Eine fundierte Aufsichtsratsausbildung

Der Aufsichtsrat hat sich vom vormals risikolosen „Frühstücksdirektor" mit vier Stelldicheins im Jahr zum professionellen Experten, der persönlich haftet, gewandelt. Deswegen wird die fundierte Ausbildung zur Sicherstellung einer verantwortungsvollen Performance in dieser Position immer existenzieller.

Aufsichtsräte sind schon seit einiger Zeit im Wandel. Ich kenne viele noch aktive, aber ältere Aufsichtsräte, die zurecht das Risiko scheuen. Sie haben sich ihr Leben lang ein Vermögen aufgebaut, das sie nun nicht für eine bescheiden bezahlte Aufsichtsratsposition gefährden möchten. Sie müssten zudem nachträglich eine Aufsichtsratsausbildung absolvieren, sich laufend weiterbilden. Im Banken-Sektor ist die „Fit & Proper"-Prüfung schon längst gesetzlich vorgeschrieben und Vorbild für andere Branchen. Gerade und erst recht als Digitaler Beirat ist meiner Meinung nach eine fundierte Aufsichtsratsausbildung von mindestens einem Semester auf einem professionellen anerkannten Institut notwendig. In Österreich sind hier die Universität für Weiterbildung Krems (Donau-Universität Krems) oder die Wirtschaftsuniversität Wien zu empfehlen. Beide setzen als Professoren Persönlichkeiten ein, die das „Who is Who" der österreichischen Aufsichtsratslandschaft abdecken. Es sind Experten, die Ihnen in den danach folgenden Jahren immer wieder über den Weg laufen und Sie fachlich begleiten werden.

Eine derartige Ausbildung hilft Ihnen dabei, ein Mandat zu erhalten und sich von anderen abzuheben. Sie hilft, Ihr Know-how belegen zu können, falls einmal ein Streitfall eintritt. Sie kann eventuell auch prämienmindernd beim Abschluss einer D&O-Versicherungs-Police sein. Darüber hinaus erschließt sich Ihnen durch diese Ausbildung gleich Ihr erstes Aufsichtsrats-Netzwerk mit fachlich hochkompetenten Persönlichkeiten. Ich persönlich habe immer noch Kontakt zu allen meinen Lehrgangs-Teilnehmern und manchen meiner Professoren. Bei Aufsichtsrat-relevanten Schlagzeilen, und derer gibt es aktuell genug (z. B. Wirecard), diskutieren wir diese in unserer WhatsApp-Gruppe oder bei Netzwerkveranstaltungen.

Es gibt auch diverse Schnellkurse, in denen in ein paar Wochenenden, in wenigen Stunden, das Handwerk des Aufsichtsrates gelehrt wird. Meist sehr günstig und somit sehr verlockend in unserer schnelllebigen Welt. Diese Kurse sind eher für Personen, die sich sonst schon alltäglich mit Aufsichtsratsthemen befassen und somit vielfältiges Grundwissen mitbringen, vor allem für Wirtschaftsprüfer oder Juristen, die selbst laufend bestehende Unternehmen auf diesem Gebiet betreuen. Diese Kurse sind nicht geeignet für einen zukünftigen Digitalen Beirat, für den der Themenkreis meist komplett neu ist.

8.5.3 Bereits in der Zukunft leben

Als digitaler Beirat müssen Sie die kommenden Trends bereits nutzen oder zumindest am Radar haben. Sie müssen genau beobachten, was große Konzerne und vor allem deren Eigentümer publizieren. Diese Personen erhalten schon sehr früh relevante Informationen zu neuen Technologien. Sie erhalten täglich Pitches von Start-up-Unternehmen, die auf Investorensuche sind und hoffen, dass einer der Hi-Tech-Konzerne in Ihre Idee investiert. Jahre bevor die Masse davon erfährt, haben diese Personen somit bereits einen Blick in die Zukunft. Daraus lassen sich Prognosen abbilden und relevante Wettbewerbsvorteile erarbeiten. Ich persönlich bin in den Newsfeeds und folge den Twitter-Beiträgen von Elon Musk, Mark Zuckerberg, Tim Cook, Satya Nadella und vielen mehr.

Ein Beispiel
Wir schreiben Anfang 2023. Wir erleben in allen Medien einen aktuellen Hype um OpenAI[4] mit ChatGPT[5]. Eine revolutionäre IT-Lösung, mit der mittels Künstlicher Intelligenz Fragen und Probleme des Alltags beantwortet werden können. Es beantwortet Prüfungsfragen aus Schularbeiten oder Universitätsprüfungen. Es hilft Forschungs-

---

[4] https://openai.com/.
[5] https://chat.openai.com/.

instituten, komplexe Themen einfach und für den Laien verständlich zu erklären. Dies habe ich bereits 2017 in mehreren Interviews von Elon Musk[6] zum Thema „Warnung vor Künstlicher Intelligenz" gelesen. Damals konnte ich mir noch nicht viel darunter vorstellen, aber habe seitdem das Grundthema am Radar. Jetzt, 5 Jahre später, wird Elon Musks Prognose zur Realität. Er selbst bearbeitet sicherlich inzwischen schon längst die nächsten Themen – er ist seiner Zeit voraus.

8.6 Wie kann ein Digitaler/Technischer Beirat seine komplette Expertise einbringen?

Dies kann ich anhand meines persönlichen Beispiels erläutern: Hauptberuflich bin ich Vertriebsprofi in der IT-Branche und aktuell bei einem Softwareentwicklungsunternehmen tätig, das Individual-Software für Infrastrukturbetriebe bietet. Wir betreuen hauptsächlich Top-100-Unternehmen im DACH-Raum und werden gerufen, wenn andere Unternehmen scheitern. Als Beirat fungiere ich derzeit bei einem Fintech-Unternehmen, das Software für Banken entwickelt. Diese Software ermöglicht es, Finanzgeschäfte schneller und effizienter abzuwickeln, jedoch ohne die bestehenden, alten IT-Systeme kostspielig zu verändern: eine geniale Lösung für jede Bank, die moderne Finanzdienstleistungen zu günstigen IT-Kosten anbieten möchte. Als digitaler Beirat in diesem Fintech Softwareunternehmen kann ich meine Expertise im Vertrieb sowie mein Netzwerk einbringen. Meine ausgeprägte digitale Kompetenz benötigt dieses Unternehmen selbst aber nicht. Das ist schade, denn ich könnte hier einiges einbringen. Doch die Geschäftsführung besteht selbst aus absoluten Software-Profis. Wir können uns fachlich wunderbar austauschen, aber „digitalen Rat" benötigen sie von mir keinen, im Gegenteil. Ich bewundere, was sie technisch auf die Beine stellen, sie sind nämlich technisch der Branche weit voraus.

Meine kompetenten Gremienmitglieder sind ausgewiesene Spezialisten in Betriebswirtschaft, Marketing und Finanzen, die jahrelange Aufsichtsratserfahrung aufweisen. Wir sind ein perfektes Team und ich bin stolz Teil eines solchen Teams sein zu dürfen. Ich kann dem Gremium die manchmal skurrile Arbeitsweise in Softwareunternehmen näherbringen – das bringt den branchenfremden Gremiumsmitgliedern etwas mehr Verständnis für dieses spezielle Umfeld aus „Genie und Wahnsinn".

Noch effizienter ist meiner Ansicht nach ein Digitaler Beirat, wenn er im Gremium eines Unternehmens wirkt, das nicht Teil der IT-Branche ist. Beispielsweise ein produzierender Betrieb oder ein handwerklicher Dienstleister. Dann kann er sein Know-how auch direkt in das Unternehmen einbringen, gerade weil dies meist die Unternehmen sind, die

---

[6] https://www.cnet.de/88172985/ende-der-menschheit-elon-musk-warnt-vor-kuenstliche-intelligenz/.

Schwierigkeiten mit der eigenen Digitalisierung haben und Unterstützung bei der digitalen Transformation suchen, und somit die digitale Kompetenz im Beirat dringend benötigen.

8.7 Wie wird man Digitaler Beirat?

Hier gilt: Die Person ist die Marke!

Ihre technische Expertise ist die Grundvoraussetzung. Sie haben sich zudem in der Branche durch Publikationen und Fachvorträge bereits einen Namen gemacht. Das ist alles gut, doch solche Persönlichkeiten gibt es viele.

Als Digitaler Beirat eine „Person als Marke" werden bezieht sich auf die Idee, ähnlich wie ein Unternehmen eine Marke für sich selbst etabliert, dass Sie erkennbar und respektiert mit dem Thema assoziiert werden. Dies kann den Aufbau eines persönlichen Rufs, die Entwicklung bestimmter Fähigkeiten oder Fachkenntnisse und die konsequente Präsenz in bestimmter Weise in der Öffentlichkeit beinhalten. Hier ist zudem wichtig, dass Sie die nicht-technischen Kompetenzen herausstreichen, also jene Wissensgebiete, die Sie sich im Laufe der Jahre zusätzlich zu den technischen/digitalen angeeignet haben und als Beirat benötigen. Denn exzellente digitale/ technische Spezialisten gibt es genug. Der Digitale Beirat hat aber zusätzlich das große Ganze im Blickfeld: das Wirtschaftliche, das Juristische, das Marketing, den Verkauf, die Logistik, und nicht zu vergessen die gesetzlichen Rahmenbedingungen, in denen ein Beirat resp. Aufsichtsrat zu handeln hat. Technische und kaufmännische Fähigkeiten gehen selten Hand in Hand, was es für Unternehmen schwierig macht, den passenden Kandidaten zu finden. Über unserer Plattform „Digital Governance Excellence[7]" können Unternehmen innerhalb weniger Minuten erstklassige Fachleute mit sowohl technischen als auch operativen Fähigkeiten finden. Die meisten Teilnehmer der Plattform sind bereits Aufsicht- oder Beiratsmitglied und haben eine dementsprechende Ausbildung und Zertifizierung. Es sind Persönlichkeiten, die sich laufend fortbilden und über dieses Netzwerk fachlich austauschen. Hier tauscht man sich laufend privat, auf Aufsichtsrat-relevanten Veranstaltungen, auf Konferenzen, bei Seminaren und Netzwerk-Veranstaltung über einschlägige Weiterbildungstipps und -literatur aus.

8.8 Wie arbeitet die IT-Branche und was kann der Digitale Beirat davon ins Gremium einbringen?

In der agilen Softwareentwicklung ist „Scrum" das Zauberwort zur Lösung aller Probleme: Scrum ist eine leistungsstarke Methode, die Teams dabei hilft, zusammenzuarbeiten, um komplexe Aufgaben in überschaubare Teile zu zerlegen und sie mit dem Gesamtbild zu verbinden. Mit Scrum können Teams schnell Lösungen finden, Gemein-

---

[7] https://www.digital-governance.expert/.

kosten senken, die Produktivität steigern und die Leistung maximieren. Scrum wurde in der Softwaretechnik entwickelt, ist aber davon unabhängig. Es ist eine spezielle Arbeitsweise, um das Unmögliche möglich zu machen. Scrum wird inzwischen auch manchmal in anderen Bereichen eingesetzt und setzt sich dabei immer mehr durch. In vielen IT-Stellenausschreibungen finden Sie Unternehmen welches dringende Personal für die Positionen „Product Owner", „Entwickler" oder „Scrum Master" suchen. Für diese Personen gibt es auch spezielle Scrum-Ausbildungen und Zertifizierungen.

Die Scrum-Hauptbestandteile sind:

- Transparenz
- Überprüfung
- Anpassung

Diese Punkte werden in der IT-Branche rund um die Uhr gelebt – und genau diese drei Punkte kann einzig und allein ein Digitaler Beirat einbringen und damit helfen, ein Gremium bei komplexen Fragen effizienter und schneller an ein Ziel zu bringen.

8.9 Ein Unternehmen ohne Digitalen Beirat – geht das?

Oder anders gefragt: Ein Leben ohne IT- geht das?

Es gibt kaum mehr Bereich ohne IT. In jedem smarten Lichtschalter, jeder Glühbirne, jedem Toaster, jeder Waschmaschine, einfach überall ist ein Teil Hard- und Software, sprich IT enthalten.

Ich hatte einmal vor Jahre einen Kundentermin bei einem Geigenbau-Unternehmen. Die Geschäftsführerin erklärte mir nach der Begrüßung: „Wir stellen Geigen auf traditionelle Weise her. Alle unsere Produkte werden aus den besten Materialien hergestellt und sorgfältig einzeln gefertigt." Dort wurde jedes Stück Holz per Hand ausgewählt, jahrelang gelagert, getrocknet. Wenn die Zeit reif war, zurechtgeschnitten und verarbeitet. Durch lange Bearbeitung, ohne den Einsatz von Maschinen entsteht ein Meisterstück. „Für diejenigen, die den Klang eines akustischen Instruments genießen, bieten unsere Geigen eine unvergleichliche Klangqualität. Als Geigenbauer weiß ich, wie wichtig Handarbeit für den perfekten Klang eines Instruments ist. Geigen sind nicht nur Instrumente, sondern auch Sammlerstücke. Manche Menschen kaufen sie als Kapitalanlage oder behalten sie als Familienerbstücke." Und die Geschäftsführerin berichtete weiter: „IT haben wir bis dato keine und brauchten wir auch nicht. Wir haben nicht einmal eine Homepage. Nun ist es aber anscheinend soweit, dass auch wir etwas Digitalisierung benötigen.

Wir bieten unseren allerjüngsten Kunden die Geige, die mit ihnen mitwächst. Ein Abo, bei dem das Kind die Geige in passender Größe erhält. Es wächst, die Geige wird gegen ein größeres Modell eingetauscht. Bei jedem Wachstumsschub des Kindes wird somit auch das Instrument angepasst. Das machen wir seit Jahren mit Karteikarten, nun wird es aber zu viel und wir benötigen eine Datenbank zur effizienteren Abwicklung."

– Falls Sie, geschätzter Leser, noch ein Unternehmen kennen, das gänzlich ohne IT auskommt, bitte informieren Sie mich. Ich kenne keines mehr, auch wenn es nur ein Smartphone auf dem Gemüse-Marktplatz ist, das als digitale Schnittstelle hilft. Und so, wie eben überall Digitalisierung mit drinnen steckt, so sollte auch überall ein Digitaler Beirat in Gremium vertreten sein.

8.10 Wie kann ein fehlender oder ungeeigneter Digitaler Beirat ein Unternehmen ruinieren?

Hier möchte ich speziell auf den Digitalen (nicht den Technischen) Beirat eingehen.

Die meisten Aufsichtsrats- resp. Beiratsmitglieder sind ausgebildete Wirtschaftsprüfer, Betriebswirte oder Juristen. Stehen unternehmensrelevante Entscheidungen bezüglich eines Infrastruktur-Investments an, zum Beispiel der Erwerb einer Immobilie, einer größeren Maschine, eine Firmenübernahme, eine neue Niederlassung, etc. so ist vor allem wirtschaftliche und juristische Kompetenz nötig. Sollte sich diese Entscheidung als Fehler erweisen, so sind daraus resultierende Verluste im 1 bis 2-stelligen Prozentbereich, sehr selten ein Totalverlust. Eine falsch investierte Maschine muss eventuell mit einem 20-%igen Abschlag im schlimmsten Fall 50-%igen Verlust rückabgewickelt werden. Ein Fehlkauf einer Immobilie mit vielleicht 1 bis 10 % Verlust etc.; auf jeden Fall ist bei solch einer „analogen" Investition meist ein Restwert vorhanden, der veräußert werden kann.

Digitale Investitionen hingegen können ganze Unternehmen oder Unternehmensteile zum Erfolg oder in den Totalverlust führen. Zu oft finden sich Unternehmen in einer Situation wieder, in der sie die falsche Entscheidung getroffen haben und mit einem 100-%igen Verlust ihrer Investition konfrontiert sind. Stecken Sie fest mit Softwarelizenzen, die nicht Ihren Anforderungen entsprechen, Cloud-Lösungen, die Sie nicht benötigen, oder Prozessoptimierungslösungen, die versagt haben? Dann sind diese Investitionen am bitteren Ende meist im Verhältnis zu der oben beschriebenen Infrastrukturinvestitionen zu 100 % abzuschreiben. Sie haben keinen substanziellen Wert. Die richtigen digitalen Investitionsentscheidungen zu treffen ist nicht einfach. Deshalb ist es wichtig, alle Faktoren von Spezialisten sorgfältig abzuwägen zu lassen und eine darauf basierende, fundierte Entscheidung zu treffen. Bei der Erwägung digitaler Investitionen ist es wichtig zunächst sicherzustellen, dass die Anlageziele klar und messbar sind. Bestimmen Sie dann die Risiken einer falschen Entscheidung.

Ich habe die Erfahrungen gemacht, dass die meisten misslungenen Digitalisierungsprojekte zwei Gründe haben:

- Eine grundlegende Fehlentscheidung durch die Unternehmensführung darüber, welche Lösung optimal zum Unternehmen passt
- Der zweite und gewichtigere Grund: Der Faktor Mensch, und hier ist die Hauptursache erst das Kommunikationsproblem, gefolgt von internen Meinungsverschiedenheiten in der Belegschaft, die auf dem Rücken der IT-Prozesse aus-

getragen werden. Daraus ergeben sich oft Schnittstellenprobleme zwischen den verschiedensten Abteilungen geprägt von Imageverlusten, mangelnder Wertschätzung und Missverständnissen, sowie generell der Überschätzung vorhandener digitaler Kompetenz. Im seltensten Fall sind es technische Faktoren, die Digitalisierungsprojekte scheitern lassen. Technisch lässt sich meist alles lösen (hier spricht aber vermutlich auch der Techniker in mir).

Analog dazu: Wie schon erwähnt arbeite ich als Sales-Profi für eine Softwareentwicklungsfirma, die auf Infrastrukturprojekte für z.Bsp. Bahn, Energie oder verstaatlichte Unternehmen spezialisiert ist. Wenn Kunden Softwarelösungen bemängeln, bezieht sich deren Beschwerde meist auf das Frontend und nicht auf die Hintergrundsysteme. Das heißt, wie die Software sich am Bildschirm darstellt und bedient wird, ist entscheidend für die positive Akzeptanz. Sie muss intuitiv sein. Das Frontend ist die Schnittstelle und somit Kommunikation zwischen Menschen und Maschine und entscheidet über den Erfolg. Da ist er wieder, der Faktor Mensch – und das Zitat von Elon Musk[8] daher sehr schlau:

„Jedes Produkt, das eine Bedienungsanleitung braucht, um zu funktionieren, ist kaputt."

8.11 Die Zukunft des Beirats/Aufsichtsrats ist digital

Die Jobs der Aufsichts- und Beiräte werden in Zukunft von den Algorithmen der Künstliche Intelligenz übernommen. Die Arbeitsweise dieses Gremiums wird sich daher komplett verändern. Schon jetzt werden Bilanzen bei Steuerprüfungen mittels Software analysiert und KI kann Ungereimtheiten von Fehlbuchungen bis zu Betrugsversuchen erkennen. Zukünftig wird das automatisch passieren, was Fehler vermeiden und Betrug massiv erschweren wird.

Als Beispiel: Krebsdiagnostik mittels Bildanalyse durch KI
KI-Bilderkennung kann zur Unterstützung der Krebsdiagnose eingesetzt werden. Dies kann durch KI-Trainieren eines maschinellen Lernmodells mit einem Datensatz medizinischer Bilder wie Röntgenbilder oder MRT-Scans erfolgen, die mit Informationen über das Vorhandensein oder Nichtvorhandensein von Krebs gekennzeichnet wurden. Das Modell kann dann verwendet werden, um neue Bilder zu analysieren und Vorhersagen über die Wahrscheinlichkeit des Vorhandenseins von Krebs zu treffen. Dieser Ansatz kann Radiologen und anderen medizinischen Fachleuten dabei helfen, genauere und effizientere Diagnosen zu stellen, und kann auch verwendet werden, um potenzielle Krebsfälle zu identifizieren, die bei herkömmlichen Diagnosemethoden möglicherweise übersehen wurden.

---

[8] https://twitter.com/ElonMuskNewsOrg/status/776443146330931200?s=20.

Es ist jedoch wichtig zu beachten, dass KI aktuell noch nicht in der Lage ist, Krebs allein zu diagnostizieren, sondern nur ein Hilfsmittel darstellt. Ein Expertenteam auf diesem Gebiet muss die Ergebnisse interpretieren und eine endgültige Diagnose stellen.

Um es anders zu veranschaulichen, gebe ich ein weiteres Beispiel, das automatisierte Fahren: Schritt für Schritt „lernen" Autos das automatisierte Fahren, je nach digitalem Reifegrad der Software (Autohersteller) und auch vorhandenen Umweltgegebenheiten, manche schneller und manche langsamer. Diverse Sensoren (Radar, LiDAR, hochauflösende Kameras, etc.) im Auto können durch Nebel und Dunkelheit weit besser und vorausschauender Gefahren erkennen und darauf reagieren als es je ein Mensch könnte. Irgendwann wird der Zeitpunkt kommen, am dem Messungen ergeben werden, dass selbstfahrende Autos weniger Unfälle verursachen als die durch Personen gesteuerten. Ab dieser Zeit wird hinterfragt werden: Wollen wir es uns noch leisten und verantworten, dass Menschen ein Auto lenken, wenn es die KI bewiesenermaßen besser kann, da die KI weniger Schäden und Unfalltote verursacht als Lenker unter Alkoholeinfluss, oder unaufmerksame, vom Smartphone abgelenkte Lenker. Dann könnten Gesetzgeber sukzessive das persönliche Lenken von Fahrzeugen verbieten. Anfangs vielleicht auf der Autobahn, dann auf der Bundesstraße – bis hin zum generellen Verbot.

Ähnlich rasante Entwicklungen werden sich in allen Branchen, in vielen Bereichen ergeben, so auch in Aufsichtsrats- und Beiratsgremien. So wird der Beirat die Geschäftsberichte anfangs analysieren und die nötigen Schritte daraus ableiten, und dieses Vorgehen wird zukünftig die KI übernehmen. Die KI wird anhand von tausenden Datensätzen Handlungsempfehlungen vorschlagen, auf die der Beirat vermutlich nicht gekommen wäre. Der Beirat wird dann hauptsächlich den Prozess überwachen und sich auf soziale Belange konzentrieren.

8.12 Zusammenfassung

Die wichtigste Eigenschaften des Digitalen Beirats ist seine Kompetenz, d. h. die ausgeglichene Mischung zwischen Kenntnissen, Fertigkeiten und Einstellung (vgl. Abb. 8.3).

Nachsatz:

In diesem Kapitel habe ich das Themengebiet „Digitaler Beirat" auf das Wesentliche gekürzt. Der dafür dankenswerterweise zur Verfügung gestellte Platz habe ist deutlich überschritten.

Abb. 8.3 Erfolgsdreieck[9]

Gender-Hinweis:

Zur besseren Lesbarkeit wird in diesem Kapitel das generische Maskulinum verwendet. Die in dieser Arbeit verwendeten Personenbezeichnungen beziehen sich, sofern nicht anders kenntlich gemacht, auf alle Geschlechter.

Michael T. Weilguny ist seit über 30 Jahren in leitender Position in der IT-Branche mit dem Themenschwerpunkt Digitalisierung tätig. Er ist Gründer der Aufsichtsrat Plattform „Digital Governance Excellence" mit der Vision digitales und technisches Know-how in den Aufsichtsrat zu bringen. Die Aufsichtsrat-Ausbildung „Professionelle Aufsichtsrats-Gremientätigkeit" hat er an der Donau Universität Krems absolviert. Als Beirat bei finAngel GmbH bringt er mit seinem Netzwerk aus Experten Unterstützung im Bereich IT, Digitalisierung und Sales in das Gremium ein.

---

[9] Bild von Dale Carnegie; Mit bestem Dank an Peter Dziergas Geschäftsführer Dale Carnegie Österreich.

Immobilien mobil machen! Wie Newbies den Beirat bewegen

9

Anna-Elisa Göke

Zusammenfassung

Wie kann der Beirat der Zukunft aussehen, um überlebensfähig zu bleiben? Welche Weichen müssen gestellt werden, welche Themen sind zentral, wie sieht die Zukunftskonstellation eines Beirats aus? – Diese Fragestellungen und noch einige mehr, beleuchtet Anna-Elisa Göke in ihrem Beitrag aus der Perspektive eines Newbies im Bereich Real Estate.

9.1 Einleitung

In vielen Organisationen, Unternehmen und öffentlichen Einrichtungen ist ein Beirat eine wichtige Institution. Der Beirat ist der Leiter eines Gremiums, das aus externen Fachleuten und erfahrenen Personen besteht, die beratende Aufgaben übernehmen. Um die langfristige Entwicklung und den Erfolg der Organisation zu fördern, unterstützt der Beirat die Entscheidungsträger und bietet wertvolle Einsichten, Fachwissen und strategische Empfehlungen.[1] Abb. 9.1 zeigt Familienunternehmen, die über einen Beirat verfügen.

---

[1] Freysoldt, T.-A. (2013), S. 28–30.; Henseler, N. (2006), S. 6.

A.-E. Göke (✉)
Düsseldorf, Deutschland
E-Mail: drannaelisagoeke@gmail.com

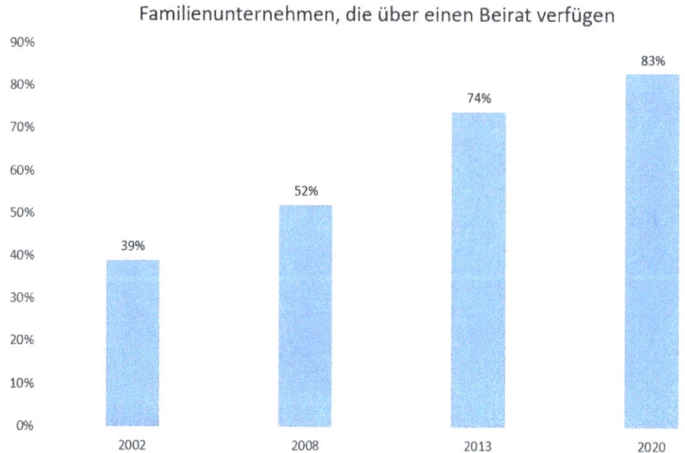

Abb. 9.1 Familienunternehmen, die über Beiräte verfügen, https://www.handelsblatt.com/unternehmen/mittelstand/familienunternehmer/aufsicht-in-familienunternehmen-zu-alt-falsch-ausgewaehlt-zu-wenig-digital-so-sieht-es-in-deutschlands-beiraeten-aus/26837320.html; abgerufen am 09.07.2023

Trotz der Tatsache, dass Beiräte in vielen Organisationen und Institutionen ein nützliches Instrument sein können, gibt es auch Kritikpunkte und Herausforderungen bei ihrer Arbeit. Hier sind einige oft diskutierte Bedenken:

- Beiräte werden häufig als Berater eingesetzt und haben keine direkte Entscheidungsbefugnis. Entscheidungsträger können ihre Empfehlungen ignorieren oder nicht immer umsetzen. Dies kann die Wirksamkeit des Beirats beeinträchtigen und die Mitglieder frustrieren.
- Beiräte können möglicherweise eine begrenzte Vielfalt in Bezug auf soziale und kulturelle Perspektiven, Geschlecht und ethnische Herkunft aufweisen. Dies kann dazu führen, dass bestimmte Erfahrungen und Stimmen nicht angemessen berücksichtigt werden, was die Entscheidungsfindung verzerrt.
- Für den Erfolg der Zusammenarbeit ist es wichtig, dass der Beirat und die Entscheidungsträger klar und effektiv kommunizieren. Missverständnisse, Fehlinformationen und Frustration können auftreten, wenn die Kommunikation unklar, unzureichend oder nicht regelmäßig stattfindet.
- Mitglieder des Beirats können aufgrund persönlicher Interessen, Verbindungen zu anderen Organisationen oder beruflicher Tätigkeiten in Interessenkonflikte geraten. Dies kann die Unabhängigkeit und Objektivität des Beirats und das Vertrauen in seine Arbeit beeinträchtigen.

- Beiräte können keine ausreichenden Ressourcen haben, um ihre Aufgaben effektiv zu erledigen. Die Fähigkeit, angemessene Analysen, Forschung und Empfehlungen durchzuführen, kann dadurch beeinträchtigt werden.[2]

Wie aber kann der Beirat der Zukunft aussehen, um überlebensfähig zu bleiben? Welche Weichen müssen gestellt werden, welche Themen sind zentral, wie sieht die Zukunftskonstellation eines Beirats aus?

Die o. g. Fragestellungen sollen aus der Perspektive eines Newbies kurz vor dem Antritt der ersten Advisory-Board-Position im Bereich Real Estate beantwortet werden.

9.2 Der Beirat in der Zukunft...

9.2.1 Diversität, generations- und branchenübergreifendes Arbeiten

Es ist evident, dass eine vielseitige und repräsentativere Zusammensetzung für den Beirat von Bedeutung ist.[3] Für die Zukunft wäre es daher wünschenswert, wenn unterschiedliche Generationen und Perspektiven in der Konstellation eines Beirats vertreten sind.[4] Verbunden wäre dies mit einer Aufweichung gewisser Rollenbilder, die einen zu erbringenden Mehrwert zwangsläufig an Kriterien wie ein konkretes Alter, Branchenzugehörigkeit oder Geschlecht koppeln. Im Vordergrund sollten die Fähigkeiten stehen, die individuell einen Unterschied machen können oder auch nicht.

Die Zusammenarbeit unterschiedlicher Generationen und Perspektiven kann viele Vorteile haben. Die Verjüngung des Beirats als Konsequenz kann eine neue Form des Beirats hervorbringen. Insbesondere in Bezug auf aktuelle Entwicklungen, Technologien und Trends können jüngere Mitglieder frische Ideen und Innovationen einbringen. Sie können auch helfen, jüngere Zielgruppen zu erreichen und den Beirat besser auf die Anliegen und Bedürfnisse der kommenden Generation vorzubereiten.

Eine Verjüngung des Beirats bedeutet nicht automatisch, dass ältere Mitglieder ausgeschlossen werden. Vielmehr geht es darum, eine ausgewogene Mischung aus Erfahrung, Fachwissen und unterschiedlichen Standpunkten zu schaffen, um die Effektivität und Relevanz des Beirats zu verbessern.

Auch kann es Situationen geben, in denen es vorteilhaft sein kann, branchenfremde Mitglieder in den Beirat aufzunehmen. Diese Personen können neue Perspektiven, ungewöhnliche Ideen und unterschiedliche Erfahrungen mitbringen, die dazu beitragen können, neue Wege zu finden und kreative Lösungen für Probleme zu entwickeln. Dies

---

[2] Henseler, N. (2006).
[3] Henseler, N. (2006), S. 98.; Handelsblatt (2021).
[4] Handelsblatt (2021).

können z. B. Führungskräfte aus verwandten Branchen sein, die ähnliche Probleme erlebt haben und Erfahrungen teilen, die auf das Unternehmen angewendet werden können. Es kann auch für Technologieexperten oder für akademische Experten gelten, sofern es sich um Personen mit tiefem Wissen in einem bestimmten Fachgebiet handelt, das für das Unternehmen relevant sein kann, auch wenn sie keine direkte Berufserfahrung haben. Die Mängel, die letztere Gruppierung ggfs. im Hinblick auf Detailwissen oder spezifischer Anforderungen aufweisen, können dann durch ein gut zusammengestellten Kompetenzmix ausgewogen werden.

In Zukunft wird es im Idealfall weiterhin gelingen, dass jeder Mensch unabhängig seines Geschlechts, seiner ethnischen Herkunft und seines sozialen Backgrounds seinen Mehrwert im Rahmen des Beirats einbringen kann. Dass wir all jene Themen, die diesem Anspruch ggfs. im Wege stehen, überwunden und gelernt haben wertschätzend und effizient miteinanderzuarbeiten. Im Vordergrund sollten Expertise, Effizienz und Resultate stehen.

9.2.2 Wirtschaftlichkeit – Nachhaltigkeit – Idealismus

Das Streben nach Wirtschaftlichkeit und Effizienz muss in Zukunft kombiniert werden mit ESG-Themen.[5] Die Abkürzung „ESG" steht für Environmental, Social and Government und bezieht sich auf die drei Hauptkriterien, anhand derer Unternehmen bewertet werden können. Die Verantwortung und Herausforderung bei allen Bestrebungen der Profitabilität liegt darin einen nachhaltigen Mehrwert zu kreieren.

Inhaltlich werden u. a. folgende Bereiche sicher die Zukunft prägen:

- Digitale Transformation/Strategieentwicklung, um diesen Wandel zu unterstützen.[6]
- Technologische Innovation/Identifikation neuer Technologien und Trends. Bewertung der Auswirkungen für Wachstum und Wettbewerbsfähigkeit dieser Innovationen für das Unternehmen.
- Risikomanagement/Identifikation von Risiken und Risikofaktoren.
- Nachhaltigkeit und ESG-Faktoren.[7]
- Fachkräftemangel/Auswirkungen und potenzielle Lösungsvorschläge
- Geopolitische Entwicklungen.
- Kundenorientierung/Identifikation von Bedürfnissen und Erwartungen von Kunden/dynamische Strategieentwicklung.

---

[5] Herkströter, Jilge & Beckers (2023).; Barfin (2021).
[6] Handelsblatt (2021).
[7] Herkströter, Jilge & Beckers (2023).; Barfin (2021).

9.3 Die Immobilienbranche – Herausforderungen für die Beiratstätigkeit

Die Immobilienbranche wird von einer Vielzahl von Variablen beeinflusst, darunter Zinssätze, politische Entscheidungen, wirtschaftliche Bedingungen und externe Herausforderungen, wie Naturkatastrophen oder globale Krisen.[8] Diese Faktoren können den Immobilienmarkt verändern und zu Krisen oder Herausforderungen führen.

Derzeit ist der Immobilienmarkt beispielsweise u. a. durch Angebotsknappheit, steigende Mietpreise und Herausforderungen im Hinblick auf die Finanzierung gekennzeichnet. Strengere Kreditvergaberichtlinien und höhere Eigenkapitalanforderungen grenzen den Kreis der Zielgruppe in manchen Segmenten stark ein. Aus unterschiedlichen Gründen kann dies manche Unternehmen vor Herausforderungen unterschiedlicher Natur stellen. Ferner gilt es Nachhaltigkeit, Innovation sowie damit verbundene Auflagen zu realisieren. Technologische Disruption (digitale Transformation und neue Technologien) sowie regulatorische Rahmenbedingungen (Bauvorschriften, Steuerreglungen und Mietgesetze) stellen weitere Herausforderungen dar. Die Auswirkungen der COVID-19-Pandemie tragen nicht unbedingt zu einer Entspannung der Lage bei. Aus dem aufgezeigten Konglomerat können sich situativ individuelle Herausforderungen ergeben, für die es Lösungen zu finden gilt.

Als Mitglied des Beirats ist daher eine umfassende Expertise in unterschiedlichen Bereichen, wie Real Estate Investment, Marktanalysen, Finanzen, Risikomanagement und rechtlichen Rahmenbedingungen von großer Bedeutung. Selbstverständlich erfordern unterschiedliche Bereiche unterschiedliche/spezifische Herangehensweisen, Maßnahmen und Strategien, wie in Abb. 9.2 tabellarisch dargestellt.

9.4 Best Practice

Es folgen bewährte Methoden und Strategien, wie ein Beirat ein Unternehmen unterstützen kann die Leistung bzw. die Effizienz zu optimieren:

- Strategie und Vision. Definition kurz- und langfristiger Ziele. Strategie und Maßnahmenkatalog, Monitoring.
- Markt- und Branchentrends. Identifikation aktueller branchenspezifischer Entwicklungen, dynamisches Management. Analysieren der Wettbewerbslandschaft, neuer Technologien und der Bedürfnisse von Kunden. Prüfung der Vermietungsmärkte, Trends und Vermarktungszyklen zur Strategieentwicklung.[9]
- Prüfung der Unternehmensstrategie.

---

[8] Vornholz, G. (2017), S. 12–19.
[9] Vornholz, G. (2017).

Abb. 9.2 Real-Estate-Bereiche und Maßnahmen. (Eigene Darstellung)

- Innovation und Produktentwicklung. Entwicklung innovativer Konzepte, neuer Produkte oder Dienstleistungen sowie Strategien und Maßnahmen zur Optimierung.[10]
- Unternehmenskultur und Mitarbeiterengagement. Analyse der Unternehmenskultur und ihre Auswirkungen auf die Mitarbeiter. Beitrag, um eine positive Arbeitsumgebung zu schaffen.
- Organisationsstruktur und -effizienz/-prozesse des Unternehmens. Definition des Verbesserungspotenzials, Optionen zur Erhöhung der Effizienz sowie zur Kostensenkung, Optimierung der Zusammenarbeit zwischen den Abteilungen.[11]
- Nachhaltigkeit[12] und soziale Verantwortung. Soziale Verantwortung und nachhaltiges Handeln des Unternehmens fördern. Festlegung von Maßnahmen zur Reduzierung des ökologischen Fußabdrucks, zur Förderung der Vielfalt und Inklusion oder zur Unterstützung lokaler Gemeinschaften.
- Risikomanagement und Compliance. Analyse und Reduktion von Risiken. Einhaltung von Vorschriften. Strategien zur Risikobewältigung und Compliance (vgl. Abb. 9.3).

Im Folgenden ein m. E. sehr relevantes Beispiel aus der Praxis, das ein Thema für den Immobilienbeirat sein kann.

---

[10] Vornholz, G. (2017).
[11] Henseler, N. (2006).
[12] Herkströter, Jilge & Beckers (2023).

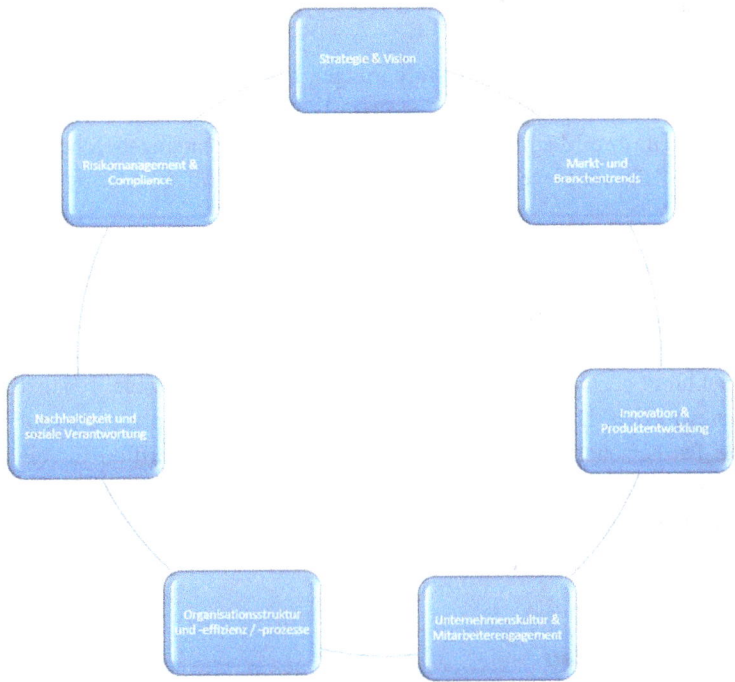

Abb. 9.3 Best Practice. (Eigene Darstellung)

9.5 Fallbeispiel: Initiative für bezahlbaren Wohnraum

9.5.1 Ausgangssituation

Der Immobilienbeirat ist in diesem Fall eine spezialisierte Gruppe bestehend aus Branchenexperten, Gemeindevertretern und Regierungsbeamten. Das Hauptziel des Beirats besteht darin, Orientierung und Beratung zu Immobilienentwicklungsprojekten und -initiativen innerhalb der Gemeinde bereitzustellen.[13]

9.5.2 Problem

Die lokale Regierung hat einen dringenden Bedarf an bezahlbarem Wohnraum in der Region festgestellt, da die Wohnkosten steigen und es an bezahlbaren Optionen für Bewohner mit niedrigem Einkommen mangelt. Daher wurde der Immobilienbeirat damit beauftragt, Empfehlungen und Strategien zur Lösung dieses Problems zu entwickeln.

---

[13] Freysoldt, T.-A. (2013), S. 28–30.; Henseler, N. (2006), S. 6.

9.5.3 Herausforderungen

Landerwerb: Eine der größten Herausforderungen besteht darin, geeignetes Land für die Entwicklung bezahlbaren Wohnraums zu erwerben. Der Beirat muss potenzielle Standorte identifizieren, ihre Machbarkeit bewerten und alle Bebauungsbeschränkungen oder regulatorischen Hürden bewerten, die sich auf die Durchführbarkeit des Projekts auswirken könnten.

9.5.4 Finanzierung und Funding

Die Entwicklung bezahlbaren Wohnraums erfordert angemessene Finanzierung und Finanzierungsquellen. Der Beirat muss verschiedene Optionen prüfen, wie z. B. öffentlich-private Partnerschaften, staatliche Zuschüsse, Steuergutschriften für einkommensschwache Wohnimmobilien und andere Subventionen, um die notwendige Finanzierung für die Projekte sicherzustellen. Sie müssen die finanzielle Machbarkeit und Nachhaltigkeit dieser Optionen bewerten.

9.5.5 Design und Bau

Zur Schaffung von bezahlbarem Wohnraum, der Qualitätsstandards erfüllt und gleichzeitig die Kosteneffizienz beibehält, ist die Einbeziehung der örtlichen Gemeinschaft und eine Regelung für bezahlbaren Wohnraum relevant. Der Beirat sollte auch mögliche rechtliche Auswirkungen berücksichtigen und juristisches Fachwissen einholen, um etwaige mit den Projekten verbundene Risiken zu mindern.

9.5.6 Community-Engagement und Stakeholder-Ausrichtung

Die Einbeziehung der lokalen Community und Stakeholder in den Entscheidungsprozess ist für erfolgreiche Initiativen für bezahlbaren Wohnraum von entscheidender Bedeutung. Der Beirat muss offene Dialoge ermöglichen, Beiträge von Anwohnern einholen und auf Bedenken oder Widerstände von Gemeindemitgliedern eingehen, die möglicherweise Vorbehalte gegenüber den vorgeschlagenen Projekten haben.

9.5.7 Regulatorische und rechtliche Überlegungen

Komplexe regulatorische und rechtliche Regulierungen stellen eine weitere Herausforderung für den Beirat dar. Sie müssen die Einhaltung der örtlichen Bebauungsgesetze, Bauvorschriften und Vorschriften für bezahlbaren Wohnraum sicherstellen. Der Beirat sollte auch, wie bereits erwähnt, mögliche rechtliche Auswirkungen berücksichtigen und juristisches Fachwissen einholen, um etwaige mit den Projekten verbundene Risiken zu mindern.

9.5.8 Lösungen und Empfehlungen

Der Immobilienbeirat kann diese Herausforderungen angehen, indem er:

Eine umfassende Bewertung der verfügbaren Grundstücke durchführt und potenzielle Standorte identifiziert, die für die Entwicklung von bezahlbaren Wohnraums geeignet sind.

Eine Zusammenarbeit mit Finanzinstituten, Regierungsbehörden und Gemeinschaftsorganisationen ist empfehlenswert, um die Finanzierung zu sichern und kreative Finanzierungslösungen zu ermöglichen.

Eine Kooperation mit Architekten, Ingenieuren und Bauunternehmern ist zu empfehlen, um kostengünstige und nachhaltige Wohnlösungen zu entwerfen, die den Bedürfnissen der Gemeinschaft entsprechen.

Die Organisation von Gemeindetreffen, Workshops und Sozial-Programmen empfiehlt sich, um Feedback zu sammeln, Bedenken anzusprechen und Unterstützung für die Initiativen für bezahlbaren Wohnraum aufzubauen.

Anzustreben ist eine enge Zusammenarbeit mit Rechtsexperten, um die Einhaltung von Vorschriften sicherzustellen, den Genehmigungsprozess zu rationalisieren und rechtliche Risiken zu mindern.

9.6 Fazit

Der Immobilienbeirat kann durch sorgfältige Analyse, Zusammenarbeit und gesellschaftliches Engagement Empfehlungen und Strategien zur Lösung des drängenden Problems bezahlbaren Wohnraums liefern. Durch die Bewältigung von Herausforderungen im Zusammenhang mit Landerwerb, Finanzierung, Design, sozialem Engagement und Einhaltung gesetzlicher Vorschriften kann der Beirat zur erfolgreichen Umsetzung von Initiativen für bezahlbaren Wohnraum beitragen, die der gesamten Gemeinschaft zugute kommen.

Literatur

Freysoldt, T.-A. (2013). *Der Beirat in der Krise. Der Einfluss von wirtschaftlichen Krisen auf Aufsichtsgremien in Familienunternehmen*. In Band 13 von Schippe, A. & Rüsen T. (Hrsg), *Wittener Schriften zu Familienunternehmen*. Göttingen: V& R unipress.

Henseler, N. (2006). *Beiräte in Familienunternehmen: Eine kritische Betrachtung der Ausgestaltung der Beiratsarbeit. Dissertation,* Universität Bielefeld.

Herkströter, C., **Jilge**, B., **Beckers**, C. (2023). *ESG-Konformität – Entwicklungen bei der Regulierung im Immobiliensektor.* In **Everling**, O., **Salostowitz**, P. (eds) Rating von Industrieimmobilien. Edition Frankfurt School. Wiesbaden: Springer Gabler.

Vornholz, G. (2017), (3., vollständig überarbeitete Auflage). *Entwicklungen und Megatrends der Immobilienwirtschaft.* Berlin/Boston: De Gruyter Oldenbourg.

Online-Quellen

Barfin (2021). Journal (Februar) Verfügbar unter: https://www.bafin.de/SharedDocs/Downloads/DE/BaFinJournal/2021/bj_2102.pdf?__blob=publicationFile&v=5 (Zugriff: 09.07.2023).

Handelsblatt (2021). Verfügbar unter: https://www.handelsblatt.com/unternehmen/mittelstand/familienunternehmer/aufsicht-in-familienunternehmen-zu-alt-falsch-ausgewaehlt-zu-wenig-digital-so-sieht-es-in-deutschlands-beiraeten-aus/26837320.html; *abgerufen am 09.07.2023.*

Dr. Anna-Elisa Göke beruflichen Schwerpunkte liegen im Ankauf und der Projektentwicklung. Dr. Göke ist auch im Finanzsektor tätig, wobei ihr Beratungsfokus hauptsächlich auf dem Thema Baufinanzierung liegt. Für die Kalaidos FH Schweiz hat sie als Dozentin erfolgreich die Studiengänge „Real Estate Management", „Real Estate Finance" sowie „Digital Finance, Blockchain und Tokenisierung" konzipiert. Darüber hinaus verfügt sie über umfassende Erfahrungen in der Betreuung von DBA-Kandidaten als Advisor, Consultant und Coach.

Technologiekompetenz – Erfolgsfaktor wirksamer Gremienarbeit

10

Sven Neumann

Zusammenfassung

Die Innovationsfähigkeit ist zum entscheidenden Gradmesser für das Zukunftspotenzial von Unternehmen und Volkswirtschaften geworden. Um innovativ zu sein, genügt es nicht, technologische – insbesondere digitale – und prozessuale Expertise aufzubauen oder ins Unternehmen zu holen. Entscheidend für den Erfolg sind der Aufbau und das kontinuierliche Management eines Innovationsökosystems, das Mitarbeiterschaft und Geschäftspartner mit einbezieht. Zur kompetenten Begleitung bis zum erfolgreichen Abschluss derartiger Innovationsprojekte ist ein hoch qualifizierter Beirat ein außerordentlich wertvolles Instrument. Voraussetzung dafür sind eine hohe fachliche Kompetenz und menschliche Integrität der Beiräte, die eine externe Perspektive, einen neutralen Blick und ausgewiesene Moderations- wie Kommunikationsfähigkeiten mitbringen müssen. Persönliches Engagement für Fragen der Ethik und Nachhaltigkeit gewinnen zudem als Anforderung an kompetente Beiratsmitglieder immer mehr an Bedeutung.

10.1 Einleitung

Wenn es um das langfristige wirtschaftliche Überleben und die zukunftsorientierte Weiterentwicklung eines Unternehmens in dem heute gegebenen harten Wettbewerbsumfeld geht, gilt die Maxime: Innovation ist nicht alles, aber ohne Innovation ist alles

S. Neumann (✉)
impacts4u, Dortmund, Deutschland
E-Mail: sven.neumann@impacts4u.com

nichts. Dass beispielsweise Stillstand bei der Fortentwicklung der technologischen Qualitäten eines Produkts den Hersteller sehr wahrscheinlich in den Untergang führen wird, ist durch so viele Beispiele der Wirtschaftsgeschichte belegt, dass es inzwischen zum Allgemeinplatz geworden ist, davor zu warnen. „Das Riskanteste, was wir tun können, ist, einfach den jetzigen Zustand beizubehalten", fasst Bob Iger, CEO der Walt Disney Company, diese Erkenntnis in treffende Worte.

Entsprechend gewichtig sind bei der Beurteilung der Zukunftsaussichten für ein Unternehmen, aber auch ganzer Volkswirtschaften, so genannte Innovationsrankings, in denen anhand verschiedener Kriterien die Innovationsfähigkeit analysiert und verglichen wird. So ist beispielsweise der Wirtschaftsstandort Deutschland in den letzten Jahren in die Kritik geraten, weil unter mancherlei Gesichtspunkten das Land hinter konkurrierende Marktteilnehmer aus aller Welt zurückgefallen ist. Innovation, so scheint es, ist zum Schlüsselwort für den wirtschaftlichen Erfolg von Unternehmen und Nationen geworden.

Doch was meinen wir eigentlich, wenn wir von Innovation sprechen? Oft hat es den Anschein, dass manche Unternehmen bereits eine minimale Veränderung an einem Produkt, einer Serviceleistung, eines Prozesses oder einer Organisationsstruktur als Innovation verkaufen wollen, wobei das Marketing meint, mit dem Wörtchen „Neu!" dem Adressaten Fortschritt suggerieren zu können. Doch diese Simulation von Veränderung stabilisiert nur den Ist-Zustand, und das ist sicher nicht das, was unter Innovation zu verstehen ist: „Innovation ist der unerbittliche Drang, den Status quo zu durchbrechen und sich dort neu zu entwickeln, wo sich bisher nur wenige hingewagt haben.", so der Wirtschafts- und Marketingspezialist Steven Jeffes, Director of Customer Experience beim Autohersteller INEOS Automotive.

Damit wird deutlich, was den allgemeinen Kern einer Innovation ausmacht: etwas wirklich Neues zu schaffen (der Begriff geht auf das lateinische Wort „innovare" zurück, zu Deutsch: „erneuern") oder zumindest eine grundlegende Verbesserung des Bestehenden zu erzielen. Hinzu kommt die wirtschaftstheoretisch begründete Forderung, dass eine Innovation zur Wertschöpfung beitragen sollte: Innerhalb der Prozesskette der Wertschöpfung tragen Innovationen zu deren Steigerung bei, erschaffen also zusätzliche Werte. Sinnvolle Innovationen erhöhen somit Umsatz und Gewinn von Unternehmen, steigern die Wirtschaftsleistung und tragen zur Bewältigung technologischer, wirtschaftlicher und gesellschaftlicher Herausforderungen bei. Innovation versetzt Unternehmen in die Lage, trotz steigenden Wettbewerbsdrucks durch etablierte Konkurrenten und neue Marktteilnehmer (Start-ups) wettbewerbsfähig zu sein, sich aus der Masse der Marktplayer durch eigenständige Produkte oder Dienstleistungen herauszuheben und für Kunden und Verbraucher sichtbar und attraktiv zu bleiben.

10.2 Innovation ist nicht gleich Innovation

Innovationsprozesse sind ungeheuer vielschichtig. Sie können unterschiedliche Geschwindigkeiten, Prozessebenen, Innovationsobjekte (Produkte, Services etc.), Unternehmensstrukturen und so weiter umfassen. Die Systematisierungsansätze all dieser Aspekte der Innovation sind selbst wieder unübersichtlich geworden. Die meisten Experten entscheiden sich für die Unterscheidung von vier abgegrenzten Innovationsarten oder -ebenen: inkrementelle, disruptive, architektonische und radikale Innovation. Diese Arten haben verschiedene Auswirkungen auf Kunden, Märkte und gesellschaftliches Umfeld.

Inkrementelle Innovation
Inkrementell bedeutet „schrittweise". Demzufolge besteht die inkrementelle Vorgehensweise bei der Innovation in einer Abfolge von kleinen Fort-Schritten statt großer Sprünge. Technologien, Produkte, Dienstleistungen, Geschäftsmodelle und Prozesse werden dabei je nach Marktlage, neu verfügbarer technologischer Lösungen oder neuer Problemstellungen beziehungsweise Kundenanforderungen in regelmäßigen oder unregelmäßigen Abständen verbessert, überarbeitet oder verändert. Dieser Prozess ist kontinuierlich, ohne dass er auf ein festgelegtes Ziel ausgerichtet ist. Vielmehr handelt es sich um einen organisch wachsenden Fortschrittsprozess. Bei Bedarf werden neue Lösungen generiert. Inkrementelle Innovation stellt die häufigste und nach der architektonischen Innovation risikoärmste Innovationsart dar. Die meisten technologischen Produkte werden auf diese Weise verbessert, wobei das Hauptziel ist, die Anwender des bereits eingeführten Produkts als Kunden zu behalten, indem stetige Neuerungen die Konkurrenz herausfordern. Komplexe Geräte wie Smartphones, Computer, Fahrzeuge aller Art oder Haushaltsgeräte lassen sich auf diese Weise technologisch jung erhalten, beispielsweise indem die Handhabung erleichtert, der Funktionsumfang ausgeweitet, die Konnektivität verbessert oder die Formfaktoren den Verbraucherwünschen angepasst werden.

Architektonische Innovation
Obwohl auch die architektonische Innovation eine gemächlichere Fortschrittsart darstellt, ist das Vorgehen bei den Veränderungsprozessen ein anderes: Bereits verfügbare und bewährte Technologien, Prozesse, Komponenten etc. werden für neue Zwecke oder Bedürfnisse eingesetzt. Beispiele hierfür sind etwa Produkte, die speziell für den Einsatz in Militär- oder Raumfahrttechnik entwickelt wurden und anschließend in alltäglichen Produkten verwendet werden (Radar, Jettriebwerke, Memory-Schaum oder hitzebeständige Materialien).

Disruptive Innovation
Während inkrementelle Innovationen Marktpositionen sichern und technologische Lösungen auf dem jeweils aktuellen Stand halten, stellen disruptive Innovationen eine fundamentale Neugestaltung der bestehenden Situation dar. Hierzu zählen unter anderem

Technologiedurchbrüche (Bespiele: Kernkraft, Künstliche Intelligenz, Strahltriebwerke), völlig neue Produktkategorien (Beispiele: Überschallflugzeuge, Smartphones, Waschmaschinen) oder kreative Geschäftsmodelle (Beispiele: Versandhandel, E-Commerce, Streamingdienste). Hierdurch werden neue Märkte erschaffen, bestehende Branchen umgekrempelt und konventionelle Technologien, Prozesse etc. durch neue abgelöst (Beispiel: Elektro- und Wasserstoffantrieb statt Verbrenner). Disruptive Innovationen schaffen ein neues oder erweitertes Kundenpotenzial, da neue oder zusätzliche Wünsche und Erwartungen geweckt werden.

Radikale Innovation
Radikale Innovationen zeichnen sich dadurch aus, dass durch sie völlig neue Märkte entstehen und herkömmliche Geschäftsmodelle komplett durch neue abgelöst werden. Es entstehen bisher unbekannte Wirtschaftszweige und Kundenanforderungen. Beispiele hierfür hat es in der Wirtschaftsgeschichte mehrfach gegeben, insbesondere ausgelöst durch Technologiesprünge. So lassen sich hier die Elektrifizierung, die Entwicklung von durch fossile Energieträger angetriebenen Maschinen und Fahrzeugen, Luft- und Raumfahrt sowie die Digitalisierung heranziehen.

Grundsätzlich gibt es zwei entgegengesetzte Treiber von Innovationen, die unter den Begriffen Pull-Innovation und Push-Innovation zusammengefasst werden. Pull-Innovationen werden von Bedürfnissen, Wünschen oder Problemen der potenziellen Unternehmenskunden oder der Gesellschaft als ganzer angeregt. Die demografischen Veränderungen in den Industrieländern sorgen beispielsweise für eine Alterung der Gesellschaft, die wiederum innovative Lösungen für die verschiedensten Aktivitäten erforderlich machen, etwa logistische Versorgungskonzepte für weniger mobile Menschen oder medizintechnische Lösungen zur Überwachung des Gesundheitszustands gefährdeter Patienten. Ein weiteres Beispiel für Pull-Innovationen sind klimafreundliche Technologien für die Produktion und den Transport von Gütern aller Art aufgrund der Anforderungen an den Klimaschutz.

Push-Innovationen haben ihren Ausgangspunkt in den Unternehmen. Sie entwickeln neue Produkte und Dienstleistungen zur Marktreife und bieten sie auf dem Markt an, mit dem Ziel, neue Marktsegmente zu erobern oder den eigenen Marktanteil zu erhöhen. Typische Beispiele sind Assistenzsysteme in Fahrzeugen, soziale Medien oder Streamingdienste. Im Gegensatz zu Pull-Innovationen ist in diesem Fall die Akzeptanz bei den Verbrauchern und in der Gesellschaft nicht garantiert, sondern muss im Wettbewerb mit anderen Anbietern und traditionellen Produkten oder Services erst errungen werden.

Die genannten Aspekte zum Thema Innovation gelten im Wesentlichen seit Beginn des industriellen Zeitalters. In den letzten Jahrzehnten hat sich jedoch eine Entwicklung vollzogen, die eine fundamentale Erweiterung des Innovationsprinzips und neue Anforderungen an Strategie und Planung von Innovationszyklen mit sich gebracht hat: die digitale Revolution.

Was versteht man unter Digitalisierung und wie verändert sie die Innovationskraft von Unternehmen? Im engsten Sinne ist Digitalisierung ganz einfach die Umwandlung von analogen Formaten und Technologien in digitale. Bilder sowie Ton- und Textdokumente sind typische analoge „Objekte", die in materiellen Trägern (Papier, Magnetbänder, Schallplatten etc.) gespeichert sind. Ihre Umwandlung in digitale Daten, Codes und Formate durch elektronische Signale ist die Basis der Digitalisierung. Der Vorteil dieser Technologie ist zunächst eine Verringerung des materiellen Bestandteils der Speicherprozesse (ein Speicherchip, der 50 g wiegt, enthält die Information ganzer Bibliotheken, unzähliger Schallplatten, Fotos oder VHS-Kassetten). Information wird leichter und kostengünstiger zugänglich und einfach zu transportieren. Da die digitalen Produkte von Computern verarbeitet werden können, steht darüber hinaus eine ganze Welt von Erkenntnispotenzial zur Verfügung, das durch intelligente Software realisiert werden kann. Analysetools erkennen Muster in den Daten (selbst größten Datenmengen), die zu Prognosezwecken genutzt werden können, verarbeitete Daten ermöglichen neue Geschäftsmodelle und intelligentere Prozesse. In den unterschiedlichsten Unternehmensbereichen lassen sich durch digital gewonnene Informationen (etwa über Kunden, Lieferketten oder Handelsstrukturen) Innovationen in der internen Prozesswelt oder der externen Produkt- und Servicewelt entwickeln und in den Markt bringen. Digitale Technologien einschließlich moderner Plattformen und Ökosysteme erlauben es, die Kernprozesse im Unternehmen zu optimieren und weitgehend zu automatisieren sowie den Kunden mittels digital aufgesetzter Businessmodelle einen Mehrwert durch größere Bequemlichkeit, neue Funktionalitäten und flexiblere und kostengünstigere Nutzungsoptionen anzubieten.

Digitalisierung transformiert also die inneren und äußeren Aktivitätsfelder der Unternehmen und ermöglicht eine Ausweitung der Businessmöglichkeiten, des Umsatzes und der Wertschöpfungsoptionen. Dabei verändert sich das Kundenerlebnis ebenso wie die Kundenansprache und -kommunikation. Innovation auf digitaler Grundlage schafft Wettbewerbsvorteile, sofern die Informationen intelligent und zielführend genutzt werden. Digitale Technologie verbessert die Innovationsfähigkeit, beschleunigt die Prozesse, erlaubt es, individuelle Kundenwünsche optimal zu erfüllen und verkürzt die Reaktionszeiten auf Veränderungen aller Art drastisch. Die Macht digitaler Konzepte und Instrumente ist inzwischen so groß, dass man salopp sagen kann: Im 21. Jahrhundert ist Innovation schlicht digitale Innovation. Entscheidend dabei ist es, ein bisher analog denkendes und handelndes Unternehmen in ein modernes schlagkräftiges Unternehmen mit digitalem Know-how zu transformieren.

Digitalisierung ist nicht einfach gleichzusetzen mit dem Einsatz elektronischer Hilfsmittel wie Computer oder Telekommunikationsgeräten. Sie verlangt vielmehr auch eine Transformation des unternehmerischen Denkens. Während in der analogen Welt Präzision nur bis zu einem gewissen Maß möglich ist und Daten immer mit Unschärfen verarbeitet werden müssen, sodass sich Entscheidungen immer wieder auf Ungefähres stützen, kennt die digitale Welt nur „klare Kante": 0 und 1, Ja und Nein, richtig und falsch, eindeutige Zahlen, Daten und Fakten. Entscheidungen werden aufgrund von Analysen großer Datenmengen und daraus abgeleiteten Informationen getroffen. Digitale Prozesse kennen kein „Bauchgefühl" und kein intuitives Handeln. Sie geben eine wichtige Datengrundlage für strategische und operationelle Entscheidungen.

Veränderungen im digitalen Zeitalter erfordern also einen erweiterten Denkhorizont. Wer darüber nachdenkt, Prozesse, Produkte, Services etc. zu verändern, muss derzeit immer Fragen beachten wie: „Ist das Ganze Internet-gerecht? Wie lässt es sich digital abbilden? Welche digitalen Tools können helfen, welche Vorteile und Win–Win-Situationen lassen sich durch welche digitalen Hilfsmittel (beispielsweise Künstliche Intelligenz, Augmented Reality, Robotik usw.) erzielen? Wo und in welchem Umfang bringt es Vorteile, physische Prozesse durch virtuelle zu ersetzen? Welche Vernetzungsoptionen mit anderen digitalen Strukturen sind hilfreich und sinnvoll?" In den kommenden Jahren werden solche Überlegungen immer intensiver anzustellen sein, da die nächste Digitalisierungsstufe mit dem Internet der Dinge, 5G-Kommunikation, Quantencomputing, Künstlicher Intelligenz und Machine Learning sich bis ins Alltagsleben durchsetzen wird.

Mit der Digitalisierung geht also nicht nur ein Technologiewandel einher, sondern auch eine Erneuerung des Denkens. Die enormen Möglichkeiten, die dadurch geschaffen werden, bieten die Basis für eine mehr am Menschen orientierte Zukunftstechnologie. Ethik und Nachhaltigkeit sind Faktoren, die unsere Zukunft bestimmen und die ohne digitale Methoden nicht konkret umsetzbar sind.

10.3 Was macht ein innovatives Unternehmen aus?

Nach Klärung der Fragen: „Was verstehen wir unter Innovation?" und „Welche Arten von Innovation lassen sich grundsätzlich unterscheiden?" erhebt sich nun die spannende Zusatzfrage: „Wie wird man innovativ?", speziell: „Wie schafft man ein innovatives Unternehmen?" Schließlich ist innovatives Handeln mehr als eine mechanische Tätigkeit, die man in einem Handbuch erlernen kann. Wie innovativ Menschen agieren, hängt von ihrer Persönlichkeit und ihrem Denken ab. Dies wird schon allein daran deutlich, dass Innovation immer mit einem gewissen wirtschaftlichen Risiko verbunden ist. Wer Neues schafft, begibt sich auf unbekanntes Gelände.

Obwohl das Risiko etwa bei inkrementellen Innovationsprozessen wesentlich kleiner ist als bei radikalen, gehört eine gewisse Risikobereitschaft – eine Bereitschaft zum Aufbruch aus der Komfortzone – zu jeder Tätigkeit, die Neues in die Welt des Marktes bringt. Eine „Innovationskultur" erfordert also vom Management eines Unternehmens ein offenes Auge für den Faktor „Chancen versus Risiko". Um auf den wettbewerbsintensiven Märkten erfolgreich agieren zu können, ist eine Risikoaversion, wie sie für Deutschland typisch zu sein scheint, selbst höchst risikoreich: „Gehen Sie nie auf Nummer Sicher.", so der britische Schriftsteller Hugh Walpole. „Es gibt nichts Gefährlicheres auf der Welt."

Selbstverständlich werden auch Unternehmen, die nach ständiger Erneuerung und Verbesserung ihrer Produkte, Services, Prozesse etc. streben, eine realistische

Perspektive auf den wirtschaftlichen Erfolg der Innovationen einnehmen und Bewährtes beibehalten, solange es sich am Markt als erfolgreich erweist. Um einerseits nicht unkalkulierbare Risiken einzugehen, andererseits aber in Sachen Innovation nicht auf halber Strecke stehen zu bleiben, sondern die Entwicklung des Neuen konsequent voranzutreiben, stellen sich Unternehmen eine Reihe von Fragen zu den möglichen Folgen, bevor sie Neues zur Marktreife bringen. Beispiele hierfür sind: „Wenn wir diese Veränderung einleiten – welche Konsequenzen hat dies auf unser Portfolio, unsere Finanzen, den Markt, die Branche? Welche Kundensegmente profitieren, gibt es auch Verlierer? Gibt es unbeabsichtigte Folgen mit möglicherweise kontraproduktiven Aspekten? Welche Reaktionen könnte die Neuerung bei konkurrierenden Mitbewerbern auslösen? Welche Rückfallpositionen gibt es, falls der Markterfolg ausbleibt?" Das Management innovativer Unternehmen muss ein stetiges waches Auge auf das Marktgeschehen, gesellschaftliche Trends, die Strategie des Wettbewerbs sowie die weltweite Technologieentwicklung haben.

In dieser Situation ist es meiner Erfahrung nach unter dem Gesichtspunkt einer zukunftsfähigen Unternehmensstrategie unerlässlich, ein systematisches Innovationsmanagement aufzubauen und im Betrieb eine Innovationskultur zu etablieren, also ein auf alle Mitarbeiter ausstrahlendes Denken in Kategorien von stetiger Veränderung und Verbesserung. Eine adäquate Innovationskultur lässt sich anhand folgender unternehmensinterner Überlegungen strukturieren:

Welche Bedürfnisse haben unsere gegenwärtigen und potenziellen zukünftigen Kunden derzeit und in Zukunft? Wo wartet das „nächste große Ding", wo ist künftiges Wachstum möglich? Nur über ein umfassendes Verständnis der Adressaten des eigenen Leistungsspektrums (also Kunden und Anwender) können innovative Lösungen deren Bedürfnisse befriedigen und daher zu einem nachhaltigen Markterfolg führen.

Welches „Handwerkszeug" für Innovation nach Innen und Außen ist im Unternehmen vorhanden (Personal, Ressourcen aller Art, Know-how auf unterschiedlichen Ebenen, Software etc.) und wie lässt es sich zielführend optimal einsetzen oder bei Bedarf neuen Ideen und Aufgaben anpassen? Hier geht es beispielsweise darum, neue Geschäftsmodelle zu generieren, Produkte in Form von Dienstleistungen zu vermarkten und so weiter.

Wie ist das aktuelle Marktumfeld zu beurteilen, wo gibt es Trends, die in die Zukunft weisen, was unternehmen Wettbewerber und wie wird sich die analysierte Ist-Situation laut internen und externen Fachleuten weiterentwickeln? Dabei sollten Zukunftsszenarien erarbeitet und durchdacht werden, die als Anhaltspunkte einer tragfähigen Innovationsstrategie dienen können.

Für die Beantwortung dieser Leitfragen ist ein hohes Maß an Wissen und strategischer Denkfähigkeit vonnöten. Innovation erfordert den Einsatz aller personellen und materiellen Ressourcen. Sie muss vom Management getragen und mit entsprechender Führungsfähigkeit der Mitarbeiterschaft vermittelt werden. Gelingt dies nicht, droht die Innovationsfähigkeit verloren zu gehen.

Um als innovatives Unternehmen zukunftsfähig zu sein, ist eine systematische Innovationsförderung, ein „Innovationsmanagement", von großer Bedeutung. Nur so lassen sich Erneuerungsziele (ob unternehmensintern oder hinsichtlich des Leistungsangebots des Betriebs) professionell definieren, planen, organisieren und kontrolliert umsetzen. Wichtig ist dabei ein strukturierter Ansatz, der mit der Zieldefinition beginnt und den Weg zum Ziel mittels intelligenter Planung mit allen Projektschritten, Prozessen und Ressourceneinsätzen strategisch angeht. Es sollten im Zuge der Einführung einer Innovationskultur Projektmanagement- und Innovationsteams gebildet, Rahmenbedingungen für eine adäquate Kommunikation zwischen den beteiligten Unternehmensstrukturen geschaffen sowie Mitarbeiter eingebunden und (etwa durch Anreizsysteme) motiviert werden. Dafür bewähren sich abteilungsübergreifende Informationsflüsse und Know-how-Transfermethoden, wobei entsprechende Teams aus den relevanten Bereichen (nicht nur aus dem Sektor Forschung und Entwicklung) neu zusammengestellt werden können.

Innovationsmanagement funktioniert nicht ohne effiziente Führung und Kontrolle. Entsprechende Projekte bedürfen eines transparenten Informationsflusses, fester Zwischenziele und einer regelmäßigen Bestandsaufnahme der Fortschritte, um wegweisende Entscheidungen zum richtigen Zeitpunkt treffen zu können.

Bei der Implementierung einer wirksamen Innovationskultur, eines effizienten Innovationsmanagements und zielführender Kontrollstrukturen ist Know-how von außerhalb des Unternehmens von großem Vorteil. Hier kommt eine Institution ins Spiel, die sich aufgrund ihrer Position und ihres Einblicks in das „Getriebe" eines Unternehmens hervorragend für diese Aufgabe eignet: der Beirat. Er bringt einen distanzierten Blickwinkel mit, der die Gefahr der Betriebsblindheit vermeiden hilft und wegen seiner Unabhängigkeit von einzelnen Abteilungen eine Versicherung dafür darstellt, dass sich Rivalitäten und Animositäten zwischen Abteilungen und Personen nicht zu Fallstricken im Innovationsprozess ausweiten können. Dies ist kein akademisches Statement, sondern die Quintessenz meiner persönlichen Erfahrung mit der Begleitung eines bestehenden Beirats während einer langjährigen Tätigkeit als kaufmännischer Geschäftsführer mit bestelltem Verhältnis in einem inhabergeführten Unternehmen.

10.4 Der Beirat als Impulsgeber des Innovationsökosystems

In den letzten Jahrzehnten haben sich Beiräte in deutschen Familienunternehmen als feste Größe etabliert. Sie gelten nicht nur als Beratergremium und Sparringspartner, sondern in wachsendem Maß auch als Aufsichtsorgan. Beiräte kontrollieren die Geschäftsführung und deren Aktivitäten und überwachen auch Veränderungen der Unternehmensstrategie und -kultur. Diese Funktion macht sie äußerst wertvoll bei der Einführung eines zeitgemäßen Innovationsmanagements. Sie können motivieren, Spannungen moderieren und helfen abzubauen und – sofern sie entsprechendes Know-how mitbringen – Impulse für die Innovationsprozesse geben.

Mittlerweile hat sich das Interesse an der Einrichtung von Beiräten nochmals verstärkt. Dies hat mit den komplexer gewordenen Marktbedingungen und den zahlreichen Krisen zu tun, die eine große Volatilität mit sich gebracht haben. Immer mehr setzt sich die Erkenntnis durch, dass der Erfolg moderner Unternehmen nicht nur von Technologie und Marketing abhängt, sondern maßgeblich von der Unternehmenskultur getragen wird. In diesem Zusammenhang kommt dem Thema Innovationskultur eine entscheidende Bedeutung zu. Als Begleiter und Mitgestalter von kulturellen Veränderungen in den Betrieben, steigen die Ansprüche und Anforderungen an die Beiratsmitglieder zwangsläufig an.

Nach verschiedenen Studien haben bereits mehr als die Hälfte aller deutschen Familienunternehmen einen Beirat oder Aufsichtsrat implementiert. Diese Gremien werden zunehmend mit Personen besetzt, die über weitreichende Erfahrungen mit der Entwicklung von Unternehmen – sowohl Start-ups als auch Grown-ups – sowie über umfassendes Know-how in der Branche, in Digitalisierungsprojekten und bezüglich der Dynamiken innerhalb der Unternehmensstrukturen verfügen. Angesichts der geforderten hohen Qualifikation vieler Beiratsmitglieder erhalten diese immer ausgedehntere Befugnisse und Kontrollfunktionen.

Dies wiederum erfordert von Personen, die einer Gruppe von Beiräten – typischerweise fünf bis sechs Mitglieder – angehören möchten, eine ehrliche Selbstanalyse. Denn je mehr Mitsprache im Unternehmen gewünscht wird, desto größer ist die Verantwortung, die einem Beirat zukommt. Hinsichtlich des Faktors Innovationsmanagement bedeutet das zunächst: Wer moderne Erneuerungs- und Veränderungsprozesse begleitet und kontrolliert, muss hohe fachliche Kompetenz (und das heißt im Fall technologischer Innovationen vor allem umfassende Digitalkompetenz), aber auch Einfühlungsvermögen und Erfahrung in der Führung und Steuerung von Unternehmen mitbringen. Nicht zuletzt ist auch eine zeitgemäße ethische Einstellung hinsichtlich der Strukturen, Prozesse und Strategien des jeweiligen Betriebs wichtig. Fachliche und menschliche Qualitäten müssen auf hohem Niveau sein, wenn das Unternehmen im Umfeld schwieriger Märkte und eines anspruchsvollen Zeitgeists erfolgreich und innovativ operieren will.

Die Herausforderungen, die ein Beirat in einem innovativ geführten oder sich neu und innovativ strukturierenden Unternehmen bewältigen muss, sind nicht zu unterschätzen. Meiner Erfahrung nach ist es besonders wichtig, dass die Managementebene des Betriebs die Berufung einer Person in den Beirat streng nach Qualitätskriterien ausrichtet. Das bedeutet: Nicht die eine oder andere Person aus dem Bekanntenkreis, die eng mit dem Unternehmen verknüpft ist und die wesentlichen Schritte der Geschäftsführung mehr oder weniger unbesehen abnickt, ist geeignet, sondern externe Know-how-Träger und -Trägerinnen mit der ausgewiesenen Kompetenz im Branchensegment, in digitalem Denken und in der abteilungsübergreifenden Mitarbeiterführung. Selbstverständlich gehört auch eine Leidenschaft für die Schaffung von Neuem, für das Infragestellen des Bestehenden und für die Überwindung technischer und menschlicher Hindernisse zum persönlichen „Rüstzeug" eines modernen Beiratsmitglieds. Überdurchschnittliche

Kommunikationsfähigkeiten kommen hinzu, denn wie es Rudolf X. Ruter formuliert: „Der Vorsitzende eines Aufsichtsgremiums ist im Wesentlichen ein erfahrender Kommunikator und Projektmanager." (Ruter 2021, S. 40).

Immer wieder ist festzustellen, dass Beiräte den hohen Herausforderungen, die an sie gestellt werden, am Ende doch nicht gerecht werden und sich selbst nicht ehrlich genug einschätzen können. Denn die Aufgabe kann in einer gewachsenen Struktur eines Familienunternehmens – salopp gesagt – sehr anstrengend werden. So ist es nicht selten, dass nicht alle Mitglieder der Führungsriege an einem Strang ziehen, wenn es um die schonungslose Selbstanalyse des Unternehmens und die Entwicklung einer effektiven Innovationskultur geht. Überzeugungsarbeit, die ja auch die finanziellen und personellen Mittel für Innovationsstrategien bewirken muss, erfordert Verständnis für die Situation der Bremser, die nicht selten einer älteren Generation angehören, Empathie, aber auch Festigkeit auf der Basis von Know-how, Erfahrung und Analysefähigkeit für das Marktumfeld.

Als beratender Begleiter von Innovationsprozessen stellt man darüber hinaus in Familienunternehmen nicht selten fest, dass Strukturen und Prozesse nicht auf die Dynamik eines innovativen Betriebs vorbereitet sind. Ideen werden lediglich gesammelt, Trends in Markt und Technologie nur passiv registriert, Informationen nicht abteilungsübergreifend verbreitet und diskutiert und Erkenntnisse nur isoliert und ohne Reaktion betrachtet. Der Beirat als „Unternehmensdiplomat" ist hier besonders gefordert. Er muss divergierende Interessen, Ängste vor Machtverlust einzelner Abteilungen und Personen sowie Wissensdefizite bewältigen, ohne dadurch aber eine starre Top-Down-Struktur zu erzeugen, die einer innovationsfreudigen Firmenstrategie zuwiderläuft. Entscheidend dafür, dass dies gelingt, ist die Persönlichkeit des Beiratsmitglieds. Natürliche Achtung und Autorität sowie Vertrauen in seine Fähigkeiten und seine entsprechende Beurteilung der Situation sind Voraussetzung für die Anerkennung als Führungspersönlichkeit im Betrieb. Damit diese Einstellung entstehen kann, muss die Persönlichkeit des Beirats überzeugen: „Wissen und Erfahrung muss zwingend ergänzt sein um eine Sinn- und Werteorientierung, um Charakter." (Ruter 2021, S. 38).

Gerade in einer Zeit, in der Innovation in erster Linie auf digitalen Konzepten und Technologien beruht, und diese eine große Zahl von „halbseidenen", schädlichen oder gar illegalen Aktivitäten ermöglichen, ist eine konkret vermittelte digitale Ethik im Hinblick auf eine gegenüber Mitarbeiterschaft, Partnern und Kunden integre Unternehmensführung unerlässlich. Ein Beirat hat dabei die Aufgabe, neben der wirtschaftlichen auch die soziale und ökologische Verantwortbarkeit der Innovationsaktivitäten nach innen und außen zu überprüfen (wozu auch ein Wissen um die rechtlichen Bestimmungen gehört) und im Notfall auch gegen Uneinsichtigkeit durchzusetzen.

Welche Stellschrauben hat nun aber ein Beirat zur Verfügung, um das Geschehen zu beeinflussen? Zunächst ist festzuhalten, dass das Unternehmen ja kein Beiratsmitglied aufgezwungen bekommen, sondern sich freiwillig um es bemüht hat. Das sollte bedeuten, dass ihm keine prinzipiellen Hindernisse in den Weg gelegt werden, dass sein Rat gesucht, seine Stimme gehört und seine neutralere Perspektive geschätzt wird.

Demzufolge wird ein aktives, ergebnisorientiertes Beiratsmitglied die Entscheidungsprozesse mit Empfehlungen und Entwickeln oder Aufzeigen von Handlungsoptionen begleiten. Für mindestens ebenso wichtig halte ich eine vielleicht in manchen Situationen unangenehme Aufgabe: das kritische Hinterfragen der Prozesse, Strukturen und Entscheidungen im Betrieb, wobei jedoch immer klar sichtbar sein muss, dass dies als konstruktive Tätigkeit zu verstehen ist, die das Unternehmen durch Herausfordern der Akteure besser, transparenter, schlagkräftiger und innovativer werden lässt und Risiken bei der Umsetzung der Unternehmensziele minimieren kann. In den Entscheidungsprozessen kommt Beiräten klarerweise eine Moderatorenrolle zu, etwa dadurch, dass sie die häufig nicht in jedem Punkt deckungsgleichen Interessen von Gesellschaftern und Geschäftsführung in Einklang zu bringen helfen oder Unstimmigkeiten zwischen Abteilungen und deren Personal ausgleichen.

Mit Bezug auf die Einrichtung einer nachhaltigen Innovationskultur können Beiräte in den verschiedenen Entscheidungsprozessen des Unternehmens darauf hinwirken, die Aufgeschlossenheit von Management und Mitarbeitern für Neuerungen zu fördern, etwa dadurch, dass sie darauf hinwirken, den Mitarbeiterstamm aktiv in die Prozesse einzubinden. Ideen aus der Belegschaft müssen ernsthaft geprüft, Innovationsanregungen, die sinnvoll sind, zeitnah umgesetzt werden. Je mehr Ideen geäußert werden und je kürzer die Umsetzungszeiten sind, desto höher ist die Innovationsfähigkeit des Unternehmens. Hier sind Beiräte gefragt, die Entscheidungsprozesse beschleunigen und Meinungsunterschiede moderieren können.

Erfahrene Beiratsmitglieder sind in der Lage, die Entscheider auch durch die Einführung von Kreativitätstechniken (Design Thinking, Ideenwettbewerbe etc.) zu unterstützen und Teams bei der Fortentwicklung von Ideen zu beraten. Ein weiteres wichtiges Handlungsfeld ist meiner Erfahrung nach die Implementierung und Kontrolle eines agilen Projektmanagements, wobei der neutrale Blick auf gewachsene umständliche Regelungen, bürokratische Wasserköpfe und aufwendige Prozesse eine Verschlankung des „Apparats" und damit eine Verbesserung von Reaktionsgeschwindigkeit und Projektumsetzung ermöglicht. All diese Optionen erfordern einen engmaschig strukturierten Austausch der Beteiligten und eine Intensivierung der Zusammenarbeit über Abteilungs- und Kompetenzgrenzen hinweg.

Besonders attraktiv kann für ein Unternehmen auch das durch lange Expertise in der Unternehmensführung und -begleitung gewachsene Expertennetzwerk eines Beiratsmitglieds sein, das zusätzliches Know-how verspricht und in kritischen Fällen eine entscheidende Hilfe sein kann. Ein entsprechendes Netzwerk kann sowohl die unternehmerisch-wirtschaftliche als auch die technologische Kompetenz bereichern.

Beiräte haben somit ein erhebliches Instrumentarium zur Anregung und Förderung der Innovationsfähigkeit eines Unternehmens zur Verfügung. Ihr Tätigkeitsspektrum umfasst hierbei nicht nur Beratung und Begleitung, sondern auch die konkrete Unterstützung operativer Prozesse. Von ihrem Engagement und ihrer Kommunikationsfähigkeit hängt es zu großen Teilen mit ab, ob die entsprechenden Prozesse erfolgreich umgesetzt werden. Aus meiner Sicht gilt dabei: Vorleben schafft Vorbilder, wobei dem

Kommunikationsgeschick des Beirats eine entscheidende Rolle für die Vermittlung eines gemeinsamen Verständnisses der Innovationskultur spielt. Die Persönlichkeit – Leidenschaft für die Sache, Integrität, Know-how und Kommunikationsfähigkeit – entscheidet ganz wesentlich über Erfolg und Misserfolg in der Innovationsstrategie des Betriebs.

Literatur

Ruter, 2021. 1. Ruter, Rudolf X. (2021) Wie Sie Beirat oder Aufsichtsrat werden, Erich Schmidt Verlag, Berlin

Sven Neumann ist Inhaber und Geschäftsführer des Think Tanks impacts4u. Er gilt als Spezialist für Unternehmenstransformation, insbesondere als Vordenker und Umsetzer für effiziente Transformationsprojekte auf den Sektoren Innovation und Digitalisierung. Sven Neumann bekleidete über 20 Jahre lang Führungspositionen – darunter mehrere Jahre als kaufmännischer Geschäftsführer – in Unternehmen des inhabergeführten Mittelstands. Auf dieser Erfahrungsbasis begleitet und unterstützt er mittelständische Unternehmen aus den unterschiedlichsten Branchen bei der Verwirklichung ihrer individuellen Unternehmensziele, sowohl auf operativer als auch auf strategischer Ebene. Darüber hinaus engagiert er sich in auf den Gebieten Weiterbildung und Wissenstransfer sowie in zukunftsorientierten Netzwerken und Plattformen. Seinen beruflichen und familiären Lebensmittelpunkt bildet die Metropole Ruhr.

11

Der Beirat im Dialog: Kommunikation mit Stakeholdern

Kerstin Müller-Kirchhofs

> **Zusammenfassung**
>
> „Solange man selbst redet, erfährt man nichts." Diese Aussage der Schriftstellerin Marie von Ebner-Eschenbach ist so einfach wie wahr. Auch für einen Beirat gilt es zuzuhören, um ausreichend Informationen zu erfahren, die für eine erfolgreiche Ausübung seiner Beratungs- und Überwachungsfunktion relevant sind. Aber auch das richtig eingesetzte Reden ist ein Instrument, mit dem der Beirat das Unternehmen, dem er verpflichtet ist, unterstützen kann. Der Dialog aus Zuhören und Reden mit Stakeholdern außerhalb des Beirats ist Thema dieses Beitrags. Je nach individueller Aufgabenstellung, Konstellation und Situation kommen verschiedene Gruppen infrage, mit denen der Beirat kommunizieren sollte, um durch einen zielgerichteten Austausch mehr Mehrwert für das Unternehmen zu schaffen. Die Spanne reicht dabei vom Gesellschafterkreis über die Geschäftsführung und Belegschaft bis ins externe Unternehmensumfeld.

11.1 Rundum-Kommunikation – rund um Kommunikation

Niemand ist eine Insel. Und ein Beirat ist keine Insellösung

Die Entscheidung ist gefallen: Ein Beirat soll das Unternehmen unterstützen. Die Gesellschafter haben sich Gedanken gemacht, was der Beirat leisten soll, inwieweit er nur beraten oder auch überwachen soll, und was sie von einem Beirat erwarten. Daraus

---

K. Müller-Kirchhofs (✉)
Düsseldorf, Deutschland
E-Mail: mueller@kirchhofs.eu

© Der/die Autor(en), exklusiv lizenziert an Springer Fachmedien Wiesbaden GmbH, ein Teil von Springer Nature 2025
P. Buchenau und C.-D. de Grancy (Hrsg.), *Chefsache Beirat,* Chefsache,
https://doi.org/10.1007/978-3-658-45642-9_11

haben sie abgeleitet, welche Kompetenzen im Beirat vertreten sein sollen. Sie haben abgewogen, ob im Beirat neben reinen unternehmensbezogenen Kompetenzen auch Vertraute von eher außenstehenden Gesellschaftern vertreten sein sollen. Sie haben den Rahmen für die Vergütung des Beirats abgesteckt. Geheimhaltung und Haftung sind geregelt. Sie haben überlegt, aus wie vielen Mitglieder der Beirat bestehen soll. Sie haben Profile von möglichen Beiratsmitgliedern durchgesehen und Gespräche geführt. Sie haben ein divers besetztes unabhängiges kompetentes Gremium gefunden.

Und jetzt stellt sich die Frage: Wie soll der Beirat arbeiten? Und vor allem: Mit wem soll oder darf der Beirat wie kommunizieren? Der Beirat bewegt sich im Spannungsfeld des Unternehmens zwischen diversen Stakeholdern.

Als Stakeholder ist an erster Stelle der Gesellschafter oder das Gremium aller Gesellschafter zu nennen. Dazu kommt die Geschäftsführung, bestehend aus einem oder mehreren Köpfen. Die Mitarbeiterschaft ist ein weiterer Faktor im Netzwerk, sei es die „zweite Reihe", seien es bestimmte Funktionsbereiche oder auch die Belegschaft als Ganzes. In vielen Unternehmen gibt es einen Betriebsrat mit einem entsprechenden Kommunikations- und Informationsbedürfnis. Anders als in mitbestimmten Unternehmen ist die Berücksichtigung von Arbeitnehmern in der Beiratszusammensetzung nicht unbedingt üblich, kann aber bedenkenswert sein. Außerhalb des Unternehmens stehen einerseits externe Personen, die für das Unternehmen besondere Funktionen ausüben, z. B.: Wirtschaftsprüfer*innen, Berater*innen, Banken oder Investor*innen. Andererseits hat auch die allgemeine Öffentlichkeit ein Interesse am Unternehmen. Wo bewegt sich der Beirat in diesem Netzwerk?

Die Abb. 11.1 zeichnet kein vollständiges Bild aller möglichen Kommunikationsbeziehungen zwischen diesen Stakeholdern, sondern die gepunkteten Linien zeigen nur die Beziehungen auf, die unabhängig vom Einzelfall bei jedem Unternehmen zu erwarten sind. Darüber, wie ein Beirat mit diesen Gruppen „rund um ihn herum" kommunizieren kann oder soll, wollen wir uns im Folgenden Gedanken machen.

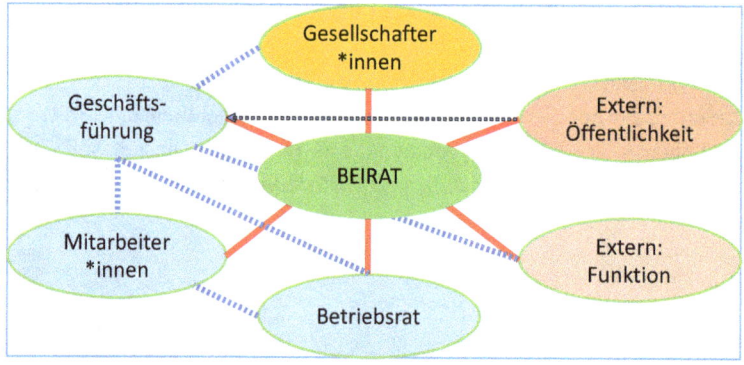

Abb. 11.1 Stakeholder rund um den Beirat

11 Der Beirat im Dialog: Kommunikation mit Stakeholdern

Die Kommunikation des Beirats untereinander und im eigenen Gremium ist ein wichtiges Thema – aber nicht das Thema dieses Beitrags. Eine Schlüsselrolle für eine effiziente und effektive Kommunikation innerhalb des Beiratsgremiums kommt dabei dem Vorsitzenden zu.

Während ein aktienrechtlicher Aufsichtsrat oder ein Aufsichtsrat, der auf der Mitbestimmungsgesetzgebung beruht, bestimmte Rechte, Pflichten und Aufgaben hat, die ihm von den jeweiligen Gesetzen vorgeschrieben werden, unterliegt ein freiwillig eingerichteter Beirat in der Regel keinen solchen Regularien. Insofern können die Schwerpunkte, die dem Beirat gesetzt werden, individueller und situationsbezogener gesetzt werden. Leitlinien und Regeln, die für den Beirat gelten sollen, sollten aus Transparenzgründen in einer Beiratsordnung festgehalten werden.

In der aktuellen Welt, in der Risiken zunehmend komplexer werden und Veränderungen kontinuierlich und mit zunehmender Geschwindigkeit auftreten, dürften sich die Aufgaben eines Beirats aber im Regelfall darum drehen, wie die Zukunftsfähigkeit des Unternehmens unter diesen Bedingungen geschaffen oder erhalten werden kann bzw. wie das Unternehmen „enkelfähig"[1] aufgestellt werden kann. Dem entsprechend ist das Themenspektrum eines Beirats umfangreich:

- In erster Linie wird ein Beirat regelmäßig aufgestellt, um das Business des Unternehmens zu unterstützen. Wie muss das Business-Modell aussehen, um den Veränderungen im Markt, im Wettbewerb, in der Branche oder auf globaler Ebene Rechnung zu tragen?
- Welche Rolle spielen Technologie-Trends, Digitalisierung, KI und Innovation?
- Wie spielen diese Themen mit den ESG[2]-Anforderungen von Regulatoren, externen Stakeholdern und internen Stakeholdern zusammen?
- Wie kann das Unternehmen mit seinen Ressourcen, seiner organisatorischen Aufstellung, seinen Mitarbeitern und der Unternehmenskultur diese Themen bewältigen?
- Welche Risiken erwachsen daraus für das Unternehmen?
- Wie ist sichergestellt, dass Compliance und Regularien eingehalten werden?

All diese Punkte müssen Eingang in die Strategie des Unternehmens finden, die ein Beirat kritisch begleiten sollte. Selbstverständlich kann auch in besonderen Situationen ein Schwerpunkt auf weiteren Themen liegen, insbesondere wenn es um Restrukturierung oder Sanierung geht. Letztlich sollte aber immer das aktuelle und künftige Wohl des Unternehmens im Mittelpunkt und Fokus des Beirats stehen.

Die Umsetzung aller dieser Themen ist Aufgabe der Geschäftsführung. Aber Aufgabe eines Beirats ist es, Input zu geben, das Sichtfeld der Geschäftsführung durch eine breite

---

[1] Anders Indset: „Enkelfähig zu sein bedeutet wertorientiert zu leben und dies mit wirtschaftlichem Denken in Einklang zu bringen. Es ist wirtschaftliche Tragfähigkeit über Zeit statt auf Zeit, wobei Ökologie und Ökonomie kein Widerspruch sind."

[2] Environmental – Social – Governance.

und diverse eigene Aufstellung um zusätzliche Perspektiven zu erweitern und Überlegungen der Geschäftsführung zu hinterfragen. Damit wird letztlich Vertrauen für Gesellschafter, Belegschaft und Öffentlichkeit geschaffen, dass wesentlichen Geschäftsentscheidungen ein ausgewogenes Business Judgement zugrunde liegt.

Um einen solchen zielorientierten Beitrag zu liefern, benötigt der Beirat Informationen.

- Ein Beirat sollte sich grundsätzlich über alle wirtschaftlichen und gesellschaftlichen Themen auf dem Laufenden halten, die für das Unternehmen von Bedeutung sind. Solche allgemein zugänglichen Kommunikationsquellen werden im Folgenden nicht weiter beleuchtet.
- Ein Beirat sollte die Perspektiven der einzelnen Stakeholder auf das Unternehmen und ihre Erwartungen kennen. Je besser er die Beweggründe und Treiber der Stakeholdergruppen versteht, umso klarer kann er sich positionieren und seine Position darstellen.
- Hauptinformationsquelle über die geschäftliche Entwicklung ist in der Regel die Geschäftsführung. Eine Kommunikation mit anderen Mitarbeitergruppen kann das Verständnis des Beirats über bestimmte Themen auf eine breitere Basis stellen, ohne dass hierbei die Geschäftsführung umgangen werden soll.
- In spezifischen Fällen benötigt der Beirat ggf. auch Informationen von externen Personen, z. B. von Wirtschaftsprüfer*innen oder Rechtsberater*innen.

Der Erhalt adäquater Informationen setzt voraus, dass der Beirat von allen Seiten entsprechend respektiert wird. Außerdem muss Klarheit darüber bestehen, inwieweit der Beirat legitimiert ist, Informationen aus welchen Kanälen abzurufen. Der Beirat soll den Blick auf das große Ganze haben, er braucht Insider-Wissen, aber er muss auch die notwendige Distanz bewahren, um der Geschäftsführung nicht zu nahe zu kommen, ihr nicht „ins Geschäft zu pfuschen" und Themen mit einem gewissen Abstand beurteilen zu können.

Offenheit vermeidet Unsicherheit. Eine offene Kommunikation beginnt damit, die relevanten Stakeholder über die Errichtung des Beirats, seine Aufgaben und seine Mitglieder jeweils zielgruppengerecht zu informieren.

Peters fasst die Bedeutung der Kommunikation in diesem Umfeld gut zusammen: „Kommunikation des Beirates ist nicht nur möglich, sondern wünschenswert und manchmal auch zwingend notwendig, eröffnet sie doch erstaunliche Handlungsfelder und Gestaltungspotenziale für den Beirat und das Unternehmen und hilft dabei, den expliziten und impliziten Anforderungen an die eigene Arbeit gerecht zu werden."[3]

---

[3] Peters, Patrick: Kontrolle und Gestaltung ohne Kommunikation? Zu den kommunikativen Potenzialen des Beirats im Mittelstand, KCE Schriftenreihe der FOM, No. 2, MA Akademie Verlags- und Druck-Gesellschaft mbH, Essen 2019, S. 2

Ein Wort noch zur digitalen Kommunikation: Insbesondere für die Beziehungen mit dem Beirat, für die eine Regelkommunikation vorgesehen wird, sollten von vornherein auch die richtigen Tools zur Kommunikation bedacht werden. Kommunikation umfasst in diesen Fällen nicht nur einen mündlichen Austausch, sondern auch den Austausch von schriftlichen Unterlagen in digitaler Form, seien es Reportings, Präsentationen, Ausarbeitungen oder Verträge, in denen es um vertrauliche Unternehmensdaten geht. Die Nutzung von digitalen Kommunikationsplattformen, die den Austausch und die Bearbeitung von Informationen in nutzerfreundlicher Art und Weise effizient unter Berücksichtigung der jeweils aktuellen Datensicherheits- und Compliance-Anforderungen ermöglichen, sollte von Anfang an ermöglicht werden.

11.2 Im Dialog mit ... den Gesellschafterinnen und Gesellschaftern

Compassion
Die Errichtung eines freiwilligen Beirats kann nur durch die Gesellschafter erfolgen. Also eigentlich logisch, dass der Beirat hier im Dialog ist. Aber wer sind die Gesellschafter? Ist es nur eine Person, die den Beirat auch ins Leben gerufen hat, erübrigen sich weitere Überlegungen.

Je größer aber der Kreis der Gesellschafter*innen ist, desto wichtiger ist es für den Beirat, die Dynamik im Gesellschafterkreis zu verstehen. Was ist den Gesellschaftern wichtig? Geht es um hohe oder um kontinuierliche Ausschüttung oder spielen Ausschüttungen keine Rolle? Wie wichtig ist kurzfristige Profitabilität? Ist Steueroptimierung ein Thema? Stehen bestimmte langfristige Erwartungen im Vordergrund? Wie sieht es mit der Risikobereitschaft aus? Wie steht der Gesellschafterkreis zur gesellschaftlichen Verantwortung des Unternehmens? Ist sich der Gesellschafterkreis in seiner Positionierung einig? Ein Grundverständnis über das Gesellschafterverständnis gibt dem Beirat eine Orientierung über die Rahmenbedingungen, die für eine erfolgreiche Beratung und ggf. Kontrolle der Geschäftsführung eine Rolle spielen können.[4]

Eine wichtige Funktion eines Beirats kann es sein, das Vertrauen der Gesellschafter in die Geschäftsführung zu untermauern oder ein Bindeglied zwischen Shareholdern und Exekutive zu sein. Dies gilt insbesondere, wenn das Unternehmen einen Fremdgeschäftsführer hat oder wenn ein/e Gesellschafter-Geschäftsführer*in nicht zu allen Mitgesellschafter*innen in vergleichbarer Beziehung steht. Der Beirat kann auch ver-

---

[4] „Der Beirat ist dem Unternehmen verpflichtet, nicht den Gesellschaftern – aber im Sinne der Werte- und Zielvorstellungen der Inhaber." Studie „Der Beirat im Familienunternehmen", Studien von pwc PricewaterhouseCoopers GmbH Wirtschaftsprüfungsgesellschaft und INTES Akademie für Familienunternehmen 2021.

mittelnde Rollen in Konfliktsituation innerhalb des Gesellschafterkreises wahrnehmen. In solchen Fällen kann es hilfreich sein, den Beirat nicht nur nach geschäftsrelevanten Kompetenzen zu besetzen, sondern explizit um eine Person zu ergänzen, die das Vertrauen aller oder der weniger vertretenen Gesellschafter*innen genießt. Nichtsdestoweniger sollte der gesamte Beirat den Gesellschafterkreis bzw. einen Gesellschafterausschuss kennen lernen – und umgekehrt. Je nach Größe und Komplexität sollte der Beirat mehr oder weniger häufig an Gesellschafterversammlungen teilnehmen, um im Austausch zu bleiben.

Je nach Kompetenzprofil kann es hilfreich sein, wenn ein Beiratsmitglied die Gesellschafter*innen an bestimmte fachliche Themen heranführt. In vielen Fällen kann nicht vorausgesetzt werden, dass alle Gesellschafter*innen ausreichend mit den wesentlichen unternehmensrelevanten Themen vertraut sind, dass sie strategische Überlegungen, Geschäftsentwicklungen oder Reportingunterlagen ohne weiteres angemessen verstehen. Fachfremde Gesellschafter*innen in solchen Fällen gezielt abzuholen und etwaig fehlendes Basiswissen zu ermitteln und zu vermitteln, kann ebenfalls zur Vertrauensbildung beitragen.

Eine besondere Situation liegt vor, wenn es um Nachfolgeregelungen in der Unternehmensführung geht. Auch hier ist ein enger Draht zwischen Gesellschafterkreis und Beirat vorteilhaft. Ein Beirat kann bei der Suche nach einem/r geeigneten Nachfolger*in unterstützen, sowohl im Hinblick auf den Prozess als auch auf konkrete Persönlichkeiten. Eine gezielte Begleitung einer vorgesehenen Nachfolgepersönlichkeit durch den Beirat oder einzelne Beiratsmitglieder kann eine Maßnahme sein, die eine reibungslose Führungsübergabe erleichtern kann.

11.3 Im Dialog mit ... der Geschäftsführung

Augenhöhe
Wenn ich mich bei Kollegen aus Geschäftsleitungen jeder Art umgehört habe, wie man sich den Umgang mit einem Aufsichts- oder Beiratsorgan wünscht, fiel immer wieder das Stichwort „auf Augenhöhe".

Ein gesetzlich vorgesehener Aufsichtsrat ist für die Einstellung oder Entlassung des Vorstands zuständig. Ein freiwillig eingesetzter Beirat hat diese „Machtposition" in der Regel nicht. Nichtsdestoweniger ist es in beiden Fällen möglich, „auf Augenhöhe" zu agieren – so wie die Geschäftsführung es mit ihren Mitarbeiter*innen auch tun sollte.

Für den Beirat bedeutet dies, die Geschäftsführung ernst zu nehmen. Die Geschäftsführung hat ihre Position nicht ohne Grund inne. Sie wird immer einen Wissensvorsprung in Bezug auf das Unternehmen und auf Fragen des unternehmerischen Alltags haben. Auch wenn die Erfahrungen oder Ansichten von Geschäftsführer*innen von den eigenen abweichen, müssen sie nicht per se falsch sein... Ein Beirat mit einem breiten diversen Erfahrungsschatz stellt für ein Unternehmen einen großen Vorteil dar, aber ein

Beiratsmitglied muss sich davon frei machen, die eigenen Erfahrungen eins zu eins auf das Unternehmen zu übertragen. „Nur weil der das mal da und dort so gemacht hat, soll das jetzt auf uns auch passen…" – wenn die Be(i)ratung bei der Geschäftsführung so ankommt, ist nicht viel gewonnen. Beispielsweise muss auch innerhalb einer Branche der wichtige Performance-KPI des einen Unternehmens nicht die beste Leistungs-Kennzahl für ein anderes Unternehmen sein, und eine Umsetzungsstrategie für Change-Prozesse kann trotz vergleichbarem Ziel je nach Unternehmenskultur anzupassen sein. Hilfreich sind Erfahrungen anderer dann, wenn sie auf Passung hinterfragt und adaptierbar sind. Hilfreich ist nicht ein „Besserwissen", sondern das Aufzeigen von Optionen als Sparrings-Partner für die Geschäftsführung, die dann offen diskutiert werden.

Der Beirat darf nicht operativ dazwischenfunken. Die operative Geschäftsführung ist Sache eben dieser. Punkt. Auch wenn ein Beiratsmitglied noch so sehr der Überzeugung ist, dass er/sie dieses oder jenes Thema selbst am besten umsetzen könnte, muss er/sie Distanz wahren, sein/ihr Ego zurückstellen und sich auf seine/ihre Rolle beschränken.

Laut DCGK[5] informiert der Vorstand den Aufsichtsrat regelmäßig, zeitnah und umfassend über alle für das Unternehmen relevanten Fragen. Analog informiert die Geschäftsführung einen freiwilligen Beirat, denn diese sitzt an der Quelle der relevanten Informationen. Die Informationsbeziehung zwischen beiden Organen ist nicht ganz ohne Brisanz: „Im Übrigen überwacht der Aufsichtsrat die Geschäftsführung des Vorstands anhand von Informationen, die dieser regelmäßig zu liefern hat. Diese Berichtspflicht hat den Beigeschmack ständiger Selbstbezichtigungen der Vorstandsmitglieder."[6] Der Aufsichtsrat hat seinerseits sicherzustellen, dass er angemessen informiert wird – auch das gilt für einen Beirat.

Was angemessen ist, liegt im Ermessen des Betrachters. Eine Geschäftsführung kann die Strategie haben, nur über „das Nötigste" zu informieren. Die Übermittlung von mehr Informationen macht mehr Arbeit, führt womöglich zu mehr Rückfragen oder „weckt schlafende Hunde", was wiederum zu mehr Aufwand führt. Eine andere Strategie kann es sein, den Beirat mit einer Fülle von Informationen zu überschütten, damit auch wirklich über alles informiert wurde – und um Rückfragen durch Informationsüberladung von vornherein zu vermeiden.

Hier gilt es für den Beirat, mit der Geschäftsführung den Rahmen für die richtige Informationsbreite, -tiefe und -häufigkeit zur Durchführung seiner Aufgaben abzustimmen. Schon unter den einzelnen Beiratsmitgliedern dürfte der gewünschte Detaillierungsgrad für Informationen über verschiedene Themenbereiche nicht

---

[5] Der „Deutsche Corporate Governance Kodex" in der aktuellen Fassung vom 28.04.2022 (www.dcgk.de) enthält, wie in der Präambel beschrieben, „Grundsätze, Empfehlungen und Anregungen für den Vorstand und den Aufsichtsrat, die dazu beitragen sollen, dass die Gesellschaft im Unternehmensinteresse geführt wird". Auch für einen freiwilligen Beirat sind die Prinzipien, die auf dem Leitbild des Ehrbaren Kaufmanns beruhen, grundsätzlich anwendbar.
[6] Sebastian Hakelmacher, Aufsicht ohne Aufsehen, Düsseldorf 2022, S. 21.

einheitlich sein. Die Bereitstellung von Informationen durch die Geschäftsführung (und die Mitarbeiter*innen) bedeutet aber Aufwand, und gerade in mittelständischen Unternehmen sind die Ressourcen hierfür oft eher knapp. Diesem Aufwand sollte daher ein entsprechender Informationsnutzen gegenüberstehen. Sich einmal die Zeit zu nehmen und abzustimmen, worüber in welchem Umfang und in welcher Form berichtet werden soll, spart später auf beiden Seiten Zeit. Informationsbedürfnisse können sich auch ändern. „Ach das, das liest doch sowieso keiner mehr"… oft genug fällt erst Monate später auf, dass Reportings „schon immer so" versandt wurden, obwohl der eigentliche Informationsbedarf sich verändert hat. Schade um die dafür aufgewandte Zeit. Das gilt für Regelreportings genauso wie für Sitzungspräsentationen. Je mehr eine Geschäftsführung die Bereitstellung von Informationen gewertschätzt sieht, desto eher wird sie auch adaptieren können (und wollen), welche Informationen für den Beirat über den vereinbarten Standardumfang hinaus zu weiteren Sachverhalten relevant sein können oder sein sollten.

Üblicherweise werden Regelsitzungen vereinbart, wobei die Geschäftsführung dem Beirat rechtzeitig vorab relevante Informationen übermittelt. Das „rechtzeitig" liegt in der Regel zwischen 3 und 14 Tagen und sollte individuell vereinbart werden. Je frühzeitiger, desto mehr Zeit zum Lesen für die Beiräte. Je später, desto aktueller können die Informationen sein. Der Umfang der vorbereitenden Unterlagen sollte sich dem entsprechend in einem sinnvoll zu bewältigenden Ausmaß bewegen.

Zum Selbstverständnis eines Beirats sollte es gehören, Sitzungen mit der Geschäftsführung so effektiv und effizient wie möglich durchzuführen:

- Regelmäßig allgemein zugängliche Informationen über Branche, Business oder Peers sowie aktuelle relevante Themen zu verfolgen schafft eine gute Basis.
- Vorab erhaltene Unterlagen zu lesen ist Pflicht. Es sollte abgestimmt sein, ob Fragen dazu schon vor oder erst im Meeting adressiert werden. Eine Vorab-Besprechung im Beirat untereinander kann sich anbieten.
- Von Anfang an auf eine gute Meeting-„Hygiene" zu achten, wie Pünktlichkeit, Unterlagenpräsenz, Art der Protokollführung, erhöht die Effizienz. Zuhören. Fokussieren. Priorisieren. Konstruktive Fragen stellen. Fragen offen, sachlich und konkret stellen. Aussagen kritisch hinterfragen. Gemeinsam feststellen, ob für Entscheidungsfindungen alle relevanten Informationen vorliegen oder noch konkrete Details fehlen. Das sind eigentlich Allgemeinplätze, aber im Eifer des Gefechts ist es hilfreich, sich immer wieder auf die Aufgabe und die Rolle des Beirats zu besinnen, um Mehrwert im Meeting zu schaffen.
- Eine sinnvolle Nachbereitung gehört dazu. Zusätzliche Unterlagen sollten vom Beirat nur angefragt werden, wenn diese für eine weitere Diskussion, Entscheidungsfindung oder Dokumentation relevant sind und auch gelesen werden. Eine Vereinbarung, wie und wann konkret ein entsprechender Follow-up erfolgt, stellt sicher, dass offene Punkte nicht ins Leere laufen.

Manche Beiräte haben ein Lieblingsthema. Damit meine ich nicht die Schwerpunktkompetenz, für die das Beiratsmitglied steht, sondern eine bestimmte Art von Meinung, Erfahrung oder Frage, die immer wieder in die Runde eingebracht wird (à la Cato: „Carthago delenda est"). Einerseits sollte sich die Geschäftsführung darauf einstellen und entsprechende Fragen antizipieren, aber auch der Beirat sollte untereinander darauf achten, solche Lieblingsthemen nicht ausufern zu lassen.

Für Geschäfte von grundlegender Bedeutung gibt es regelmäßig Zustimmungsvorbehalte, sodass die Geschäftsführung nicht ohne Einbindung der Gesellschafterversammlung solche Entscheidungen treffen darf. In manchen Fällen werden solche Zustimmungsvorbehalte zumindest teilweise auf einen Beirat übertragen. Auch hier ist wichtig, vorab zwischen dem Beirat und der Geschäftsführung zu klären, welche Informationen dem Beirat vorgelegt werden sollen im Hinblick auf Hintergrund, Entscheidungsvorschlag und Begründung.

Für alle Seiten klar geregelt sein sollte die Kommunikation zwischen Beirat und Geschäftsführung außerhalb von Regelterminen. Einerseits sollte der/die Beiratsvorsitzende als Ansprechpartner*in für die Geschäftsführung jederzeit zur Verfügung stehen. Für einen aktienrechtlichen Aufsichtsrat ist ein ständiger Kontakt zwischen dem/r Aufsichtsratsvorsitzenden und dem/der CEO selbstverständlich, für einen Beirat je nach Aufgabenstellung empfehlenswert. Andererseits kann es für die Effizienz von Sitzungen auch sinnvoll sein, dass einzelne Beiratsmitglieder mit einem Mitglied der Geschäftsführung bestimmte Themen im Vorhinein besprechen, um Hintergrundwissen auszutauschen und ergebnisorientierte Diskussionen vorzubereiten. Je ausgewogener die Balance aus notwendiger Distanz und wünschenswertem Vertrauen zwischen Beirat und Geschäftsführung ist, desto reibungsloser sind solche zusätzlichen Gespräche umsetzbar.

Für die Vertrauensbildung sollte auch der soziale Aspekt nicht unterschätzt werden: Vorabendgespräche oder Abendessen mit Themen außerhalb der aktuellen Tagesordnung können Teil des Fundaments für ein kritisch-konstruktives Arbeitsverhältnis sein. Hakelmacher bringt die Kommunikation zwischen beiden Organen vor allem im zweiten Halbsatz auf den Punkt: „Vorstand und Aufsichtsrat müssen miteinander reden und mit sich reden lassen."[7]

11.4 Im Dialog mit ... den Mitarbeitern

Der Beirat, das unbekannte Wesen...
Der Beirat sollte ein Gesicht für die Belegschaft haben und als Teil der Unternehmensorgane selbstverständlich wahrgenommen werden. Die Zeiten, in denen ein Beirat ab und zu als graue Eminenz durch die Geschäftsführungsetage geistert, sind (hoffentlich)

---

[7] Sebastian Hakelmacher, Aufsicht ohne Aufsehen, Düsseldorf 2022, S. 34.

vorbei. Es schafft Vertrauen gegenüber den Mitarbeiter*innen, wenn diese die Gesichter der Beiratsmitglieder kennen und eine Idee von Sinn und Zweck des Gremiums haben. Ob eine Information und Vorstellung über ein Intranet erfolgt oder persönlich, ob in einer Belegschaftsversammlung oder in einem Führungskräftemeeting, hängt von den einzelnen Umständen ab – aber man sollte sich rechtzeitig Gedanken über die Kommunikation hierzu gegenüber den Mitarbeitern machen. Das gilt auch für Wechsel innerhalb des Beiratsgremiums.

In erster Linie die zweite Reihe kennenlernen – das bietet sich für einen Beirat an, um auch aus erster Hand einen direkten Eindruck über die einzelnen Funktions- oder Geschäftsbereiche zu bekommen. Führungskräftetreffen sind dafür eine gute Plattform – aber der Beirat sollte bedenken, dass diese in der Regel vor allem für den vertraulichen Austausch innerhalb des gesamten Führungsteams gedacht sind und seine Anwesenheit dem entsprechend zweckorientiert begrenzen. Für einzelne Bereiche kann es sinnvoll sein, als Dauergast in den Beiratssitzungen für einen spezifischen Tagesordnungspunkt vertreten zu sein, z. B. wenn es um Compliance oder Risikomanagement geht. Bei der Besprechung von Abschlüssen bietet sich die Anwesenheit der Leitung Finanzen an. Für spezifische Themen kann die Leitung des jeweiligen Fach- oder Geschäftsbereichs hinzugezogen werden. Die Autorität oder das Wissen der Geschäftsführung dürfen dabei nicht untergraben werden. Der Beirat bekommt aber neben zusätzlichem fachlichem Input eine Vorstellung von der Zusammenarbeit zwischen Geschäftsführung und zweiter Reihe und eine Hilfe für Diskussionen über Succession Planning, soweit dies auf der Agenda des Beirats steht.

Für Unternehmen von öffentlichem Interesse ist seit 2021 gesetzlich verankert, dass der Aufsichtsrat (konkret: der Prüfungsausschuss) ein Direktauskunftsrecht gegenüber leitenden Mitarbeitern hat[8]. Bei freiwilligen Beiräten ist es sinnvoll, sich innerhalb des Beirats und offen mit der Geschäftsführung über die Vorgehensweise abzustimmen, ob und wie es eine direkte Kommunikation zwischen bestimmten Beiräten und bestimmten leitenden Mitarbeiter*innen geben soll – aber auch dann gilt: alles in Maßen.

Für einen Beirat ist es wichtig, Kultur, Trends und Dynamiken in der Organisation wahrzunehmen. Eine wesentliche Tochtergesellschaft oder Produktionsstätte zu besichtigen, an einer Belegschaftsversammlung (teilweise) teilzunehmen, sich bei einem Sommerfest unter die Belegschaft mischen – solche Gelegenheiten können ein guter Anknüpfungspunkt sein, um mit den Mitarbeitern auch direkt ins Gespräch zu kommen. Das funktioniert allerdings nur, wenn jedes Beiratsmitglied authentisch, aber in seiner Rolle bleibt: Die Geschäftsführung muss sich darauf verlassen können, dass ein Beirat

---

[8] § 107 Abs. 4 S. 4–6 AktG: „Jedes Mitglied des Prüfungsausschusses kann über den Ausschussvorsitzenden unmittelbar bei den Leitern derjenigen Zentralbereiche der Gesellschaft, die in der Gesellschaft für die Aufgaben zuständig sind, die den Prüfungsausschuss nach Absatz 3 Satz 2 betreffen, Auskünfte einholen....Werden Auskünfte nach Satz 4 eingeholt, ist der Vorstand hierüber unverzüglich zu unterrichten."

auch dann souverän reagiert, wenn er/sie mit einem „das wollte ich schon immer mal über den Geschäftsführer X/über Projekt Y/über Entscheidung Z loswerden" aus der Belegschaft konfrontiert wird.

Nicht zu unterschätzen ist das vertrauenschaffende Potenzial einer Kommunikation durch den Beirat gegenüber den Mitarbeiter*innen in besonderen Situationen, z. B. bei einer anstehenden Organisationsänderung, soweit diese Kommunikation dazu geeignet ist, die Erläuterungen durch die Geschäftsführung ergänzend zu untermauern (und nicht zu untergraben).

11.5 Im Dialog mit ... dem Betriebsrat

Im Gespräch bleiben?
Die Ansprechpartnerin für den Betriebsrat ist die Geschäftsführung. In nicht mitbestimmten Unternehmen kann es eine vertrauensbildende oder wertschätzende Maßnahme sein, wenn auch ein Beirat punktuell oder themenbezogen in ein Gespräch mit dem Betriebsrat kommt. Gerade hier gilt aber die One-Voice-Policy umso mehr, d. h. der Beirat kann Informationen der Geschäftsführung oder der HR-Leitung bekräftigen und ggf. aus seiner Perspektive weiter erläutern, aber nicht darüber hinaus gehen.

11.6 Im Dialog mit ... der externen Umwelt

Reden ist Silber, Schweigen ist Gold...
...und extern ist nicht gleich extern. Die Einbindung von externen Berater*innen, die zu dem Unternehmen in einer spezifischen Dienstleistungsbeziehung stehen, kann für die Arbeit des Beirats vorteilhaft sein. Dass ein gesetzlicher Aufsichtsrat mit den Wirtschaftsprüfer*innen spricht, ist Teil seiner Kontrollaufgabe. Dies sollte auch für einen Beirat selbstverständlich sein. Um Entscheidungen im Sinne der Business Judgement Rule angemessen treffen zu können, kann es auch in anderen Situationen sinnvoll sein, die jeweiligen Berater*innen des Unternehmens hinzuzuziehen. Der Beirat hat schließlich auch die Verantwortung, sicherzustellen, dass er angemessen informiert wird, und mit Hinzuziehung von spezifischem Beraterwissen lassen sich manche Beiratsfragen möglicherweise konkreter und effizienter beantworten als nur von der Geschäftsführung.

Für die Schaffung der im Sinne der Business Judgement Rule notwendigen Informationsbasis bei wesentlichen Entscheidungen, z. B. über zustimmungspflichtige Geschäfte oder in kritischen Situation, kann es geboten sein, dass der Beirat eigene Berater*innen involviert, um beispielsweise eine unabhängige rechtliche Meinung einzuholen oder sich in Sachen Kommunikation beraten zu lassen. Auch der beste Beirat kann nicht alle möglicherweise relevanten Kompetenzen selbst abdecken.

In der Zusammenarbeit mit Kreditinstituten und Finanzdienstleistern kann ein Beirat unter bestimmten Umständen als Repräsentant oder Garant der Corporate Governance zur Beziehungspflege beitragen. Die spezifische Fachexpertise eines Beiratsmitglieds kann möglicherweise die Entscheidung über die Kreditfinanzierung einer Investition positiv beeinflussen. Auch wenn die Geschäftsführung an vorderster Front steht, kann gerade in schwierigen Zeiten die Unterstützung durch einen Beirat die Arbeitsbasis positiv beeinflussen – solange beide Gremien mit einer Stimme sprechen.

Für M&A-Transaktionen besteht oft ein Zustimmungsvorbehalt durch den Beirat. Je wesentlicher eine Akquisition, umso sinnvoller ist es, dass ein Beiratsmitglied sich zusammen mit der Geschäftsführung ein direktes Bild vom potenziellen Target macht.

Manch ein Beiratsmitglied wird aber auch gerade wegen seiner Außenkontakte, sprich seines Netzwerkes, in einen Beirat geholt. Wenn durch den Beirat spezifische Kunden- oder Lieferantengruppen oder neue Geographien erschlossen werden soll, ist eine entsprechend fokussierte Kommunikation natürlich unerlässlich.

Im Kapitalmarkt werden Aufsichtsratsvorsitzende zunehmend als direkte Ansprechpartner verstanden, insbesondere von ausländischen Investoren, die an das One-Tier-System gewöhnt sind. Einverständnis besteht, dass diese Kommunikation auf die dem Aufsichtsrat obliegenden Themen zu beschränken ist[9]. Im Übrigen äußert sich ein Aufsichtsrat der Öffentlichkeit durch seinen Bericht auf der Hauptversammlung, über die aktienrechtliche Entsprechenserklärung und die jährliche Erklärung zur Unternehmensführung. Ein direktes Beiratspendant hierzu gibt es nicht.

In besonderen Krisensituationen kann es sich anbieten, dass der Beirat die Geschäftsführung abgestimmt in der Kommunikation nach außen unterstützt, um Stabilität zu demonstrieren. Je nach Lage der Dinge kann sogar eine Beiratskommunikation erforderlich werden, wobei der Beirat „entweder *zum* Management steht oder sich *gegen* das Management wendet."[10]

Und darüber hinaus? Die Kommunikationshoheit in Richtung Öffentlichkeit liegt immer und nahezu ausschließlich bei der Geschäftsführung. Die Repräsentation des Unternehmens nach außen dürfte eher selten Teil der Aufgabe eines Beirats sein. Aber wenn, dann unter diesem Ansatz: „Der Beirat kommuniziert als vertrautes Gremium des Unternehmens und unterstützt damit die Ziele des Managements als beratende Instanz mit eigenen Kompetenzen."[11] Ansonsten gilt in Richtung allgemeiner Öffentlichkeit: „Schweigen ist Gold".

---

[9] Deutscher Corporate Governance Kodex Anregung A.6: "Der Aufsichtsratsvorsitzende sollte in angemessenem Rahmen bereit sein, mit Investoren über aufsichtsratsspezifische Themen Gespräche zu führen."

[10] Peters, Patrick: Kontrolle und Gestaltung ohne Kommunikation? Zu den kommunikativen Potenzialen des Beirats im Mittelstand, KCE Schriftenreihe der FOM, No. 2, MA Akademie Verlags- und Druck-Gesellschaft mbH, Essen 2019, S. 12, siehe auch Kap. 4 insgesamt zur „Krisenkommunikation des Beirats"

[11] Ebd., S. 21.

Kerstin Müller-Kirchhofs ist Finanzexpertin mit 30 Jahren Erfahrung als CFO (Chief Financial Officer) und Wirtschaftsprüferin. Die studierte Diplom-Ökonomin begann ihre Karriere in einer BIG 4-Wirtschaftsprüfungsgesellschaft und wechselte nach 15 Jahren in die Industrie. Sie übernahm die Finanzleitung in einer Konzerngesellschaft, in einem Familienunternehmen und in einer börsennotierten Industrieholding: immer mit engem Bezug zu Geschäft und Strategie einerseits sowie zu Compliance und Governance andererseits. Wichtig waren in allen Positionen die schnelle Einarbeitung in die unterschiedlichen Geschäftsmodelle sowie die Zusammenarbeit mit den verschiedenen Stakeholder-Gruppen, wozu neben Belegschaft und Betriebsrat, Geschäftspartnern, Kapitalmarkt oder Gesellschaftergremien auch Beiräte und Aufsichtsräte gehörten. Dabei ist für sie eine offene, aber zielgerichtete Kommunikation über Schnittstellen hinweg gerade bei der zunehmenden Komplexität der Umgebungsfaktoren ein wesentlicher Beitrag zum Erfolg einer Unternehmung. Sie hat eine Weiterbildung als „Zertifiziertes Mitglied im Aufsichtsrat/Beirat" absolviert. Aktuell ist sie als Aufsichtsrätin und Senior Advisor Finance tätig und engagiert sich im Vorstand einer Non-Profit Organisation.

Kontakt: linkedin.com/in/muellerkirchhofs, mueller@kirchhofs.eu.

Der aktive Beirat als Innovationstreiber

12

Stefan W. Herzberg

Zusammenfassung

Innovationen sind für jedes Unternehmen Herausforderung und Chance zugleich. Trotz des fordernden Tagesgeschäftes muss die Geschäftsführung stets daran arbeiten, neue Produkte oder Dienstleistungen zu entwickeln, um den Bestand der Unternehmung auch in Zukunft abzusichern. Dies ist eine große Herausforderung, bei dessen Bewältigung der Beirat eine wichtige Rolle spielen kann – und auch sollte. Auf die richtige Weise eingebunden, ist der Beirat in der Lage, im Sparring mit der Geschäftsführung ein wirksamer Innovationstreiber zu sein. Dank seiner geballten Kompetenz, den vielperspektivischen Einblicken in das Unternehmen und der eingebrachten Zeit, ist der Beirat oftmals in der Lage, wichtige Prozesse bei der Identifikation von Marktlücken und Geschäftschancen mit der Geschäftsführung zu identifizieren und einen Prozess zu steuern, an dessen Ende ein neues Produkt oder eine neue Dienstleistung steht. Um dies umzusetzen, bedarf es einiger Regeln und Abstimmungen, die in diesem Beitrag im konkreten Beispiel eines international agierenden, mittelständischen Beteiligungsunternehmens mit einem heterogenen Portfolio exemplarisch dargestellt werden. Der Beitrag liest sich aus der Perspektive des Autors auf der Basis des persönlichen Beirats- und Erfahrungswissens.

S. W. Herzberg (✉)
Düsseldorf, Deutschland
E-Mail: stefanwherzberg@icloud.com

12.1 Der Beirat – Vier Leitlinien

Im vorliegenden Beispiel haben sich Geschäftsführung und Beirat auf 4 Leitlinien geeinigt, die für das Treiben von Innovationen im Unternehmen wichtig sind.

1. Innovation can come from everywhere
2. You can't do it alone
3. Perfection is overrated
4. Disruption is the new normal

12.1.1 Innovation can come from everywhere

Diese Leitlinien basieren auf der Erfahrung, dass jeder im Unternehmen einen Innovationsbeitrag leisten kann. Oftmals ist dieses Thema nur einem kleinen Kreis oder einer bestimmten Hierarchieebene vorbehalten, was die stillschweigende Unterstellung impliziert, dass die anderen Mitarbeitende keine Kreativität hätten, weshalb sie nicht infrage kämen, eingebunden zu werden. Diese Haltung ist unserer Erfahrung folgend, grundfalsch.

In der hier beschriebenen Gesellschaft werden bewusst Mitarbeiter aller Ebenen und Geschäftsbereiche einbezogen, die sich für dieses Thema interessieren.

12.1.2 „You can't do it alone"

Im heutigen globalen Geschäftsumfeld ist es nahezu unmöglich, ohne Unterstützung weiterer Personen oder Firmen innovativ zu sein. Dazu kommt, dass die bekannte Betriebsblindheit oft dazu führt, dass der Wert interner Innovationen nicht erkannt und die mögliche Vorarbeit nicht gewürdigt wird. Hierzu gibt es unzählige Beispiele von ungenutzten Chancen, die durch diese Einstellung verpasst wurden.

Wir suchen als Beteiligungsgesellschaft aktiv nach Partnern, die uns im Innovationsprozess schneller machen, weil sie Teilbereiche einer Innovation besser abdecken, Ideen einbringen oder sonstige Kompetenzen haben, die bei uns nicht vorhanden sind.

12.1.3 „Perfection is overrated"

Ein wichtiges Thema ist, speziell in Deutschland, ist der unbedingte Drang nach Perfektion. In vielen Unternehmen herrscht die Meinung vor, ein Produkt oder eine Dienstleistung könne erst an den Markt gebracht werden, wenn etwas perfekt ist. Dies führt dazu, dass sich die Entwicklungszeit erheblich verlängert, Erfahrungen der Kunden, die nicht eingebracht werden und im schlimmsten Fall die perfekte Dienstleistung oder das perfekte Produkt keinen Abnehmer findet, weil der Kunde sich nicht darin wiederfindet, alles zu kompliziert geworden ist, oder – in der Zwischenzeit – schon ein Wettbewerbsprodukt eingeführt wurde. Wenn etwas als perfekt deklariert wird, ist eine Weiterentwicklung sozusagen bereits per se ausgeschlossen. Vor allem kostet eine Perfektionierung Zeit und kann ein möglicherweise verändertes Kundenverhalten kaum antizipieren.

Wir glauben, dass Geschwindigkeit und Kundenfeedback wichtiger sind als Perfektion. Wir glauben daran, dass man mit einer guten – nicht perfekten – Lösung starten kann, um dann das Kundenverhalten genau zu beobachten. In den allermeisten Fällen sagen die Kunden uns bei intensiver Beobachtung und Kommunikation genau, wie sie etwas haben möchten und was nicht. Bei uns gilt deshalb der Satz, dass wir nicht wissen, was wir nicht wissen. Diese Einstellung hat zur Konsequenz, dass wir Innovationen möglichst früh einführen, um dann das Kundenverhalten genau zu beobachten und Schlüsse daraus zu ziehen. Im Kern wird das Produkt oder die Dienstleistung dann durch den Kunden weiterentwickelt.

Ein gutes Beispiel sind die unzähligen Funktionen eines Mobiltelefons, die kaum ein Nutzer in seiner ganzen Bandbreite kennt. Dies führt dazu, dass nur ein Bruchteil der technischen Möglichkeiten genutzt wird und der Nutzer trotzdem mit dem Produkt glücklich ist.

12.1.4 „Disruption is the new normal"

Disruption ist mittlerweile alltäglich. Noch vor Jahren konnte jedes Unternehmen die Wettbewerber und ihre Fähigkeiten einschätzen. Durch den globalen Wettbewerb und vergleichbar geringe Kosten der Produktentwicklung gibt es unzählige Wettbewerber und neue Unternehmen, die mit ihren Innovationen in der Lage sind, schnell auch ganze Märkte zu dominieren.

Tesla hat hier vorgemacht, wie man kostengünstig ein ganz neues Produkt entwickelt und so in kurzer Zeit einen erheblichen Firmenwert schafft. Die Markteintrittsbarrieren sind generell niedriger geworden, jeden Tag entstehen neue Wettbewerber, die versuchen, mit neuen Angeboten Kunden zu gewinnen. Das klingt abstrakt, ist aber in vielen Märkten eine Realität, der man sich bewusst sein muss. Dies zeigen auch hohe Bewertungen von verhältnismäßig kleinen Unternehmen, denen aber ein hohes Disruptionspotenzial zugesprochen wird.

Auch vor diesem Hintergrund ist es wichtig, die eigene Marktposition durch dauerhafte Innovationen zu festigen, um Werte zu schaffen.

Dies gilt selbstverständlich auch für Produkte. Hier ist es oftmals so, dass die Kreativität durch ein vermeintlich perfektes Produkt unterdrückt wird und eine Disruption nicht erwartet wird.

Das führt dann dazu, dass auch große Unternehmen mit Marktführerschaft ihre Position relativ schnell verlieren können, wie es bei Nokia im Mobiltelefonbereich der Fall war.

Eine solche Trägheit lassen wir nicht zu, weil wir sicher sind, dass jedes Produkt und jede Dienstleistung, die wir anbieten, tatsächlich verbessert werden kann.

12.2 Exkurs: Hintergrundinformation

Der Regenschirm, der geöffnet vor Regen schützt. – Was gibt es daran man noch zu verbessern? Warum hier Kreativität einsetzen, wenn zu erwarten ist, dass es keine bessere Lösung gibt? Wir wissen nicht, wer es war, der mit dem besseren Regenschirm Kunden begeisterte. Was wir wissen, ist jedoch, dass der- oder diejenige sich nicht hat von der vermeintlichen Perfektion der vorhandenen Lösung hat beeindrucken lassen.

Der Erfinder oder die Erfinderin hat auch die Anwender genau beobachtet und eines festgestellt. Wer sich mit dem Schirm vor Regen schützt und in sein Auto einsteigen muss, wird am Ende trotzdem nass. Während er schon halb im Auto sitzt, muss er den Schirm schließen. Dabei ist die Schließrichtung des Schirmes zu ihm, quasi nach unten, wodurch er nicht ins Auto steigen kann. Da der Schirm beim Schließen entsprechenden Platz benötigt, wird der Nutzer, wenn es sich um einen Autofahrer handelt, nass.

Die gefundene Lösung ist so einfach wie genial. Der neu erfundene Schirm faltet sich umgekehrt ein, d. h. er wird am Griff zusammengezogen. Dadurch braucht er wenig Platz, sodass er im Auto sitzend bequem und schnell geschlossen werden kann. Der Besitzer dieses neuen, innovativen Modells wird nicht nass, auch wenn er bei Regen in ein Auto steigt.

12.3 Innovation am Kunden

Aufgrund solcher Beispiele sind wir sicher, dass es nicht das Privileg von Spezialisten ist, innovativ zu sein. Wir glauben, dass Innovationen da am besten funktionieren, wo eine heterogene Gruppe unter wenigen Regeln Kunden beobachtet, kreativ ist und sich die Verbesserung von Produkten oder Dienstleistungen generell zutraut, auch wenn es kein angestammter Markt ist.

12.4 Implementierung von Innovation über das Beiratsteam – Praxistipps

Während uns unsere 4 Leitlinien einen Rahmen geben, haben wir uns auch einige Regeln für die Umsetzung gegeben. Diese Regeln sind so angelegt, dass jeder im Beirat einen Beitrag leisten kann, der erst einmal ernst genommen wird. Dies gilt auch für Mitarbeiter, die mit dem Beirat an Innovationen arbeiten. Um besser und effektiver in und mit diesem Gremium zu arbeiten, haben wir festgelegt, dass

12 Der aktive Beirat als Innovationstreiber

- wir in der Diskussion nicht „ja aber" (yes, but) sagen
- jede neue Idee erst einmal gut ist
- neue Ideen dazu kommen dürfen (yes and)
- jeder Kundengruppe grundsätzlich etwas fehlt

Speziell der Umstand, dass wir uns in der Diskussion verbieten, „ja aber" zu sagen, hat uns erheblich gestärkt. Das liegt daran, dass ein „ja aber" impliziert, dass man quasi verbal einverstanden ist, der angesprochene Punkt trotzdem nicht richtig ist. Bei uns gilt deshalb, dass alles vor dem „aber" gelogen ist. Das klingt auf den ersten Blick möglicherweise trivial, es ist aber tatsächlich sehr wirksam. Jeder von uns hat schon gehört, dass er etwas gut gemacht hat, aber… Das bedeutet übersetzt, dass es nicht gut war. „Die Lösung ist gut, aber…" was übersetzt bedeutet, dass die Lösung eben nicht gut ist.

Weiterhin setzen wir bei Diskussionen um Innovationen auf „ja und". Das mag zuerst auch trivial klingen, es führt aber dazu, dass jede Idee erst einmal gewürdigt wird (ja), und dann eine Idee dazu kommt (and). So ist es uns vielfach gelungen, viele verschiedene Ideen aneinanderzureihen, ohne erst einmal eine Idee schlecht zu machen. Die Konsequenz dieser Regeln ist, dass niemand Hemmungen haben muss, eine Idee in die Diskussion einzubringen, weil jede Idee erst einmal gut ist. Diese Idee wird nicht sofort bewertet oder schlecht gemacht, sondern dadurch, dass neue Ideen dazukommen, sich ein ganzes Spektrum von neuen Möglichkeiten ergibt, die später auf ihre Umsetzbarkeit hin geprüft werden.

Ebenso wirksam ist die Annahme, dass jeder Kundengruppe etwas fehlt. Die simple Grundannahme hierbei ist, dass überall etwas fehlt. Das erscheint auf den ersten Blick mutig, weil viele dahin tendieren zu sagen, dass alles schon da ist, was ein Kundenbedürfnis befriedigt. Diese Annahme ist jedoch falsch und erstickt – unwidersprochen – jegliche Kreativität. Die beste Aussage, die wir dazu gehört haben, war die Antwort auf die Frage, was nach dem iPhone kommt. Die Antwort: „Etwas anderes."

Dieser Punkt ist für uns sehr wichtig, weil er verhindert, dass wir uns auf unseren Erfolgen ausruhen. Historisch betrachtet haben die Lieferanten von Eis zur Kühlung von Lebensmitteln nicht den Kühlschrank erfunden. Das gleiche gilt für die Erfinder des modernen Telefons, die das Mobiltelefon nicht erfunden haben Die Erfinder des Mobiltelefons hingegen haben das Smartphone nicht erfunden. Hier gibt es viele Beispiele, die alle eines unterstreichen: Echte Innovationen kommen häufig von außen! Eigener Erfolg kann neue Innovationen behindern und blind für Disruptionen machen, die von außen kommen.

Entsprechend glauben wir, dass wir generell in der Lage sind, auch in unbekannten Märkten einen Beitrag zu leisten, indem wir Produkte oder Dienstleistungen finden, die von den Key Playern im Markt nicht oder auch nicht in der „richtigen" Form angeboten werden.

Mit diesem Wissen und dieser Grundeinstellung sind wir optimistisch, mutig und neugierig, gleichzeitig ohne Grenzen bereit, uns mit allen möglichen Themen zu befassen.

12.5 Zusammensetzung des Beirates

Unser Beirat besteht deshalb nicht aus Spezialisten, sondern aus neugierigen, erfahrenen Generalisten, die eine gute Beobachtungsgabe haben und aus verschiedenen Branchen kommen. Dazu kommt eine generelle Wertschätzung für alle Mitarbeiter unabhängig von Ausbildung, Hierarchie und Branche. Geschäftsführung und Beirat ergänzen sich dahingehend, dass die Geschäftsführung nur von einem Beirat profitieren kann, wenn sie alle relevanten Informationen teilt und so den Beirat einbindet. Der Beirat kann nur effektiv arbeiten, wenn er alle geschäftsrelevanten Informationen hat und sich als Partner von Geschäftsführung und Mitarbeitern sieht. Dieser Partner hat selbstverständlich das Recht Dinge kritisch zu hinterfragen und die Pflicht, konstruktive Kritik zu üben, wo ihm dies als notwendig erscheint.

Beide, Geschäftsführung und Beirat, sind gleichermaßen verpflichtet an der Zukunft des Unternehmens zu arbeiten und einen permanenten Innovationsprozess zu organisieren, der auch ganz bewusst Mitarbeiter einbezieht.

12.6 Die Umsetzung – ein Praxisbeispiel

Innerhalb unserer Beteiligungsgesellschaft, die aus verschiedenen, bewusst heterogenen und internationalen Beteiligungen besteht (Artificial Intelligence, Augmented Reality, Fahrzeughandel und Medizintechnik) wurde im Gesellschafterkreis diskutiert, dass ein weiteres margenstarkes Geschäftsfeld entwickelt werden soll, dass zur Risikostreuung gänzlich neu sein muss. Mit diesem Gedanken wurde der Beirat befasst und darum gebeten, entsprechende Vorschläge zu entwickeln, die entweder durch eine Beteiligung oder eine Neugründung umgesetzt werden.

Die Suche hatte dann durch unsere Leitlinien einen Rahmen, die interne Diskussion wurde nach den Regeln geführt, die wir uns als Beirat gegeben haben. Innerhalb dieser Diskussion mit Geschäftsführung und Mitarbeitern wurde dann herausgearbeitet, dass der Kosmetikmarkt interessant sein könnte. Beirat, Geschäftsführung und Mitarbeiter sahen hier generell hohe Spannen und eine vergleichsweise niedrige Markteintrittshürde.

Getreu unserer Überzeugung, dass Innovationen von überall herkommen können, war der Beirat sicher, dass wir durch die Kreativität in der Gruppe auch in diesem Markt erfolgreich sein können, obwohl es zahlreiche große Kosmetikfirmen gibt, in denen viele Teams aus Spezialisten an Innovationen arbeiten. Das bedeutet aber nicht, dass diese Firmen ein Monopol auf Innovationen in diesem hart umkämpften Markt haben. Im Kern geht es bei Innovationen letztlich darum, bei Kunden einen Bedarf zu identifizieren, den es entweder noch nicht gegeben hat oder der durch eine Innovation besser gedeckt werden kann, als das bisher der Fall ist.

12.7 „Kalte" vs. „warme" Innovation

Der Beirat hat dann die Frage gestellt, welche Kundengruppe stark wächst und von den etablierten Firmen mit einer wie wir sagen „kalten Innovation" abgedeckt wird. Die Gruppe hat dann in der Diskussion und durch Marktanalysen festgestellt, dass eine sehr schnell wachsende potenzielle Kundengruppe Menschen mit Tattoos sind. Mittlerweile gibt es allein in Deutschland mehr als 15 Mio. Menschen, die mindestens ein Tattoo haben, das gepflegt werden muss.

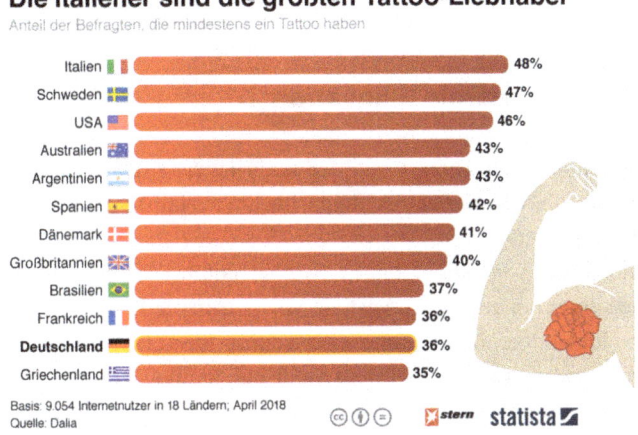

Beirat, Geschäftsführung und Mitarbeiter haben sich diesen Markt und seine Produkte genau angesehen und festgestellt, dass der größte Anbieter bei genauer Draufsicht Produkte anbietet, die in unserer Einschätzung nach als „kalte Innovation" gelten.

12.8 Was ist eine „kalte Innovation"?

Eine kalte Innovation ist, wie in diesem Fall ein Produkt, dass von Mitarbeitern, typischerweise im Konzern, „from 9 to 5" nach Textbuch entwickelt wurde. Formal wird zwar alles richtig gemacht und auf die Zielgruppe zugeschnitten, trotzdem geht das Produkt an der Zielgruppe vorbei, weil man diese Aufgabe wie einen „Job" verstanden hat. Typischerweise wird vorher auf vielen Power-Point-Folien genau definiert, wer die Zielgruppe ist, wie sie demographisch beschrieben werden kann und welche Eigenschaften das Produkt haben muss, um von der Zielgruppe gekauft zu werden. Das Ergebnis ist zwar ein Produkt, was durch einen definierten Produktentwicklungsprozess gegangen ist, aber am Ende die Erwartungen der Kunden nicht trifft. Gut gemeint, aber nicht gut gemacht.

Grund für „kalte" Innovationen ist die tief verwurzelte Unsicherheit vieler Firmen, wie Innovationen entwickelt werden können. Wie sollen Innovationen gelingen, wenn es nicht einen exakten Workflow in einer vorher festgelegten Gruppe von Spezialisten gibt?

Deswegen wird in den meisten Firmen vorher klar festgelegt, wer Innovationen treiben darf.

Diese Gedanken deuten darauf hin, dass „normale" Mitarbeiter und vielfach auch Beirat und die Geschäftsführung aus einem Innovationsprozess ausgeschlossen werden, obwohl dieser entscheidend für die Zukunft des Unternehmens sein kann. Dies bedeutet am Ende auch, dass sich Kreativität dem Prozess unterordnen muss, immer nur eine bestimmte Gruppe im Unternehmen für die Entwicklung von Innovationen zuständig ist.

12.9 Was ist eine „warme Innovation"?

Die sog. warme Innovation kommt aus der natürlichen Kreativität einer heterogenen Gruppe von Menschen, die weder Fachleute noch Spezialisten sein müssen, um einen wichtigen Beitrag zu leisten.

Die Basis dieser Art von Innovation ist, wie ausgeführt, eine „Yes and"-Einstellung, bei der jede Idee erst einmal gut ist. Anstelle von sofortiger Kritik oder Bewertung wird erst einmal jede Idee aufgenommen und jede weitere Idee einfach dazu genommen. Die Kreativität der Gruppenmitglieder wird so nicht beschränkt, jeder wird ermutigt mitzudenken und keiner muss sich sagen lassen, dass seine Idee gerade nicht passt. Nur so wird das volle Potenzial einer diversen Gruppe, in der nicht nur Spezialisten zu finden sind, genutzt.

Im Prozess entsteht so später eine emotionale Bindung zum Produkt, die sich von einer vorher dargestellten „9 to 5"-Innovation deutlich unterscheidet. Dazu kommt, dass bei einer „warmen" Innovation jeder Mitarbeiter, der eine Idee einbringt, eine hohe Wertschätzung erfährt, weil es qua Definition keine schlechten oder unpassenden Ideen gibt. Entsprechend sind diese Innovationen am Ende viel näher am Kunden, erleben im Unternehmen eine breite Unterstützung, gerade auch weil niemand, der sich engagieren möchte, vom Entstehungsprozess eines neuen Produktes ausgeschlossen wurde.

Es handelt sich im Kern um einen basisdemokratischen Prozess, in dem gleichberechtigte Mitarbeiter nach neuen oder besseren Lösungen oder Angeboten suchen.

Bei einer warmen Innovation ist nicht alles schon vorgedacht, sie bezieht den Kunden so früh wie möglich mit ein. Sie sind zu 60 % bis 70 % fertig und erhalten den letzten Schliff, wenn sie schon angewendet werden. Sie sind nicht perfekt, aber schnell am Markt und erlauben so äußeren Einflüssen, Eingang in den Innovationsprozess zu finden.

12.10 Innovationen bilden Bedürfnisse ab

Im vorliegenden Beispiel war nach der Diskussion dem Beirat und allen anderen klar, dass die Verbraucher eine Tattoo-Pflege wünschen, die nur aus natürlichen Inhaltsstoffen besteht.

Hilfreich war die Bekanntschaft zu einer Naomy, einer Maori, die die Rezeptur beisteuerte, sodass wir tatsächlich eine alte Tradition der Tattoopflege fortsetzen konnten. Dies stellt ein deutliches Differenzierungsmerkmal dar, das in diesem Bereich der Kosmetik von der Industrie nicht aufgenommen wurde. Eine entsprechende Rezeptur fand keinen Eingang in den industriellen Innovationsprozess. Dazu wurde festgestellt, dass der Verbraucher eine andere Verpackung wünscht, die seiner Vorstellung von Mobilität und Hygiene entgegenkommt.

Um diese Bedürfnisse abzubilden, entstand nach Diskussion mit potenziellen Kunden die Idee, ein einzeln verpacktes Tattoo-Tuch anzubieten, das mit dem Pflegeöl, bestehend aus nur natürlichen Inhaltsstoffen getränkt wurde. Die entsprechenden Patente wurden dann in Europa und den USA angemeldet, um eine gute Marktabdeckung zu erreichen.

12.10.1 Design

Auch hier wurde vom Beirat ein neuer Weg eingeschlagen. Anstatt alles wie üblich eng und sehr detailliert festzulegen, wurde bewusst ein Designer ohne Erfahrung im Kosmetikmarkt beauftragt, der ohne die üblichen Leitplanken arbeiten konnte. Das Ergebnis ist ein sehr emotionales Design der Marke Naomy Tattoo, welches mit dem Tattoo als einer besonderen Ausdrucksform korrespondiert. Auch hier zeigte sich der Unterschied zu der graphischen Umsetzung einer „warmen Innovation" zu einer „kalten Innovation" deutlich.

12.10.2 Ergebnis

Am Ende dieses besonderen Entwicklungsprozesses stand die Neugründung einer Kosmetikfirma, die nun diese Innovation erfolgreich in Europa und den USA vertreibt.

Die ansteigenden Verkaufszahlen sind dabei ein deutliches Signal, dass man mit dem richtigen Prozess unter der Leitung eines agilen Beirates auch in einem völlig neuen Markt mit einer Innovation erfolgreich sein kann. Hierbei ist es nicht zwingend notwendig, über erhebliche Branchenkenntnisse zu verfügen. Es reicht aus, ein Kundenbedürfnis zu registrieren und einen Innovationsprozess in Gang zu setzen, der von vielen Ideen getragen wird und dem das Bewusstsein zugrunde liegt, dass nichts perfekt ist.

12.11 Fazit

Richtig eingesetzt und mit den richtigen Werkzeugen ist ein Beirat ein wichtiges Gremium zur Zukunftssicherung des Unternehmens durch den Anstoß von Innovationsprozessen und deren Organisation. Der Beirat kann diese Rolle jedoch nur übernehmen, wenn das Bewusstsein vorhanden ist, welchen Stellenwert Innovationen haben, auch wenn das Unternehmen sehr erfolgreich ist. Der erfolgreiche Innovationsprozess kennt keine Hierarchien oder Beschränkungen. Er ist wild, oftmals unkontrolliert und fordert von allen Beteiligten ein hohes Vertrauen in die Wirksamkeit des Prozesses ab. Der Satz „everything looks like failure in the middle" beschreibt dies sehr deutlich. Im besten Fall organisiert der Beirat unter Beteiligung der Geschäftsführung und bei Einbindung engagierter Mitarbeiter diesen Prozess.

Er führte in Deutschland und den USA als CEO diverse börsennotierte Handels-und Gesundheitsunternehmen. Seine AI Beteiligung in den USA entwickelte sich innerhalb von 4 Jahren von einer 75 Mio. USD Bewertung zu einer Bewertung von $ 1,6 Mrd. USD, erzielt mehr als 300 Mio. USD Umsatz und beschäftigt weltweit mehr als 2500 Mitarbeiter. Seine Beteiligung im AR Bereich ist in Deutschland ein Innovationstreiber und bildet die Brücke zwischen Handel und Augmented Reality.

Stefan W. Herzberg ist ein erfahrener Manager, der in den Bereichen Handel, Automotive, Skin Care, Gesundheit, Artificial Intelligence (AI) und Augmented Reality (AR) aktiv ist.

Er führte in Deutschland und den USA als CEO diverse börsennotierte Handels-und Gesundheitsunternehmen. Seine AI Beteiligung in den USA entwickelte sich innerhalb von 4 Jahren von einer 75 Mio. USD Bewertung zu einer Bewertung von $ 1,6 Mrd. USD, erzielt mehr als 300 Mio. USD Umsatz und beschäftigt weltweit mehr als 2500 Mitarbeiter.

Seine Beteiligung im AR Bereich ist in Deutschland ein Innovationstreiber und bildet die Brücke zwischen Handel und Augmented Reality.

Die Rolle des Beirats in einem Unternehmen

Charlotte de Brabandt

> **Zusammenfassung**
>
> Sind Sie ein Verkaufstalent? – Nein? Macht nichts, holen Sie sich einen Beirat ins Haus und besetzen Sie ihn mit Persönlichkeiten, die genau das können, von dem Sie weniger verstehen. Verkaufen – und das gilt umso mehr für den Onlineverkauf – war und ist eine knifflige Angelegenheit. Sie werden sehen: Ein kompetenter Beirat mit Sales Expertise macht aus roten Zahlen schwarze.

Im Gegensatz zum Aufsichtsrat in einem Unternehmen gibt es für die Einrichtung eines Beirats keine gesetzlichen Vorgaben. Solche rechtlichen Vorgaben gelten besonders für Kapitalunternehmen wie Aktiengesellschaften oder große GmbHs, zum Beispiel ab einer bestimmten Beschäftigtenzahl.

In diesem Kapitel soll es aber um die kleine Schwester des Aufsichtsrates gehen – den Beirat.

Immer mehr Unternehmen gehen dazu über, freiwillig einen Beirat zu installieren. Und dafür gibt es verschiedene Gründe, wobei die Hauptintention in der beratenden, fachlichen Kompetenz liegen mag, die man sich als Unternehmen mit einem Beirat ins Haus holt. Dieses Fachwissen kann von elementarer Bedeutung sein für eine Firma. So verwundert es auch nicht, dass es eine wachsende Zahl von familiengeführten Unternehmen gibt, die sich durch einen Beirat Unterstützung holt.

C. de Brabandt (✉)
Bielefeld, Deutschland
E-Mail: hello@charlottedebrabandt.com

C. de Brabandt
Zurich, Switzerland

Beratung ist dabei das Stichwort und damit sind wir bei der ersten grundsätzlichen Unterscheidung, was den Beirat angeht. Man differenziert zwischen dem beratenden Beirat und dem organschaftlichen Beirat.

Der beratende Beirat muss nicht separat in einem Gesellschaftsvertrag verankert sein. Er kann einfach wie ein externer Berater, etwa im Rahmen eines Beratervertrags, geführt werden. So entsteht dann die für einen Beirat typische Konstellation, bei der dessen Fachwissen *on top of the list* steht. Das Honorar wird je nach Bedarf vereinbart. Mit einem beratenden Beirat ist das Unternehmen sehr frei in der Handhabung.

Anders sieht es aus bei einem Beirat, der im Gesellschaftsvertrag organschaftlich verankert ist. Einem solchen Beirat sind häufig auch andere als rein beraterische Verantwortlichkeiten im Unternehmen zugeordnet. Und weil diese im Gesellschaftsvertrag geregelt sind, muss das Unternehmen hier verstärkt auf rechtliche Vorgaben achten. Zu diesen Vorgaben gehören dann die Zusammensetzung, die Bestimmung der jeweiligen Aufgabenbereiche und die Einsetzung und Abberufung des Gremiums oder der Einzelpersonen. Zudem kann ein Geschäftsplan weitere Detailfragen klären.

Sie sehen also: Die Einsetzung eines Beirats kann einfach, aber auch recht komplex sein.

Um hier nicht zu sehr abzuschweifen, möchten wir näher auf die Aufgaben eines Beirats im Bereich des Verkaufs gehen. Gerade im Verkauf sind echte Profis gefragt. Das gilt insbesondere auch für die Organisation des Vertriebs und die Verkaufsstrategie. Das Internet hat hier in den vergangenen Jahren für enorme Veränderungen gesorgt. Aber es reicht heute nicht mehr, einfach nur eine Homepage zu haben und darauf zu hoffen, dass jemand diese auch besucht.

Verkaufen – und das gilt umso mehr für den Onlineverkauf – war und ist eine sehr subtile Angelegenheit. Sales ohne zu verkaufen, Storytelling und mediale Produktpräsentationen bieten riesige Chancen im Internetverkauf. Und weil Axel Müller oder Gretel Huber mit ihrem neu gegründeten Familienunternehmen nicht unbedingt die versierten Verkaufs- und Interprofis sind, kann ein Beirat hier sinnvoll sein.

Wo also liegen die Vorteile und Möglichkeiten, die das Installieren eines Beirats für ein Unternehmen bringt?

13.1 Sales und Verhandlung liegen nah beieinander

Es gibt Dinge, die gehören einfach zusammen. Wie zum Beispiel die Begriffe Sales und Verhandlungen, aber unter gewissen Umständen auch die Begriffe Unternehmen und Beirat.

Unter Sales versteht man den gesamten Bereich des Verkaufens. Also beispielsweise die Gewinnung von Neukunden, aber auch die Pflege von Bestandskunden. Ohne Verhandlung wird es aber bei beiden Arten der Kunden nicht gehen. Allerdings darf man den Begriff „Verhandlung" ruhig weit spannen. Denn streng genommen steht man bereits in Verhandlung, wenn man dem potenziellen Käufer einen Preis nennt für ein

Produkt. Oder wenn man dem Kunden ein zusätzliches Gimmick verspricht, für den Fall, dass er kauft. Also etwa so: „Lieber Kunde, wenn Du die Geschirrspülmaschine kaufst, kriegst Du noch das Messerset dazu". Der Kunde freut sich, der Verkäufer auch.

So oder so: Die Verhandlung ist die Basis des Verkaufens.

Über das Verhandeln wurden schon unzählige Bücher geschrieben und eine ganze Kaste von Vertriebs- und Verhandlungsspezialisten leben davon, ihr Wissen und ihre Kompetenz weiterzugeben. Der Punkt ist nur: Verkaufen oder Verhandeln ist nicht jedermanns Sache. Und zwar auch dann nicht, wenn man sich noch so viele Bücher und Vorträge gegönnt hat. Außerdem: Wenn etwas aufgesetzt und nicht authentisch klingt, kann es passieren, dass der Kunde gleich zumacht.

An dieser Stelle kommt jetzt wieder der Beirat ins Spiel. Wie weiter oben erwähnt, ist der Beirat in vielen Fällen die personifizierte Kompetenz in einem bestimmten Bereich. Und ganz speziell in einem Geschäftsbereich, der sich mit den Wünschen und Sehnsüchten von Menschen befasst, ist kompetente Unterstützung im wahrsten Sinne des Wortes pures Geld wert. Dazu kommt, dass Verkaufen heute sehr viel mehr ist, als mit dem besten Staubsauger oder dem neuesten Magazin in der Hand von Haustür zu Haustür zu gehen. Sales, also Verkauf, ist Wünsche wecken oder sie einfach nur erkennen. Sales hat mit Emotionen zu tun und der Verkaufsprofi weiß, dass der Preis nur eines von mehreren Kriterien ist, welches beim Kunden den Kaufwunsch auslöst. Erschwerend kommt dazu, dass dieser Kaufwunsch nicht immer mit einem „Ja, ich will!" einhergeht. Auch schon die Frage nach dem möglichen Liefertermin ist ein Kaufsignal, das von Vertriebsneulingen oftmals nicht als solches erkannt wird. Sales und Verhandeln sind eben Tätigkeiten mit vielen Geheimnissen.

13.2 Storytelling – Besonderheiten des Verkaufens

Was früher schon versierte Verkäufer an der Haustür praktiziert haben, hat das Sales im Internet perfektioniert. Eine Geschichte, emotional und persönlich, schafft eine menschliche Basis. Nicht das Produkt an sich steht im Mittelpunkt des Interesses, sondern die Geschichte, die drumherum verpackt ist. Mit Storytelling werden Gemeinsamkeiten geschaffen und Emotionen erzeugt. Aus den puren Eigenschaften eines Produkts oder einer Dienstleistung werden Vorteile, die der Kunde genießen und auf sich übertragen kann. Alles wird nachvollziehbar, denn das, was der Verkäufer erzählt, kennt man irgendwie auch schon. Nehmen wir hierzu ein Beispiel: Das Auto mit den sieben Sitzen wird zum sozialen Mittelpunkt für die Familie und die Freunde der Kinder, die man zum Freizeitpark mitnehmen kann. Und schon auf der Fahrt dorthin erzählt man sich Geschichten und bei der Gelegenheit erfahren die Eltern auch so ganz nebenbei noch, was die Kids und deren Freunde bewegt. Der Verkäufer hat das selbst erlebt und gibt das, mit der entsprechenden Dramaturgie verbunden, an seine Kunden weiter. Diese Fahrt ist jetzt ganz anders als früher, bei der die Enge des alten Autos so etwas gar nicht zugelassen hat. All dies verpackt der Verkäufer in die Story, die die Kunden durch seine Erzählung jetzt hautnah miterleben. So entsteht die gewünschte Verbindung zwischen Käufer, Produkt und Verkäufer.

Die Bestandteile einer Story sind die Helden, die Konflikte und die Lösung – wie im echten Leben halt. Und wie durch eine wundervolle Fügung, passt das Storytelling inhaltlich auf die Kunden und noch zufälliger auf das Produkt, um das es eigentlich geht. So schlagen wir den Bogen zu dem Verkaufsprinzip, das die Branche revolutioniert: Sales ohne Verkaufen!

13.3 Die Königsdisziplin: Sales ohne zu verkaufen

„Was kostet die Waschmaschine?". Diese Frage eines Kunden ist der Schreckmoment eines jeden Verkäufers. Denn grundsätzlich gibt es jetzt nur zwei Möglichkeiten: König Kunde will den Preis wissen, um eine Vergleichsbasis bei anderen Anbietern zu haben. Oder, Alternative zwei – der Kunde sagt: „Das ist zu teuer!".

Der gewiefte Verkäufer lässt es gar nicht soweit kommen. Er führt durch das Gespräch und entscheidet durch geschickte Fragestellung über die Richtung. Da wir in diesem Beitrag aber ganz besonders das Sales im digitalen Zeitalter behandeln, sei darauf hingewiesen: Dieses Prinzip funktioniert auch im Internet so!

„Wer fragt, der führt" – jeder, der mit Verkauf zu tun hat, kennt diesen Leitsatz. Im Bereich des Sales ohne Verkaufen, werden die Fragen mit der Story hinter dem Produkt und hinter der Firma ersetzt.

Die Kunden bekommen einen Eindruck von der Erfahrung, die hinter dem Unternehmen steht, von den Erfolgen und dem sozialen Engagement. Von zufriedenen Mitarbeitern und von Produkten, die die Kunden mehr als zufriedenstellen. Das bildet Vertrauen – Vertrauen, ohne das eine nachhaltiger Verkauf nicht funktioniert. In keiner Phase der Story bekommt der Kunde das Gefühl, dass hier etwas aufgeschwatzt werden soll. Der Kunde wird emotional mit auf die Reise genommen. Die Story hinter dem Produkt kommt ihm bekannt vor, es hört, beziehungsweise liest, sich vertraut. Und irgendwann schwenkt die Geschichte über in die alles entscheidende Frage im Verkauf: „Wir bieten Ihnen mehrere Möglichkeiten. Wie möchten Sie bezahlen?"

Nur dass diese Frage kein plumper Verkaufsspruch ist, sondern die beinahe logische Folgerung aus der Geschichte. Am Ende des Geschehens hat der Kunde einem positiven Gefühl gekauft, ohne dass ihm im klassischen Sinne etwas verkauft wurde.

Sie sehen also: Sales ist heutzutage eine hochkomplexe Sache. Ob der Verkauf im Internet oder im persönlichen Gespräch vonstattengeht, spielt dabei keine Rolle. Lediglich die Rahmenbedingungen ändern sich dadurch.

Sales ist das Kerngeschäft jedes Unternehmens, denn durch Sales gewinnt man Kunden. Unternehmer tun sich einen Gefallen, wenn sie sich dabei Unterstützung holen, falls sie sich schwertun mit der Kundenakquise. Und damit kommen wir zurück zum Beirat und zu der Frage, wie der Beirat das Unternehmen und den Bereich Sales unterstützen kann.

13.4 Der Beirat als Teil des Unternehmens

Sie als Unternehmer haben sich also dazu entschieden, sich im Bereich Sales Unterstützung zu holen. Im nächsten Schritt gilt es jetzt zu entscheiden, ob der Beirat als beratendes oder organschaftliches, beziehungsweise kontrollierendes, Gremium installiert werden soll. Wie bereits erwähnt ist der Schritt zum organschaftlichen Beirat mit rechtlichen Vorgaben und damit eventuell auch mit unternehmerischen Einschränkungen für Sie behaftet. Je größer Ihr Unternehmen ist, desto eher kann die Tendenz in Richtung organschaftlich gehen. In kleinen und mittleren Unternehmen ist man sicherlich mit einem beratenden Beirat ausreichend gerüstet.

Diesem Gremium muss jetzt mit Personen Leben eingehaucht werden. Wer soll in ihrem Beirat tätig sein und welche Art von Kompetenzen müssen diese Personen mitbringen?

13.5 Die fachlichen Kompetenzen und die Besetzung Ihres Beirats

Jetzt liegt es an Ihnen, die Kompetenzen festzulegen, über die die Personen in Ihrem Beirat verfügen sollen. Das Gleiche gilt für den Aufgabenbereich. Sie selbst wissen am besten, wo es mangelt oder wo Sie Schwachstellen im Bereich Sales in Ihrem Unternehmen sehen. Diese Schwachstellen gilt es zu füllen. Für die Suche nach den passenden Beiräten stehen Ihnen verschiedene Möglichkeiten zur Verfügung. Dazu gehören die Industrie- und Handelskammern sowie die Handwerkskammern, die auf einen permanenten Pool von verfügbaren und willigen Fachkräften zurückgreifen können.

Eine weitere Möglichkeit ist die Suche über Personalagenturen. In der Regel sind Personen, die in Beiräten im Bereich Sales tätig sind, selbst Unternehmer oder in entsprechenden Führungspositionen – oder waren es. Wobei so ein rüstiger Ruheständler, der sich zwar vom Geschäftsleben verabschiedet hat, aber noch immer sehr umtriebig ist, eine echte Bereicherung sein kann. Und vor allem Spaß an der Arbeit hat.

An Kompetenz mangelt es den Mitgliedern Ihres Beirats also nicht. Aber in gewissem Maße muss die Person auch zu Ihnen und Ihrem Unternehmen passen. Ob das so ist, werden Sie herausfinden.

Die Größe des Gremiums hängt meist direkt mit Ihrer Unternehmensgröße zusammen, wobei Sie im KMU-Bereich wohl mit einer Person für den Sales-Beirat auskommen werden.

Bei der Besetzung der Position eines Sales-Beirats stellt sich auch die Frage, ob man diesen Aufgabenbereich nicht auch durch den Verkaufsleiter erledigen lassen kann. Diese Frage kann man eindeutig beantworten: Es kommt darauf an!

Auf die Unternehmensgröße, auf die Aufgabenstellung und auf die finanzielle Ausstattung. Dazu mehr im folgenden Abschnitt.

13.6 Wie kann der Beirat im Bereich Sales Ihrem Unternehmen helfen

Der Verkaufsleiter ist im Gegensatz zum Beirat im Tagesgeschäft verankert. Seine Aufgabe ist die Koordination des Vertriebs, die direkte Unterstützung der Vertriebsmannschaft und die Verfolgung strategischer Ziele. Der Beirat dagegen legt unter anderem diese Strategien fest. Er gibt Tipps, die aus der planerischen Praxis kommen – immer nach Absprache mit der Unternehmensführung. Denn seine Aufgabe ist es zu beraten und nicht, sich in den täglichen Ablauf des Vertriebs einzumischen. Ihr Sales-Beirat hat und entwickelt Visionen mit langfristiger Ausrichtung.

13.7 Wie also kann die aktive Rolle des Beirats im Unternehmen aussehen?

Wagen wir einen Blick in die Zukunft.

Es ist Ende September 2024. Die Schulferien sind vorbei, das Vorweihnachtsgeschäft steht an und die Herbstakquise in den unterschiedlichen Branchen läuft an. Das ist der richtige Zeitpunkt für die erste Sitzung des Beirats Ihres Unternehmens zur Planung des kommenden Jahres.

Mit dabei sind der Vertriebsleiter, die Leiterin der Marketingabteilung und die Projektleiterin der Werbeagentur, die sich um den Auftritt der Webseite kümmert. Sie als Unternehmer haben im Vorgespräch mit Hans Müller, dem Beirat, besprochen, dass die Unternehmenskommunikation auf neue Füße gestellt werden soll. Außerdem sollen neue Vertriebskanäle erschlossen werden.

Müller ist ein alter Salesfuchs. Er war jahrelang Verkaufsleiter eines internationalen Medienunternehmens und ist dann aufgestiegen Bereichsvorstand Sales Europa. Verkauf kennt er von der Pike auf, Ruhestand ist nicht so sein Ding. Ein bisschen noch etwas tun möchte er, sein Wissen einbringen.

Die Verkaufszahlen für das Produkt, das Ihr Unternehmen vor vier Jahren mit ins Sortiment aufgenommen hatte, zeigen eine negative Entwicklung. Genau genommen kommt das Ding nicht aus den roten Zahlen raus. Und jetzt? Weg damit oder noch einmal ein Jahr mitziehen? Müller hat eine klare Meinung. Vier Jahre lang rumgedoktert reicht! Manchmal muss man akzeptieren, dass etwas nicht läuft. Der Köder muss dem Fisch schmecken, nicht dem Angler.

Hans Müller präsentiert seine Strategie für 2024. Er schlägt vor, die Webseite zu überarbeiten. Sie ist nicht mehr aktuell und beinhaltet zu viel sachliche Informationen. Die emotionale Story fehlt, bemängelt er. Dabei ist die Unternehmenskommunikation nach außen die Grundlage für Erfolg im Sales, sagt Müller.

Jetzt steht der Vertrieb zur Diskussion. Das nicht laufende Produkt im Sortiment fliegt raus, schlägt er vor. Zu viel Zeit und Geld wurde in die Vermarktung gesteckt. Müller ist außerdem davon überzeugt, dass der Bereich Onlinesales gestärkt werden muss. Der

Vertriebschef und die Marketingfrau sollen Vorschläge dazu ausarbeiten. Das Tagesgeschäft gehört nicht zum Aufgabenbereich von Müller, strukturelle Ideen sehr wohl.

Die Sitzung im kleinen Kreis ist nach drei Stunden beendet. Hans Müller hat seinen Job getan, zumindest zum jetzigen Zeitpunkt. Der Termin für die nächste Sitzung wird anberaumt. Donnerstag, der 7. November um 10:00 Uhr, hier im Besprechungsraum. Dann werden Resultate diskutiert und miteinander abgestimmt. Beirat Müller wird natürlich wieder mit dabei sein.

13.8 Fazit zum Beirat im Bereich Sales

Hohe fachliche Kompetenz und fundierte, praktische Erfahrung – das kennzeichnet einen Beirat und garantiert Ihrem Unternehmen einen echten Mehrwert. Sie müssen nur die Struktur dafür schaffen und bei einem beratenden Beirat gibt es kaum rechtliche Hürden zu beachten.

Auch die Kosten, die ein Beirat durch seine Beschäftigung verursacht, sind überschaubar und belaufen sich im Durchschnitt zwischen 10.000 und 20.000 € pro Person und Jahr.

Für dieses Paket erhalten Sie einen Bereich Sales, der Erfolg verspricht.

Und das, also Erfolg, wünschen wir Ihnen auch!

Dr. Charlotte de Brabandt ist eine weltbekannte Moderatorin und Expertin im Bereich Technologie und Einkauf mit umfangreicher globaler Branchenerfahrung in den Bereichen Automobil, Uhren, Technologie, Pharma, Konsumgüter und medizinische Geräte.

Sie ist eine publizierende Autorin, TEDX-Speakerin, Gewinnerin des ISM 30 under 30 Megawatt Award und ein wichtiges Mitglied des (ISM®) Thought Leadership Council, Vorstandsmitglied von Global Women Procurement Professionals (GWPP) und Mitglied des Vorstands des Global Council for Diversity and Inclusion in Procurement (and Supply Chain). Mehr auf https://www.charlottedebrabandt.com.

Mitarbeitervertretungen: Die unausweichlichen Beiräte – Hemmschuh, Ärgernis oder Chance?

14

Urs Peter Janetz

Zusammenfassung

Etliche Mitbestimmungsrechte des Betriebsrats schränken das Weisungsrecht und die tatsächliche und wirtschaftliche Handlungsfähigkeit des Arbeitgebers nicht unerheblich ein. Andererseits kann ein Blick in die Gedankenwelt der Mitarbeitenden neue Horizonte eröffnen. Ein kontroverser Beitrag über die Chancen und Risiken, der Mitarbeitervertretung auch im Beirat eine Stimme zu geben.

14.1 Mitarbeiter(vertreter) im Unternehmen – notwendiges Übel oder kaum genutztes Kapital?

Kaum ein Unternehmen kommt ohne Mitarbeiter aus. Und kaum jemand kennt das Unternehmen so gut, wie die Personen, die in diesem Unternehmen arbeiten.

Unternehmensberater und Co. müssen sich oft aufwendig in die Abläufe, die örtlichen, rechtlichen und persönlichen Gegebenheiten eines Betriebes einarbeiten. Etwas, was bei dem Gros der Mitarbeitenden im „Onboarding" und der folgenden Einarbeitungsphase längst geschehen ist.

Dennoch werden oft die Personen, welche an der „Front" unterwegs sind, nicht um ihre Meinung gefragt. Zwar versuchen viele Unternehmen inzwischen, über Mitarbeiterbefragungen, Einbindung in Projekte und ähnliche Initiativen ihre Mitarbeiter einzubinden und zu integrieren. Manch kluger Unternehmer setzt sogar Programme

---

U. P. Janetz (✉)
Garmisch-Partenkirchen, Deutschland
E-Mail: ra@janetz.de

© Der/die Autor(en), exklusiv lizenziert an Springer Fachmedien Wiesbaden GmbH, ein Teil von Springer Nature 2025
P. Buchenau und C.-D. de Grancy (Hrsg.), *Chefsache Beirat,* Chefsache,
https://doi.org/10.1007/978-3-658-45642-9_14

zur Honorierung von Verbesserungsvorschlägen aus den Reihen der Mitarbeiter auf. Doch allzu oft versickern gerade Projekte nach ihrem Abschluss im Nirwana und Verbesserungsvorschläge werden zur Schlacht um Incentives. Nicht zu vergessen, dass Projektarbeit häufig neben den Alltagsaufgaben erledigt werden muss und so dazu führt, dass die Motivation, sich hier einzubringen, oft nicht allzu groß sein wird.

Und noch häufiger vergisst man, dass aus den Reihen der Mitarbeitenden Interessenvertreter gewählt werden, welche nicht nur die Aufgabe haben, Lobbyvertretern gleich die Interessen der Belegschaft auf Gedeih und Verderb durchzuprügeln. Nein, der Gesetzgeber verfolgt insoweit ein ganz anderes Ziel:

Gesetzestext

§ 2 Abs. 1 BetrVG.[1]

Arbeitgeber und Betriebsrat arbeiten unter Beachtung der geltenden Tarifverträge vertrauensvoll und im Zusammenwirken mit den im Betrieb vertretenen Gewerkschaften und Arbeitgebervereinigungen **zum Wohl der Arbeitnehmer und des Betriebs zusammen.**

Zweck der Zusammenarbeit ist es also, eine ausgewogene Balance zwischen Arbeitnehmer-Interessen und dem Wohl des Betriebes zu finden. Dabei kann der Betriebsrat durchaus als Berater fungieren – und hat, wie wir weiter unten feststellen werden – hier auch einige Mitbestimmungsrechte. Dennoch verschleudern viele Arbeitgeber ihre Ressourcen damit, ihre Mitarbeitervertretungen zu behindern oder gar zu bekämpfen. Anstatt diese Institutionen sinnvoll einzubinden und den Blickwinkel der Belegschaft im Rahmen der Entscheidungsfindung zu nutzen. Dies führt oft zu wertvollem Input und stärkt die Unternehmensverbundenheit der Mitarbeiter. Nicht zuletzt in Zeiten der Arbeitnehmer-Knappheit ein wichtiger Nebeneffekt.

Unbestreitbar gibt es auch bei den Mitarbeitervertretern gelegentlich schwierige Charaktere und nicht alles wird ohne Streit abgehen können. Dennoch, die meisten Betriebsräte, die ich in 25 Jahren Betriebsratsschulungen kennenlernen durfte, waren um das Wohl ihres Unternehmens bemüht. Und sehr viele davon wiesen auch eine hohe Fachkompetenz auf. Das gilt es zu nutzen.

Im Jahr 2021 arbeiteten etwa 39 % (West, 34 % Ost) der Arbeitnehmer in Betrieben mit einer Arbeitnehmervertretung. Dabei hatten nur 7 % der Arbeitnehmer in Betrieben mit 5 bis 50 Arbeitnehmern einen Betriebsrat. In Betrieben mit mehr als 500 Arbeitnehmer allerdings 86 %. Je größer der Betrieb, umso höher also die Wahrscheinlichkeit, dass eine Mitarbeitervertretung besteht.[2]

---

[1] BetrVG = Betriebsverfassungsgesetz.
[2] Quelle: https://www.destatis.de/DE/Themen/Arbeit/Arbeitsmarkt/Qualitaet-Arbeit/Dimension-5/arbeitnehmervertretungen.html, abgerufen am 30.04.2023.

14.2 Überblick: Die wichtigsten Mitarbeitervertretungen in der Privatwirtschaft

Die Bildung der nachfolgend aufgeführte Mitarbeitervertretungen basiert letztlich auf einer Entscheidung der Mitarbeitenden. Mit legalen Mitteln lässt sich die Wahl letztlich nicht verhindern, sofern die Wahlvoraussetzungen vorliegen.

14.2.1 Betriebsrat

Die bekannteste und am weitesten verbreitete Mitarbeitervertretung in privatwirtschaftlichen Unternehmen ist der Betriebsrat, geregelt im BetrVG. Ein Betriebsrat ist grundsätzlich in allen Betrieben zu wählen, welche mindestens 5 Mitarbeiter haben, von denen 3 wählbar sind (§ 1 Abs. 1 BetrVG). Wahlberechtigt sind dabei alle Arbeitnehmer im Sinne von § 5 Abs. 1 BetrVG, welche am Wahltag 16 Jahre alt sind. Wählbar sind grundsätzliche alle Arbeitnehmer, die am Wahltag das 18. Lebensjahr vollendet haben.

Nicht vom Betriebsrat vertreten werden die sog. leitenden Angestellten gem. § 5 Abs. 3 BetrVG Die Abgrenzung ist in der Praxis komplex. Grob gesagt ist leitender Angestellter wer mit wesentlichen Arbeitgeberkompetenzen ausgestattet ist und Führungsaufgaben wahrnimmt.

Die Größe des Betriebsrats schwankt zwischen 1 Betriebsratsmitglied in Betrieben mit max. 20 wahlberechtigten Arbeitnehmern und (sehr) vielen. In einem Betrieb mit 7001–9000 Arbeitnehmern sind das z. B. 35 Betriebsratsmitglieder, vgl. im Übrigen § 9 BetrVG.

Hat ein Unternehmen mehr als einen Betriebsrat, wird ein Gesamt-Betriebsrat gebildet. In einem Konzern kann ein Konzern-Betriebsrat gebildet werden. Diese Stufenvertretungen haben jeweils eigene Zuständigkeiten.

Der Betriebsrat hat diverse Mitwirkungs- und Mitbestimmungsrechte, welche nicht selten das Weisungsrecht des Arbeitgebers erheblich einschränken. Details dazu unter Abschn. 3.2.

14.2.2 Schwerbehindertenvertretung (SBV)

Die Schwerbehindertenvertretung ist in allen Betrieben der Privatwirtschaft und Dienststellen des öffentlichen Dienstes zu wählen, in denen mindestens 5 schwerbehinderte oder diesen gleichgestellten Menschen beschäftigt sind. Schwerbehindert bedeutet dabei, dass die betreffende Person einen Grad der Behinderung (GdB) von mindestens 50 hat, Gleichgestellte haben einen GdB von 30 oder 40 sowie zusätzlich eine Gleichstellung durch die Bundesagentur für Arbeit.

Die SBV fördert die Integration der von ihr vertretenen Menschen im Betrieb und unterstützt und berät diese. Sie verfügt über diverse Anhörungs- und Beratungsrechte.

14.2.3 Sprecherausschuss

Sprecherausschüsse sind die Interessenvertretungen der von den Betriebsräten nicht vertretenen leitenden Angestellten. Sie werden in Betrieben mit mindestens 10 leitenden Angestellten gewählt und verfügen im Wesentlichen über Anhörungen-, Unterrichtung- und Beratungsrechte.

Auf Unternehmens-/Konzernebene existieren häufig Unternehmens-/Konzernsprecherausschüsse.

Auf Sprecherausschüsse wird nachfolgend nicht weiter eingegangen.

14.2.4 Arbeitnehmervertreter im Aufsichtsrat

Neben Gesamt-/Konzernbetriebsrat erfolgt die Wahrnehmung der Arbeitnehmerinteressen in Kapitalgesellschaften wie AG und GmbH i. d. R. durch Arbeitnehmervertreter im Aufsichtsrat.

Die wesentlichen Regelungen hierzu finden sich im Drittelbeteiligungsgesetz, Mitbestimmungsgesetz, Montan-Mitbestimmungsgesetz, Montanmitbestimmungs-Ergänzungsgesetz, im Aktiengesetz und im GmbH-Gesetz.

Als reguläre Aufsichtsratsmitglieder nehmen sie in erster Linie Überwachungsaufgaben wahr, daher wird nachfolgend auf Arbeitnehmervertreter im Aufsichtsrat nicht weiter eingegangen.

14.3 Der Betriebsrat

14.3.1 Der verlängerte Arm der Gewerkschaften?

Zwar finden sich regelmäßig in Betriebsräten auch Gewerkschaftsmitglieder und Gewerkschaften treten nicht selten mit eigenen Listen bei Betriebsrats-Wahlen an. Mitnichten sind Betriebsräte allerdings Wasserträger der Gewerkschaften. Zwar sollen Betriebsrat (und Arbeitgeber) nach § 2 Abs. 1 BetrVG u. a. auch mit den Gewerkschaften zusammenarbeiten, allerdings haben Betriebsräte in ihrer Funktion als Betriebsratsmitglieder z. B. aus Arbeitskampfmaßnahmen herauszuhalten (§ 74 Abs. 2 BetrVG). Der Betriebsrat ist eine eigenständige – von der Gewerkschaft unabhängige – Interessenvertretung der Mitarbeiter.

Meiner Erfahrung nach sind Gewerkschaften v. a. in kleinen und mittelständischen Betrieben und Unternehmen dann besonders stark vertreten, wenn die

Arbeitsbedingungen schlecht sind. Ausgenommen die Metallindustrie, in der die IG Metall traditionell sehr stark auftritt.

Häufig finden sich im Übrigen gerade in Betriebsratsgremien Mitglieder, die Gewerkschaften eher skeptisch gegenüberstehen.

Von einem verlängerten Arm der Gewerkschaften sind Betriebsräte daher häufig sehr weit entfernt.

14.3.2 Mitwirkung und Mitbestimmung – ein Überblick über die wichtigsten Beteiligungsrechte

Beteiligungsrechte des Betriebsrats lassen sich in zwei Grundbereiche unterteilen: Mitwirkungsrechte und Mitbestimmungsrechte.

Zu den **Mitwirkungsrechten** zählen insbesondere **Informations-, Beratungs-, und Anhörungsrechte.** Diese beeinträchtigen die Entscheidungsfreiheit des Arbeitgebers i. d. R. nicht. Aber gerade im Rahmen von Beratungsrechten verfügen Betriebsräte häufig zum einen über hohe Fachkompetenz, zum anderen aber auch und vor allem über einen guten Draht zur Belegschaft. Beides sollte nicht ungenutzt bleiben.

Bei den **Mitbestimmungsrechten** ist der Betriebsrat in die Entscheidung des Arbeitgebers mit einzubinden. Entweder der Betriebsrat kann Entscheidungen blockieren oder gar torpedieren, wie bei den sog. **Zustimmungsverweigerungsrechten.** Oder der Betriebsrat kann bei den **echten Mitbestimmungsrechten** sogar beanspruchen, dass eine gemeinsame Lösung auf dem Einigungsweg gefunden wird. Möglicherweise zwangsweise über eine (teure) Einigungsstelle. Im Rahmen von **Initiativrechten** kann der Betriebsrat sogar ein Thema von sich aus anstoßen.

Und da hier der Betriebsrat ohnehin schon zwangsweise mit im Boot ist, wäre es noch sinnloser als bei den Mitwirkungsrechten, Zeit, Energie und Geld damit zu verschwenden, den Betriebsrat zu bekämpfen, statt sich partnerschaftlich um eine für alles möglichst sinnstiftende Lösung zu bemühen.

Nachfolgend eine Auswahl der wichtigsten Mitwirkungsrechte des Betriebsrats.

14.3.2.1 Personelle Angelegenheiten
Die personellen Angelegenheiten gliedern sich in zwei Bereiche:

14.3.2.1.1 Allgemeinen personellen Angelegenheiten
Hier sind zu nennen:

- Personalplanung (§ 92 BetrVG)
- Beschäftigungssicherung (§ 92a BetrVG)
- Ausschreibung von Arbeitsplätzen (§ 93 BetrVG)
- Personalfragebogen, Beurteilungsgrundsätze (§ 94 BetrVG)
- Personelle Auswahlrichtlinien (§ 95 BetrVG)
- Berufsbildung (§§ 96–98 BetrVG)

14.3.2.1.2 Personelle Einzelmaßnahmen

- Zustimmung des Betriebsrats nach § 99 BetrVG erforderlich bei: Versetzung/Einstellung/Eingruppierung / Umgruppierung
- Widerspruch oder Bedenken bei ordentlicher Kündigung (§ 102 Abs. 2 & 3 BetrVG)
- Bedenken bei außerordentlicher Kündigung (§ 102 Abs. 2 S. 3 BetrVG)
- Kündigung/Versetzung von Funktionsträgern (z. B. BR-Mitglied, SBV, JAV): Aktive Zustimmung des Betriebsrats bzw. Ersetzung der Zustimmung durch Arbeitsgericht (§ 103 BetrVG)

14.3.2.1.3 Der Betriebsrat als Berater bei personellen Maßnahmen

Auch wenn die personellen Einzelmaßnahmen in vielen Betrieben einen Großteil des Tagesgeschäfts ausmachen, ist dies gerade nicht der Bereich, in dem der Betriebsrat wesentliche Beratungsleistungen erbringen kann. Anders, als bei der Personalplanung, welche in der Praxis leider häufig am Betriebsrat vorbei geht. Zwar hat der Betriebsrat hier in erster Linie ein Informationsrecht und ein eingeschränktes Beratungsrecht, dennoch ist es fatal, gerade im immer wichtiger werdenden Sektor der personellen (Fort-) Entwicklung eines Unternehmens den Blick nicht auf die Belegschaft zu richten. Gerade bei mittel- und langfristigen Personalentwicklungs- und Personalstrukturplanungen ist es von entscheidender Bedeutung die Fakten zu kennen. Und damit meine ich nicht die aus der Personalsoftware abrufbaren Zahlen, Daten, Fakten wie Altersstruktur oder Geschlechterquoten. Hier sind Informationen zu Themen wie Betriebsklima, Mitarbeiterzufriedenheit, Führungsskills von Führungskräften, innerer Kündigung etc. unverzichtbar.

- Und wer kennt diese besser als der Personenkreis, der im täglichen Austausch mit den Mitarbeitern steht? Der sich deren Sorgen, Nöte und Beschwerden anhört?
- Wer kann mögliche nachteilige Folgen einer Personalplanung auf die Belegschaft – und vor allem die möglichen Reaktionen darauf – besser einschätzen?
- Wer weiß, wo sich im operativen Tagesgeschäft die größten Reibungsverluste ergeben?

Von daher kann es sehr fruchtbar sein, den Betriebsrat über die Personalplanung nicht nur zu informieren (was ohnehin verpflichtend ist), sondern auch einzubinden.

Gleiches gilt im Übrigen auch für den Bereich der beruflichen Aus-, Fort und Weiterbildung. Gemeinsam mit dem Betriebsrat ist der Berufsbildungsbedarf zu ermitteln und sind sonstige Frage der Berufsbildung zu erörtern. Hier kann der Betriebsrat z. B. auch bei Fragen eingebunden werden, welche sich aus einem Blick in die Personalakten nicht ohne Weiteres beantworten lassen. Im Bereich der beruflichen Ausbildung ist im Übrigen die Jugend- und Auszubildendenvertretung deutlich näher an der Betroffenen dran als jeder andere.

14.3.2.2 Soziale Angelegenheiten

Das schärfste Schwert des Betriebsrats ist die Mitbestimmung in den sog. sozialen Angelegenheiten im Rahmen von § 87 BetrVG. Hier ist der Betriebsrat echter Mitgestalter, nicht nur Verhinderer. Der Arbeitgeber muss sich mit dem Betriebsrat über das „Wie" der Umsetzung im Betrieb einigen. Notfalls über die Einigungsstelle (§§ 76, 76a BetrVG), eine Art innerbetriebliche Schlichtungsstelle mit einem externen Vorsitzenden, welche schnell fünfstellige Kosten pro Tag verursachen kann, die natürlich der Arbeitgeber zu tragen hat. Sofern auch dies nicht erfolgreich ist, kann es sogar zu einer Entscheidung gegen die Stimmen des Arbeitgebers kommen.

Auch hier lediglich ein Blick auf einige wichtige der insgesamt 14 Regelungsbereiche.

14.3.2.2.1 Ordnung des Betriebes und Verhalten der Arbeitnehmer im Betrieb, § 87 Abs. 1 Nr. 1 BetrVG

Hier geht es um das soziale Leben und das soziale Miteinander im Betrieb. Mitbestimmungspflichtig sind dabei Themen wie Arbeitskleidung und deren Design, Tragen von Namensschildern oder Mitarbeiterausweisen, persönliche Gestaltung von Arbeitsplätzen, Nutzung privater Geräte (Smartphones etc.) im Betrieb, Tor- und Taschenkontrollen, Radio hören am Arbeitsplatz, Alkoholverbote, Raucherinseln/Regelungen zum Thema Rauchen im Betrieb, Nutzungsbedingungen für betriebliche Parkplätze, generelle Pflicht für Arbeitsunfähigkeitsbescheinigungen ab dem ersten Krankheitstag, Betriebsbußen.

Immer wichtiger wird heutzutage die Frage, wie Regelungen zu Arbeitsplätzen aussehen, wenn nicht mehr jeder Mitarbeitende einen festen Arbeitsplatz im Betrieb hat (z. B. im Rahmen alternierenden mobilen Arbeitens). Gilt z. B. das „Windhundprinzip" oder gibt es ein Buchungssystem (bei dem dann wiederum § 87 Abs. 1 Nr. 6 BetrVG hinzu kommt). Auch hier hat der Betriebsrat mitzureden.

Aber auch Verhaltensregeln wie z. B. ein Verbot von Liebesbeziehungen am Arbeitsplatz oder das gemeinsame betriebliche Motivationssingen am Morgen (beides unzulässig) oder die „Duzpflicht".

14.3.2.2.2 Arbeitszeitregeln, § 87 Abs. 1 Nrn. 2 & 3 BetrVG

Die Dauer der Wochenarbeitszeit entzieht sich der Mitbestimmung des Betriebsrats – ausgenommen bei Überstunden und Kurzarbeit. Dennoch kann der Betriebsrat sehr weitgreifend die Arbeitszeit mitgestalten. Dabei insbesondere:

- Festlegung von Beginn und Ende der täglichen Arbeitszeit
- Festlegung der Dauer und Lage der Pausen während der Arbeitszeit
- Festlegung der Verteilung der Arbeitszeit auf einzelne Wochentage
- Einführung, Ausgestaltung, Abbau von Schichtarbeit/Gestaltung von Schichtplänen
- Einführung und Modalitäten von Gleitzeit (z. B. Kernzeit mit Lage und Dauer, Gleitphasen)

- Einführung und Ausgestaltung von Vertrauensarbeitszeit
- Festlegung und Ausgestaltung von Bereitschaftsdienst und Rufbereitschaft
- Einführung und Regelung von Sonn- und Feiertagsarbeit

Es ist damit praktisch unmöglich, einseitig neue, modernere oder flexiblere Arbeitszeitmodell im Betrieb zu implementieren, ohne den Betriebsrat zu überzeugen. Dabei sollte man sich aber auch die Erfahrung des Betriebsrats mit den Menschen vor Ort zu Nutze machen.

Da der Betriebsrat nach Nr. 3 auch bei Überstunden (und zwar bei jeder einzelnen!) und bei Kurzarbeit bzw. Minusstunden zu beteiligen ist, werden auch Arbeitszeitkonten ohne eine Einigung nicht eingeführt werden können.

14.3.2.2.3 Technische Überwachung, § 87 Abs. 1 Nr. 6 BetrVG

Diese inzwischen enorm wichtige Norm ist anwendbar bei der Einführung aber auch bei der (laufenden) Anwendung der technischen Einrichtungen. Ergänzt wird das Mitbestimmungsrecht teils durch zusätzliche Mitwirkungsrechte nach §§ 90; 91; 106 Abs. 3, 111 BetrVG.

Überwachung bedeutet dabei jeder Vorgang, bei dem bestimmte Informationen über Verhalten und/oder Leistung des Arbeitnehmers festgestellt/festgehalten werden, um sie anschließend auszuwerten.

- Egal, ob die Daten durch die technische Einrichtung selbst gewonnen werden oder erst eingegeben werden müssen und dann durch diese ausgewertet werden.
- Das Mitbestimmungsrecht greift auch, wenn erst noch eine Verbindung mit anderen Daten/Umständen hergestellt werden muss.
- Die technische Einrichtung muss (nur) objektiv zur Überwachung **geeignet** sein. Auf den (geäußerten) Überwachungswillen des Arbeitgebers kommt es nicht an(!)
- Die Daten müssen dem einzelnen Arbeitnehmer (gegebenenfalls einer kleinen, überschaubaren Gruppe bis ca. 6 Mitarbeitern/Gruppe wird gemeinsam für Gruppenergebnis verantwortlich gemacht) zugeordnet werden können.

Beispiele für mitbestimmungspflichtige Einrichtungen:

- Videokameras
- Mikrophone
- Stechuhren
- Zugangskontrollsysteme/elektronische Schlüsselsysteme
- EDV-Anlagen mit der Möglichkeit zur Erfassung von Betriebs- Verhaltens-, und Personaldaten (z. B. SAP)
- Sonstige Software wie z. B. Internetbrowser, Netzwerksysteme (Windows), Outlook, Notes, oft auch Office-Programme (Office 365), MS Teams, Skype, Zoom etc.
- Telefonanlagen

- GPS-Tracker
- Elektronische Fahrtenbücher

Zuzugeben ist, dass der Betriebsrat von heute den Einsatz der meisten o.g. Systeme nicht wirklich verhindern kann, da moderne Unternehmen ohne diese schlicht nicht mehr arbeiten könnten. Darum geht es aber auch gar nicht. Es geht darum, die Nutzung so zu gestalten, dass einerseits das Unternehmen und die Mitarbeiter vernünftig arbeiten können, andererseits aber die Mitarbeiter vor einer Überwachung á la „Big Brother" geschützt werden.

Geregelt wird also nicht die technische Einrichtung selbst, sondern das, was der Arbeitgeber in Bezug auf die Verhaltens- und Leitungskontrolle damit anstellt.

Auch hier ist allerdings klar ersichtlich, dass gerade im Bereich Technik/Software ohne den Betriebsrat nichts geht, andererseits der Betriebsrat aber technische Innovationen verzögern, wenn nicht gar verhindern kann.

14.3.2.2.4 Ausgestaltung mobiler Arbeit, § 87 Ab. 1 Nr. 14 BetrVG

Gegenstand des § 87 Abs. 1 Nr. 14 BetrVG ist mobiles Arbeiten mittels Informations- und Kommunikationstechnik. Also nicht nur die klassische Telearbeit, sondern auch das „Homeoffice", also das gelegentliche Arbeiten von unterwegs oder zu Hause. Sei es am Laptop oder am Handy/Tablet, üblicherweise als mobile Arbeit bezeichnet.

Hinsichtlich der technischen Fragen (Überwachung etc.) verbleibt es hier bei der Regelung des § 87 Abs. 1 Nr. 6 BetrVG, welcher nicht geändert wurde.

§ 87 Abs. 1 Nr. 14 BetrVG betrifft die Mitbestimmung bei der „Ausgestaltung" mobiler Arbeit. Es geht also um die Rahmenbedingungen. Damit ist die Norm ähnlich der bereits bestehenden Regelung in § 87 Abs. 1 Nr. 1 BetrVG gestaltet, ja ergänzt diese wohl nur bzw. schafft eine Klarstellung. Denn schon bisher war es weit verbreitete Auffassung, dass die Rahmenbedingungen mobiler Arbeit über § 87 Abs. 1 Nr. 1 BetrVG mitbestimmungspflichtig sind.

Die Frage des „Ob", also die Frage, wird mobiles Arbeiten eingeführt oder nicht und wenn ja, in welchem Umfang, ist nicht mitbestimmungspflichtig.

Betriebsräte bestimmen allerdings bei der inhaltlichen Ausgestaltung der mobilen Arbeit mit.

Dazu gehören insbesondere Regelungen:

- über den zeitlichen Umfang mobiler Arbeit (z. B. nur an 2 Tagen/Woche)
- über Beginn und Ende der täglichen Arbeitszeit (kann auch über Nr. 2 geregelt werden)
- über den Ort, von welchem aus mobil gearbeitet werden kann bzw. darf (z. B. nicht im Ausland).
- zu konkreten Anwesenheitspflichten im Betrieb („Bürotage"),
- zur Erreichbarkeit(szeiten),
- zum Umgang mit Arbeitsmitteln (z. B. Aufbewahrung, Zugang für Betriebsfremde),
- über einzuhaltende Sicherheitsaspekte (z. B. „Alexa-Verbot").

14.3.2.3 Wirtschaftliche Angelegenheiten

Eigentlich ein Bereich, in dem Betriebsrat eher schwach ausgestaltete Mitwirkungsrechte hat. In Unternehmen mit mehr als 100 Arbeitnehmer kann der Betriebsrat einen Wirtschaftsausschuss bilden, den der Unternehmer unterrichten muss und mit dem wirtschaftliche Fragen zu beraten sind (§§ 106 ff. BetrVG).

Hier zeigt sich schon, dass das Unternehmen durch den Gesetzgeber einen Zwangsberater in wirtschaftlichen Fragen zur Seite gestellt bekommt. Und da die Mitglieder des Wirtschaftsausschusses entsprechende Fachkenntnisse haben sollen oder sich über Seminare verschaffen, wäre es fahrlässig deren Sichtweise – auch wenn sie durch die Arbeitnehmersicht gefärbt ist – nicht zu nutzen.

Hinzu kommt, dass bei Betriebsänderungen der Betriebsrat ebenfalls mit im Boot ist. Betriebsänderungen sind nach § 112 BetrVG vor allem folgende Sachverhalte, sofern ein nicht unerheblicher Teil der Belegschaft davon betroffen ist:

- Einschränkung und Stilllegung des ganzen Betriebs oder von wesentlichen Betriebsteilen,
- Verlegung des ganzen Betriebs oder von wesentlichen Betriebsteilen,
- Zusammenschluss mit anderen Betrieben oder die Spaltung von Betrieben,
- Grundlegende Änderungen der Betriebsorganisation, des Betriebszwecks oder der Betriebsanlagen,
- Einführung grundlegend neuer Arbeitsmethoden und Fertigungsverfahren.

Das sind wesentliche unternehmerische Entscheidungen, welche nicht so ohne Weiteres durch den Unternehmer alleine getroffen werden können. Vielmehr sind Verhandlungen über Interessenausgleich und Sozialplan aufzunehmen.

Der Interessenausgleich ist dabei eine – letztlich für den Betriebsrat nicht erzwingbare – Vereinbarung über die Gestaltung der Betriebsänderung selbst. Zwar kann der Betriebsrat hier auch die Einigungsstelle involvieren, jedoch ohne zwingendes Ergebnis.

Dem gegenüber ist der Sozialplan – notfalls über ein Einigungsstellenverfahren – erzwingbar. Der Sozialplan regelt dabei nicht die Betriebsänderung selbst, sondern soll Ausgleiche für die aufgrund der Betriebsänderung entstehende Nachteile für die Arbeitnehmer schaffen. Das sind z. B. (pauschalierte) Abfindungen bei betriebsbedingten Kündigungen, Umzugskostenbeihilfen, Ansprüche auf Qualifizierungsmaßnahmen etc. Das kann letztlich ins Geld gehen und gelegentlich auch dazu führen, dass das wirtschaftliche Ziel einer Betriebsänderung nicht mehr erreicht werden kann.

Von daher gilt es gemeinsam mit dem Betriebsrat die Betriebsänderung möglichst sozialverträglich zu gestalten – und wer weiß, womöglich haben die Arbeitnehmer-Vertreter auch die ein oder andere gute Idee.

14.4 Die Schwerbehindertenvertretung

Schwerbehinderung. Ein Thema, mit dem man sich nicht beschäftigen möchte. In Deutschland lag die Anzahl der Schwerbehinderten 2021 bei rund 7,8 Mio. Menschen, was einem Anteil an der Gesamtbevölkerung von 9,4 % entspricht.[3] Und jeden kann es jederzeit treffen. Von daher hat jeder Arbeitgeber auch schwerbehinderte Menschen in seinem Mitarbeiterkreis – ob bekannt, oder nicht.

Hinzu kommt, dass alle Arbeitgeber mit mehr als 20 Arbeitnehmern verpflichtet sind, mindestens 5 % der Stellen mit schwerbehinderten oder gleichgestellten Menschen zu besetzen (§ 154 SGB IX). Wird diese Quote nicht erfüllt, ist eine sog. Ausgleichsabgabe zu zahlen. Diese beträgt zwischen 140,00 bis 720,00 € pro nicht besetzten Pflichtarbeitsplatz pro Monat, je nach Quotenerfüllung.

14.4.1 Beteiligungsrechte

Nach § 178 Abs. 2 SGB IX hat der Arbeitgeber die SBV in den meisten Angelegenheiten, die schwerbehinderte/gleichgestellte Menschen betreffen, zu informieren und Gelegenheit zur Stellungnahme zu geben. Das sind insbesondere Dinge wie Abmahnungen, Versetzungen, Kündigungen etc. Doch auch im Bewerbungsverfahren ist die SBV zu involvieren. Sobald eine Bewerbung einer schwerbehinderten/gleichgestellten Person vorliegt, ist die SBV zu informieren und hat ein Recht zur Teilnahme an Vorstellungsgesprächen sowie Einblick in die Bewerbungsunterlagen (§§ 164 Abs. 1, 178 Abs. 2 SGB IX).

Zudem kann die SBV Verhandlungen über eine Inklusionsvereinbarung erzwingen (§ 166 SGB IX), welche die Integration schwerbehinderter/gleichgestellter Menschen erleichtern soll. Daran ist auch der Betriebsrat und gegebenenfalls das Integrationsamt beteiligt.

Zweck der Regelungen ist es, zum einen Diskriminierungen zu vermeiden, zum anderen aber auch, schwerbehinderte Menschen in den Betrieb zu integrieren. Dabei ist es keineswegs so, dass ein Schwerbehinderter/Gleichgestellter in seinem konkreten Job leistungsgemindert sein muss. Hier kann die SBV unterstützen die Rahmenbedingungen so zu gestalten, dass den Betroffenen die Erbringung der vollen Leistung möglich ist. Zudem kann die SBV beratend dazu beitragen, das Entstehen neuer Behinderungen in der Belegschaft zu verhindern. Und sie kümmert sich um den Bereich, um den man sich üblicherweise nicht so gerne kümmert.

---

[3] Quelle: Statistisches Bundesamt (https://de.statista.com/themen/261/behinderung/#:~:text=In%20Deutschland%20liegt%20die%20Anzahl%20der%20Schwerbehinderten%20bei,auf%20durchschnittlich%2094%20schwerbehinderte%20Personen%20je%201.000%20Einwohner. – abgerufen am 07.05.2023).

14.4.2 Chancen für das Unternehmen

Viele Unternehmen protzen inzwischen mit ihrer Diversität – und der Umgang mit schwerbehinderten/gleichgestellten Menschen gehört dazu. Dabei kann die SBV unterstützen. Und womöglich offenbaren sich bei entsprechender Wertschätzung durch den Arbeitgeber noch Personen, die bisher ihre Behinderung verheimlicht haben – und ersparten so die Ausgleichsabgabe.

14.5 Fazit

Ja, ein Großteil der Mitbestimmungsrechte des Betriebsrats schränkt das Weisungsrecht und die tatsächliche und wirtschaftliche Handlungsfähigkeit des Arbeitgebers nicht unerheblich ein. Das mag man gut finden – oder auch nicht. Ändern kann man es jedenfalls nicht.

Auch die Anhörungs- und Beratungsrechte der Mitarbeitervertretungen mögen im Einzelfall lästig sein. Andererseits kann ein Blick in die Gedankenwelt der Mitarbeitenden ganz neue Horizonte eröffnen. Und das ist in Zeiten, in denen Mitarbeiter-Knappheit herrscht, umso wichtiger. Die Zeiten haben sich gewandelt. Heutzutage hübschen sich nicht mehr die Stellenbewerber für das Vorstellungsgespräch auf, sondern die Unternehmen für die Bewerber. Wertschätzung der Mitarbeiter steht dabei ganz weit oben. Und mit Betriebsrat, SBV und Co. haben Sie den Finger am Puls der Belegschaft. Das gilt es zu nutzen. Zumal die notwendige Fachkenntnis häufig vorhanden ist oder im Rahmen von Schulungen und Seminaren erworben wird. Und da der Arbeitgeber diese ohnehin finanzieren muss, sollte er sich auch einen Nutzen daraus ziehen.

Also: Jammern über Beteiligungsrechte der Mitarbeitervertretungen hilft nicht weiter – Einbindung in die Entscheidungsprozesse hingegen schon.

Urs Peter Janetz, Jahrgang 1969, Rechtsanwalt seit 1996, Fachanwalt für Arbeitsrecht seit 1999, Dozent und Lehrbeauftragter einer Hochschule Universität, lebt in Oberbayern und arbeitet deutschlandweit. Mehr auf https://urspeterjanetz.de.

Beirat – Quo vadis?

15

Martin von Hirschhausen

> **Zusammenfassung**
>
> Was passiert, wenn ein Familienunternehmer keine Notfallregelungen für die Zeit nach seinem Tode trifft? Die Hinterbliebenen haben das Nachsehen, ein Lebenswerk geht unter. Probesterben zu Lebzeiten hilft, im Worst Case gewappnet zu sein. Hier geht es um einen Wegweiser für den verantwortungsvollen Umgang mit Familienwerten und wie ein Beirat zeitgemäßen Mehrwert für Familienunternehmen schafft.

15.1 Veränderungen als Konstante

In Zeiten von geostrategischen Verschiebungen, Krieg in Europa, Digitalisierung, Wettbewerbern aus vermeintlich entfernten Branchen und somit zunehmender Komplexität ergibt sich die Notwendigkeit von ständigen Veränderungen jedes Unternehmens.

Wie ist die Position des Unternehmens, wie ist die Entwicklung der Branche sowie von vorhandenen und möglichen neuen Wettbewerbern, wie kann sich das Unternehmen für die Zukunft wappnen und einen Mehrwert für Kunden bieten? Dazu kann es auch auf Menschen ankommen, die von außerhalb des Unternehmens mit unterschiedlichen Erfahrungen, Kenntnissen, Spezialistenwissen, Werdegängen, Netzwerken und Persönlichkeiten kommen und mit ihren Beiträgen Mehrwerte für das Unternehmen schaffen. In strukturierter Form kann das aus einem Beirat heraus erfolgen.

M. von Hirschhausen (✉)
Berlin, Deutschland
E-Mail: mvh@martinvonhirschhausen.com

15.2 Beiratsaufgaben nehmen zu

Bei einem Beirat geht es um die Begleitung des Unternehmens in Sonnenzeiten, vor allem aber in Schattenzeiten. Es geht um die Möglichkeit zum Mitgestalten bis hin zur teilweisen Übernahme von Verantwortung.

Einen großen Unterschied macht die Aufgabe als kontrollierender versus beratender Beirat. Geht es auch um gesetzliche Vorgaben und Haftung, um zustimmungspflichtige Geschäfte und Personalentscheidungen? Die Antworten auf diese Fragen prägen die Kultur eines Beirats und das Verhalten der einzelnen Mitglieder sehr unterschiedlich. Handelt es sich um einen ausschließlich beratenden Beirat, ist der Dialog offener, kreativer, weniger vom Recht geprägt – für die Eigentümer oft ergiebiger.

Nachfolge und Notfallplanung sollten – wenn auch oft unangenehme Themen – zumindest einmal jährlich im Beirat durchdekliniert werden. Bei angedachten Nachfolgern aus der Familie geht es um die Fragen: Traue ich einem oder mehreren Kindern zu, die operative Verantwortung für das Unternehmen zu übernehmen? Was passiert mit den Kindern, denen ich die Nachfolge nicht zutraue oder die diese nicht übernehmen möchten, welche Wechselwirkungen bringt das beruflich und in den Familienbeziehungen mit sich? Bei der Notfallplanung geht es um die Gestaltung des Eigentums, der Geschäftsführung und möglicher zusätzlicher Kompetenzen des Beirats; es kann auch um die möglichen Quellen für die Zahlung von wahrscheinlich anfallenden Erbschaftssteuern gehen, um den Druck oder gar Zwang zum Verkauf von Unternehmensteilen für solche Zahlungen von vornherein auszuschließen. Ich empfehle „Probesterben" – wer und was geht, wenn nichts mehr geht?

In einem mir gut bekannten, trotz diverser Versuche ohne Beirat agierenden Unternehmen starb der Patron plötzlich. Er hatte trotz vieler Bitten durch seine Frau keine Regelungen für das Unternehmen hinterlassen, sich um die Verantwortung sowie Klärung der Rollen seiner Frau sowie seiner Kinder im bzw. zum Unternehmen und somit auch des Verhältnisses untereinander gedrückt. So blieben der Witwe und den Kindern nur die Möglichkeiten kurzfristiger Verkauf, Involvierung eines Interim-Managers oder eine Lösung aus der Familie heraus. Nach einigem Hin und Her entschied die Witwe nach Zustimmung ihrer Kinder: Ich mache es selbst, ich übernehme die Geschäftsführung. Wir stellten ihr zügig einen beratenden Beirat zur Seite – noch vor der Beerdigung ihres Mannes war die Zukunft des Unternehmens geklärt. Heute geht es dem Unternehmen besser als je zuvor, inzwischen arbeitet eine Tochter erfolgreich im Unternehmen mit. Ein Beirat früher installiert und zusammengestellt, hätte der Familie viel Kopfzerbrechen und Nerven erspart. Besser spät als nie.

Bei der langfristigen Ausrichtung und somit der Zukunft des Unternehmens geht es auch immer um die Gestaltung des Lebenswerks des Unternehmers – so sollte der Beirat regelmäßig ein gesondertes Augenmerk auf die Intention für dieses und Ausgestaltung von diesem Lebenswerk des Unternehmers richten. Dieser Blick hat mit den Werten des Unternehmers und des Unternehmens zu tun. So wird die Lebensleistung gewürdigt, das Ego des Unternehmers einbezogen und die Transformation von immateriellen und materiellen Werten in die nächste Generation mit höherer Wahrscheinlichkeit gewährleistet.

15.3 Größe und Zusammensetzung sind elementar

Was ist die ideale Größe eines Beirats für Ihr Unternehmen? Wie ist das zahlenmäßige Verhältnis im Beirat von Eigentümern und damit oft Familienmitgliedern zu externen Mitgliedern? Sind Gäste zugelassen und/oder gewünscht? Mindestens vier, maximal acht Mitglieder scheinen mir für eine effektive Beiratstätigkeit gut zu passen, mindestens vier Mal pro Jahr – in Abhängigkeit von besonderen Themen auch öfter – sollte das Gremium intensiv tagen.

Bei Familienmitgliedern reicht die Eigentümerfunktion als Qualifikationskriterium nicht aus. Vielmehr sollten Erfahrungen, Fachkenntnisse und v. a. notwendige bzw. zumindest wünschenswerte Persönlichkeitsmerkmale wie Entscheidungsstärke, Durchsetzungsfähigkeit bei möglichst gleichzeitigem Interessenausgleich, Konflikterfahrung und -management sowie Unabhängigkeit im Urteil als Entscheidungskriterien hinzukommen. Doch wer entscheidet über solche Kriterien, wer entscheidet über die Geeignetheit von einzelnen Familienmitgliedern für den Beirat? Eine Möglichkeit ist, den familienfremden Mitgliedern hier eine besondere Rolle zukommen zu lassen. Parallel soll die Qualifizierung von Eigentümer- und Beiratsnachwuchs im Blick behalten werden. Dazu kann ein Hineinwachsen in die jeweilige Verantwortung nach meiner Erfahrung durch externe Begleiter, durch Netzwerke und in einzelnen Unternehmen auch durch Gastfunktion im Beirat unterstützt werden.

Der Mix macht's – Mitglieder aus unterschiedlichen Branchen, mit unterschiedlichen Expertisen wie zum Beispiel Finanzen und Digitalisierung, mit unterschiedlichen Hintergründen, aus großen und kleinen Unternehmen, aus unterschiedlichen Entwicklungsstufen von Unternehmen wie Gründung, Wachstum oder Restrukturierung geben Mehrwerte für das Unternehmen. Nach meiner Erfahrung: Je diverser, desto besser.

Die zunehmende Komplexität und Tiefe von Fragestellungen hat in der Vergangenheit zu zunehmender Spezialisierung von Mitgliedern in Beiräten geführt. Dabei kam der Generalist zu kurz – insofern halte ich die wieder zunehmende Bedeutung von Generalisten für wichtig. Letztlich geht es doch immer wieder um das Zusammenspiel von Strategie-, Personal- und Kommunikationsfragen.

15.4 Verantwortung des einzelnen Mitglieds

Zeit, Einarbeitung, Engagement, Freude am Dienstleisten, Commitment – in einem Wort zusammengefasst: Unterstützer – das ist meine Anforderung an jedes Mitglied für eine Beiratstätigkeit. Diese Rolle unterscheidet sich deutlich von der zumeist parallelen oder vergangenen Geschäftsführerfunktion mit Gestaltungsverantwortung und -umsetzung. Die Sensibilität für diese sehr unterschiedlichen Rollen gilt es zu leben.

Das allgemeine und spezielle Wissen jedes Mitglieds einzubeziehen und für das Unternehmen zu nutzen, ist eine wesentliche Aufgabe von Eigentümern, jedes einzelnen Beiratsmitglieds und der Geschäftsführung. Eine besondere Rolle kommt dabei der

Vorsitzenden bzw. dem Vorsitzenden des Beirats zu. Die Agenda und Prioritäten sowie die Moderation sind die wesentlichen Hardfacts. Ist das Richtige und Wichtige gesagt, oder die Gefahr: Ist alles von jedem gesagt? Der Mehrwert des Gremiums wird allerdings durch die Softfacts bestimmt: Offenheit, Kreativität, Entscheidungsfindung, Entscheidungsstärke, Fokus auf die Umsetzung, und – als elementares Element – der Umgang mit der Geschäftsführung. Dabei sind Nähe und Distanz, Enge und Frequenz beim Austausch, Vertraulichkeit und trotzdem Transparenz in den Beirat hinein wesentlich. Das eigene Verhalten im Gremium zu reflektieren, sich an die eigene Nase zu fassen, mit etwas Distanz auf die eigene Rolle zu schauen, führt zu einem oft leichteren Umgang miteinander und einem zusätzlichen Mehrwert für das Unternehmen.

In einem Unternehmen gab es Unstimmigkeiten zur zukünftigen Ausrichtung. Da prallten verschiedene Denkrichtungen und Erfahrungen aus dem Umgang mit Digitalisierung aufeinander. Bevor es zum großen Knall kam, regte ein im Regelfall sehr stilles Mitglied des Beirats die Involvierung eines Mediators an – und siehe: Die Unterschiede rührten wesentlich vom konfrontativen Stil der Protagonisten her, in der Sache konnte zügig ein dritter, für das Unternehmen noch besserer Weg gefunden werden. Also: Sich etwas zurücknehmen, auf die Zwischentöne achten, lösungsorientiert arbeiten, darin kann ein wesentlicher Mehrwert für das Unternehmen liegen.

15.5 Teamplay entscheidet

Ich halte aus eigenen Gremienerfahrungen heraus die Zusammenarbeit für das essenzielle Erfolgselement für einen Beirat. Manchmal Diplomatie, manchmal Zurückhaltung, manchmal klare und unbequeme Äußerungen, manchmal Konflikte, manchmal Freude und Freunde, manchmal Sparringspartner, manchmal inhaltlicher Wettbewerb – das macht den Reiz, das macht vor allem den Mehrwert für das Unternehmen aus.

Konflikte entstehen bei der Zusammenkunft schon von zwei Personen. Unterschiedliche Erfahrungshintergründe, unterschiedliche Prägungen, unterschiedliche Meinungen und unterschiedliche Einschätzungen zur Zukunft und Ausrichtung des Unternehmens halte ich für selbstverständlich. Es kommt auf das Konfliktmanagement an. In Familienunternehmen prägt das den Familienfrieden – je nach Größe, Kultur und Tradition des Unternehmens wird der Familienbegriff neben den Eigentümern auf die verzweigte Familie, Beiräte sowie Mitarbeiter erweitert. Vertrauen – das ist die Grundlage für das Zusammenwirken für das Unternehmen und den Erfolg.

Wichtig ist auch die interne Organisation des Beirats – wer bestimmt die Agenda, wer setzt die Tonalität, wer setzt die Intensität von einzelnen Themen? Ist es der Beirat selbst, ist es sehr stark der Vorsitzende, oder ist es – wie in vielen Unternehmen – die Geschäftsführung? Meine Priorität für die Organisation der Beiratsarbeit ist die Verantwortung aller Beiratsmitglieder mit der Orchestrierung und letztlicher Entscheidung durch den Vorsitzenden. Eine klare Schwerpunktsetzung pro Sitzung sowie ausreichend Zeit für Diskussionen sind zudem elementar. Eine entsprechende Vorbereitung gehört selbstverständlich zu jeder Sitzung dazu – die Zeit mit dem Durchgehen von Präsentationen zu verbringen, ist eine Vergeudung von Ressourcen.

In einem Mandat in einem produzierenden Unternehmen habe ich leider die Erfahrung gemacht, dass einige Beiratsmitglieder die Sonnenzeiten des Unternehmens sehr wohl genossen haben, sich in den Schattenzeiten aber zurückgezogen haben – sei es gedanklich, sei es bei einem Mitglied durch Rücktritt. Solche Verhaltensweisen zu prognostizieren, ist schwer. Insofern kommt es auf den Charakter und das Engagement an, eine enge Bindung mit Eigentümern, anderen Beiratsmitgliedern und Geschäftsführung hilft. Teamplay ist gefragt.

Eine Aufgabe bleibt als Priorität immer klar: Die Personalentscheidungen. Hier Konsens und Stringenz, klare Entscheidungen und Disziplin einzufordern und zu erreichen, ist die alles entscheidende Funktion eines Beirats. Und dazu kann auch die Trennung von einzelnen Mitgliedern der Geschäftsführung, auch mal eines Mitglieds des Beirats gehören.

15.6 Ausblick: Es ist sicher, dass es unsicher bleibt

Ein Beirat ist ein Element für den Unternehmenserfolg – schon einzelne Bemerkungen oder Netzwerkhinweise, einzelne Ideen oder Handreichungen können zu erhöhter Profitabilität beitragen. In der Zeit unserer schnellen Veränderungen kommt es zunehmend auf Erfahrungen, Blickwinkel und Impulse von außen an. Wohlwollend, manchmal widersprechend, auf jeden Fall unterstützend – meine Hoffnung und Erwartung ist, dass immer mehr Unternehmen einen Beirat als lohnende Investition nutzen.

Jedes Unternehmen ohne Beirat ist eine vertane Chance. Jedes Unternehmen ohne mehrwertstiftenden und somit „profitablen Beirat" ist eine Nachlässigkeit und wird der Verantwortung der Eigentümer für die Zukunftsfähigkeit des Unternehmens nicht gerecht.

Martin von Hirschhausen ist Gründer und Vorstand der Martin von Hirschhausen AG, Vermögensbegleitung für Familienunternehmer, sowie Aufsichtsrat und Beirat; über 40 Jahre Banken und Finanzen, Bankvorstand a.D., Prägung durch Team-Leistungssport.

Gemeinnütziges Engagement in Bildung, Sport und internationalen Beziehungen.

16 Destroy and Rebuild – schöpferische Zerstörung als disruptive Innovation im Mittelstand

Thomas Sattelberger und Clarissa-Diana de Grancy

Zusammenfassung

„Deutschland ist auf der Rutsche zum kranken Mann Europas – eine Entwicklung, die nicht mehr aufzuhalten ist. Das betrifft nicht nur das Politiksystem, sondern genauso die öffentliche Verwaltung und erst recht den Mittelstand." Thomas Sattelberger nimmt kein Blatt vor den Mund, wenn es darum geht, die aus seiner Sicht Verantwortlichen zur Rechenschaft zu ziehen und den Finger in die Wunde zu legen. Ein Gespräch über unfähige Politiker, mutige Unternehmer, den idealen Beirat und die schöpferische Kraft der Zerstörung.

„Für diese Transformation", so steht es im Klappentext von ‚Radikal neu', jüngste Publikation des Thomas Sattelberger, „braucht es Führende, die wissen, wie es ist, wenn man individuelle Transformation durchschreitet."

Was bedeutet diese Einlassung, übertragen auf die Gremienlandschaft in Deutschland?
Deutschland ist auf der Rutsche zum kranken Mann Europas – eine Entwicklung, die nicht mehr aufzuhalten ist. Das betrifft nicht nur das Politiksystem, sondern genauso die öffentliche Verwaltung und erst recht den Mittelstand.

T. Sattelberger (✉)
München, Deutschland
E-Mail: t.sattelberger@icloud.com

C.-D. de Grancy
Berlin, Deutschland
E-Mail: sdg@aufsichts.art

© Der/die Autor(en), exklusiv lizenziert an Springer Fachmedien Wiesbaden GmbH, ein Teil von Springer Nature 2025
P. Buchenau und C.-D. de Grancy (Hrsg.), *Chefsache Beirat,* Chefsache,
https://doi.org/10.1007/978-3-658-45642-9_16

Nicht nur die böse Politikerkaste, auch große Teile des Mittelstands haben aufgrund ihrer Legacy-Strukturen, aufgrund ihrer Tradition, im Kern ob ihrer Genetik richtiggehend verschlafen, sich für die neue Ökonomie aufzustellen. Nur 5 % der Small and Medium Sized Enterprises (SME/KMU) nutzen überhaupt KI. Ganze 64 % sagen heute, das habe für ihr Geschäft keine Bedeutung. Das muss man sich wirklich mal auf der Zunge zergehen lassen, bevor man über Beiräte redet, die ja im Grunde eingebettet sind in diesen rückständigen Kontext, in dem unser – und ich sage jetzt bewusst – österreichischer wie deutscher Mittelstand eingebettet ist. Denn der Schweizer Mittelstand ist ganz anders – und das gilt auch, wenn wir den Blick über die deutschsprachigen Nationen weiten, für den dänischen, niederländischen oder schwedischen Mittelstand. Der jüngste erschienene *Global Competitiveness Index* des IMD in Lausanne, bei dem Deutschland in rund zehn Jahren von Platz 6 auf Platz 24 abgerutscht ist, listet diese Nationen regelmäßig auf den Spitzenplätzen, wegen ihrer Innovationsorientierung, ihrer wirtschaftlichen Dynamik, ihrer technologischen Diversität und ihrer Anpassungsfähigkeit – im Management wie bei den Gewerkschaften.

Wie sieht der ideale Beirat heute aus?
Natürlich ist ein Beirat heute viel mehr als ein Beirat. Ein Beirat muss in seiner Beschaffenheit einer sein, der dem Unternehmer oder der Unternehmerin dabei hilft, im wahrsten Sinne des Wortes, das alte Geschäftsmodell zu zerschlagen und ein Neues aufzubauen.

Destroy and Build…
Destroy and Build. – Mir ist sehr wohl bewusst, dass die Margen aus dem alten Geschäft helfen müssen, das neue aufzubauen. Man kann nicht einfach einen Punkt machen und sagen: *Destroy* und dann *re-build* – das geht nicht. Aber diese Logik, diese harte, brutale Logik, muss endlich in die Köpfe der Mittelständler rein. Und dann muss jeder Unternehmer, jede Unternehmerin sich überlegen: Was ist eigentlich ein richtiger Beirat? – Sind das die gelackten Affen? Sind das *family & friends?* Sind das *The Pleasing Companies?* – Oder sind das im wirklichen Sinne unabhängige Geister, von denen der mittelständische Unternehmer, die mittelständische Unternehmerin, echten unabhängigen Rat bekommt? – Sind das die abgehalfterten früheren Fraunhofer-Zentren-Leiter, oder sonst was? Nein. Die haben es auch bisher nicht unter Beweis gestellt. Punkt. Ich bin gerade geladen. *(lacht).*

Viele Mittelständler sagen: ‚Wir haben richtig gute Leute in jedem Department. Die holen wir einmal im Monat an einen Tisch und besprechen alles, was anliegt. – Funktioniert wunderbar. Wozu sollten wir uns einen Beirat ans Bein binden? Ist doch bloß wieder bürokratischer Aufwand.'
Das ist nicht mein Problem. Das ist das Problem des mittelständischen Unternehmens. Die müssen sich die Karten legen, ob sie sich ehrlich angucken wollen, wo sie heute stehen. Ich habe überhaupt kein Problem damit, dass Mittelständler sterben. Wer nicht hören will, muss fühlen. Punkt.

Vielleicht müssen sie erst in sechs oder sieben Jahren ihre Türen abschließen. Oder sagen wir, jetzt, wo das alles schneller geht, vielleicht schon in vier Jahren, aber diese vier Jahre sind nun mal eine Zeitspanne, bei der die Leute denken: ‚Es hat doch bis hierher alles irgendwie okay funktioniert. Jetzt noch ein bisschen die Füße stillhalten – und irgendwie werden wir schon durchkommen.'

Gehen wir mal in die Zeit vor Corona zurück – da war die Situation im Grunde ja schon genauso dramatisch. Heute ist sie dramatischer, aber die Corona-Jahre haben im Grunde unseren Kopf vernebelt, weil sie letztlich Rettungsjahre waren, wo sich jeder über Kurzarbeit, über staatliche Subventionierung – dieses süße Opium – sozusagen durchmanövriert hat. Heute kam der *IMD Global Competitiveness Index* raus – das beste internationale Ranking, das ich kenne. Und jetzt kommt's: Wir sind in zwei Jahren um weitere neun Plätze zurückgefallen. Dieses Land befindet sich im freien Fall. Und natürlich könnte man jetzt sagen: „Weiter so! Süßes Opium… Die Sozialdemokraten, die werden uns dann schon das Geld irgendwo hinstellen und uns helfen."

Nicht alle Mittelständler sind vernebelt, etliche handeln…
Ich kann rundherum sehen, wie in meinem Umfeld die Mittelständler reagieren: Sie handeln, indem sie ihre Produktion ins Ausland verlagern. Genau, ich würde mal sagen, ein Fünftel der Mittelständler handelt. 80 % von ihnen sind noch schläfrig oder können nicht handeln. Natürlich kannst du eine Friseurkette nicht nach Asien verlagern. Trotzdem ist es so: Auf der einen Seite hast du die Mittelständler, die wirklich „stationär" sind und unter unserem Staat und unserer Bürokratie und unserer Mittelmäßigkeit leiden müssen, und dann hast du auf der anderen Seite die Mittelständler, die heute schon handeln. Und dann hast du noch eine breite Mitte von denen, die auf der einen Seite hoch beunruhigt sind und auf der anderen wie auf der *Titanic* noch in ihren Liegestühlen hocken und sich die Kapelle blasen lassen… Ich glaube nicht, dass wir beides besonders gut finden, und wahrscheinlich wollen wir auch nicht, dass Deutschland sich de-industrialisiert. Das wäre im Übrigen noch nicht mal ein Problem…

Transformation auf der *Titanic* – worin siehst du das Hauptproblem?
Die De-Industrialisierung ist kein Problem. – Aber wir kriegen ja die digitale Transformation nicht hin – *das* ist das Problem. Und deswegen ist das nur eine Verlagerung von Hardware in andere Regionen dieser Welt, zugleich die Verlagerung von Forschung und Entwicklung. Dass *Bayer* und *BASF* von der Bürokratie genervt sind und mehr und mehr nach Asien und in die USA verlagern, ist das eine – aber dass *BioNTech* mit seiner Krebsforschung nach Großbritannien geht, ist doch im Grunde das wirkliche Warnsignal. Das heißt, im Grunde geht nicht nur die Produktion von physischen Systemen weg, es gehen auch Forschung und Entwicklung weg. Und das ist – wahrscheinlich scharf geschnitten – das Problem: Die Avantgarde-Unternehmen wissen eigentlich, was zu tun ist, doch bietet ihnen der Standort Deutschland keine Möglichkeiten für Forschung und Entwicklung. Und die Produktionsunternehmen, die verarbeitende Industrie, knicken unter den Arbeitskosten und den hohen Energiekosten ein und gehen dorthin, wo das anders ist.

Und der liebe Max Viessmann, hat als innovativer Unternehmer im Grunde genommen glasklar erkannt, dass sein Unternehmen in Deutschland keine Chancen hat. Er hat rechtzeitig gesehen, wie die Grünen in eine überhastete Energiewende reinzwingen, auch beim Bereich der Wärmepumpen, was überhaupt nicht zu bewältigen ist, und auf der anderen Seite hat er den Fortschritt der US-amerikanischen Unternehmen bei regenerativen Technologien gesehen – bei dem Unternehmen *Carrier Global*. Dann hat er sich im Grunde gesagt: *„Okay, jetzt cashe ich meine 11 Mrd., einen Teil davon bekomme ich als Shares, und mit dem anderen Teil werde ich Investor."* Aber er wird eben kein *deutscher* Investor, er wird ein *globaler* Investor.

Gutes Stichwort: Investor. Beiräte um die passenden Persönlichkeiten zu erweitern ist das eine – doch was ist mit einem Beiratsteam *from scratch*? Investoren handeln naturgemäß verstärkt im Eigeninteresse. Gerade Start-up-Gründerinnen und -Gründer sollten deshalb aufpassen, welches Kapital sie sich an Board holen… Im Grunde eine Chance, sich von Anfang an einen unabhängigen Beirat an die Seite zu stellen, oder?

Ich spreche häufig vom inzestuösen System. Viele Mittelständler haben für ihre Beiräte im Grunde inzestuöse Systeme geschaffen, die sich zum Teil aus *friends & family* zusammensetzen. Der andere Teil besteht aus irgendwie guten Namen aus der deutschen Wissenschaft, die man sich dann vom Fraunhofer Institut holt oder dem Max Planck Institut, oder wie auch immer, meistens „Austragerl-Jobs" für frühere Wissenschaftsmanager. Das Gleiche haben wir im Politiksystem. Das sind keine unabhängigen Innovations- und Technologie-Experten-Berater der Bundesregierung, sondern Subventionsempfänger, die *Max Plancks,* die *acatechs,* die *Fraunhofers…* Wenn es dem Mittelstand nicht gelingt, diese inzestuösen Strukturen aufzubrechen und tatsächlich Leute reinzuholen, die die Welt aus einer ganz anderen Perspektive sehen, solche, die die radikalen Fragen stellen, dann können die sich ihren Beirat in die Haare schmieren.

Wie bekommt man denn diejenigen ins Board, die die wirklich radikalen Fragen stellen?

Erstens, indem ich sie frage. Wir kennen ja zuallererst das Prinzip: Ähnlichkeit zieht sich an, das heißt, die homosoziale Reproduktion ist außerordentlich hoch. Auf diese Weise bekommst du dann gefällige Beiräte. Als ich Telekom-Personalchef war, hatten wir bei der Suche und Besetzung von Top-Managementpositionen – und das kann man jetzt genauso für Beiratspositionen übersetzen – immer ein Cluster *Die Traditionellen,* dann hatten wir ein Cluster *die Branchenfremden,* dann hatten wir ein Cluster *Die Internationalen* und ein Cluster *Die Schrägen im Stall.* Das gleiche muss ein Familienunternehmer hinkriegen. Er braucht die Schrägen, die schrägen Vögel, die Unbequemen, die Querdenker.

Weißt Du ein Unternehmen, das bei der Zusammenstellung des *Best Performing* Beiratsteams mit der Platzierung „kluger, erfahrener, schräger Vögel" schon so vorgeht?
Ich kann dir nur sagen, wie beratende oder kontrollierende Gremien dazu beitragen können, als einem Teil der Transformation, dass sich Mittelständler einen wirklich anderen Beirat zusammenstellen können, um auch entsprechend anderen Rat zu bekommen. Das ist übrigens quälend und keineswegs erfreulich. Da kriegt der Mittelständler wahrscheinlich einen dicken Hals, sich das alles anhören zu müssen, aber da muss er durch. *Without pain, no gain.*

Dann bietet sich jetzt die Chance, diese *Pain Points* hier mal zu benennen.
Es wäre doch elementar wichtig, auch mal klar und deutlich nicht nur die Misere zu benennen, sondern genauso klar und deutlich auch die *Ugly Persons who caused it* zu benennen und überhaupt wirklich mal die Frage zu stellen: Wer sind denn eigentlich die Menschen, die diese Misere verursacht haben?

Wie wäre es mit einem Online-Pranger? Auf die Idee kam mal ein Kollege von mir.
In meinen Kolumnen stelle ich ja schon Menschen an den Pranger, wie willst du ohne *name it und shame it* als Kolumnist denn sonst auch was bewirken? Und damit eckt man in der Deutschland AG natürlich an. Da bekommt man E-Mails wie, *Warum haben Sie so ,nen Verrückten wie den Sattelberger als Kolumnisten?* Ja. Da kriegt man aber eben auch 18.000 Aufrufe auf LinkedIn, wenn man das veröffentlicht.

Wie sehen das Deine TikToker?
Tiktok ist noch mal eine ganz andere Welt. Die Tiktoker sind so naiv, wie ich es war, als ich 18, 20 oder 22 Jahre alt war. – Übrigens: Die wollen auch keinen Bullshit.

Was nennt ein TikToker *Bullshit,* was ist Bullshit für Dich?
Bullshit erkenne ich, wenn Politiker ihre Phrasen abgeben oder irgendwas verkünden. Auf TikTok werden die dann abgestraft. Keiner will die hören.

Politische Akteurinnen und Akteure werden nun mal auch zurechtgecoacht. Sie sind angstumstellt, weil sie – die Kamera im Rücken – ständig um ihre Position und damit um die Dauer ihrer ohnehin schon zeitlich limitierten Gestaltungsräume fürchten müssen. Deren Ausweg: *Bullshit Bingo*.
Es geht nicht nur um *Bullshit Bingo,* im Sinne des immer Wiederkehrenden. Es geht einfach um Sachen, wo Politiker schwindeln und lügen oder sich selbst anlügen. Die Polit-Szene ist mir wohlbekannt. Und ich weiß natürlich auch aus meiner eigenen Konzernerfahrung, wie man sich die Welt rosarot reden kann. Ich weiß, wie man seinem Aufsichtsrat – das ist jetzt kein Beirat – aber wie man seinem Aufsichtsrat die Welt in schönen Farben schildert. Du willst ja keinen Ärger in einer Aufsichtsratssitzung. Du

hast vorher mit deinem Aufsichtsratsvorsitzenden alles abgestimmt. Du hast die Wogen geglättet, wo es nur geht. Aber das ist nun mal eben nicht wahrheitsförderlich.

Woran erkennst Du Lügner (und Lügnerinnen natürlich)?
Das kommt aus dem Bauch. Da merke ich dann, dass es kribbelt. Wo ich merke, das habe ich schon ein paar mal gehört, und es ist sozusagen die Wiederholung von Bekannten oder Angelerntem. Ich erkenne die Lügner auch daran, dass sie im Grunde Konventionelles repetieren. Ich erkenne die Lügner und Schwindler daran, dass sie häufig auch ein bisschen blasiert sind, und zwar nicht nur im Sprachlichen, sondern auch in ihrem Habitus, der immer etwas overdressed daherkommt. Und ich merke es auch daran, wie oft sie *„Ich"* sagen.

Manche sind sich darüber bestimmt nicht im Klaren, dass sie sich selbst belügen.
Die Maske wächst ins Fleisch und heisst Gesicht…
Lügner lügen sich auch gerne selbst an. Ja. Gerade gestern war ich auf einer AI-Konferenz in Hamburg. Da sagt jemand zu mir, der gerade vorher meinen Vortrag gesehen hat: *„Aber sagen Sie eigentlich auch mal was Positives am Schluss?"* Dem habe ich gesagt, warum muss ich was Positives am Schluss sagen? Manchmal ist doch die *Bloody Reality* ausreichend, dann kann der Denkapparat des anderen doch gleich loslegen. Warum muss ich sozusagen hinten in der Modulation immer hochgehen? Ich halte es für eine verhängnisvolle Situation, dass wir in Deutschland unsere Situation immer gut reden und immer irgendwo einen positiven Abschluss hinbekommen müssen.

Das ist übrigens beim Coaching ähnlich, bloß umgekehrt: Da muss immer zuerst etwas Positives gesagt werden, bevor Kritik geäußert werden kann. Da muss erst Wohlwollen geschaffen werden, damit das Negative besser reingeht. Diese voraussehbare Technik trägt zu einem Klima bei, wie du es beschreibst. Menschen, die auf pseudo-narkotisierende Psycho-Tricks verzichten, sondern unverblümt sagen, was sie denken, müssen sich am Ende als unbequem ausgegrenzt sehen.
Wir haben in diesem mitt-byzantinischen Reich oder in dieser spätrömischen Dekadenz verlernt, harte Kritik entgegenzunehmen. Wir betreiben im Grunde Appeasement-Politik. Faktisch werden wir auf der einen Seite immer verletzbarer, immer zerbrechlicher – das Land geht die Rutsche runter, aber auf der stilistischen Ebene werden wir immer schützender, protektiver, Schutzräume suchender, höflicher. Es herrscht eine totale Diskrepanz zwischen dem Zustand der Nation und der Art und Weise, wie wir darüber reden. Die gleiche Diskrepanz besteht, glaube ich, auch im Mittelstand gegenüber dem Zustand des eigenen mittelständischen Unternehmens. Wenn es stimmt, dass nur 5 % der Mittelständler Künstliche Intelligenz nutzen, heißt das: Wenn 95 % sich nicht den Gürtel enger schnallen, dann sind es Todgeweihte.

Das führt mich zu der Frage, wie KI im Bereich der disruptiven Board-Besetzung zum Einsatz kommen kann. Ich entsinne mich, dass du zuletzt die Idee, KI einzusetzen, um Persönlichkeiten zu identifizieren, die nicht im ewig gleichen Becken schwimmen, mit einem Fragezeichen bedacht hast.
Ja, aber aus einem anderen Grund. In dieser oberflächlichen deutschen Welt kümmern sich Leute nicht um Kompetenzen, sondern sie denken, sie brauchen einflussreiche Posten. Allein aus diesem Grund habe ich das Geschäftsmodell angesichts unserer katastrophalen mentalen Lage für bescheuert gehalten. Nicht aber für ein meritokratisches System. Ich sage es mal so: Und ich bin mir nicht sicher, ob dieses schmale Segment an Mittelständlern wirklich kritische Leute haben möchte. Und ob dieses schmale Segment ausreicht, für ein Geschäftsmodell, das rein kompetenzbasiert vorgeht. Ich glaube, viele Mittelständler wollen eigentlich nur angenehme Stimmen hören.

Wie wäre es mit einem *sdg*-mäßigen „Anstrich"? Wenn es heißen würde: Ein neues KI-Modell gibt euch und eurem Unternehmen die Möglichkeit, euch fern kostspieliger Beraterlösungen einen Beirat zusammenzustellen und unkonventionelle Lösungen zu bekommen – so geht Zukunftsgestaltung.
Ja. Ich glaube eben nur nicht, dass der Leidensdruck groß genug ist…

Es muss also alles noch schlimmer kommen, als es bereits ist?
Wir leben ja noch von unserem Fett. Wir leben von unserem Fett, und auf der Hinterbühne gehen Forschung und Entwicklung raus, auf der Hinterbühne geht die Produktion raus, aber das alles nehmen wir nicht zur Kenntnis, was so viel heißt, dass für den Mittelstand der Leidensdruck noch nicht groß genug ist. Wahrscheinlich muss das Wasser erst noch bis zur Nasenspitze steigen.

Bald wird man sogar hinter dem Mond verstanden haben, dass ChatGPT kein Hype gewesen sein wird. Momentan überwiegt im deutschen Mittelstand die Skepsis gegenüber KI, diesem Monster, das uns, wenn wir nicht aufpassen, über den Kopf wächst. Den steckt man deshalb lieber in den Sand. Angst vor der Maschine ist dort besonders spürbar, wo es um *people business* geht.
Insofern muss man eigentlich immer konzedieren, dass es Katakomben gibt, bei allen wichtigen Themen. Und dass Menschen etwas anderes sagen als das, was sie wirklich meinen. Nicht alle, aber relativ viele.

Ich habe das ja erlebt, mit mehr und mehr Frauenquote, was für und wie viele inkompetente Frauen sich Gedanken gemacht haben, wie sie in einen Aufsichtsrat kommen können. Natürlich viele gute Frauen, aber auch vollkommen überforderte. Das galt übrigens auch schon für Männer. Dann hat irgendjemand, ich glaube eine Politikerin, mal den dummen Spruch in die Welt gesetzt: *„Es gibt ja dumme Männer in Boards, dann macht es ja nichts, wenn auch 'ne dumme Frau dabei ist."* Das muss man sich mal überlegen, was das für eine Respektlosigkeit vor einem Aufsichtsgremium ist. Wir müssen doch alles tun, um unabhängig vom Geschlecht Gremien kompetenter zu besetzen. Also ich finde es nicht besser, wenn zwei Dumme im Gremium sitzen, als wenn bloß ein Dummer drin sitzt.

Zwei Dumme sind vermutlich schlimmer als ein Dummer.
Durch solche Kommentare in Quoten-Debatten verlieren Aufsichtsgremien an wahrgenommener Reputation. Sie werden eine *Commodity,* in die man halt irgendwie reinkommt.

Du hast mal in einem Interview von einer „saturierten" und gleichzeitig „feigen Gesellschaft" gesprochen…
Ich habe mal eine Studie gelesen, welche Jugendgang in New York am längsten überlebt hat und warum. Und es waren die, deren Not am größten war, oder deren Gegner existenzbedrohend „vor den Toren" standen oder die, deren Vision am weitesten trug. Dieses Land, Deutschland, hat gar keine Vision. Das betrifft auch die Wirtschaftslenker – nur ganz wenige von denen haben eine Vision.

Die Not ist noch nicht groß genug, der Ukraine-Krieg überlagert den Blick auf die technologischen Gegner. Man sieht nicht, wie die Plattform-Ökonomie wächst und gedeiht, wie die KI nicht nur in den USA und China, sondern um die Ecke auch in der Schweiz und Schweden wächst und gedeiht, wie die britische Biotech-Branche so bürokratie-befreit und attraktiv ist, dass *BioNTech* seine Krebsforschung auf die Insel verlagert, so isses halt. Guido Westerwelle hat mal – leider sehr eng auf Hartz IV bezogen – von der „spätrömischen Dekadenz" gesprochen. Aber wir sind halt in einem Land der spätrömischen Dekadenz.

Sind manche zu erfolgsverwöhnt?
Vergangener Erfolg macht ja manchmal hochgradig blind für künftigen Misserfolg. Und ich bekomme einfach mit, dass ungefähr ein Fünftel der Mittelständler tatsächlich handelt, indem sie ins Ausland verlagern und es schlichtweg darum geht, ihr betriebswirtschaftliches Modell überleben zu lassen. Ich sage es mal liebevoll: Mittelständler sind keine Patrioten bis zum bitteren Ende.

Ist Weggehen eine Lösung?
Natürlich ist das eine Lösung. Es hilft ihnen, ihrem Familienunternehmen das Überleben zu sichern.

So gesehen, ja. Sprich doch bitte nochmal über das, was auf der politischen Bühne am liebsten unter den Teppich gekehrt wird. Du sagst selbst: „Lamento ist keine Lösung."
Der Noch-Bundeskanzler hat von einem neuen deutschen Wirtschaftswunder gesprochen. Er hat von der neuen „Deutschland-Geschwindigkeit" gesprochen. Ich lach'

mich krumm und dämlich. Das ist Betrug an den Menschen. Wo ist sie denn, die neue Deutschland-Geschwindigkeit?

Kommt drauf an, wieviel km/h man der neuen Deutschland-Geschwindigkeit zuschreibt, und wo man sie verortet.
Also beim Bürokratieabbau nicht.

Ist das nicht auch ein EU-politisches Thema?
Nein. Das ist ein deutsches Thema. Das ist kein EU-Thema. Deutschland zeichnet sich dadurch aus, dass es jede EU-Regulierung noch um das Zehnfache verschärft – übrigens der Grund, warum *BioNTech* nach Großbritannien geht. Die allermeisten mittelständischen Unternehmen sind die ersten Leidtragenden, wenn Deutschland mal wieder eine EU-Richtlinie verschärft in die Anwendung gebracht hat.

Denkst Du manchmal, dass es auch ein meta-politisches Problem sein könnte, das wir auf der Ebene des Individuums angehen müssten?
Nein. Es ist zuallererst eine Frage des Unternehmertums und der politischen Führung. Ich bin weit davon entfernt, den einzelnen Menschen in irgendeiner Weise dafür in die Haftung zu nehmen, aber ich glaube, dass das süße Opium des Erfolges und der Corona-Krise die Staatsgläubigkeit massiv verstärkt und das Unternehmertum massiv zurückgefahren hat. Und ich sehe, dass auf der anderen Seite Politikerinnen und Politiker glauben, sie könnten Schrauben drehen und irgendetwas verbessern, obwohl sie im Grunde wie dumme kleine Schuljungs agieren.

Was ist aus Deiner Sicht konkret zu tun?
Wir reden ja über Beiräte. Im Grunde hat es jeder Unternehmer, jede Unternehmerin doch selbst in der Hand, ordentliche Beiräte zu haben. Dahinter steht ja keine Politik in irgendeiner Form. Das ist mein Appell an 80 % der mittelmäßigen Unternehmer, wirklich Hand anzulegen und sich die Frage zu stellen, wo ich besseren Rat herbekomme als bisher. Bei dem anderen Thema bleibt einfach nur ganz nüchtern festzustellen: Deutschland ist de facto schon der kranke Mann Europas. Sämtliche ökonomischen Indikatoren und zukünftigen Innovationsindikatoren besagen: Da führt kein Weg mehr dran vorbei. Und? Ist das jetzt so furchtbar schlimm? – Nein. Vor den Hartz-Reformen waren wir schon mal kranker Mann Europas. Damals hat es politische Führung gebraucht und Gerhard Schröder, der leider jetzt ein bisschen oder besser gesagt kräftig abgeschliffen ist, aber damals war er die politische Führung, hat das Land durch eine schmerzhafte, aber gute Sanierung hindurchgeführt. Das ist das eine Thema: Wie kriegt der Mittelstand guten hochkarätigen Rat? Das andere Thema heißt: Wie kriegen wir eine politische Führung hin, die imstande ist, das Land tatsächlich aus dem Tal der Tränen wieder herauszuholen.

Wie lautet Deine Prognose? – Abseits des Abgesangs.
Let's wait and see. Oder: *Let's act and see.* – Und warum ist das Abgesang? Krisen sind im Kapitalismus so normal wie der Bankrott im Sozialismus. Ich wüsste überhaupt nicht, warum Krise etwas Schlimmes ist. Krise heißt im griechischen *krínein,* das heißt, sie markiert den *Tipping Point* – geht es weiter runter oder kriegen wir die Kurve? Das ist überhaupt kein Abgesang. Deutschland hat verlernt, dass Krise gut ist. Ich war bei Lufthansa, als die Frage im Raum stand: Geht der Laden unter der staatlichen Bürokratie kaputt, oder saniert er sich? Ich war bei Conti – da war die Frage: Ersticken wir in unserer Schuldenkrise, oder finden wir Lösungen des Wachstums? Und ich war bei der Telekom, als die Kunden weggelaufen sind. Die Aktionäre hatten die Aktie runtergeschrumpft, und die Mitarbeiter haben stillschweigend gekündigt – trotzdem haben wir die Transformation hingekriegt. Ich habe ein sehr natürliches Verhältnis zur Krise.

Wer mit den eigenen Kompetenzen und seinem Business nicht auf Social Media präsent ist, gilt als unsichtbar – glaubst Du, dass dieses Quasi-Gruppen-Diktat dazu beiträgt, dass Menschen sich mehr in Äußerlichkeiten erschöpfen, und mehr *an* ihrem Business arbeiten statt *in* ihm?
Wer Social Media braucht, um wirtschaftliche Probleme zu lösen, herzlichen Glückwunsch. Solche Plattformen haben überhaupt nichts mit der Bewältigung realer Probleme zu tun.

Was ich meine, ist: Stärken derlei Plattformen des Ego-Marketings nicht gerade ein Fassaden-Denken, das dazu führt, Probleme kaschieren bzw. im besseren Licht darstellen zu wollen? Was wiederum dazu führt, dass Unternehmer sich lieber weichgespülte Ja-Sager an Board holen, die den Status quo bestätigen, statt unbequeme Wahrheiten auszusprechen?
Die Mittelständler sind doch nicht jeden Tag auf LinkedIn, Twitter, Facebook oder Instagram. Das sind doch eher die Berater, die in ihrer Blase stecken – das sind doch nicht die Mittelständler. Die Mittelständler haben es in der Hand, unabhängig von irgendwelchen Blasen ihr Schicksal in die Hand zu nehmen. Da brauchst du eigentlich bloß mit der Nadel reinzustechen, dann ist die Blase weg. Du brauchst einen Beirat, der dir unverfälscht und ehrlich und kontrovers seine Sicht der Dinge benennt.

Okay, lass uns über „Bubbles" sprechen. Die Bubble aus Beiratsmandatsinteressierten besteht zum großen Teil aus Beraterinnen und Beratern, die sich als Zukunftsgestalter:innen stark machen, weil das jetzt *en vogue* ist, und weil sie Geschäft generieren wollen. Sie inszenieren sich mit schablonesken von Agenturen für viel Geld *finegetunten* Headlines und O-Tönen, die ironischerweise daran erinnern,

dass genau solche Persönlichkeiten an Schlüsselpositionen der Wirtschaft schon mal viel Unheil angerichtet haben…
Wir reden doch nicht über Berater, wir reden über Unternehmer. Bei der Suche nach den Passenden kann ich den Unternehmern nicht helfen, da müssen die schon selber gucken. *Deus ex machina?* – Hab' ich nicht. Ehrliche Berater müssten helfen, das *Out-of-the-Box* zu füllen. Und wenn nicht, na, dann geht's halt noch ein Stückchen den Bach runter, und dann sehen wir, was draus wird.

Trotzdem: Du sprichst vom „ehrlichen Berater". Und eben dieser finde sich nun mal auch an Board. – Woran erkennst Du, aus welchen Motivationen heraus jemand handelt?
Ich würde mir angucken, was er oder sie gesagt hat oder wie er oder sie gehandelt hat. Und ob er oder sie Unpopuläres gemacht hat. Oder ob er oder sie im *Streamline* war. Und dann würde ich genau hingucken, was meine eigene Befindlichkeit betrifft: Gefällt mir das, was er sagt? – Das würde ich als No-Go-Item sehen. Die wirklichen Irritatoren gefallen einem nicht, weil sie unangenehm sind.

Manche werden durch Hierarchien oder durch die Präsenz wortgewaltiger Dritter mundtot gemacht.
Wir reden ja nicht über Hierarchien, sondern über Beiräte.

Innerhalb von Beiräten gibt es sie allerdings – Hierarchien. Manche schreckt das und sie bekommen nicht mehr den Mund auf. Anderen, die ihn aufbekommen, verbietet man ihn.
Ja. Dann wird so ein Irritator irgendwann selbst sagen: *„Ich will nicht mehr."* Dann hat aber der Unternehmer einen solchen Beirat auch nicht verdient. In diesem Punkt bin ich inzwischen ziemlich sozialistisch-darwinistisch.

Wie ist Deine Meinung zum Thema Beiräte-Verjüngung? Du sagtest mal, wenn ein 25-jähriger erfolgreiches Digitalgeschäft gemacht hat – warum sollte der oder die nicht auch ein guter Ratgeber sein?
Ja, aber ich halte nix davon, Gen-Z-schwärmerisch zu sein. Ich habe so viele dumme Gen-Z-Leute kennengelernt, denen ich nie anvertrauen würde, in irgendeinem Beirat tätig zu sein. Ich würde mir die Person genau angucken, aber nicht irgendwo an Identitätsmerkmalen entlang rekrutieren. Ich halte sowieso diese ganze Diskussion um identitäre Merkmale im Sinne von *„Brauche ich Migranten im Beirat?"*, *„Brauche ich Frauen im Beirat?"*, *„Brauche ich Gen Z im Beirat?"*, *„Brauche ich Menschen mit Beeinträchtigungen im Beirat?"* – das alles halte ich für bescheuert. Wir wissen inzwischen durch eine gute Studie an der TU München zusammen mit *Boston Consulting* zum Thema Innovationsgrad, dass es auf völlig andere Faktoren ankommt: Haben die Kandidatinnen und Kandidaten unterschiedliche Ausbildungsgründe? Haben sie unterschiedliche Bran-

chen- und Sektoren-Erfahrung? – Das ist viel wichtiger als die klassischen Diversity-Sektoren.

Siehst du Unterschiede im Mittelstand zwischen den neuen Bundesländern und den alten – gibt es hier oder dort eine größere Offenheit gegenüber neuen Ansätzen, mehr Mut, die noch nicht ausgetretenen Pfade zu nehmen?
Ich glaube, im Osten Deutschlands gibt es eine höhere Skepsis gegenüber Beratern. Es sind ja meistens westliche Berater, die oft nur mit Rezepten im Gepäck vorbeikommen, statt sich mit den wirklichen Dingen zu befassen. Ich habe in meinem neuen Buch, *Radikal neu,* ein ganzes Kapitel über die Auftraggeber-Ökonomie geschrieben, bei der Menschen nicht mehr selber machen, sondern nur noch spezifizieren, was andere zu machen haben. Ich selbst habe in meinem Berufsleben erst einmal ein Berater-Team engagiert. Ansonsten habe ich sie zu Gesprächen eingeladen und von ihren Folien meist nur drei oder vier kopiert. Dann habe ich sie weggeschickt, weil ich immer wollte, dass mein eigenes Ressort stark und gut genug ist, und ich wollte nicht, dass man Intellekt outsourced. Nur einmal, als es um *Total Workforce Management* ging – im Bereich Mitarbeiter Motivation, hatte BCG tatsächlich umfassende Erfahrung – habe ich mir das angeguckt und mit denen drei Jahre lang zusammengearbeitet. Dabei ging es aber nicht um Strategie, denn persönlich glaube ich, dass ein Unternehmer im Grunde seines Herzens wissen muss, was seine Strategie ist. Und diese Strategie muss er einem kritischen Beirat zum Diskurs stellen und dann genau hinhören. Darin besteht die unternehmerische Aufgabe – und die kann nun mal kein Berater einem Unternehmer abnehmen.

Manche sagen, „Beirat" sei ein völlig verstaubter Begriff, da sei es doch kein Wunder, dass es Vorbehalte gibt. Man müsste so ein Gremium völlig anders nennen. Klingt irgendwie nach altem Wein in neuen Schläuchen – was hältst Du davon?
Nichts.

Auch Beiräte müssen sich gelegentlich mit Sommerloch-Fragen befassen. Toll wäre doch die 9-Tage-Woche, um mehr Zeit zu haben, bis das Wochenende wieder alles lahmlegt. – Was hältst du von der Vier-Tage-Woche-Diskussion?
Bescheuert.

Es ist relativ simpel: Wenn es die Produktivität entsprechend steigert und die Produktivitätsdefizite, die wir heute schon haben, ausgeglichen werden – gerne. Ich glaube eben nur nicht, dass man im Bereich der Wissensarbeit noch mehr drauflegen kann. Wissensarbeiter lassen sich allemal nicht von irgendwelchen Arbeitszeitgesetzen beeinflussen. Und im Bereich der Produktionsarbeit wird schon der Betriebsrat verhindern, dass die Produktivität steigt.

„Betriebsräte in den Beirat" – also keine gute Idee?
Der Betriebsrat hat im Beirat nichts zu suchen. Ich fange doch nicht an, mit einer selbstgewählten Mitbestimmung, mit repräsentativer Demokratie. Ich will als Familienunternehmer einen *unabhängigen* Beirat – Punkt. Du hast mich heute mal radikal erlebt.

Ja, Gott sei Dank.
Und: Krise ist gut.

Das gespräch führte Clarissa-Diana de Grancy

Dr. h.c. Thomas Sattelberger war von Oktober 2017 bis August 2022 Mitglied des Deutschen Bundestages und von Dezember 2021 bis Juni 2022 Parlamentarischer Staatssekretär bei der Bundesministerin für Bildung und Forschung. Davor war er lange Jahre Vorstandsmitglied in deutschen DAX-Unternehmen, u. a. als Personalvorstand bei der Deutschen Telekom und bei der Continental AG. Er hat u. a. die Nationale Initiative „MINT Zukunft schaffen" gegründet und war lange Jahre ihr Vorsitzender.

17 „Beirat ist kein Ehrenamt, sondern mitunter knallharte Arbeit" – Herausforderungen im Beirat von Familienunternehmen

Axel Smend und Clarissa-Diana de Grancy

> **Zusammenfassung**
>
> Unabhängigkeit und Rückgrat, Integrität und Verlässlichkeit – vier Qualitäten, die Hand in Hand mit dem Wunsch gehen, dem Unternehmen (nicht etwa sich selbst) dienen zu wollen: Sie sind der Garant für professionelle Gremienarbeit. Was man als neues Beiratsmitglied stets im Blick behalten und gedanklich antizipieren darf: Halbgötter sind keine an Board, sondern es menschelt zuweilen auch dort ganz gewaltig. Was aber macht den zeitgemäßen Beirat aus, und wie klappt es mit der Mandatsgewinnung? Ein verzweigtes Gespräch mit Dr. Axel Smend, Experte zu Fragen der Governance und Gremienzusammensetzung, über das Perfect Match und die individuellen Wege in das Beiratsgremium (nicht nur) in Familienunternehmen.

Dieser Beitrag erschien bereits in *De Grancy,* „Beirat ist kein Ehrenamt, sondern mitunter knallharte Arbeit" – Herausforderungen im Beirat von Familienunternehmen (Gespräch mit Axel Smend), Aufsichtsrat aktuell 2021, 214.

A. Smend (✉) · C.-D. de Grancy
Berlin, Deutschland

C.-D. de Grancy
E-Mail: sdg@aufsichts.art

Smend, de Grancy – Beirat ist kein Ehrenamt

Im Vergleich zum Aufsichtsrat, mag so mancher bei sich denken, ist die Mitarbeit in einem Beirat ein Kinderspiel. Das kann man mal einfach so mitnehmen. Rhetorische Frage: Was sagen Sie dazu?
Insbesondere bei einem kontrollierenden Beirat – in Abgrenzung zu einem rein beratenden Gremium – gilt es, das Haftungsthema im Blick zu behalten. Überprüfung der Rechnungslegung, Abstimmung über die Jahresplanung, Kontrolle der Risiken, Mitwirkung bei der Strategie, Berufung und Abberufung der Geschäftsführung sowie Festlegung der erforderlichen Geschäftsführungskompetenzen – das kontrollierende Gremium arbeitet letztlich nicht nur wie ein Aufsichtsrat, sondern hat weitaus mehr Kompetenzen als ein rein beratendes Gremium. Wichtig zu wissen für alle, die in einem Beiratsgremium mitarbeiten: die Haftungsfrage.
Denn wenn man als Kontrolleur fehlentscheidet, und dies führt dann zu einem Schaden für das Unternehmen, und es stellt sich heraus, dass das Beiratsmitglied möglicherweise fahrlässig gehandelt, z. B. eine Entscheidung durchgewunken, sich also mit dem Fall gar nicht befasst hat, dann hat das Haftungsfolgen für das Beiratsmitglied. In Deutschland gilt Gesamthaft, das heißt, jedes Beiratsmitglied kann dann mit seinem Vermögen zur Rechenschaft gezogen werden. Das muss man wissen, bevor man so ein Beiratsmandat annimmt. Es ist besser, man weiß das vorher als später, wenn das Kind vielleicht doch in den Brunnen gefallen ist.

Man sollte also nicht davon ausgehen, dass sich die Mitarbeit in einem Beirat weitaus einfacher darstellt als in einem Aufsichtsrat, weil die Haftung geringer sei. Dem ist nicht so. Dem Beirat sollte nicht das Image anhaften, dass man das Mandat mal eben so mitnehmen kann, und sei es, um das eigene Ego aufzupolieren.
Das betrifft natürlich beide, den beratenden und den kontrollierenden Beirat. Wenn man dort mitwirken will, egal, ob kontrollierender oder beratender Beirat, dann geht es immer um die eine Frage: Will ich dem Unternehmen dienen oder meinen eigenen Interessen? Also ist es keine Frage der Eitelkeit oder der Visitenkarte, noch ein Beiratsmandat zu haben, sondern es ist ganz klar eine Frage der Bereitschaft, sich mit diesem Unternehmen dann auch intensiv zu beschäftigen, vorausgesetzt die Firma wünscht überhaupt ein Beiratsgremium. Dies ist eben auch ein Entscheidungsprozess seitens des Unternehmens: Möchte ich mir einen Beirat leisten – ja oder nein?

Viele Unternehmen haben gar nicht auf dem Radar, dass es die Möglichkeit der Etablierung eines Beirats gibt. Nicht wenige Unternehmen kaufen sich externe Beratungsleistungen ein. Dabei wäre ein Beirat, der das Unternehmen bzw. dessen Entwicklung über einen längeren Zeitraum begleiten kann, die viel nachhaltigere Möglichkeit des Sparrings und des Wissenstransfers. Ist das so – was meinen Sie?
Vielleicht nicht immer, aber nach meiner Erfahrung ja. Denn es handelt sich zwar in beiden Fällen um Expertenwissen von außen, aber anders als bei einem klassischen Berater

kaufen Sie hier loyale Personen ein. Das ist der ganz große Unterschied. Jemand, der (oder die) in einem Beirat mitarbeitet, signalisiert damit auch Loyalität gegenüber dem Familienunternehmen sowie gegenüber den Gesellschaftern und Eigentümern. Was auch wichtig ist: Sparringspartner für die Geschäftsführung zu sein. Das können nicht immer die Gesellschafter sein, also die Inhaber einer Firma, sondern das kann natürlich viel besser jemand von außen machen. Da kommt es dann darauf an, welche Kompetenzen konkret gebraucht werden. Wenn es sich z. B. um einen Finanzgeschäftsführer handelt, dann wäre es ideal, wenn man auf der Beiratsseite auch einen Finanzexperten hätte, der die Finanzgeschäftsführung entsprechend hinterfragen kann.

Anders als beim Aufsichtsrat hat man es im Beirat eines Familienunternehmens häufig mit Interessen einzelner Gesellschafter zu tun. Hier ist es eine der wesentlichsten Aufgaben der externen Beiräte, die Gesellschafterinteressen auszugleichen. Es ist ja völlig normal und auch richtig, dass Gesellschafter verschiedene Interessen haben: Der eine möchte eine hohe Ausschüttung haben, der andere sagt, *„Nein, wir wollen reinvestieren."* – Beides sehr vertretbare Vorstellungen. Aber wie kriegt man das unter einen Hut? Natürlich gibt es noch ganz andere, sich divergierende Interessen; davon kann man sehr häufig in den Zeitungen zum Thema *„Familienstreit in Unternehmen"* lesen. Da gilt es, die Kompetenz der Beiräte zu nutzen, dass diese in der Lage sind, solche unterschiedlichen Interessen in irgendeiner Weise auszugleichen. Das setzt voraus, dass die Beiräte nicht nur in die anderen Beiratsmitglieder Vertrauen haben, sondern vor allem auch in die Gesellschafter, und dass – umgekehrt – die Gesellschafter den Beiratsmitgliedern vertrauen.

Dies bedeutet, dass von Anfang an eine wechselseitige Wertschätzung vorhanden sein muss. Ich habe einige Fälle in meiner Beiratspraxis erlebt, in denen ich Beiratsmitglieder oder potenzielle Beiratsmitglieder vorgestellt habe, die von der Papierform her sehr gut waren. Aber in einem Familienunternehmen, das ist zumindest meine Erfahrung, kommt es letztlich doch sehr auf das Urteil des Inhabers an. Wenn der Inhaber sagt, *„also das passt mir dann doch nicht"*, aus welchen Gründen auch immer, dann ist das so. Das bedeutet im Umkehrschluss, dass es ganz wichtig ist, dass von vornherein zwischen den Beiratsmitgliedern und den Gesellschaftern eine Vertrauensbasis geschaffen wird.

Schauen sich die Kreditinstitute die Besetzung der Gremien von Unternehmen nicht auch sehr genau an?
Na klar. Ich erinnere mich an die Zeiten, als ich selbst in der Bank war, wo ich immer ein Votum abgeben musste über die Qualität der Gremien, und danach richtete sich die Bank dann auch. Ich will damit sagen, dass, wenn eine Bank erkennt, dass da nur Abnicker oder Jasager sitzen, das weder der Bank noch dem Unternehmen hilft.
Die Beiräte können natürlich auch sehr gut Gesellschafterbeschlüsse gegenüber dem Geschäftsführer vermitteln. Auch da gibt es häufig Rückfragen seitens der Geschäftsführung. Da ist es auch Aufgabe der Beiräte, die Gesellschafterbeschlüsse und das, was die Familie vorhat, der Geschäftsführung gut zu vermitteln.

Was haben Sie denn damals gemacht, als Sie bei der Bank arbeiteten, um festzustellen, welche Qualität der Beirat hat? Worauf haben sie besonders geachtet?
Ich habe ein Verfahren entwickelt, das eng mit dem Thema Evaluierung eines Gremiums zusammenhängt. Für mich ist die Kernfrage die Zusammensetzung des Gremiums. Nicht nur vom Alter oder vom Geschlecht her, sondern natürlich auch von der Kompetenz her. Jede Gremienbesetzung ist für mich eine Strategiefrage, nach dem Motto: *„Wo geht die Reise des Unternehmens hin?"* Möchte ich meine internationalen Aktivitäten ausweiten, dann benötige ich jemanden im Gremium, der (oder die) etwas von diesem Geschäft versteht. Möchte ich in den nächsten vier Jahren an die Börse, dann brauche ich im Gremium jemanden, der etwas von IPOs versteht. Möchte ich, wenn ich z. B. in einem Start-up bin, neue Märkte gewinnen, dann benötige ich sicherlich jemanden, der etwas von Marketing, von Werbung im weiteren Sinne versteht oder auch über ein stabiles Netzwerk verfügt.
Die Besetzung eines Gremiums ist daher eine rein strategische Frage – so auch für den Inhaber. Ein Familienunternehmer fragt sich natürlich in seiner Langfristdenke, wo er in fünf Jahren stehen möchte, welche Persönlichkeiten ihm dabei helfen und ihn in diesem Gremium gut beraten können. Da spielt auch der Mix eine Rolle. Ich selbst halte immer eine Menge von erfahrenen, aber auch jüngeren Personen, die sich dann sicherlich gut ergänzen können, für erstrebenswert. Erfahrene, damit meine ich vor allem Unternehmer*innen. Ich bin kein großer Freund von Dienstleistern im Gremium, von Anwälten, von Wirtschaftsprüfern und Steuerberatern – das haben ja die Firmen in der Regel ohnehin. Also: Eher auf die Unternehmerseite schauen. Wer hat z. B. beim Thema Digitalisierung Erfahrung, der oder die dann in das Gremium hineingewählt wird, weil das eine Aufgabe ist, die für das Unternehmen ansteht – also pragmatisch vorgehen.

Wenn Sie von Unternehmer*innen sprechen, denkt man gerne an Persönlichkeiten, die dazu neigen, die Ärmel hochzukrempeln und loszulegen. Früher galt das ungeschriebene Gesetz, tendenziell abwartende Persönlichkeiten an Board zu bevorzugen, solche, die erst mal zuhören und keinesfalls aktionistisch vorgehen. Wie passt das zusammen?
Das passt beides wunderbar zusammen. Sie müssen genau diesen Ausgleich finden, die Zuhörer – Sie haben das prima formuliert –, die Zuhörer auf der einen Seite, die das Ohr auch an der Firma und an den Gesellschafterinteressen haben, und auf der anderen Seite die Macher, die Antreiber, die Impulsgeber. Sie sind ja in so einem Gremium nicht operativ tätig. Sie können als Beirat nur Impulse geben und Anregungen, aber solcherlei Anregungen, dass Sie dann bei der nächsten Sitzung schon fragen: *„Was ist daraus geworden?"* Also gerade eben nicht nur Füße stillhalten und über schönes Wetter reden und Kaffee trinken, wie das möglicherweise vor vielen Jahren noch üblich war. Heute wird in den Gremien gearbeitet, und zwar so, dass man die Dinge, die man vorschlägt, auch nachkontrolliert.

Haben Sie Beispiele, wo man besonders nachhalten muss?
Beim Thema Risiken. Jedes Unternehmen hat Risiken. Unangenehmes Thema, vor allem für die Geschäftsführung. Aber das gehört natürlich auf den Tisch. Da gibt es das Risikomanagementsystem, das bedeutet, zu jeder Beiratssitzung – und wenn vier im Jahr stattfinden, dann reicht das – muss aufgezeigt werden: Was sind unsere Risiken? Wie haben sie sich entwickelt? Wir sprechen also nicht nur über gute Zeiten, sondern eben auch über nicht so gute Zeiten. Ein anderes Thema, aber genauso wichtig: die Strategie. Ich empfehle, einmal im Jahr eine Strategiesitzung zu machen. Geschäftsführung, Gesellschafter plus Beiratsmitglieder. In diesen Strategiesitzungen – früher wurde das „*Pullover-Sitzung*" genannt, weil man eben nicht in Schlips und Anzug erschien – ist man aufgefordert, im Unreinen zu denken. Gefragt sind dort die Querdenker – in der positiven Definition –, und häufig kommt bei diesen Strategiesitzungen viel mehr heraus, als in den normalen Sitzungen. Diese Strategiesitzungen geben den Anreiz, mal richtig in die Zukunft hineinzudenken. Dann stellt man die Strategie für die nächsten fünf Jahre auf, und das wird dann auch bei jeder Beiratssitzung abgefragt: „*Wie ist der Stand unserer Strategie?*"

Sie haben gesagt, dass es seitens der Unternehmerfamilie des Vertrauensverhältnisses gegenüber dem (oder der) Mandatsinteressierten bedarf, um für den dortigen Beirat überhaupt in Betracht zu kommen, im Idealfall also einer Wertschätzung, die bereits im Vorfeld bestanden hat. Auf der anderen Seite gehören Family- und Friends-Besetzungen der Vergangenheit an. Steht das nicht in einem Widerspruch?
Ja, das ist natürlich eine schwierige Frage. Um es gleich vorwegzunehmen: Wenn Sie irgendwann ein Mandat haben, lernen Sie andere Beiratsmitglieder kennen, den Inhaber, die Geschäftsführer. Die sind dann in der Lage, in ihrem eigenen Umfeld zu sagen: „*Wir haben jetzt Herrn oder Frau Soundso als jemand Neues hier, und das hat sich sehr bewährt.*" Aber wie kommt man da hin? Erstens: Zunächst sollte man sich selbst die Frage stellen: Bin ich kompetent?

Wichtiger Punkt. Was macht ein kompetentes Beiratsmitglied denn aus Ihrer Sicht aus?
Für mich ist hier eine Definition des Bundesgerichtshofs wichtig. Demnach ist jemand aufsichtsratskompetent, wenn er oder sie Mindestkenntnisse allgemeiner rechtlicher, organisatorischer und wirtschaftlicher Art hat, um alle normalerweise anfallenden Geschäftsvorgänge *ohne fremde Hilfe* zu verstehen und zu beurteilen. Es wird also von Ihnen grundsätzlich erwartet, dass Sie die Sitzungsunterlagen inklusive Zahlen der Rechnungslegung, die Sie vom Unternehmen erhalten, verstehen und auch eigenhändig durcharbeiten. Sollten Sie dann noch Fragen haben, so müssen Sie selbst dafür sorgen, Antworten auf diese Fragen zu erhalten. Dafür können Sie z. B. gerne die Geschäftsführung des Unternehmens ansprechen. Beirat ist kein Ehrenamt, sondern mitunter knallharte Arbeit.

Wie sieht es denn mit der zeitlichen Verfügbarkeit aus?
Genau, das ist das Zweite: Habe ich überhaupt genug Zeit für ein solches Mandat? Das sind in der Regel vier Sitzungen im Jahr. Aber man muss sich auch zwischen den Sitzungen mit der Firma auseinandersetzen. Oder denken Sie an Firmen in einer Krise; gerade jüngst während Corona. Das kostet Zeit. Das Dritte: Man muss ehrlich mit sich sein. Warum strebe ich das Mandat an? Ist es wirklich so, dass man dem Unternehmen dienen möchte, oder ist es so, dass man das Mandat gerne aus Eitelkeitsgründen annimmt. Der vierte Punkt: Unabhängigkeit – finanzielle, aber auch Unabhängigkeit vom Unternehmen, das man beraten soll, also unabhängig vom Inhaber und unabhängig auch von der Geschäftsführung.
Wenn Sie den Geschäftsführer z. B. gut kennen, und Sie sind dort im Beirat, dann ist es völlig menschlich, dass Sie Hemmungen haben, diesen in einem Krisenfall rauszuwerfen oder was auch immer mit ihm zu machen. Diese ganz natürlichen Hemmungen muss man von vornherein vermeiden – also möglichst unabhängig sein.

Jemand ist kompetent, unabhängig, zeitlich verfügbar und weiß, man möchte einem Unternehmen dienen: Wie kann der weitere Weg zum Mandat aussehen?
Wenn diese Kriterien erfüllt sind, und man kennt ein Unternehmen, von dem man weiß, da ist ein Beirat, dann ist es gut, wenn man sich im Umfeld dieses Unternehmens umtut. Damit meine ich, festzustellen, wer ist da z. B. der Steuerberater, wer der Anwalt. Oder gibt es sonst jemanden, der irgendwie Verbindungen zu dieser Firma hat? Wenn man dann eine entsprechende Person kennt, dann sollte man in der Tat die Courage haben, sich bei dieser Person anzumelden, um einen Termin zu bitten, damit auch die Wichtigkeit herausgestellt wird, und dann dieses Anliegen sensibel und bescheiden, aber doch relativ klar vorbringen. Ich glaube, keiner ist unglücklich darüber, denn aus Sicht des Angesprochenen wäre ich doch froh, wenn ich jemanden kennen würde, der sich vorstellt, von dem ich auch einen guten Eindruck habe und dann dem Inhaber sagen kann: *„Heute hatte ich eine Begegnung mit Herrn/Frau Soundso, und der/die hat mich eigentlich sehr beeindruckt. Ich kann mir gut vorstellen, dass das eine gute Bereicherung oder Ergänzung für Ihren Beirat sein könnte."*

Stichwort Integrität: Wie finden Sie heraus, ob jemand wirklich integer ist?
Ich achte immer auf mein Bauchgefühl. Das sind natürlich Erfahrungen, die ich habe. Ich stelle auch Fragen, mit denen die Kandidat*innen nicht unbedingt rechnen. Ich frage nie nach Kompetenzen. Ich gehe einfach davon aus, dass der Lebenslauf korrekt ist. Ich frage nach ganz anderen Dingen, nach Schulfächern, nicht Leistungen, das interessiert mich nicht, sondern nach dem, was die Person sonst noch in ihrem Leben gemacht hat, was sie jetzt macht, wo der wirkliche Fokus des Lebens ist. Dann bekommt man auch schnell raus, ob jemand einem was vorflunkert oder nicht. Es ist für mich ein Bauchgefühl, nach dem ich mich dann allerdings auch richte. Es neigen doch einige dazu, sich aufzublasen, weil sie natürlich genau wissen, worum es geht. Noch einmal: Für mich sind Unabhängigkeit und Integrität das Allerwichtigste, auch der Charakter ist sehr wesentlich.

Sie meinen die innere Haltung?
Ja, die innere Haltung, und damit auch die Unabhängigkeit, ein bisschen die Zivilcourage, das Rückgrat, das man in einem Gremium haben muss: Wenn man meint, das sei die richtige Entscheidung, dann soll man auch an dieser festhalten. Man sollte dann eben nicht in das Stadium des Abnickens verfallen oder dem Inhaber einfach Recht geben. Wir alle neigen dazu, aber in einem Gremium, in dem es letztlich auch um die Zukunft eines Unternehmens geht, sollte man möglichst bei seiner Linie bleiben. Ich war auch manchmal in dieser Zwickmühle. In der Rückschau bin ich aber immer richtig damit gefahren, meinen eigenen Gesetzen zu folgen und dabei zu bleiben. Einmal war es so, dass ich einfach zurückgetreten bin, weil ich die Entscheidung nicht mehr mit meinem eigenen Gewissen vereinen konnte.

Was war passiert?
Das war eine unternehmerische Entscheidung – ich sah für das Unternehmen Existenzsorgen, wenn man eine Investition für diese Firma in einer sehr bedeutenden Größenordnung tätigen würde. Die vier anderen im Gremium waren sehr euphorisch, waren sehr dafür und haben für diese Investition gestimmt. Ich habe dagegen gestimmt, gleich in der ersten Sitzung, und habe dann eine weitere Sitzung einberufen lassen, bei der ich noch einmal sachlich meine Bitte vorgetragen habe, das Ganze doch noch einmal zu überdenken und neu zu entscheiden. Es wurde an der alten Entscheidung festgehalten. Daraufhin habe ich mein Mandat niedergelegt.

Sie haben mal gesagt, man müsse in einem Gremium alles aushalten können. Inwiefern darf man auch konstruktiv streiten?
Sie kommen in einem Gremium mit allen möglichen Charakteren zusammen: Da sind die Eitlen, die Wichtigtuer, diejenigen, die sich gerne aufblasen, die Bescheidenen, die Gemäßigten, die Unternehmer, die nur über ihren Erfolg gerne sprechen und andere, die nie über ihren Erfolg sprechen. Das muss man aushalten können. Man muss nicht mit allen befreundet sein, man muss aber jeden so nehmen, wie er oder sie ist. Da muss man im Umgang für sich auch Kompromisse machen. Entscheidend ist immer nur: Was kommt dabei am Ende für das Unternehmen heraus?

Kompromisse machen, sagen Sie. Wenn man nun zwei verschiedene Verhaltensformen in den Blick nimmt – diplomatisches Handeln und direktes, unverblümtes Handeln –, zu welchem Verhalten würden Sie raten, oder ist das immer situationsabhängig?
Man sollte sich in keiner Weise verändern. Der Diplomat wird diplomatisch sprechen und der, der gerne auf den Putz haut, sollte das auch tun. Das ist ja eine menschliche und keine gekünstelte Veranstaltung. Der Beiratsvorsitzende, dem eine bedeutende Rolle zukommt, muss dann in der Lage sein, die Meinungen zusammenzubringen. Der Vorsitzende kennt seine Gremienmitglieder natürlich. In der Regel ist es so: Wenn Sie als Beiratsvorsitzender wissen, dass es in der Sitzung strittige Punkte gibt, dann rufen Sie vorher zwei, drei Beiratsmitglieder an, um vorzufühlen. Wenn Sie wissen, in welche

Richtung es gehen wird, können Sie die Diskussion gut lenken. Es ist ohnehin wichtig, vor allem für den Vorsitzenden, diesen ständigen Austausch mit den anderen Beiratsmitgliedern zu haben. Man erwartet von den Vorsitzenden, dass sie die Dinge in die Hand nehmen, sie beschleunigen und Impulse geben. Der Beiratsvorsitzende ist jene Person, um die sich im Gremium alles drehen muss.

Wie lässt sich eine gute Idee, von der man überzeugt ist, adäquat platzieren oder anbahnen, sodass sie allgemeine Akzeptanz findet?
Da gibt es einige Instrumente. Zunächst einmal hat ein größeres Gremium immer Ausschüsse. Sie können als Beiratsgremium einen Ausschuss gründen. Der Hauptvorteil: Das ist effizienter. Nicht alle beschäftigen sich mit einer Investition oder mit einem IPO, sondern drei Leute innerhalb des Gremiums, und dieses Gremium, ich nenne es mal Investitionsausschuss, kümmert sich um die zehn Millionen Investition in Südamerika. Der Ausschuss bereitet das zusammen mit der Geschäftsführung vor und bei der nächsten Beiratssitzung trägt dann die Finanzgeschäftsführerin oder der Leiter des Investitionsausschusses dieses Projekt vor. Die anderen schauen sich das dann an, überprüfen es, stellen Fragen und werden entsprechend votieren. Das hat den Vorteil, dass sich mit einer Idee oder einem Projekt nicht alle und nicht gleich tief befassen müssen.
Eine andere Möglichkeit – an die Sie wahrscheinlich eher gedacht haben –, wie man ein Projekt einbringt, das neu ist: Da empfehle ich immer, den Beiratsvorsitzenden mit an Bord zu nehmen. Wenn ich von diesem das Signal bekommen habe, dass das Projekt sinnvoll erscheint, und es gut wäre, es noch mit ein bisschen „Fleisch" anzureichern, hätte ich nichts dagegen, das zum Tagesordnungspunkt zu machen. In der Regel habe ich dann vorher gerne noch mit zwei anderen Vertretern aus dem Gremium gesprochen. Gab es auch ein Arbeitnehmergremium, dann habe ich mit Sicherheit immer mit dem Vertreter der Arbeitnehmerseite gesprochen, und auch noch mit jemandem anderen aus dem Beirat, sodass ich schon im Gremium drei bis vier Verbündete für das Projekt hatte. Dann war es nicht mehr schwer, die Idee durchzubringen. Kurz: Vorbereiten und dann klappt's.

Gibt es eine Erfahrung, auf die Sie besonders gerne zurückblicken?
Vor etwa zehn Jahren wurde ich Beiratsmitglied eines mittelständischen Unternehmens; drei Brüder – Söhne der Inhaberin – und drei Externe waren dabei. Es war bekannt, dass die Brüder häufig Divergenzen in geschäftlichen Fragen hatten. Der jüngste der drei Brüder versagte jeweils seinen älteren Brüdern die Zustimmung zu anstehenden Beschlüssen. Der an mich seitens der Inhaberin gestellte Auftrag war, die Brüder in geschäftlichen Dingen in eine Linie zu bringen. Mit ihnen habe ich diverse Einzelgespräche geführt, dabei vor allem zugehört und nach möglichen Ursachen für das Verhalten des jüngsten Bruders gesucht. Im Laufe der Monate stellte ich bei mir fest, dass ich den jüngsten Bruder immer unsympathischer fand, nicht weil er andere Meinungen

als seine Brüder vertrat, sondern aufgrund anderer Verhaltensweisen den Gremienmitgliedern und mir gegenüber. Meine immer geringer werdende Wertschätzung beeinflusste meine Verhaltensweisen im Gremium wie auch im Gespräch mit den Brüdern. Das Ergebnis: Nach einem Jahr stellte ich fest, dass ich in meiner Beurteilung nicht mehr neutral war. Das konnte – und das war mir klar – meine Entscheidungen und Reaktionen im Gremium sowie gegenüber den Brüdern beeinflussen. Ich war nicht mehr unabhängig und konnte den Auftrag der Inhaberin nicht mehr mit gutem Gewissen erfüllen. In einem Vieraugengespräch informierte ich die Inhaberin, etwas später dann das gesamte Beiratsgremium, transparent mit Ross und Reiter und bat um Ausscheiden aus dem Gremium. 14 Tage später erschienen die drei Brüder in meinem Büro und signalisierten, meine Initiative hätte sie veranlasst, ihr wechselseitiges Verhältnis aufzuarbeiten, erfolgreich im Interesse des Unternehmens, und sie baten mich, an Bord zu bleiben.

Das Gespräch führte Clarissa-Diana de Grancy

Dr. Axel Smend hat Jura und Französisch im In- und Ausland studiert. Nach seinem Assessor-Examen heuerte er als Trainee bei der Commerzbank AG an und war dort seit 1974 in jeweils leitender Stellung im In- und Ausland tätig, zuletzt als Mitglied der Geschäftsleitung in Hamburg. Später arbeitete er für die DG/DZ BANK AG, wo er als Generalbevollmächtigter das Firmenkundengeschäft (Großkunden) zu verantworten hatte. 2002 ließ er sich in Berlin als Rechtsanwalt nieder und gründete dort die bundesweit tätige Deutsche Agentur für Aufsichtsräte. Hierbei ging es ihm vor allem um die Professionalisierung der Aufsichtsrats- und Beiratspraxis. Er arbeitete beratend am Deutschen Public Governance Kodex für öffentliche Unternehmen mit. 2012 veräußerte er die Deutsche Agentur für Aufsichtsräte und arbeitete seitdem als Rechtsanwalt und Of Counsel für die Luther Rechtsanwaltsgesellschaft Berlin, insbesondere zu Fragen der Aufsichtsrats- und Beiratspraxis. Seit 2019 berät Dr. Smend selbständig Unternehmen in Fragen der Governance und arbeitet in zwei Beiratsgremien sowie ehrenamtlich für drei Stiftungen.

C-Suite – Wie FitBoard einer neuen Generation unternehmerischer Aufsichtsräte Governance zukunftsgemäß nahebringt

18

Claudia Heimer und Clarissa-Diana de Grancy

Zusammenfassung

FitBoard hat eine Anwendung entwickelt, die Aufsichtsräte bei ihrem Selbstcoaching auf dem Weg zu einer immer besseren Governance-Praxis unterstützt. Aufsichtsräte und Beiräte brauchen in unserer zunehmend turbulenten Zeit eine Möglichkeit, die Qualität ihrer Entscheidungsfindung regelmäßig zu überwachen, um die Sicherheit, den Erfolg und das Wohlergehen ihrer Unternehmen zu gewährleisten – heute und in Zukunft. Interaktiv, dynamisch und das ganze Jahr entlang, leitet FitBoard Aufsichtsräte auf strukturierte Weise an, um die eigene Reflexion zu fördern, ihre Leistung zu steigern und das Entstehen multipler Perspektiven zu unterstützen, um eine Lösung für die komplexen Herausforderungen unserer Zeit zu finden. FitBoard richtet sich an das Board of Directors mit Fokus auf Aufsichts- und Verwaltungsräte. In den kontinentaleuropäischen Strukturen profitieren von FitBoard auch CEOs und deren C-Suite. Insbesondere in Start-ups und Familienunternehmen leistet FitBoard einen wichtigen Beitrag für eine gute Governance und somit für den Unternehmenserfolg.

Dieser Beitrag erschien unter dem Originaltitel „C-Suite – Wie FitBoard einer neuen Generation unternehmerischer Aufsichtsräte Governance zukunftsgemäß nahebringt (Gespräch mit Claudia Heimer)" bereits in Aufsichtsrat aktuell 2024, 66.

C. Heimer (✉)
Geneva, Schweiz
E-Mail: ch@claudiaheimer.com

C.-D. de Grancy
Berlin, Deutschland
E-Mail: sdg@aufsichts.art

Ein Gespräch mit der Gründerin Claudia Heimer über die Gunst der ersten Stunde, woran man erkennt, wer zu einem passt, was FitBoard alles kann und warum Geld längst nicht alles ist.

Heimer, de Grancy – C-Suite ...

Bevor wir dazu kommen, was die App alles kann: Was hat dich persönlich zur Gründung von FitBoard bewegt?
Am Anfang stand der Schock, als *VWs „Dieselgate"* publik wurde, als wir gemerkt haben: Es gibt Aufsichtsräte, die wirklich gar nichts mitbekommen haben wollen, von dem, was im Unternehmen über Jahre passiert ist.

Vorher hattest du mit Aufsichtsräten eigentlich immer durchaus verantwortungsvolle Menschen verbunden ...
Ich hatte seit den 1990er-Jahren mit Aufsichtsräten Kontakt – zunächst über die Ashridge-Aufsichtsräte, die unsere Gründer, *Shell, Unilever, British Airways, Guinness,* eine Gruppe der *British Captains of Industry* repräsentierten. Im Genfer *Ashridge Institute,* in dem ich zuerst war, saß z. B. auch der damalige Aufsichtsratsvorsitzende von *Unilever,* Sir *Michael Angus.* Ich hatte also von Anfang an Kontakt zu dieser Szene. Inhaltlich habe ich mich in den 90er-Jahren in das Thema der Internationalisierung von Aufsichtsräten vertieft, über das ich mit dem schwedischen Aufsichtsratsvorsitzenden von *ABB, Percy Barnevik,* in Kontakt kam. Daraufhin brachten ein Ashridge-Kollege und ich 1998 gemeinsam mit der *Financial Times* das Buch *„ABB – der tanzende Riese"* heraus.

Als die Dieselgate-Krise Wellen machte, habe ich gesagt, dass wir irgendetwas zum Thema Aufsichtsrat machen müssen, das über *Boardroom of the Future Retreats* hinausgeht, die ich 2013 begonnen hatte. 2015 habe ich in Vorbereitung auf seinen Auftritt für die *Boardroom of the Future Alumni* viel mit *Barnevik* darüber gesprochen, wie wir es hinbekommen könnten, dass Menschen im Aufsichtsrat Verantwortung übernehmen und ihr Mandat nicht nur als Auszeichnung empfinden. *Percy* fährt da eine ganz klare Politik. Er nennt das *„active ownership"* und hat dazu auch mal ein ganz famoses Memo geschrieben, als er noch Aufsichtsrat von *Investor AB* war, dem Finanzvehikel der Wallenberg-Familie in Schweden, zu dessen Firmenportfolio u. a. auch *ABB* gehört.

Was versteht Barnevik unter „active ownership"?
„Active Ownership" bedeutet für ihn: Was möchte ich im Aufsichtsrat eigentlich sehen? – Ich möchte *„active ownership",* also Menschen sehen, die der Firma dienen und nicht einfach nur zu den Sitzungen erscheinen. Das hat meine eigene Prägung, eine starke Performance-Orientierung einzufordern, noch einmal verstärkt. *Percy* hat seine High-Performance-Kultur damals in jeden Aufsichts- oder Verwaltungsrat mitreingebracht.

Dann passierte VW …
VW passierte – das komplette Gegenstück. Ich dachte, tolle Aufsichtsräte sind so wie *Percy*, also verantwortungsvoll, und sie denken an „*active ownership*" und „*accountability*" etc. Dieses Bild, wie mein Vaterland all diese tollen Industriellen hervorgebracht hat, die dieses Land nach dem Zweiten Weltkrieg wieder aufgebaut haben – und dann das.

Hinzu kam, dass ich viele der Herren aus der Szene in Deutschland bereits kennengelernt hatte. Der Höhepunkt meiner Lernkurve war sicherlich meine Moderation einer Kundenveranstaltung mit etwa 200 Teilnehmern für *Siemens, Deutsche Bank* und *VW* auf dem Gelände in Wolfsburg, für die sie beinahe Lord *Anthony Giddens* per Privatflugzeug für seine Keynote einfliegen lassen mussten, weil es wieder einmal Probleme mit der kommerziellen Fluglinie gab. Das war für mich alles hautnah. Ich war damals auch beim Rahmenprogramm der Herren dabei, am Samstag nach getaner Arbeit, auf der Teststrecke, mit einem Le-Mans-Fahrer. Hier steckte mehr Energie als in einigen unserer sachlichen Programmpunkte der Vortage! Da mein Baby im Hotel auf mich wartete, blieb mir noch die Wahl, das unbeliebteste Auto auszuprobieren. Als das Auto plötzlich in die Vertikale ging, griff ich zur Hand meines einzigen Mitfahrers. Es war der Schwiegervater des heutigen britischen Premierministers, der am Vortag die zweite Keynote gegeben hatte. Er hat es mir nachgesehen.

Was bei „*Dieselgate*" passierte, traf mich sehr, und ich habe mich gefragt, wie wir diesen Wahnsinns-Gap zwischen *Barnevik* sowie „*active ownership*" auf der einen und dem absoluten Gegenstück, diesem nonchalanten „*Ist mir doch egal, hab' keine Lust …*" auf der anderen Seite ausgeglichen bekommen.

Wie schafft man es, aus inaktiven Aufsichtsrätinnen und -räten mit Füße-still-Haltung selbstkritische Persönlichkeiten zu machen, die bereit sind, sich einzubringen und Verantwortung zu übernehmen?
Das Problem dieser Aufsichtsratskultur ist ja eigentlich ein rechtliches: Je nach Gesetzgebung ist ein Aufsichtsrat haftbar – oder eben auch nicht. Das stellt die Weichen für das Verhalten sowohl des Einzelnen als auch des Organs. Ich wusste aus dem Leadership Development und der kulturellen Transformation auf operativer Ebene, dass die besten Prozesse immer auf einem gewissen Grad an Selbstbetrachtung und Feedback aufbauen. Ich wusste aber auch, dass Aufsichtsräte, wenn man sich die Zahlen für Board Reviews ansieht, kein Feedback mögen. Ich mache schon seit 2014 Evaluierungen für Aufsichtsräte, seit ich von der Frau, die eigentlich das Metier der Board Reviews erfunden hat, Dr. *Tracy Long*, angelernt wurde. Dabei habe ich über die Jahre gemerkt, dass da langsam etwas vorangeht: Board Reviews – sich infrage stellen: Was können wir als Aufsichtsrat besser machen?

Wie sieht es in Sachen Häufigkeit von Board Reviews im internationalen Vergleich aus? In welchen Ländern ist eine Feedback-Kultur aus deiner Sicht schon stark im Unternehmensalltag verankert?

Die Zahlen sind grob gesagt wie folgt: Die angelsächsischen Firmen, die auf dem Aktienmarkt gelistet sind, führen zu 48 % regelmäßig Evaluationen des Aufsichtsrats durch. In Deutschland kommt die Zahl immer wieder auf zirka 28 % – und gilt dort im Übrigen auch für Unternehmen, die DAX-gelistet sind. Und in der Schweiz, wo ich jetzt lebe, sind es – wenn wir Glück haben – gerade mal fünf Prozent. Ich habe demnach schon mitgenommen, dass Feedback nicht so ganz das Ding ist.

Hast du regelmäßig Board Reviews begleitet?

Ich habe über die Jahre immer wieder Board Reviews gemacht. Davon, dass mir die Ladentüre eingerannt wurde, kann jedoch nicht die Rede sein. Da waren ungewöhnliche, kleinere Firmen dabei, dazu auch große spannende NGOs, aber das war nicht der Mainstream.

Als es rund um *„Dieselgate"* laut wurde, kam der Moment, in dem ich mir gesagt habe: An das Thema muss man noch mal irgendwie anders rangehen. Ende 2017 war ich dann auf einer Konferenz in Berlin, organisiert von *Resourceful Humans,* einem Start-up im Bereich Organisations- und Leadership-Entwicklung. Wir hatten eine Open-Space-Session, bei der wir spontan Themenrunden vorschlagen konnten. Ich habe mich hingestellt und gesagt: *„Leute, ich bin ganz schockiert wegen VW. Wir müssen doch eigentlich mal überlegen, wie wir mit Technologie an das Thema rangehen können, sodass die Aufsichtsräte vielleicht nicht unbedingt Mini-Barneviks werden, vielleicht aber doch ein ganz klein bisschen verantwortungsvoller agieren – und zwar unabhängig von der Gesetzgebung."*

Am Anfang stand deine persönliche Betroffenheit, erst später kam die Technologie dazu

Genau. *Resourceful Humans* entwickelte schon seit Jahren Software-basierte Lernlösungen mit Gamification und Virtual Reality. Daraufhin haben sich drei Menschen in dem Kreis gefunden, zu dem ich im Open Space einlud: Und das waren ausgerechnet alle Resourceful-Humans-Entwickler aus Barcelona, die später auch *FitBoard* gebaut haben.

Wie lief der Entwicklungsprozess eurer App ab?

Wir waren der Meinung, dass es doch möglich sein müsste, eine App zu entwickeln, die einfach ein paar Fragen stellt und die Menschen wie beim Gaming mit Punkten belohnt, wenn sie diese Fragen beantworten. Die Inspiration dafür hatte ich von *NESTA,* einem meiner Ashridge-Kunden, dem britischen Innovationsfond für Wissenschaft, Technologie und Kunst. Sie finanzierten u. a. das *Futurelab,* dessen Gründerin seit den 90er-Jahren die These vertritt, dass es ein Ding der Unmöglichkeit sei, Kindern das Computerspielen zu verbieten. Deshalb entwickelte sie Computerspiele, und zwar mit den Werten, die Eltern ihren Kindern vorzugsweise mitgeben wollen.

Dann habe ich diese Idee mitgenommen und mir überlegt, dass die App mit Design Thinking entwickelt werden muss. Das machten wir bei *Ashridge* schon seit den 1990er-Jahren. Man muss relational zusammenarbeiten, zuerst verstehen, was das Bedürfnis ist, und den Kunden auch wirklich zuhören, wenn man den Prototypen der Lösung präsentiert oder sogar gemeinsam entwickelt. Warum muss der Kunde zuhören? Weil sich der Kunde im Zwischenraum zwischen der Idee und dem Prototyp vom kreativen Prozess ablösen und plötzlich in eine kindliche Haltung reinrutschen kann, die sich wünscht, eine App könnte auf Knopfdruck alle Probleme der drei lebenden Generationen des Familienunternehmens lösen. Dabei wird eine enorme Befindlichkeit auf die Lösung projiziert, der sie natürlich nicht gerecht werden kann. Hier muss der Kunde im Design-Thinking-Prozess in Bezug auf solch ein komplexes Problem wieder auf den Boden gebracht werden. Zudem muss der Kunde wirklich Feedback geben und offen sagen: *„Das funktioniert, das funktioniert nicht. Das redet mit mir, das nicht. Das hat Impact bei mir, das nicht."* – Nur so werden wir alle erfolgreich.

Das heißt, du hast erstmal über lange, lange Zeit Design-Thinking-Workshops gemacht ...
Design Thinking mit Aufsichtsräten, Investoren und CEOs sowie mit noch mehr Aufsichtsräten, mehr Investoren und CEOs. Aber auch mit dem einen oder anderen Board Advisor, um zu fragen, wie könnte die Lösung genau aussehen. Und sehen wir eigentlich alle wirklich ein Problem?

Wie hast du das Kapital aufgetrieben? Da müssen doch Geldgeber gewesen sein, denen das Thema Good Governance wirklich am Herzen liegt, sodass sie darin den Schlüssel für die Zukunft sehen
Ich bootstrappe *FitBoard*. Letztes Jahr habe ich dann einen Engel gefunden. Dieser Engel kommt aus Deutschland und ist eine global erfahrene Führungskraft für Personal- und Leadership-Entwicklung sowie eine Expertin für E-Learning und Instructional Design der Weltklasse. Aus ihrer Sicht ist *FitBoard* die Zukunft des E-Learnings, zugleich die Zukunft des E-Learnings für Aufsichtsräte. Sie ist es, die den ersten Scheck ausgestellt hat. Wir werden seit Anbeginn auch immer wieder von Investoren angefragt, ob sie sich beteiligen können. Keiner hat bisher wirklich zu uns gepasst, und wir haben auch noch nicht wirklich dezidiert mit dem Fundraising begonnen. Wie gesagt, ich habe keine Eile. Ich muss das System nicht gamen, um eine schicke App zu entwickeln, sondern ich muss erst sicher sein können und wissen, dass dieses Produkt wirklich Sinn macht.

Wo steht ihr heute mit FitBoard?
Wir haben bereits den Proof of Concept gemacht. Das ist es ja, was wir mit Design Thinking zunächst möchten. Hat das Produkt wirklich irgendein Bedürfnis erfüllt? Wir haben auch bereits den Proof of Tech hinter uns. Die App funktioniert. Letztes Jahr haben wir

mit dem Proof of Value verbracht, das heißt, herauszufinden, worin die eigentliche Wertschöpfung liegt, die dabei herauskommt, wenn man *FitBoard* nutzt. Und erst seit wir das abgeschlossen haben und in die Preisfindung gegangen sind, mit vielen, vielen Schlaufen, hat sich der eigentliche Wert immer mehr herauskristallisiert, der auch davon abhängt, wie viel Verständnis jemand für die Wichtigkeit von Good Governance mitbringt.

Wie verhalten sich die User, und wie nachhaltig sind sie mit FitBoard verbunden?
Wir sind seit Neuestem kommerziell unterwegs. Diejenigen, die Good Governance verstehen, verstehen unseren Preis. Dann gibt es allerdings auch diejenigen, die denken, so eine kleine App, mit der kann ich ein bisschen sexy aussehen und damit punkten – die verstehen uns nicht, weshalb wir an der Stelle gerade dabei sind, den sogegannten Product Market Fit zu suchen. Das heißt, zu schauen, ist das eine App, die tatsächlich einen Markt findet und damit vor allem auch den Beweis erbringt, dass die User nicht nur bezahlen, sondern auch wiederkommen. Das ist ja das Einzige, was Investoren interessiert, aber natürlich auch mich selbst: Kommen die User auch immer wieder zurück und schöpfen immer wieder Wert von der App?

Wie habt ihr eure ersten User gefunden?
Ich war schon seit Ashridge-Zeiten ein Key-Account-Management-Typ, der den Verkauf von Beratungsleistungen und neuen Produkten strategisch in Beziehungsgeflechten aufgebaut hat. Ich hatte sehr tiefe und sehr viele Kontakte, und ich habe einfach überlegt, wer Interesse haben könnte – mehr nicht. Zunächst waren es Einzelgespräche, dann Gruppen-Workshops, Gespräche zu dritt oder zu viert, und immer wieder wurden mir neue Leute vorgeschlagen. Das ist wie ein immer größer werdender Schneeball. Ein entscheidender weiterer Schritt war unsere Teilnahme am Lissabonner *Web Summit,* an dem jährlich circa 1.000.000 Teilnehmer zusammenkommen.

Im Herbst 2021 haben wir dann *FitBoard* gegründet, eine FitBoard-LinkedIn-Seite aufgemacht und ab 2022 angefangen, Marketing zu machen, um auch digital Leute anzusprechen. Zudem haben wir unsere Website gebaut und Webinare organisiert. Der nächster Schritt war, unsere ersten sogenannten *„Dragon's den"* (https://startups.co.uk/dragons-den/) zu organisieren. Also Events mit Investoren und Start-up-Mentoren, nur für uns selbst, damit wir Feedback zu *FitBoard,* unserer Strategie, dem Produkt im Erststudium, dem Team und dem Geschäftsmodell bekommen. 2023 haben wir begonnen, auch bei Start-up-Pitch-Events aufzutreten.

Von der ersten Idee im Jahr 2017 bis heute – eine ganz schön lange Zeit. Du hattest Glück, dass dir die Idee keiner „gecatted" hat
Im November 2017 war ich auf einer Konferenz, auf der der Gedanke geboren wurde. Die Firma gründeten wir dann im November 2021. Ich habe das ganz langsam gemacht. Design Thinking – will jemand überhaupt sowas? Das ist ganz wichtig. Außerdem war es den allererersten Investoren, die uns in unserem *Dragon's den* getroffen haben, ganz unwohl, als wir noch die Ersten waren, die – über Erweiterungen von Board-Portalen

hinaus – digitale Produkte für Aufsichtsräte in unserer Kategorie entwickelt haben. Mittlerweile sind mehrere Wettbewerber am Start, und die Investoren fühlen sich darin bestätigt, dass es dafür tatsächlich einen Markt gibt.

Die Zusammensetzung eines Boards ist entscheidend, vor allem, was die Persönlichkeiten der einzelnen Board Member anbelangt. Vergleichbar mit der Zusammensetzung von Gründer-Teams. Wie bist du vorgegangen, um verlässliche und vor allem integre Partner zu finden?
Zwischen 2019 und 2021 habe ich zwei Jahre lang damit verbracht, zu schauen, wer eigentlich die richtigen Partner sind, um die Firma zu gründen. Ich habe viele in der Embedded Due Diligence gehabt. Bevor du irgendwelche Gesellschafterverträge unterschreibst, brauchst du einfach eine Probezeit. Das ist hier im Silicon Valley der Westschweiz der empfohlene Standard in meinem Ökosystem: sechs Monate Probezeit. Ich habe in Zürich eine Beraterin engagiert, denn ich kann ja nicht selbst hergehen und sagen, dass Beratung so wichtig sei und dann nicht selbst auch bereit sein, zu schauen, wo eigentlich meine blinden Flecken sind. Ich habe also eine Start-up-Beraterin engagiert, die einen Workshop mit meinen potenziellen Mitgründern machte. Und zwei sind sofort durch das von der Beraterin etablierte Raster gefallen, weil sie aus den falschen Gründen mitmachen wollten.

Was war mit den anderen, warum wurde es mit denen nichts?
Einer ist ausgeschieden, weil er während des Workshops aggressiv wurde und fand, dass ein Kriterium nicht auf uns passe. Das Kriterium war: Bei der Gründung eines Start-ups mit der Slicing-Pie-Methodik, die wir mit Hilfe der Beraterin anwendeten, muss man als Basis für das Berechnen der Aktienpakete ein bestimmtes nominatives Salär zugrunde legen, und natürlich auch das, was derjenige an Geld mit reinbringt. Dieses Salär muss für alle gleich sein, und dieses Prinzip fand diese Person nicht gut. Noch im Workshop selbst begann zudem eine Kampagne, um unseren CTO und die beiden anderen potenziellen Mitgründer zu untergraben bzw. rauszuwerfen.

Der nächste war in einer Embedded Due Diligence über sechs Monate hinweg in einer Schlaufe gefangen, in der er mich permanent gegrillt hat, wie Investoren dies bei Pitch-Veranstaltungen machen. Nichts war gut genug, immer hat etwas gefehlt, alles wurde bemängelt, als hätte er nichts mit uns zu tun gehabt. Dieser potenzielle Mitgründer wurde aus Hilfsbereitschaft toxisch; er meinte es eigentlich nur gut, hatte seine eigenen Unsicherheiten aber nicht im Griff.

Was ist der typische User von FitBoard?
Einer unserer *Dragons*, der Mentoren, hat uns irgendwann gesagt, wir müssten zunächst eine einzige klare Person haben und erst später andere hinzunehmen. Damals wollten wir noch für alle offen sein und haben uns auf viel Feedback eingelassen, das völlig irrelevant für unsere Ambitionen war. Wenn du uns jetzt fragst, an wen wir uns richten, dann wirst du, wenn du dir das Video auf der FitBoard-Website anschaust, sehen, dass

wir uns an eine Millennial-Frau richten, die nicht weiß ist – *Mia*. Wir richten uns an Millennials, wir richten uns sowohl an verantwortungsvolle CEOs als auch an verantwortungsvolle Aufsichtsratsvorsitzende sowie alles, was dazwischen hängt von der C-Suite, dem Aufsichtsrat bis hin zu Aufsichtsratsberatern – alle, die dieses von *Percy* angestrebte „*active ownership*" leben.

Warum richtet ihr euch mit FitBoard vor allem an Millenials?
Wenn du dir mal die Forschung anschaust, sind alle Generationen davor nicht wirklich bereit, sich Feedback anzuhören. Sie erleben Feedback als Angriff, und sie müssen erst mühsam lernen, es aufzunehmen und damit zu arbeiten. Erst ab den Millennials sind alle nachfolgenden Generationen brennend daran interessiert, Feedback zu bekommen und zu lernen. Das ist bei denen eingebaut. *FitBoard* versucht gar nicht erst, ältere Generationen zu bekehren. An die wenden wir uns überhaupt nicht.

Der nächste Fokus, den wir eingezogen haben, ist, dass *FitBoard* besonders gut bei Scale-ups ankam. Man begann mich auf Panels einzuladen, bei *IMD* in Lausanne Governance für Scale-ups zu unterrichten, und seit 2022 coache ich dort auch in einem Programm, in dem immer wieder viele Start-ups Gründer und Investoren anmelden, um zu lernen, wie Governance auch in ihrem Kontext funktionieren kann. Wir sind ein Produkt, eine Plattform, ein Service, der sich an Scale-ups, Entrepreneurs, an Unternehmer im Wachstumsmodus richtet. Wir richten uns nur an Scale-ups, nicht an Start-ups, weil die in der Regel bereits professionelle Aufsichtsräte an Board haben, wobei Investoren-Aufsichtsräte ja nicht immer professionell sind, weil sie zum Teil gar nicht wissen, worin ihre Rolle eigentlich besteht.

Solche Investoren an Board können viel kaputt machen, man kann aus ihnen aber auch sehr viel Wert schöpfen, weil sie ja wissen, wie das mit dem Scaling-up geht. Sie schätzen den Wert, den *FitBoard* bringt, und sie sind auch bereit, Geld dafür auszugeben. Jeder findet *FitBoard* toll, will aber im Start-up-Modus nichts dafür bezahlen. Man kann auch das Familienunternehmen darunter verstehen – das sind auch Entrepreneurs, die haben eine Kultur und einen Geist, der mit einem DAX-Unternehmen nicht verglichen werden kann. Dadurch, dass ich über die Jahre viel mit DAX-Unternehmen gemacht habe, passen wir auch gut zu Scale-ups, die Großfirmen als Investoren haben, und noch lernen müssen, wie sie ihre Investitionen über kompetente Aufsichtsräte schützen, die ihre Rolle wirklich verinnerlichen und ihr Verhalten auf die Start-up-Welt einstellen wollen, in denen Innovation wirklich gelingen kann und nicht – von Anfang an – an der DAX-Welt gemessen wird.

Was leistet FitBoard für seine User?
Klarheit. Klarheit darüber, wo ein Aufsichtsratsgremium hier und heute steht, und was die Mitglieder aus den Sitzungen mitnehmen. Welche Themen laufen gut, und welche müssen angesprochen, anders angepackt oder vertieft werden? Also auch Themen, die aus den unterschiedlichsten Gründen keinen Raum in den Sitzungen gefunden haben. Das Röntgenbild, das wir aus dem Input der User generieren, spiegeln wir mit gezielten

und kurzen Empfehlungen zurück. Besonders geschätzt werden unsere Fokusberichte, die anhand der Ergebnisse bereits eine Priorisierung der Themen empfehlen. Und all dies mit einem Minimalaufwand, in Minuten gezählt, für jeden Aufsichtsrat. Der Algorithmus generiert Berichte, die wir je nach Bedarf neu strukturieren, die aber auch automatisch per E-Mail als PDF bei den Nutzern ankommen, weil viele gerne noch separat im A4-Format auf ihre Übersicht und Empfehlungen schauen wollen.

Was leistet der sogenannte „Pulse Check"?
Nach jedem Meeting kann eine Kurzabfrage an alle geschickt werden, die teilgenommen haben, um die Qualität des Board Meetings zu bewerten. Mit *FitBoard* kann am Ende eines Board Meetings, auch an jedem Abend einer mehrtägigen Aufsichtsratsklausur abgefragt werden, wie der Retreat für alle Beteiligten war. Diesen zweiten Use Case haben wir erst über einen Beta-Tester entdeckt, der jeden Abend nach intensiver Arbeit die Abfrage startete, um zu überlegen, wie er den nächsten Tag noch besser machen konnte.

Man kann die Abfrage nach Aufsichtsratsmitgliedern, Vorstand und Beobachtern getrennt durchführen und die Ergebnisse dann vergleichen. Für unsere Tester haben wir viele Sonderanfertigungen der Ergebnisberichte gezogen und sind auf individuelle Fragen eingegangen – genau so sollte Produktentwicklung gemacht werden. Einer fragte uns einmal: *„Was sind eigentlich die top drei Sachen, auf die ich bis zur nächsten Sitzung zu achten habe?"* – Auf diese Weise konnten wir die App Stück für Stück gezielt weiterentwickeln.

Irgendwann haben sich unsere User gewünscht, dass wir alle Kommentare, alles, was über Monate an Selbstreflektion in der App steckt, für den gesamten Aufsichtsrat verfügbar machen. Ursprünglich war unser Gedanke, dass die Funktionalität der *„Notes to Self"* den User individuell durch das ganze Jahr begleitet, mit dem Ziel, wirklich über das Inhaltliche hinaus auch zu überlegen, was fehlt, was am eigenen Verhalten kalibriert werden könnte, was die richtige Priorisierung, der richtige Fokus für das nächste Quartal ist … *FitBoard* also auch als Begleitung in der strukturierten Lernreflektion durch das Kalenderjahr des Einzelnen.

Damit wollten wir das *„active ownership"* unterstützen und von der Dynamik, gedanklich alle Themen und Veränderungswünsche am Vorsitzenden festzumachen und an ihn oder sie zu richten, wegkommen. Also eher passiv zu sein, und einfach nur einen Kommentar auf eine Umfrage abzugeben, die jemand anderen angeht und die jemand anders richten soll, mit passiver Stimme. Mit der ausdrücklichen und schriftlich festgehaltenen Erlaubnis des gesamten Aufsichtsrats kam es in einem Fall dazu, dass bereits die passiven Stimmen einen wertvollen Beitrag zur Vertiefung der Gespräche beitrugen. Daraufhin haben wir das neue Feature *„Open Notes"* entwickelt. Das war eine neue Erkenntnis, die aber auch die Gefahr birgt, dass unsere User nun wie bei traditionellen Board-Evaluierungen einfach wieder nur beim Vorsitzenden die Verantwortung für die Weiterentwicklung des Gremiums oder der Schwerpunktthemen sehen.

Kann FitBoard auch die Ergebnisse anders clustern und Infos für andere Gruppen generieren, z. B. um ins Unternehmen hinein zu kommunizieren?

Klar können wir Infos in unsere technische Roadmap einfließen lassen. Eine Idee, die wir dort seit langer Zeit geparkt haben, kam aus unserem allererstem Design-Thinking-Workshop: *„Wie wäre es, wenn wir eine Schnittstelle zu den Familienmitgliedern schaffen könnten?"* Der Teilnehmer an unserem Workshop hatte diesen Gedanken, weil sich in seinem Fall die Familienmitglieder nicht durchweg gut von ihrem Aufsichtsrat vertreten fühlen. So fühlten sich etwa die Frauen seit Generationen im Aktionärskreis immer wieder abgehängt, weil sie sich nie in finanzielle Themen eingearbeitet haben. Das gehörte in dieser Familie einfach nicht ins Frauenbild. (Das ist übrigens ein Muster, das uns immer wieder angetragen wird, das wir zu lösen helfen!) *„Dann könnten wir ja auch mal erfahren, was die Frauen aus anderen Familienzweigen so alles denken."* Sein Ansinnen war, durch mehr Transparenz zu schauen, ob der Schmerz, die Scham, kurz die vielen Befindlichkeiten in Familienunternehmen durch solch eine Funktionalität herausgenommen werden könnten.

Wie bist du mit Bedenkenträgern umgegangen, also denjenigen, die zu wissen glaubten, dass das mit FitBoard nichts werden kann?

Einmal war einer mit im Design-Thinking-Workshop dabei, der genau wusste, wo wir standen. Obwohl er jede einzelne Etappe mitgemacht hatte, sagte er in einem Meeting dennoch total aggressiv: *„Ja, aber die Navigation ist noch nicht gut genug."* Da antwortete ich: *„Ja, aber das weißt du doch. Du weißt doch genau, dass ich erst das Geld brauche, um die Navigation zu verbessern, also: Warum schreist du mich jetzt an?"* Das war ein typisches Beispiel für diese Situation, wenn jemand aus der DAX-Welt nicht versteht, wie man digitale Produkte iterativ entwickelt – also nicht erst viel Geld dafür ausgibt, um ein Produkt perfekt zu entwickeln, bevor es ein Kunde je zu Gesicht bekommt.

Wir haben einfach alle Bedenken, alle Kritik und alles Feedback gesammelt, im Gründerkreis systematisch bewertet und priorisiert. Daraufhin habe ich zusammen mit unserem Engel Schritt für Schritt die Weiterentwicklung der App finanziert. Jedoch immer erst mit genügend Validierung, dass die Bedenken wirklich für uns Sinn machten. Wir hatten z. B. einen Beta-Tester, der sich zwei Tage lang absolut manisch mit der App auseinandersetzte und nicht schon nach einigen Minuten des Herumspielens aufgegeben hat. Sie fand viele Navigationsprobleme, die wir dank ihrer Erfahrung mit der Entwicklung und Finanzierung von mobilen Apps, also digitalen Assets im Mobil-Bereich, inzwischen beheben konnten.

Wer von euren Testern hat die App am konsequentesten genutzt?

Ein Aufsichtsratsvorsitzender, der uns gezeigt hat, dass es Sinn macht, an jedem Tag einer Klausur Pulse Checks zu machen, und nicht nur am letzten Tag der Klausur, so wie ich das als Moderator und Board Coach gerne mache. Er war derjenige, der uns immer wieder am kraftvollsten angeschoben hat und sagte: *„Geht doch mal ein bisschen mehr* *auf diesen oder jenen Aspekt ein."* Das ist genau das, was wir brauchen, denn wenn der Kunde so mit uns redet, können wir die App auch so programmieren, dass sie in Zukunft so und so agiert. Es geht in dieser Phase, in der wir stecken, auch darum, dass der Algorithmus immer besser darauf getrimmt ist, das zu machen, was der Kunde als werthaltig erlebt. Dann können unsere generellen Empfehlungen durch eine App, die selbst mitlernt, immer bessere auf den User zugeschnittene Empfehlungen abgeben. Und zwar in Real Time und nicht erst nach einem Jahr, wenn man dann vielleicht irgendwann mal wieder eine Aufsichtsrat-Evaluierung macht.

Mit ihm hat sich in eine richtige Partnerschaft entwickelt. Er hat z. B. irgendwann bei den Ergebnissen der Pulse Checks gemerkt, dass sich die Leute bei ihm nicht zu 100 % aufgehoben fühlten. Das hat ihn sehr berührt, weil ihm das wichtig war. Daraufhin habe ich die Variablen herausgefiltert, über die ich im Aufsichtsratsmodus psychologische Safety definiere und ihm in einem gesonderten Flash-Bericht gezeigt, in welchen Meetings sich die Leute sicherer gefühlt hatten, in welchen weniger. Er hatte somit etwas an der Hand, worüber er nachdenken und woran er an sich weiterarbeiten konnte. Daraus entstand dann wieder ein neues Feature, unser sogenannter *„Psychological Safety Tracker"*. Das ist doch eine wunderbare Weiterentwicklung! Selbstverständlich ist er nun auch eingeladen, um im nächsten Schritt die App so mit künstlicher Intelligenz weiterzuentwickeln, dass sie in Zukunft praktisch einen digitalen Kollegen zur Seite stellt, der bei der Vorbereitung und Nachbereitung von Klausuren spezifisch auf individuelle Bedürfnisse eingeht sowie bei industriellen, geopolitischen, nationalen oder internationalen Kontexten mit Rat und Tat zur Seite steht.

Das Gespräch führte Clarissa-Diana de Grancy

Claudia Heimer ist Senior Executive Coach, Board Coach und Expertin für kulturellen Wandel mit Erfahrung bei Global 500 Firmen, von Beteiligungsfirmen finanzierten KMUs, Familienunternehmen, Family Offices und Scale-ups. Sie hilft bei der Neugestaltung von Vorstands- oder Aufsichtsratsgremien, bei der Erneuerung ihrer Zusammensetzung und dem Re-Design ihrer Prozesse, unterstützt die Einarbeitung neuer Aufsichtsräte, moderiert Strategieklausuren und führt Aufsichtsratsevaluierungen und -Workshops zur Entwicklung hochleistungsstarker Gremien durch. Im Jahr 2013 gründete sie Boardroom of the Future, eine praxisorientierte und kollaborative Peer-Learning-Ressource für Führungskräfte und Aufsichtsräte, die ihre Governance-Praxis zukunftsfähig machen wollen.

Heimer ist die Gründungs-CEO von FitBoard.ai, einer Governance-Plattform der neuen Generation, die Gremien dazu anregt, ihre Gesundheit, die Qualität ihrer Arbeit und die Zukunftsfähigkeit regelmäßig zu überprüfen – und dabei neben den längeren Zyklen der jährlichen Aufsichtsratsevaluierungen stetig auf lebenswichtige Signale zu achten. Sie ist als Coach im IMD Board Centre in Lausanne tätig und kooperiert mit der Global Governance Group in

Großbritannien, die von Charlotte Valeur, der ehemaligen Aufsichtsratsvorsitzenden des britischen Institutes of Directors, gegründet wurde, mit der sie sowie mit einer Gruppe von hochkarätigen Governance-Experten ein Open-Source-Handbuch für Aufsichtsräte mitverfasst hat: Effective Directors, the Right Questions to Ask (2021).

AufsichtsART® – die Wahrheit über Beiräte oder wie ein Pop-up-Board Innovation und Kreativität ins Unternehmen bringt

19

Clarissa-Diana de Grancy

Zusammenfassung

Zwei Gründer haben eine Idee. Sie wollen die (Unternehmens-)Welt ein bisschen besser machen. Für diese Idee stehen sie jeden Tag auf. Der Weg der beiden ist steinig. Immer wieder bieten Berater in Form von Kooperationsofferten ihre Unterstützung an, worauf die beiden Gründer freudig eingehen. Doch jedes Mal entpuppt sich die dargebotene Hand als Attrappe. Eigeninteressen, einseitig „gespielt", stehen jeder Kooperation auf Augenhöhe im Wege. Bis die beiden Gründer das Spiel durchschauen, haben sie schon wieder Zeit und Geld investiert. Das vorliegende Praxisbeispiel verweist auf eine Fragestellung von übergeordneter Relevanz: Wie integer sind Berater? Die Klärung dieser Frage kann mit Blick auf die Besetzung von Gremien von Bedeutung sein. Immer mehr Berater haben Beiratsarbeit als inspirierendes Zubrot für sich entdeckt, das ihnen nicht nur aufgrund des Reputationsgewinns schmeckt. Bei diesen dokufiktionalen *Boardstories,* die aus Gründen der Persönlichkeitswahrung Skizzen bleiben müssen, geht es weniger darum, die möglichen Gründungsfehler von zwei Weltverbesserern zu beleuchten. Vielmehr gilt es, der Frage auf den Grund zu gehen, welche charakterliche Disposition zeitgemäße Aufsichtsräte und Beiräte heute mitbringen (sollten). Integrität, Zugewandtheit, Verbindlichkeit, ehrlich gemeinte Hilfsbereitschaft frei jeder Doppelbödigkeit, eine neue Empfindsamkeit und echtes tiefes Interesse an relevanten Inhalten (jenseits von „click&like"), Empathie, die Fähigkeit also, sich in das jeweilige Gegenüber einzufühlen – all dies sind

---

C.-D. de Grancy (✉)
Berlin, Deutschland
E-Mail: sdg@aufsichts.art

Eigenschaften, die sich oft nur an Details erkennen lassen. Die Autorin plädiert dafür, diese Qualitäten ab sofort in den Kanon der Basisqualifikationen für Aufsichtsräte und Beiräte aufzunehmen.

19.1 Wie BoardFlight in die Welt kam

Es ist 2016, draußen liegt Schnee, als Alexander und ich beschließen, die Welt zu retten. Wenigstens wollen wir sie ein kleines bisschen besser machen.

In unseren Freiburger Studienzeiten waren wir gute Freunde, doch über die Jahre hatten wir uns aus den Augen verloren. Als der Zufall uns wieder zusammenführte, erinnerten wir uns: Schon damals wollten wir etwas gemeinsam auf die Beine stellen. Nächtelang diskutierten wir unsere Geschäftsideen und schliefen im Proseminar am nächsten Tag fast ein. Ich hatte Alexander gefragt, warum es eigentlich noch keinen Online-Flohmarkt gibt. (Das mit dem Internet war Ende der 90er erst so richtig im Kommen.) Aber eigentlich wollte ich am liebsten einen Salon aufmachen. Alexander liebäugelte mit einer Partnerbörse. Als Hobby-Astrologe lag das nahe. Ich fand ihn darin immer ein bisschen esoterisch. Keine Ahnung, woran es letztlich lag, aber irgendwie kamen wir dann doch auf keinen Nenner. Sowieso wollte ich lieber erstmal das Studium zuende machen. Den Online-Flohmarkt machten später andere.

Nun also hatte das Leben uns wieder zusammengeführt, und wir erzählten uns gegenseitig, was der andere jeweils machte. Soeben hatte ich WOMEN'S BOARDWAY gegründet. Ich war überzeugt, dass sich Unternehmenskulturen fast schon automatisch verändern würden, wenn es nur gelänge, die bestehenden Monokulturen disruptiv zu durchmischen. Ich ging von der Annahme aus, dass unabhängige Aufsichtsräte und Beiräte als Trigger der Transformation ins Unternehmen hinein sehr viel besser geeignet wären, als Maßnahmen, die im Unternehmen selbst umgesetzt werden wollten. Veränderung konnte gelingen, sofern sie von innen heraus erfolgte. Nicht umsonst hieß Gremium auf Lateinisch „das Innere". Für all das, so dachte ich, brauchte es zuallererst Diversität.

Alexanders Weg führte schon früh in die Selbständigkeit. Als Digital-Unternehmer und Life Coach zählte er bereits Anfang der Nullerjahre zu den Pionieren im Online-Marketing. Ihr zweites Kind war gerade unterwegs, als Alexander und seine Frau sich entschlossen, ins Ausland zu gehen. Auch wenn im Breisgau fast immer die Sonne schien, wozu bleiben, wenn ein Land existierte, wo es beides gab – Sonne und Meer? – „Liebe ist wie ein lachender Kiesel in der Sonne am Meer" – das wusste schon Lacan, und so fand das junge Paar für kleines Geld eine Finca an der Costa Blanca. Hier lebte Alexander mit seiner Familie und arbeitete als Online-Marketer. Er konzipierte digitale Weiterbildungsformate im Auftrag eines in seiner Community weltweit gefeierten Online-Erfolgsspeakers aus den USA. Daneben zeigte Alexander Therapeuten und Heilpraktikern, wie sie ihre Praxis mittels Online-Marketing erfolgreicher machen konnten. Alexanders Frau, eine Gymnasiallehrerin, unterrichtete ihre inzwischen fünf gemeinsamen Kinder von zu Hause aus.

Ich gebe zu, ich fand Alexanders Lebensentwurf sexy. Zwar hatte auch ich mich nach fordernden Jahren in der Kreativwirtschaft irgendwann dazu entschieden, die Festanstellung über Bord zu werfen. Trotzdem gehörte doch noch mehr dazu, das gewohnte Terrain zu verlassen. Von überall arbeiten zu können und dabei frei zu sein, das wollte ich auch. Es war Alexander, der die Idee hatte, aus meinen Workshop-Formaten ein integriertes Online-Programm zu formen. Unsere Zusammenarbeit besiegelten wir mit der Gründung einer kleinen Firma – WBW avancierte zur GmbH. Ich weiß noch, wie mein Mentor, ein Anwalt, extra vorbeikam, um uns zu gratulieren. Er schenkte uns zwei Schokoladenbonbons – in seiner Kanzlei unterschrieben wir den Gesellschaftsvertrag.

Die Zusammenarbeit zwischen Alexander und mir verlief bis auf ein paar Ausnahmen rein virtuell. Wenn mein Mitgründer seinen Leder-Bürosessel um 180° herum schwang, konnte er von seinem Schreibtisch die Orangenhaine sehen. Gelbe Punkte, so weit das Auge reichte, dort, wo die Bergkette des Hinterlandes von Alicante als dunkler Streifen in der Hitze flirrte. All das sah auch ich, wenn ich durch das Display meines Rechners an Alexanders Schulter vorbei guckte, durch das Fenster seines Arbeitszimmers.

Mir kam das Remote-Arbeiten entgegen. Im Mai desselben Jahres sollte meine Tochter zur Welt kommen, mein Bauch war so rund, dass ich mit ihm kaum durch die Tür kam. *Gotomeeting* war das egal. Regelmäßig trafen Alexander und ich uns im Online-Meetingraum, während die von uns verwendete Meetingsoftware kaum jemand zu kennen schien. Auf alle Fälle war bei einigen Players eine gewisse Reserviertheit festzustellen, wenn es darum ging, sich mit uns am „Online-Kamin" – wie wir unseren virtuellen Konferenzraum gerne nannten – zu treffen. Von Zuspruch aus der Board Community gegenüber unseren digitalen Produkten konnte jedenfalls keine Rede sein. Darauf waren wir vorbereitet: Wir sollten uns besser keine allzu großen Hoffnungen machen, hatte man uns vorher gesagt. Unser Digital-Programm für Aufsichtsrätinnen würde nicht ankommen. Wer würde schon vor anderen zugeben, auf der Suche zu sein? Wer würde sich als Quotenfrau outen wollen, die sich Hilfe geholt hatte? Wer würde Interna vor Dritten ausbreiten, noch dazu im Internet? Wir würden uns gar auf offene Ablehnung gefasst machen müssen. Bei Gremien, so erklärte man uns, handle es sich um die letzte Bastion in der Wirtschaft, die digitalisiert werden würde. – Nicht, dass wir uns von solchen Äußerungen hätten abschrecken lassen. Im Gegenteil, solche sprücheklopfenden Bedenkenträger spornten uns nur noch mehr an, das Gegenteil zu beweisen.

Während unsere Firmengründung acht Wochen vorher stattfand, im Februar, fiel die Idee zu *Boardpilot* und damit zu *BoardFlight* mit der Geburt meiner Tochter quasi zusammen. Gerade mal vier Wochen war sie alt, als ich mich mit ihr in den Flieger nach Spanien setzte, um mit Alexander Produktentwicklung zu machen. Mutterschutz einmal anders. Ich weiß noch genau, dass es gar nicht so leicht war, einen Pass für das Baby zu bekommen. Die Tochter konnte das Kameraobjektiv noch gar nicht fixieren. Einem entspannten Fotografen aus Neukölln hatten wir es zu verdanken, dass ich wenige Tage später – endlich analog – über Alexanders Schulter aus dem Fenster seines Arbeitszimmers blicken konnte. Live und in Farbe sahen die Orangenhaine noch viel schöner aus. Zu diesem Zeitpunkt standen sie in Blüte.

Und schon wenig später hatten wir es gebaut, das Fundament von *Boardpilot* – dem ersten digi-logen *Boardreadiness*-Programm für C-Levels, ein Hybrid-Format war es, das sich aus insgesamt 7 Modulen zusammensetzte. Danach würden unsere Kandidatinnen eine klare Positionierung in der Tasche haben. „Gremienklarheit" nannten wir das.

19.2 Der 7-Module-Boardpilot – Das Boardreadiness-Programm (nicht nur) für Frauen

Mit dem *7-Module-Boardpilot* richteten wir uns an ambitionierte C-Level-Frauen, die bei ihrer Karriereplanung auf Dreierlei setzten: Unkonventionalität, Mut und kreatives Machertum. Wer das Programm durchlief, sollte die Bereitschaft mitbringen, selbst etwas zu tun, um das Wunschmandat zu bekommen. Im Kern ging es uns um Hilfe zur Selbsthilfe. Unsere Kandidatinnen – später zunehmend auch Kandidaten – sollten in die glückliche Lage versetzt werden, sich selbst die Tür zum Boardroom aufzumachen.

Unser Programm für die Punktlandung ins Board sah vor, dass wir die Kandidatinnen neun Monate lang bei ihrer Positionierung begleiteten – salopp gesagt, die Länge einer Schwangerschaft. Wobei es mir damals so vorkam, als sei das mit den neun Monaten eine Mär, die irgendwelche Frauenzeitschriften verbreitet haben, um ihren Leserinnen Mut zu machen. Auf zehn Monate bis zur Geburt eines Kindes sollte man sich vorsichtshalber gefasst machen. Ungefähr genauso verhält es sich mit der Neupositionierung. Ein Jahr sollte man einplanen, um den Markt zu scannen und die persönliche Qualifikation mit den Anforderungen des Wunschmandats abzugleichen. Bis zur Platzierung kann es ein weiteres Jahr dauern – Vorausgesetzt, man hatte sein Mandatsgewinnungsprojekt sauber aufgesetzt.

Bekanntlich sind Vakanzen in diesem Segment nicht ausgeschrieben – man wird berufen. *Bis* das passiert, darf Zeit ins Land gehen, *damit* es passiert, bedarf es der Selbstvergewisserung. Mandatsgewinnung ist entgegen der landläufigen Meinung weniger ein Werkeln an der Außenwirkung, vielmehr ein Entwicklungsprozess, der sich von innen heraus vollzieht. Ein sanftes Annähern an sich selbst, ungestört, motiviert, investigativ. Es geht um Destillation, um die Entwicklung einer klaren Vision, hin zu sich selbst. Dabei gilt es, mit dem eigenen Innern (wieder?) in Berührung zu kommen und sich zu besinnen: Was machte mich früher aus, was sind demgegenüber die Erwartungen an mein Leben heute? – Wer bin ich? Was kann ich? Was möchte ich in dieser Welt bewegen? Diesen Fragen gingen unsere Kandidatinnen mit *Boardpilot* auf den Grund, dessen dramaturgische Entwicklung zum Glück keine neun Monate dauerte. Trotzdem war es ein intensiver Gestaltungsprozess. Entsprechend haben wir die Inhalte modelliert, ausprobiert, wieder verworfen und neu formuliert und wieder und wieder angepasst. Vor allem kam es uns darauf an, dass sich das Programm von innen heraus an den tatsächlichen – vordergründig oft nicht sichtbaren – Bedürfnissen unserer Zielgruppe orientiert. War es wirklich mehr Geld? Oder ging es den meisten nicht vielmehr um Einfluss und damit um mehr Sinn im Leben? Wir wollten nicht den Fehler machen, ein fertiges Produkt in den Markt zu werfen, bei dem sich vielleicht hinterher herausstellte, dass es an dem, was C-Levels wirklich brauchten, vorbeiging. Insofern war der *Boardpilot,* so, wie er am Ende dastand, das Ergebnis eines Einfühlens in seine künftigen Boardpilotinnen.

Wir starteten den Prototypen informell mit einigen wenigen handverlesenen Kandidatinnen, die auf Empfehlung eines befreundeten Netzwerks zu uns kamen. Noch bevor wir loslegten, loteten wir im sog. „Hüter der Schwelle-Gespräch" aus, ob *Boardpilot* zu den Erwartungen der Interessentin passte. Dabei war es gar nicht so einfach, eine Gruppe zusammenzubekommen, bei der alle Frauen auf dem gleichen Karriere-Level waren. Deshalb begannen wir mit Einzel-Sessions.

19.3 Boardreadiness oder Der Placement-Markt

Bald bekam ein Aufsichtsratsvermittler aus meinem Netzwerk Wind von unseren Aktivitäten und signalisierte Interesse. Dazu muss man wissen, dass *Boardreadiness* für Frauen damals noch *en vogue* war. Das lag an der soeben erfolgten Einführung der „Frauenquote". Unternehmen suchten für ihre Aufsichts- und Kontrollgremien händeringend kompetente Frauen, die sie angeblich nicht fanden. Auch wenn manche spöttelten, dass bestimmt eher mittelmäßige Frauen gesucht würden, damit das bereits platzierte (männliche) Mittelmaß nicht auffiele. – Vermittler waren zu dieser Zeit alle hektisch dabei, ihren HR-Pool mit hochqualifizierten C-Level-Frauen zu füllen. Bis man soweit war, wurde auch mal das Label einer Fraueninitiative gerne genommen.

Dank der Kooperation mit dem Placer bekamen wir wichtige Insights aus erster Hand, und stellten fest, was wir schon ahnten: Der Placement-Markt spiegelte wider, was wir nun mal gerade nicht brauchen, wenn Unternehmen integre Persönlichkeiten an Board haben wollen, die Rückgrat besitzen und für ihre Werte einstehen. Mit *Boardpilot* wäre endlich Schluss mit Intransparenz. Irgendwie müsste es uns gelingen, mandatsinteressierten Kandidatinnen das windige Terrain des Vermittlungsgeschäfts zu ersparen. Placer schienen, wie wir bemerkten, erst in die Gänge zu kommen, wenn ein Unternehmen ihnen „Kopfgeld" dafür bot, die passende Person zu finden. Placer hielten nach zwei Seiten die Hand auf und freuten sich, wenn das Geschäft mit der Eitelkeit mal wieder gut funktionierte. Derweil durfte die potenzielle Kandidatin manchmal bis zum Sankt Nimmerleinstag auf ihre Mandatierung warten. Der Grund: Im Vergleich zu Executive Search ließ sich mit der Platzierung von Aufsichtsratsmandaten vergleichsweise wenig Geld verdienen. Der Prozess konnte sich hinziehen, und es kam vor, dass die erwartungsfrohe Kandidatin ein Jahr später nicht nur um ihre Erwartung gebracht war, sondern auch um ihr „Invest". Das galt es zu ändern. Schon klar, ein dickes Brett, das wir uns da vorgenommen hatten. Aber Dünnbrettbohrung war unsere Sache nie gewesen. Unser Claim lautete selbstbewusst: „Die Avantgarde startet jetzt."

Zu dritt – Alexander, der Placer und ich – entwickelten wir die sieben aufeinander aufbauenden Module entlang der Bedürfnisse einer ersten Probandin. Als Marija (Name von der Autorin geändert) auf uns zukam, stand auf ihrem Wunschzettel nur ein einziges

Wort: MANDAT. „Raus aus der Schweiz" lautete das Ziel der Rätin, die sich als echte Zukunftsgestalterin erwies, kreativ, innovativ und extrem strukturiert. „Gestaltung" war das Zauberwort, abseits von Borniertheit, Verkrustung und Männerdomänen. Auf dem Deckel ihrer Kladde hatte die Finance-Expertin und mehrfache Verwaltungsrätin in dicken Lettern geschrieben, wie das von ihr angestrebte Mandat zu sein hatte: FETT.

19.4 Der BoardFlightSimulator – die Idee des inszenierten Boardmeeting oder Modul 5 des *Boardpilot*

Zwei Module unseres *Boardreadiness*-Programms sollten Live-Formate sein, um den persönlichen Austausch zu ermöglichen. Als Hybrid sollte *Boardpilot* beides bieten – zeitsparende und ortsungebundene Online-Sessions, bequem von zu Hause aus. Dazu, ganz klassisch, den vertraulichen „anfassbaren" informellen Austausch, ohne den es nun mal auch nicht ging. Immerhin wollten wir die Kandidatinnen in Kontakt mit Unternehmern bringen. Dieser persönliche inspirierende Austausch sollte im zweiten Live-Modul stattfinden, das wir in die Gesamtdramaturgie des Programms gegen Ende eingebettet hatten.

Die Zusammenarbeit mit Alexander machte einen Riesenspaß. Ständig entwickelten wir neue Gadgets und Tools, für die wir immer neue lustige Namen erfanden. Mit dem sog. „Blind-Spot-Detektor" zum Beispiel konnten unsere Kandidatinnen „blinde Flecken" bei sich ermitteln, um die Selbstwahrnehmung zu schärfen. Wer um eigene Unzulänglichkeiten weiß, strahlt Empathie aus. Und wer sich selbst kennt, hat den Vorteil, auch das Gegenüber besser einschätzen zu können.

Nach Modulen, die wir „Delta-Öffnung", „BOARDWAY-Surround-Check" oder „Ninja-Spezialtraining" nannten, gaben wir dem zweiten Live-Modul den Namen Board-Flight-Simulator. Dieses Format sollte nicht nur unsere Boardpilotinnen beflügeln – auch die Inhaber mitsamt ihren Unternehmen würde der BoardFlight-Simulator zum Fliegen bringen.

Mit dem BoardFlight-Simulator, kurz BoardFlight, hatten unsere Kandidatinnen und Kandidaten Gelegenheit, ihr neu erworbenes Know-how unter Beweis zu stellen und praktisch zur Anwendung zu bringen.

Mit dem Ziel, für die beiden suchenden Seiten, Unternehmen und Kandidat, eine Art informelle Recruiting-Plattform zu schaffen, sollten die Unternehmen, die beim Board-Flight mitmachten, entweder noch kein Board bei sich installiert haben oder aber für ihr Gremium noch gezielt sachkundige Verstärkung suchen.

Die Kandidaten ihrerseits erwartete objektives, ungeschminktes Feedback von Experten und Peers. BoardFlight, das waren temporeiche Action-Learning-Sequenzen für den unverstellten Blick auf sich selbst. Und das Beste: Frei von der Sorge, sich nachhaltig unbeliebt zu machen – schließlich war so ein Pop-up-Board-Meeting naturgemäß zeitlich limitiert und – sofern man sich nicht für einen weiteren BoardFlight entschied – eine einmalige Sache.

19.5 BoardFlight-Simulator versus BoardFlight – echter Impact statt Simulation

Allzu lange hatten Alexander und ich den technokratischen Charakter von Aufsichtsratsschulungen beobachtet, deren Inhalte aus unserer Sicht an dem vorbeigingen, was wirklich gebraucht wurde: Erkennbarkeit des individuellen Markenkerns gegenüber Dritten. Eine klar umrissene Vision und die daraus resultierende passende persönliche Strategie, um das angestrebte Board zu entern. Drittens, informelles Wissen, das sich in keiner Schulungsunterlage nachlesen lässt, also all diese Dos and Don'ts, die Fettnäpfchen, in die man treten konnte, ohne jemals zu erfahren, warum es mit dem Mandat nicht geklappt hatte oder warum die Freude daran nur kurz währte.

Damals, mehr als heute, hielten sich etliche Frauen, die man als sog. „Quotenfrau" in einem Aufsichtsrat platziert hatte, nicht allzu lange im neuen Mandat. Um sich in der Rolle der Rätin auszuprobieren und jene Sattelfestigkeit zu erlangen, um die es uns ging, war unser BoardFlight-Format zweifellos perfekt.

Übrigens wollten wir früh weg von Monokulturen, weshalb der BoardFlight-Simulator abseits des geschützten Raums, den viele Frauen wünschten, auch die Teilnahme von Männern vorsah. Tatsächlich kamen später immer häufiger männliche C-Levels auf uns zu, die das Programm spannend fanden. Interessanterweise waren sogar mehr Männer offen dafür, in ihre berufliche Zukunft zu investieren, als Frauen hierzu bereit schienen.

Mit dem BoardFlight-Simulator jedenfalls würden unsere Kandidatinnen und Kandidaten den Worst Case durchspielen und zwar nicht als Spiel, sondern – und das ist jetzt wichtig: real. Welcher Unternehmer käme auch auf die Idee, Kandidaten auf einem Spielplatz zu suchen? Jedenfalls keiner, der die Verantwortung für hunderte von Mitarbeitenden trägt, die jeden Monat ihr Geld auf dem Konto haben wollen. So ein Unternehmer hatte keine Zeit. Ein Unternehmer brauchte keine Spiele-Ecke. Ein Unternehmer unter Feuer brauchte gangbare, praktikable Lösungen auf den Punkt; nicht irgendwann, sondern jetzt.

Mit Spielerei und Simulation – davon waren Alexander und ich (und übrigens auch „unser" Placer) überzeugt – war keinem Unternehmer gedient und auch keiner Unternehmerin. Das gleiche galt für Führungspersönlichkeiten im Sinne des bestellten Geschäftsführers, des Interim Managers – der eine auf der Abschussliste, der andere auf Übernahme hoffend. Warum begriffen so wenige, dass schon die erste Sitzung in einem neuen Mandat entscheidend sein konnte, inwiefern man in Zukunft bereit war, auf jemanden zu hören. Insofern hatten wir den BoardFlight-Simulator auch als Leadership-Format konzipiert.

Dort, wo die Verantwortung am größten ist und die Luft am dünnsten, ist das Terrain nicht selten vermint. Stets schwingt die Frage mit, wem man überhaupt noch vertrauen kann. Wie sollte man das eigene Verhalten steuern, um als inspirierende, integre, durchsetzungsstarke und zuverlässige Führungspersönlichkeit wahrgenommen zu werden? Was erweist sich in volatilen Zeiten als wirklich verlässlich? – Besonders zutage treten solche Fragen nun mal in Geschäftsleitungs-, Vorstands- und Board Meetings.

Eine Sache lag auf der Hand: In Zeiten der Digitalisierung, die streng genommen ja schon in den 1940er Jahren begann, geht Führung weit über die eigene Image-Pflege hinaus. Die Kombination aus Kommunikationsfähigkeit, Transparenz, Empathie, holistischem Weitblick und gelingenden Beziehungen ist der Schlüssel zum Erfolg. Deshalb kam es uns darauf an, mit BoardFlight zu zeigen, dass – egal ob für den Sprung auf die Short List oder als Mandatsträger – die Qualität der eigenen Board Performance nicht aus Fachwissen, Zertifikaten und Positionierung allein erwächst. Letztlich überzeugen wir mit unserer Persönlichkeit und dem viel zitierten „Footprint".

Und dann gab es noch einen weiteren Benefit des BoardFlight-Modells gegenüber einem womöglich bereits bestehenden Beirat: „BoardFlight-Meetings sind inszeniert und verlaufen *from scratch,* das heißt von Grund auf neu." – schrieben wir auf unserer Landingpage. Das Szenario war also frei von zwischenmenschlichen Vorgeschichten. BoardFlight bot einen fokussierten, konstruktiven und vertraulichen Rahmen für einen Austausch auf Augenhöhe ohne Störgeräusche und Konkurrenzsituationen.

Auf diese Weise erreichten wir mit dem Format einen Wissenstransfer, der zudem durch individuelle One-to-One-Sessions auch ein *Deep Dive* in puncto Social Skills und Mind-Set möglich machte. „In dieser Kombination liefert das BoardFlight-Format inspirierende Learnings und Selbsterfahrung von hoher Relevanz. BoardFlight-Passagiere sind also nicht einfach bloß Teilnehmer – sie sind Experten, Problemlöser, Innovatoren, Sparringspartner und Leader – auf den Punkt gebracht: Zukunftsgestalter." – So oder so ähnlich texteten wir in unzähligen Konzeptentwürfen, so stand es auf unserer Website, auf unseren Flyern, dafür standen wir ein: Diese kompetenten und erfahrenen Zukunftsgestalter aus unseren Netzwerken galt es dorthin zu bringen, wo Innovation dringend gebraucht wurde, persönlich, genau dort wo es brannte. Der Fall war klar: Es galt, Unternehmer zu gewinnen, die ein drängendes Problem zu lösen hatten. Unternehmen unter Feuer zu akquirieren – darin lag ein Engpass, der uns zu schaffen machte.

Tatsächlich ist wohl genau hier der Grund zu suchen, warum nach uns einige Schulungsanbieter auf die Idee kamen, Gremien-Situationen in Form von Rollenspielen nachzustellen. Viele Weiterbilder und Zertifikate-Anbieter setzen bis heute auf Boardwissen aus der Schublade. Das greift zu kurz, sagten wir uns schon früh, weshalb wir von der Bezeichnung BoardFlight-Simulator schnell wieder abkamen. Es durfte nicht um Simulation gehen, es ging um *echten unternehmerischen Impact.* Lösungen auf fiktive Cases anzubieten war in unseren Augen pure Verschwendung des Potenzials, das unsere Kandidatinnen an den Tisch brachten.

Im BoardFlight sollte es darum gehen, echte Lösungen zu erarbeiten, ein inspirierender Austausch sollte unter den Aspirantinnen entstehen, ein lebendiger Trialog mit dem Unternehmer und den begleitenden Board-Experten – ein interaktives Peer-Coaching-Format, ein Sparringsboard für mehr Inspiration.

Es war doch so: Eine Person, die noch keine Gremienerfahrung besaß, würde auf einem artifiziellen, fast schon hin konstruierten „Spielplatz" vermutlich kaum erfahren, wie es sich in Wirklichkeit anfühlte, in einem Gremium mitzuarbeiten. Auch die psychodynamischen Effekte wären nicht die gleichen. Cases aus der Schublade waren einfach keine Lösung. Gab es da draußen nicht genügend Unternehmen, bei denen es brannte? Standen da nicht etliche Interessenten Schlange in Erwartung des Mandats nach erfolgreichem Erwerb des Zertifikats? Waren die Netzwerke für Aufsichtsräte, für Beiräte, für Wirtschaftsprüfer und Interim Manager nicht voll von kompetenten Zukunftsgestaltern auf der Suche nach einer inspirierenden Aufgabe? C-Levels, die in ihrem Leben vieles geleistet hatten und eigentlich mit sich und der Welt zufrieden sein konnten, doch sich dennoch sagten, dass dies nicht alles gewesen sein konnte.

Anders als bei klassischen Schulungen ging es uns darum, unseren BoardFlight-Passagieren fachliches und strategisches Know-how ausschließlich auf der Basis von Unternehmen an die Hand zu geben, die im Hier und Jetzt kurzfristigen Support brauchten und die akute Herausforderung in Form ihres Projekts mit einbrachten. Auf diese Weise bekam eine scheinbar „inszenierte" Gremiensitzung einen relevanten Impact: Statt reines Fachwissen zu inhalieren, würden Teilnehmer zu Experten, die ihr eigenes Erfahrungswissen aktiv mit einbrachten. Wie nebenbei lernten unsere Kandidaten, indem sie ausgewählten Projekten zum Erfolg verhalfen. Inspiration, informelles Wissen und spezifisches Gremien-Knowhow – alles dies fernab des Charakters einer lahmen Lehrveranstaltung in stickigen Hotelräumlichkeiten, stattdessen Räume der Inspiration, die neues Denken hervorbrachten, der Stern am Firmament des Unternehmenserfolgs – das war BoardFlight für uns.

19.6 „Inspirierend, fordernd, aber mit Spaß" – BoardFlight findet Resonanz in Aufsichtsratsnetzwerken

„Wo finden Sie neue Perspektiven, einen beflügelnden Blick auf die Dinge?", fragten wir diese potenziellen Räte, „Wer hilft Ihnen dabei, Ihre innovativen Ideen weiterzuentwickeln und aus ihnen Projekte erfolgreich zu formen? Mit wem tauschen Sie sich aus, um das 'Big Picture' im Blick zu behalten? Woher bekommen Sie substanzielles, ehrliches Feedback, das Sie fördert und weiterbringt? Wer gibt Ihnen das informelle Wissen an die Hand, mit dem Sie sich strategisch optimal und progressiv aufstellen?"

Wie das Mädchen, das beim Tanztee vergeblich darauf wartet, aufgefordert zu werden, so kamen mir diese Frauen und Männer manchmal vor, die sich in jenen Netzwerken umtaten, die – vor allem in den frauenhomogenen Strukturen – manchmal eher „Fetzwerken" glichen, wenn man sich mal anschaute, wie man sich dort um Pöstchen stritt, sich zankte und untereinander bekriegte.

Ungeachtet dessen setzten die Initiatoren und Vorstände dieser Netzwerke alles daran, ihren Mandate-Suchenden und -Wartenden, die auf Social Media oft markige Reden schwangen und natürlich nach außen hin immer erfolgreich waren, zu suggerieren, dass sie mit einer Mitgliedschaft ihre Chancen erhöhten, als Rätin respektive Rat gefunden zu werden. Passierte das? In Einzelfällen – mag sein. Trotzdem, was um alles in der Welt sollte es bringen, den Ernstfall zu simulieren, wenn es xyz-Unternehmen gab, bei denen dieser Ernstfall de facto längst eingetreten war? Lerninhalte, die an unseren Spieltrieb appellieren, haben nachhaltige Effekte, das ist empirisch erwiesen und eine feine Sache für Leute mit Zeit. Rollenspiele eignen sich gut, einem vor sich hin dümpelnden Netzwerk neues Leben einzuhauchen und den bunten Anstrich von Kreativität zu geben. Spannend für alle Netzwerk-Owner, die, unter Druck geraten, ihren Mitgliedern etwas bieten müssen, um einer potenziellen Meuterei aus der Community entgegenzuwirken. In einem einschlägigen Aufsichtsrätinnen-Netzwerk hatte ich sowas selbst schon erlebt: Bei der Mitgliederversammlung stiegen die Frauen der Vorständin aufs Dach, warum der Verein seinen Mitgliedern bis auf Arbeitskreise zur Entwicklung politischer Positionspapiere nichts zu bieten hätte – Aktivitäten, die zu nichts anderem da zu sein schienen, als die Initiatorin des Netzwerks in noch glanzvollerem Licht erstrahlen zu lassen.

Tatsächlich freuen sich Initiatoren von Netzwerken immer über neue Formate-Ideen, mit denen sie ihre Leute bei Laune halten können. „Guter Rat bekam nun viel Übung!" konnten wir im Nachgang zur inszenierten Gremiensitzung auf Social Media lesen. Der Sender war ein einschlägiges Aufsichtsrats-Netzwerk für den Mittelstand in Deutschland: „Unser Workshop im Rahmen der Simulation einer sehr realitätsnahen Aufsichtsratssitzung war gemessen am Feedback der Teilnehmer, ein voller Erfolg!" – Als ein uns gewogener Netzwerk-Kollege Alexander und mir diesen Post via Instant Massaging zuspielte, staunten wir nicht schlecht. Der „Poster" hatte soeben als Board-Experte bei unserem BoardFlight mitgemacht. Er war somit Zeuge gewesen, wie herausfordernd es für uns war, Unternehmer zu finden, denen ein Pop-up-Gremium bares Geld wert war, Unternehmer, die überdies das Vertrauen in uns setzten, durch unser Pop-up-Szenario gezielten Support mit echtem Mehrwert zu generieren. Interessanterweise war jener Netzwerk-Kollege einer von denen gewesen, die uns rieten, aller Widrigkeiten zum Trotz, das Format weiter auszurollen. Nun tat er es selbst, nahm es mit in sein Räte-Netzwerk und ließ sich als Initiator promoten.

Alexander und ich haben bei unserem nächsten Online-Meeting mit einem Rebujito darauf angestoßen. „Ereignisreich und sehr abwechslend, spannend und enorm bereichernd", sei das Format gewesen, ließ jenes Aufsichtsratsnetzwerk die Board Community wissen. Es sei dabei, hieß es euphorisch, zu einem „wertschätzenden Austausch auf hohem Niveau" gekommen, der „intensiv, fordernd, aber mit Spaß" erfolgt und dabei „inspirierend und lehrreich" gewesen sei. „Hohe Anerkennung" zolle man den Board Coaches. Mit „großem Enthusiasmus" habe man sich zu den abschließenden One-on-One-Feedback-Gesprächen geäußert. Stimmt, die One-on-One-Gespräche waren immer ein Highlight gewesen, auch bei unseren *nicht-simulierten* Pop-up-Boards. Wir arrangierten diese Vier-Augen-Gespräche mit den anwesenden Executives und Coaches als sog. Vertiefung des „Selbstwissens". Jedenfalls schien unser Format bei den Räten zu verfangen, ein Markttest durch Dritte ohne Beauftragung durch uns und gleich so positive Resonanz, wow, BoardFlight gewann an Flughöhe, Bestätigung all unserer Mühen.

Welche Wirkung, fragten wir uns, würde unser Pop-up-Board erst entfalten, wenn diese Netzwerke zu realen Cases griffen, wie wir es anstrebten? – Die Frage, die wir uns stellten: Würde es den Machern hinter den Netzwerken gelingen, Unternehmer zu finden, die bereit waren, sich für eine Pop-up-Gremiensitzung in die Karten schauen zu lassen?

Noch dazu, wenn sie investieren sollten? Wir waren gespannt. Dabei hatten wir nicht bedacht, dass Netzwerke vermutlich über das nötige Kleingeld verfügten, um sich Unternehmer kurzerhand einzukaufen. Doch konnten eingekaufte Cases die Schmerzpunkte des Unternehmens adäquat transportieren? Verkopfte Cases – konnte dies das Ziel sein?

19.7 BoardFlight und die Unternehmer – es geht um Vertrauen oder „Der Steuerberater tut's auch"

Unternehmer haben viel um die Ohren. Umso wertvoller war es, wenn man sich einen ganzen Tag freischaufelte, um im BoardFlight authentische Einblicke in die eigene Unternehmensrealität zu geben. Zeit spenden – hier lag bereits das Invest von Unternehmensseite.

Für uns, die wir darauf angewiesen waren, die Planung und Durchführung des Formats über Echtzeit-Cases zu finanzieren, glich die Suche nach dem unter Feuer stehenden Unternehmer jedes Mal einem Kraftakt. Für die komplexe Beratungsleistung auch noch bezahlen? – Tat es der befreundete Steuerberater nicht auch? Den konnte man doch immer auf dem kurzen Dienstweg um Rat fragen.

Dies legte ein Charakteristikum des Marktes offen: Unternehmer, die dringend Rat suchten, setzten zu 90 % auf persönliche, langjährig gewachsene Verbindungen. Es ging um Vertrauen.

Demnach galt es erst ein Bewusstsein dafür zu schaffen, dass Lösungen, die auf der Basis einer unternehmerischen Frage gematchten Team erarbeitet worden waren, mehr Impact besaßen als die singuläre, losgelöste Leistung durch den befreundeten Wirtschaftsprüfer oder den Steuerberater.

Wir stellten weiterhin fest, dass Unternehmer nur bedingt daran interessiert waren, sich ein Gremium ins Haus zu holen, das einem sagte, was man zu tun hatte. Wer bezahlte schon gerne jemanden dafür, dass man sich über die Schulter und in die Karten schauen ließ? Wozu sollte ein Unternehmer „streuen", dass es irgendwo nicht läuft? Niemand ließ sich gerne reinfunken. Und so kommt es bis heute zum „Schlingerkurs" auf der Sprachebene: Wer sich Hilfe holt, redet von „Unterstützung", wer sich coachen lässt, von „Begleitung".

„Wir haben uns zusammen an einen Tisch gesetzt und mal darüber gesprochen, was wir tun müssen, um unser Unternehmen für die Zukunft fit zu machen." – Das sagte mal ein Mittelständler aus dem Badischen zu mir, der sich für zwei komplette Tage einen ganzen Beraterstab ins Haus geholt hatte.

„Beirat", allein der Begriff löste Reaktanzen aus. Tatsächlich ein verknöchertes Naming, das an noch mehr Admin-Aufwand denken ließ, als man ohnehin schon hatte. Die Frage, warum es vergleichsweise wenig Beiräte im Mittelstand gibt, ist damit im Grunde schon beantwortet.

Aus den genannten Gründen waren unsere Case-Stifter oft Unternehmerkontakte aus unserem eigenen persönlichen Netzwerk, Leute, die aus Sympathie zu uns mitmachten oder weil sie uns helfen wollten. Doch sogar jene, die aus karitativen Gründen zur Stelle waren, überlegten es sich manchmal anders. Gerade bei spontanen Zusagen waren wir vorsichtig. Es stand zu befürchten, dass ein Rückzieher folgte. Wie zum Beispiel das in Bedrängnis geratene Windkraft-Startup, dessen Gründer dann plötzlich doch kalte Füße bekamen, weil man um den Aktienkurs bangte. Dem Brauerei-Inhaber war unerwartet etwas dazwischengekommen und das badische Familienunternehmen wäre gern beim nächsten Mal dabei. Kein Wunder, dass man in den Netzwerken auf Schubladen-Lösungen zurückgriff, das war planbarer.

Eingekaufte Unternehmenscases jedenfalls waren bestimmt nicht das Gelbe vom Ei und bildeten garantiert nicht den Status Quo ab. Wenn es wirklich Probleme gab, würde keiner wollen, dass dies durchsickerte. Käme erst der Verdacht auf, dass die Board-Experten unseres Pop-up-Boards ihr Geld als Berater verdienten, wich man als Unternehmer im ersten Moment erschrocken zurück, froh, gerade noch rechtzeitig bemerkt zu haben, dass man es hier mit einem Trojanischen Pferd zu tun hatte, über das Berater durch die Hintertür an Manate heranzukommen gedachten. Kein Wunder, dass Berater in den Netzwerken sofort Gewehr bei Fuß standen, wenn es darum ging, ihre Expertise punktuell und *pro bono* einzubringen. BoardFlight – ein Akquise-Tool, das nichts kostete außer dem bisschen Zeitinvest.

19.8 BoardFlight – Die Berater-Mentalität oder „Kooperationspartner"

Direktkontakte zu Unternehmern waren zwar etwas, das Berater besaßen, doch wie ihren Augapfel hüteten. Logisch, ohne Unternehmer konnte kein Berater beraten, doch wer wusste es schon – bestimmt gab es Berater, die ihren Job nur auf der Visitenkarte ausübten. Welcher erfolgreiche Berater wollte schon seine schönen, über lange Jahre gepflegten Unternehmer-Kontakte mit anderen Beratern teilen? Wer wollte das Risiko eingehen, dass der Auftraggeber sich beim nächsten Mal vielleicht für den neuen Besen entschied, der eventuell besser kehrte? Teilen jedenfalls, so stellten wir fest, schien des Beraters Sache nicht.

Hier tritt ein weiteres Charakteristikum des Marktes zutage: Berater genießen keinen guten Ruf und agieren nicht zeitgemäß. Ihre Bereitschaft zu Kollaboration ist ausbaufähig.

Ich kann es nicht lassen. Bis heute zerbreche ich mir den Kopf über den eigentlichen „Webfehler" des BoardFlight-Modells. Wie „Kai aus der Kiste" kamen auch schon früher immer wieder Player aus der Board Community vorbei, die BoardFlight wie einen Stern in den Himmel der kreativen Board-Formate hoben. Ständig signalisierte man uns Unterstützung, um diesen „inspirierenden Inkubator" zum Fliegen zu bringen, der doch „so viel Mehrwert" für gleich drei verschiedene Zielgruppen bereithielte.

Unlängst interessierte sich eine Fachhochschule aus der Schweiz für BoardFlight. Man wolle das Format in sein Curriculum aufnehmen. Bei genauerem Lesen der wohlfeil formulierten Vereinbarung, in ein ordentliches MoU (*Memorandum of Understanding*) gegossenen Absichtserklärungen träufelte der Optimistin das Erkennen nur widerwillig ins Bewusstsein: Für eine Kooperation auf Augenhöhe würde sie ihre mindestens zehn Kilometer lange Leiter rausholen und an ihr emporklettern müssen. Oben angekommen, würde sie noch ihre kreisch-rote Flagge herausholen müssen und winken, wenn sie hinter BoardFlight, ihrem „Baby", sichtbar bleiben wollte.

Auch als ich noch mit Alexander unterwegs war, klopften immer wieder Leute bei uns an, die das Format sogar noch nicht mal (wie manch andere) abkupfern, sondern durchaus offiziell mit uns in Kooperation durchführen wollten. Trotzdem machten wir auch hier immer wieder die tollsten Erfahrungen.

So groß die Resonanz auf den Impact, so gering die Bereitschaft, sich operativ einzubringen. Keiner von denen, die Mitglied in den einschlägigen Aufsichtsratnetzwerken waren, schien recht verstehen zu wollen, dass es nicht darum gehen konnte, auf Social Media „ein bisschen Werbung" zu machen. Das konnten wir selbst. Wir waren Content-Produzenten erster Stunde. Unser Engpass lag weder in einer möglichen Teilnehmerschaft im Sinne des mandatssuchenden Beraters. Daran herrschte nun wahrlich kein Mangel, wenn auch gesagt werden will, dass es in gewisser Weise an zahlungsbereiten Teilnehmern haperte.

Der Grund dafür lag auf der Hand. Den potenziellen Teilnehmern, ihres Zeichens Berater, stand die Gruppe der BoardExperten gegenüber, die allzeit bereit schienen, ihre Expertise pro bono anzubieten. Da sich alle für BoardExperten hielten – Berater mit und Berater ohne Board-Erfahrung – fiel der Anteil jener, die bereit waren, für den frei Haus gelieferten Direktkontakt zu Unternehmern zu bezahlen, vergleichsweise überschaubar aus.

Im Endeffekt war es so, dass die Macher hinter dem Format im Grunde allen dankbar zu sein hatten: Den Teilnehmern, weil sie sich mit ihrer Einmalzahlung als Investoren erwiesen und uns einen Gefallen getan hatten, den BoardExperten, weil sie ihre Zeit spendeten, obwohl ihnen ein klassisches Beratungsmandat schlichtweg mehr Benefit eingebracht hätte und auch den Unternehmern galt es, Dankbarkeit zu zollen, denn hatte sich hier nicht jemand aus seinem fordernden Unternehmeralltag freigeschaufelt, bereit, wozu sonst kaum jemand bereit schien: Vertrauliche Informationen mit nahezu unbekannten Dritten zu teilen?

Ja, das mit dem Teilen war so eine Sache und die Netzwerke um uns herum waren nun mal voller Berater, deren Mindset stets darauf ausgerichtet schien, eigene Interessen zuerst befriedigt zu wissen. So gesehen war diese Spezies zutiefst menschlich, wobei wir feststellten, dass sich die Fitness mancher Mandatsträger immer mehr in den Zeigefinger zu verlagern schien, mit dem man die Posts von anderen likte, während man sein Kapital (und Dritte) für sich arbeiten ließ. Ob darwinistische Überzeugungen und eine Convenience-Haltung Indizien sein können, für die besondere Eignung eines Aufsichtsrats respektive Beirats, dort, wo es doch um Fremdwohl gehen sollte, dem des Unternehmens, dort, wo es Könner braucht, die sich als Sparringspartner mit Kreativität und Lebendigkeit und all ihrer Erfahrung aktiv in den Gestaltungsprozess mit einbringen – diese Frage möge sich der Leser selbst beantworten.

Schon lange vor der Pandemie waren wir immer wieder Räten begegnet, deren Lethargie in der Intensivierung ihrer Social Media-Aktivitäten zutage trat, die man als entsprechende Agenturleistung billig einkaufte. Vor allem Netzwerke erwiesen sich in den Anbahnungsphasen einer potenziellen Kooperation als selbstreferenzielle Systeme, in denen man mit einer Ignoranz agierte, die uns verblüffte. Wir waren bis dato davon ausgegangen, dass sich ein zeitgemäßer Akteur eine „Ich lehn mich zurück – macht Ihr mal"-Haltung nicht mehr leisten kann.

Den Vogel schoss ein Führungskräfteverband ab, wo man sich nach eigener Aussage für das Thema Aufsichtsrat künftig noch „stärker zu positionieren" gedachte. „Man wolle da mehr machen", signalisierte man uns. Immerhin warteten dort rund 25.000 C-Levels darauf, ihre Karriere mit einem Mandat zu veredeln. Na, das war ja mal was. Klar, dass wir uns freuten – endlich Gestalter, die was wollten. Jetzt hieß es „Ärmel hochkrempeln" – wir standen bereit.

Es folgen vielversprechende Online-Meetings mit dem zwanzigjährigen Marketingleiter, wir sind im Flow, wir machen Tempo, dann – die Sommerpause. Die Blätter an den Bäumen färben sich gelb, schon fallen Meetings aus Krankheitsgründen aus. Als das Laub unter unseren Füßen raschelt, haben die Vorstandswahlen „Prio" („Danke für Eure Geduld.", „Oh, ja, na klar, volles Verständnis."). Der persönliche Termin zur Vertragsunterzeichnung fällt ergo in die Zeit des ersten Schnees. In der Verbandszentrale im Ruhrgebiet will man die Kooperation fix machen.

Ich habe mein ICE-Ticket schon in meinen Mails, da teilt mir der Verbandschef telefonisch seine baldige Amtsniederlegung mit. Nach mehr als zwanzig Jahren Vorstandsvorsitz sei es aber nun auch wirklich an der Zeit, auch mal die Jüngeren ans Ruder zu lassen. „Sie müssen sich keine Sorgen machen", der Verbandschef, ein braver Mann, beruhigt mich. Sein Nachfolger habe zugesichert, die bereits angebahnten Projekte im Sinne seines Amtsvorgängers weiterzuführen.

19.9 Exkurs: BoardFlight *Backstage* oder Die Gretchenfrage

„Ich werde mich ein bisschen rausziehen müssen" – Bäääng! – Das ist Alexander, der mir sagt, dass er nicht so kann, wie er will, seine Frau – sie ist krank geworden, im Sommer. Zur Vertragsunterzeichnung beim Verband kann Alexander nicht mit. Ein Netzwerk-Kollege vom Bodensee springt ein. Trotz Schneematsch und überfrierender Nässe kommt er mit dem Auto, um mir beim Termin mit den Verbandsleuten zur Seite zu stehen. Als man uns den Kooperationsvertrag vorlegt, staunen wir nicht schlecht. Kein Wort von BoardFlight. Stattdessen scheint es der Vertragsentwurf für die offenbar ebenfalls geplante Kooperation mit einem Outplacer zu sein. Eine Verwechslung? – Um es abzukürzen: Den uns in Aussicht gestellten aktualisierten Vertragsentwurf durch den neuen Verbandschef bekamen wir nie mehr auf den Tisch.

Grundsätzlich läuft in Phasen der Kooperationsanbahnung alles gut – bis zu den beiden Gretchenfragen: „Wie hältst Du's mit der Finanzierung?" Und: „Wer macht was und wieviel und vor allem: Bis wann?"

Komischerweise herrschte unter den Beratern, die doch ein vitales Interesse haben müssten, einen möglichen Board-Building-Prozess anzustoßen, eine ProBono-Mentalität, wie ich sie selbst in der Kreativwirtschaft à la „Du hilfst mir mit der Raubkopie vom Schnittprogramm, und ich lad dich zum Essen ein." – so nicht angetroffen habe. Dieselben Berater, die viel Geld in die Hand nahmen, um sich in Datenbanken listen zu lassen, in denen sie auf ewig verschwanden, plädierten für *Bartering* als Kompensation für ihr Engagement im Sinne eines Formats, das doch ihrem Selbstoptimierungs- und Sichtbarkeitsanspruch entgegenkommen musste, indem man ihnen eine exklusive Bühne bot. Es schien um den Wert zu gehen, den man einer Sache beimaß und um die Frage, was sich jemand davon versprach. Das Auseinanderfallen von Proklamation und der konkreten Tat als Signum des Handelns schien mir jedoch andere Gründe zu haben, die sich unserem Blick entzogen. Ich nehme an, es hatte mit gewachsenen Netzwerken zu tun. In einem männlich dominierten Umfeld mochte die Furcht vor dem Gesichtsverlust eine Rolle spielen. Wäre es nicht peinlich, einem langjährigen Aufsichtsratsplayer sagen zu müssen, dass man gerne bereit sei, sich probono in die Datenbank aufnehmen zu lassen? – Nicht zuletzt führten wir die oben genannten Engpässe auf unsere noch fehlende Reputation im Markt zurück. Aber egal, als Newbies im Markt brauchte man halt einen langen Atem. Man durfte sich nicht aus der Ruhe bringen lassen und musste einfach bloß sein Ding machen. Zähigkeit, gepaart mit Enthusiasmus und Courage würde BoardFlight zum Fliegen bringen, davon waren wir überzeugt.

19.10 „Die Avantgarde startet jetzt" – BoardFlight im Steigflug und zwei Gründer am Abheben

Pop-up-Board, so erklärten wir BoardFlight allen, die nicht gleich verstanden, was unser Multi-Format alles konnte. Sowieso passte Pop-up schon damals perfekt in die Zeit. Abgesehen davon konnten wir gegenüber der kostspieligen Beraterlösung durchaus punkten. Und wenn wirtschaftliche Vorteile keine Argumente waren, die für unser BoardFlight-Modell sprachen, na, dann wussten wir auch nicht.

Von einem BoardFlight-Meeting profitieren alle Teilnehmenden: Unternehmen bekommen Impulse, Feedback und Lösungsansätze aus gleich mehreren Perspektiven. BoardFlight ermöglicht Insights und Expertise durch die Einbindung der teilnehmenden Peers, Räte und Coaches.

Wer am BoardFlight teilnahm, hatte anschließend einen soliden Erkenntnisgewinn und vielseitige Inspiration für das eigene Business. Pop-up-Boards eignen sich darüber hinaus, erfahrene Führungskräfte aus verschiedenen Branchen zusammenzubringen, um Unterstützung und Kritik anzubieten und auf diese Weise eine fundiertere Entscheidungsfindung zu gewährleisten. Ohne die Verpflichtung, sofort ein gesamtes Beiratsteam verbindlich bei sich im Unternehmen installieren zu müssen, bekommt der Unternehmer die exklusive Gelegenheit, das Modell „Beirat" erstmal zu testen. Und wenn die Chemie stimmte, kam es womöglich sogar zum Perfect Match.

Das Format im Format, sollte Inkubator sein für mehr Innovation, für Digitalisierung, für einen neuen Sound des Unternehmenserfolgs. Diesem neuen Sound galt es, Raum zu geben; Raum für frische Ideen und Persönlichkeiten, die für das brennen, was sie tun. Für diese Art von Zukunftsgestaltung würde mir Jahre später der Begriff AufsichtsART® einfallen.

Unsere Hidden Agenda lag in unserer Überzeugung, der Funke würde überspringen und mehr als einen Unternehmer auf die Idee bringen, einen Beirat bei sich zu installieren. Wer als Unternehmer bei einem BoardFlight mitgemacht hatte, wäre umgehend „angefixt", ja, BoardFlight würde zur Einstiegsdroge für Good Governance.

Schon am nächsten Tag würde der Unternehmer seine Leute mobilisieren und bei sich im Haus ein Beiratsteam zusammenstellen. BoardFlight würde strauchelnden Konzernen neue Zukunftsentwürfe auf den Korpus schneidern, von EU-Richtlinien umstellte Unternehmer bekämen neue Denkanstöße. BoardFlight würde Unternehmer darin unterstützen, nicht mehr im Freundeskreis um Rat fragen zu müssen, wo man aufgrund fehlender Unabhängigkeit womöglich falsche Tipps gab, die am Ende nur noch mehr Geld kosteten. Und wo man nicht widersprach, weil man korrumpiert war, weil es nun mal Freunde waren.

BoardFlight, der unabhängige Beirat für einen Tag wäre Trigger für Besser, ein Feuerwerk der Inspiration. BoardFlight gäbe Unternehmern an die Hand, was sie dringend brauchen, um ihr Unternehmen solide aufzustellen und sicher in die Zukunft zu führen.

Schon sahen wir die vielen glücklichen Kandidaten vor uns, die beim BoardFlight mitmachen würden. Die leuchtenden Augen vieler inspirierter Unternehmer, die von der Teamleistung der Board-Experten und den intrinsisch motivierten Kandidaten profitieren würden, und wir sahen sie vor uns, die vielen glücklichen Board-Experten, die, als Berater unterwegs, immer auf der Suche, nun, endlich, ihr Erfahrungswissen weitergeben und wie nebenbei gewinnbringende Kontakte zu Unternehmern knüpfen konnten.

Win–Win–Win für alle Beteiligten, BoardFlight, eine Art Glücksmaschine für Zukunftsgestalter, für Board-Expertinnen und -Experten, für unsere Kandidatinnen und die mittelständische Wirtschaft. BoardFlight würde eine Ausgründung erfahren und aus vielen kleinen Pop-up-Boards würden überall in der Republik veritable Beiräte aufpoppen, da hunderte und tausende von Unternehmern dank BoardFlight zweifellos zu der Einsicht gelangen mussten, dass ein Beirat die vergleichsweise kostengünstige und innovative Alternative zur Beraterlösung sei.

Vor dem inneren Auge der beiden Idealisten poppten überall im Land (& *beyond*) kleine BoardFlight-Runden auf, die dazu beitragen würden, unsere Wirtschaftswelt ein bisschen besser zu machen.

Das Ausmaß unserer rauschhaften Verblendung, damals, erscheint mir heute fast surreal. Zwar kann es mir auch heute noch passieren, dass, beschwipst von der eigenen Begeisterung, irgendein in mir nicht tot zu kriegender Optimismus den Glauben an das Format immer wieder neu entfacht, und ich mich dazu hinreißen lasse, einen neuen Anlauf zu starten – ob mit neuen Leuten oder alten Bekannten – einen weiteren BoardFlight in die Welt zu bringen. Trotzdem muss ich aufpassen, dass ich nicht in irrwitziges Gelächter ausbreche, wenn ich heute an unseren Claim denke: „Die Avantgarde startet jetzt."

19.11 BoardFlight – Gegenwind oder „Es gibt keinen Markt" (Und es gibt ihn doch.)

„Es gibt keinen Markt für BoardFlight" hallte es unisono aus den Reihen der Räte, die ich während der Pandemie an den Online-Kamin bat. Es galt nochmal auszuloten, was wir mit BoardFlight und all den anderen schönen kreativen Formaten noch besser machen konnten. Immerhin ging es um sie selbst. Ich hatte sog. Creative Departments geschaffen, die sich mit unterschiedlichen Themen befassten. CD1 glich unsere Produkte mit dem Markt ab. Die Räte aus CD1 brachten umfangreiche Expertise mit, sie verfügten über eine ausgeprägte Kenntnis der Märkte, besaßen Gremienerfahrung, die meisten waren zertifiziert oder gerade dabei. Teils waren sie Multi-Aufsichtsräte. Ihr vernichtendes Fazit: „Es gibt keinen Markt für BoardFlight." Genausowenig für *Boardpilot,* unser Boardreadiness-Programm. Begründung: „Die Großen" (gemeint sind Kienbaum & Co.) machen das schon. Stimmt, die machen das schon, aber wir machten es anders.

„Kein Markt" – ein ernüchterndes Urteil. Nicht, dass ich nicht geglaubt hätte, es trotzdem zu schaffen, doch ich nahm es mir zu Herzen. Bestimmt lag es am Konzept. Das musste einfach besser werden. Avantgardistisch wie unser Claim wurden wir nicht müde, immer neue Konzept-Variationen zu gestalten, zu texten, einzusprechen, zu Clips zu verarbeiten und an jene auf den Weg zu bringen, die sich an einer Kooperation interessiert zeigten: „Lass uns schauen, wie wir das gemeinsam auf die Beine stellen können." – ein Satz, mit dem man oft auf uns zukam.

Doch dieses „Gemeinsam", das letztlich ein „Mach Du mal" war, ein „Wir machen gerne Werbung und springen dann auf."– War dies nicht auch der Ausdruck einer inneren Haltung? – Einer Haltung des Zurücklehnens und des „Die anderen machen Lassens"? Ist das nicht eine Haltung, die wir in zeitgemäßen Gremien nicht mehr brauchen? Hat eine Convenience- und Komfortzonen-Haltung nicht heutzutage ausgedient? Kein Markt? – Und es gibt ihn doch, sagten wir uns.

19.12 BoardFlight – „Mach mal ein Konzept" oder Brauchen wir Beiräte mit Berater-Mentalität?

„Mach doch mal ein Konzept…" riet man mir häufig. Da war Alexander schon mehr als ein Jahr nicht mehr mit an Board. Ich hatte mich wieder aufgerappelt und (gefühlt) fünfzig Konzepte des BoardFlight-Formats unterschiedlichsten Inhalts in der Schublade. Ich hatte die Konzepte aus der Zeit unserer Zusammenarbeit immer wieder mal hervorgeholt, daran weitergearbeitet und angepasst, je nachdem welches Netzwerk sich gerade dafür interessierte. Deshalb gibt es inzwischen zig Destillate der Destillate von BoardFlight, zig Variationen, Konzept-Kondensate, die, aneinandergereiht und in ein musikalisches Format gegossen, mit den Wagner-Festspielen mithalten können.

BoardFlight mag – für sich genommen – immer wieder eine schwierige Geburt gewesen sein. Trotzdem gelang es uns, das Format mehr als einmal erfolgreich auf die Beine zu stellen, in Berlin, in Leipzig, in Freiburg und schließlich – von langer Hand geplant, dann kam die Pandemie – in Genf.

Zu diesem Zeitpunkt war Alexander längst dabei, sein Online-Business neu auszurichten. Krankheitsgründe mögen bei seinem Weggang, in dem ich ihn gegen Ende bestärkte, eine Rolle gespielt haben. – Ich denke, es ging ihm um was anderes: Mein Mitgründer war von unserer Zielgruppe frustriert. Die abwartende Zugewandtheit der Berater, die deren Saturiertheit kaschierte. Welchen Mehrwert sie wohl einbringen könnten, fragten sie uns, ohne selbst einmal nachzudenken. Von Eigeninteresse getrieben vertändelten sie die Zeit, in der sie kalkulierten und abwogen, was der Mehrwert wohl wäre, den es brächte, wenn sie dabei wären. Zeit, in der Neues hätte entstehen können. Jahre hatten wir geschaut, ob sich integre Partner fänden, die unter unserem Set an Maßstäben und Werten etwas zu leisten bereit waren, das in die Welt soll, wofür es sich lohnt. Kooperationsofferten warfen ihren Schatten voraus, zugleich ein fahles Licht auf die deutsche Rätelandschaft. Trotzdem bin ich bis heute der Meinung, dass Alexander noch ein bisschen hätte durchhalten können. Rückblickend wäre nur ein Jahr später, mit dem Beginn der Pandemie, als alle anfingen, sich eine Meetingsoftware zuzulegen, unsere Zeit gekommen. Doch ich verstehe bis heute die Ernüchterung meines Mitgründers.

Eine Meetingsoftware macht noch keinen integren Beirat, der mit Mut und Begeisterung die Zukunft von Unternehmen gestaltet. Eine Meetingsoftware auf dem Rechner installieren zu können, ist noch längst kein Indiz für Digitalkompetenz. Dank BoardFlight verfüge ich heute über eine Liste an Indikatoren, an denen ich den integren Beirat erkenne.

Übrigens war Alexander nicht der einzige, der früh durchschaute, dass das Gros der BoardCommunity damals noch nicht den Mut und die Bereitschaft besaß, auf unkonventionelle Menschen und Märkte zu setzen. Das sah nur, wer zweimal hinsah. Die Vorständin eines Frauennetzwerks riet uns damals dringend ab, als Alexander die Idee hatte, Podcasts zu produzieren. Das war 2016. In den USA, erklärte mein Mitgründer, hätte schon fast jeder einen. „Keiner von denen, egal ob Aufsichtsräte oder Beiräte oder C-Levels wird euch länger als drei Minuten zuhören", mahnte die Netzwerk-Kollegin, deren Skepsis wir zwar nicht teilten und doch unseren Plan wieder verwarfen, Podcasts zu machen. Vier Jahre später, und man war als Digital-Unternehmer ohne eigenen Podcast praktisch hinterm Mond.

19.13 BoardFlight wird AufsichtsART® – Der neue Sound des Unternehmenserfolgs

Immer wenn sich mein Blick in der Vergangenheit verhaken will und die Larmoyanz obsiegen, über all dem, was man hätte besser machen können, dann kommen, wie Sternschnuppen, all jene positiven Dinge mir in den Sinn, und ich sehe die Orangenplantagen vor mir, die vielen kleinen gelben Punkte, die in mir aufpoppen und alles zum Klingen bringen, der neue Sound des Unternehmenserfolgs, und ich kann es hören, das hohe C, das mir zuflüstert: „Alles wird gut." Und plötzlich weitet sich mein Blick, und mir wird klar, dass BoardFlight nicht nur ein Format für Unternehmensperformance ist – das Format weist weit über sich selbst hinaus, es geht um die Zukunft, es geht um Gestaltung: BoardFlight ist AufsichtsART®.

Alexander und ich haben die Welt nicht gerettet. Vielleicht ist seit damals nicht alles gut geworden, aber manches vielleicht doch. Nachdem mein Mitgründer weg war, musste ich einiges ordnen. Zwei Männer und eine Frau haben mir in dieser Zeit sehr geholfen. Unabhängig voneinander konnte ich auf sie bauen, sie setzten Vertrauen in mich, was mir die Energie gab, nicht aufzugeben. Einer der beiden entwickelte eine digitale Plattform, für die wir einen Erstinvestor fanden – inzwischen interessiert sich ein zweiter dafür. Alexander lebt und arbeitet heute als Paartherapeut in einer alten Mühle im Schwarzwald. Natürlich erfolgreich. Der Placer ist abgetaucht, zuletzt hörte ich, er sei in Afrika. Von unserer Schweizer Probandin lese ich in den Medien. Ihr Wunsch nach dem „fetten Mandat" hatte sich für Marija schneller erfüllt als erwartet. Das *Boardpilot*-Programm hat sie nicht zuende gemacht. Seither liegt es auf Eis. WOMEN'S BOARDWAY wartet auf die Renaissance. Derweil gibt es jetzt AufsichtsART®. Ich wette, der *Boardpilot* wird sein *Coming-out* in Kürze in einem der einschlägigen Aufsichtsrats-Fetzwerke für Frauen haben. Natürlich werden sie das Programm anders nennen. „Boardreadiness für Powerfrauen" zum Beispiel, „Ladies Leadership", „Female's Visionary Board" oder „Women-UP". Ich freue mich darüber. Es ist der Welt gedient, wenn Arbeit auf fruchtbaren Boden fällt. Wenn Kollaboration nicht gelingt, kann Weitergeben der Weg sein.

Erst kürzlich hatte ich ein Zoom-Meeting mit dem Initiator eines befreundeten Netzwerks, das sich für digitale Beiräte in Deutschland stark macht. Der Netzwerk-Kollege hatte eine Sales-Expertin aus einem Aufsichtsrats-Netzwerk dazugeholt. Wir wollten besprechen, ob und inwiefern wir den Relaunch des BoardFlight in Kooperation gemeinsam umsetzen wollen. Das Meeting war unaufgeregt und konstruktiv, die Netzwerk-Kollegin, selbst mehrfache Aufsichtsrätin, kompetent und überaus zugewandt. Ich spüre, wie es ist: Alles wird gut. (Schon sehe ich die Orangenplantagen vor meinem inneren Auge.) „Du könntest doch mal ein Konzept machen", sagt die Aufsichtsrätin zu mir. „Hast du mal da schon drüber nachgedacht?" – Sie muss gleich los und stellt noch schnell ein Smiley in den Chat. „Ciao", sage ich, „bis bald" und: „Ich freu' mich". Als der Meetingraum zu ist, muss ich plötzlich lachen.

Clarissa-Diana de Grancy ist Impact-Unternehmerin, Governance-Kennerin und Publizistin. Sie ist im Redaktionsteam des Fachmagazins *Aufsichtsrat aktuell* (Linde Verlag) und Mitglied im Beirat der Europäischen Künstlergilde für Medizin und Kultur. Mit ihrer Vernetzungs- und Kreativagentur, AufsichtsART®, wirkt sie darauf hin, Gremien interdisziplinär, cross-sektoral und durchaus schräg zu besetzen.

„Wir müssen andere Meinungen ertragen können" – Wenn ein Winzer Wirtschaft rockt

20

Fritz Keller und Clarissa-Diana de Grancy

> **Zusammenfassung**
>
> Fritz Keller ist vieles: Unternehmer, Winzer, Gastronom und jüngst Initiator eines Rock&Wein-Festivals in Breisach am Rhein, vor allem aber ist er eines: Aufsichtsartist. Unprätenziöse Originale, Macher-Persönlichkeiten wie Friedrich Walter „Fritz" Keller, brauchen wir noch mehr im Beirat – Rat der Zukunft. Beirat ist der ehemalige DFB-Präsident sowieso. Warum es sinnvoll sein kann, nicht nur Beirat zu sein, sondern auch einen zu haben, und warum es vielleicht gar nicht so sehr um Beiräte geht, sondern um die persönliche Lebensphilosophie – das entdecken Sie in diesem Gespräch, das die Grenzen des Spielfeldes bei weitem verlässt. „Fritz" über seine Leidenschaft für den Sport, den Wein und für die Musik und alles, was mit Leben zu tun hat.

Wir haben uns im „Schwarzen Adler" verabredet. Hier, im Dachspitz seines Restaurants und Hotels in Oberbergen im Kaiserstuhl, versteckt sich das persönliche Büro von Friedrich Walter Keller, den alle Fritz nennen. „Winzer-, Küfer-, Kellermeister" – all diese

---

Dieser Beitrag erschien bereits in De Grancy, *„Wir müssen andere Meinungen ertragen können" – Wenn ein Winzer Wirtschaft rockt*. (Gespräch mit Fritz Keller), Aufsichtsrat aktuell 03/2024, 112 ff.

F. Keller (✉)
Vogtsburg im Kaiserstuhl, Deutschland
E-Mail: Fritz.keller@franz-keller.de

C.-D. de Grancy
Berlin, Deutschland
E-Mail: sdg@aufsichts.art

© Der/die Autor(en), exklusiv lizenziert an Springer Fachmedien Wiesbaden GmbH, ein Teil von Springer Nature 2025
P. Buchenau und C.-D. de Grancy (Hrsg.), *Chefsache Beirat,* Chefsache, https://doi.org/10.1007/978-3-658-45642-9_20

Bezeichnungen, die nicht mal ansatzweise die multiplen Begabungen des fußballbegeisterten, musikliebenden Winzers wiedergeben, des rastlosen Aufsichtsrats, des streitbaren Kommunikators, des Musik-Festival-Initiators und bodenständigen Oechsle-Pioniers und radikalen Reformers. – Fritz bietet mir Wein an. An den gebeizten Holzbalken vorbei fällt mein Blick auf die Weinreben, die sich von der Nachmittagssonne hellgrün angestrahlt terrassenförmig gegen den strahlend blauen Himmel abheben. Obwohl im Wein die Wahrheit liegt, entscheide ich mich für Tee. Fritz genauso. Wir setzen uns an den großen runden Tisch und reden über Frauen und Kerle, Karrieren und Kinder, über „Hänschen klein" und die Spieler von morgen, „Pinot & Rock", politische Zukunftsmusik und Gärungsprozesse, Räte und Reben, Gott in Frankreich – über das Leben eben.

Wir leben in frostigen Zeiten. Frostig war es zuletzt auch für den Wein in diesem Land. Wie geht der Winzer damit um?
Fritz Keller: Da, wo es Frost gegeben hat, gibt's wenig oder gar nichts. Bei uns hier im Kaiserstuhl war das Gott sei Dank nicht der Fall. Das heißt, es gibt keine Einbußen. Die entscheidenden Faktoren, die bei der Weinernte mit hineinspielen, sind aber im Grunde sowieso erst abgeschlossen, wenn der Wein im Fass ist.

Bis der Ball im Netz ist, haben vorher auch schon verschiedene Faktoren mit reingespielt …
Es gibt kein wirtschaftliches Leben ohne Sport. Das ist einfach unmöglich. Sport ist der Kitt der Gesellschaft, der Kitt verschiedener Länder. Sport ist die Schule des Lebens, wo – vor allen Dingen bei den Teamsportarten – Jungens und Mädels lernen, dass es nicht allein geht auf dieser Welt. Dort erfahren sie, dass man nur zusammen etwas erreichen kann. Ein Torwart kann allein niemals alle Tore verhindern, ein Stürmer kann niemals allein Tore schießen. Es geht nur in der Gemeinschaft, wenn man einander hilft und füreinander da ist. Und im Sport, wie auch in der Wirtschaft und in der Politik, muss es Regeln und Schiedsrichter geben. Diese Regeln müssen eingehalten werden, damit man gemeinsam zum Ziel kommt. Deshalb ist Sport neben der kulturellen bzw. schulischen Ausbildung ein wirklich wichtiger Faktor. Nicht umsonst sind amerikanische Universitäten und Colleges mit dem Sport viel enger verbunden, als sie es z. B. in Deutschland sind. Bei uns hat sich, sagen wir mal, eine vermeintlich geistige Elite davon getrennt, warum auch immer. Der Sport zeigt einem seine Defizite, man lernt aus Fehlern, die man das nächste Mal nicht nochmal machen möchte. Und, ganz wichtig, was hinzukommen muss, um im Sport erfolgreich zu sein, ist der Fleiß. Im Verbund mit Talent und Möglichkeiten spielt der Fleiß eine ganz wichtige Rolle.

Der Vergleich zwischen Aufsichtsräten und einer Fußballmannschaft liegt auf der Hand – bei beiden ist Teamplay gefragt …
Ja, Teamplay ist immer gefragt, wenn alle gemeinsam eine Sache auf den Tisch bringen wollen. Es geht darum, dass nicht alle nur ihre Einzelinteressen verfolgen, sondern dass das Interesse dem ganzen Unternehmen oder auch einem Fußballclub gilt. Die Erfahrung

zeigt, dass Erfolg da entsteht, wo verschiedene Aufsichtsräte, die über unterschiedliche Fachkompetenzen verfügen, diese einbringen, Dinge gemeinsam erörtern und auf ein gemeinsames Ziel hinarbeiten. Wichtig ist dabei, dass sie sich hinterher nicht in das operative Geschäft einmischen. Das ist tatsächlich eines der größten Probleme im Sport, aber auch in der Wirtschaft. Im Sport sind oft Menschen für Bereiche im Aufsichtsrat verantwortlich, für die sie keine originäre Fachexpertise mitbringen. Stattdessen sind diese Aufsichtsräte häufig Fans und begeistert von der Arbeit, aber vielleicht nicht unbedingt mit den Spezifika des Fußballgeschäfts vertraut. Ich bin der Ansicht, kein noch so erfahrener Manager, Unternehmer, Verwaltungsmensch oder großer Politiker, der bei seinem Fußballclub im Aufsichtsrat ist, sollte mitbestimmen dürfen, was für ein neuer Trainer kommt oder was für ein Spieler gekauft wird. Woher soll er das Fachwissen dafür haben? Er besitzt zwar das Wissen des Fans von außen, aber das sind die Informationen von gestern. Die Fans kennen in der Regel die Spielernamen von gestern, aber um Erfolg zu haben, braucht man die Spielernamen von morgen.

Der Zukunftsblick ist wichtiger. Was macht ihn aus?
Die Zeiten werden immer schneller, wenn man sich mal anschaut, welche Veränderungen es in den letzten Jahren im Markt gegeben hat und wie viele neue Firmen jetzt an der Weltspitze sind, die es vor 20 oder 30 Jahren noch gar nicht gab. Die Analyse daraus: Qualitativ gute und schnelle Entscheidungen sind heute das Wichtigste. Wenn wir auf die *Microsofts* und die *Apples* dieser Welt schauen, so sind die sehr oft aus Garagen entstanden, mit kleinen Teams, die sehr stark fokussiert ein gemeinsames Interesse verfolgt haben, drangeblieben, und dadurch an allen anderen Etablierten vorbeigezogen sind.

Du hast bestimmt den medialen Aufschrei um die jüngst unter Beschuss geratene Präsidentin der TU Berlin mitbekommen, Geraldine Rauch. Das hat mich ein bisschen an die Ereignisse erinnert, mit denen du als DFB-Chef konfrontiert warst. War nicht abzusehen, dass das Terrain vermint war? Warum hast du dich trotzdem entschieden, das Amt anzunehmen?
Naja, ich war ja vorher schon Mitglied in einem Gremium, und Jahre vorher bereits Präsident und Vorstandsvorsitzender eines Bundesliga Fußballclubs, des *SC Freiburgs*. Dazu war ich jahrelang Mitglied im Aufsichtsrat der *DFL* (Deutsche Fußball Liga), die den Profifußball und den dortigen Vorstand kontrolliert. In diesen Funktionen hatte ich bereits viele Jahre gezielte Einblicke in den Fußball. Und klar wusste ich vorher, dass das nicht ganz einfach werden würde, weil der *DFB* eine eher träge Organisation ist, die auf einem, sagen wir mal, sehr schwierigen Terrain arbeitet, in einer Art Kreislaufsystem.

Wie hast du es geschafft, Restrukturierungen, die dir am Herzen lagen, gegen alle Widerstände durchzusetzen?
Am Anfang waren wir zu dritt – ich als Vorsitzender, dazu die bestellten Vorstände Finanzen und Sport. Der Aufsichtsrat hatte eine wichtige Kontrollfunktion, wenn es darum ging, den Etat festzulegen, zu kontrollieren und Sondergeschäfte festzulegen. Er wirkte

aber nicht in das operative Geschäft ein. In diesem Aufsichtsrat wurde nie über Trainerfragen gesprochen, oder über neue Spieler, oder wer jetzt aufgestellt wird oder Ähnliches.

Die Mitglieder dieses Gremiums arbeiten qua ihrer Position. Aber diese Situation gibt es in vielen Verbänden und vor allen Dingen im *DFB*, in letzter Zeit immer seltener. Wichtige Positionen in sehr wichtigen Bereichen werden immer häufiger von nicht qualifizierten bzw. nicht dafür ausgebildeten Menschen besetzt, so nach dem Motto: Wenn der nächste kommt, kriegst du das.

Nur eine der Verkrustungen, die du beim DFB angetroffen hast. Welche noch? Was hast du besonders zum „Weinen" gefunden?
Allein das Wort Schatzmeister! Ein sogenannter ehrenamtlicher Schatzmeister in einem Betrieb mit 400–500 Mio. € Jahresumsatz, ein Bereich, der in den letzten Jahren immer entweder von einem Arbeitsrechtler oder einem Journalisten geführt wurde. Es gab dort relativ wenig Menschen, die irgendwann mal einen Verein oder einen Betrieb geführt haben. Jetzt gibt es glücklicherweise jemanden, der das hauptamtlich macht und auch eine betriebs- bzw. finanzwirtschaftliche Ausbildung nachweisen kann – das war mein erster Punkt, den ich seinerzeit erreichen wollte.

Du wolltest auch eine klare Ausgliederung, eine Trennung zwischen operativem Geschäft und Aufsicht
Ich war der Meinung, dass wir es schaffen müssen, und das war genauso besprochen, dass wir qualifizierte Menschen von außen aus der Wirtschaft für den Aufsichtsrat gewinnen müssen, und dass wir vor allen Dingen auch Frauen hineinbekommen müssen. Mittlerweile gibt es Gott sei Dank ein paar Frauen mehr in den Gremien – das war zu meiner Zeit regelrecht Mangelware. Leider haben wir beim *DFB* ein System, in dem wichtige Entscheidungen über Proporzdenken statt über Qualität getroffen werden. Und darüber hat man dann übersehen, dass man fußballtechnisch von der Welt abgehängt wurde. Zum Glück haben wir immer mal wieder einen Jahrgang dazwischen, auf den man hoffentlich, wie jetzt bei der EM, bauen kann. Aber im Verhältnis zur Bevölkerungsdichte haben wir viel zu wenig Talente. Länder wie die Schweiz, Österreich, Belgien, vor allen Dingen Island oder auch Kroatien haben im Verhältnis zur Bevölkerungsdichte viel mehr Talente im fußballerischen Bereich, aber auch in anderen Sportarten.

Woran liegt das? Was machen andere Länder beim Talent Scouting anders? Was könnte in Deutschland mit der Nachwuchsförderung im Profifußball besser laufen?
Für den erfolgreichen Nachwuchs ist ein Sportverband genauso verantwortlich wie die Politik in einem Land für die Bildung. In Deutschland haben wir erst jetzt berücksichtigt, dass Kinder und junge Jugendliche ganz andere Bedürfnisse im Hinblick auf ihre Ausbildung haben. Bisher ging es früh in die Mannschaften und in Systeme. Die meisten Kids hatten zu wenig Freude am Training. Spätestens in der Pubertät sind sie dann

irgendwo anders hingegangen, weil immer nur die drei Größten spielen durften, während die anderen auf der Bank sitzen mussten, nur weil der Trainer mit seiner Mannschaft die Punkte schon in der D-Jugend, in der F-Jugend und Bambini haben möchte …

Frankreich hat mit dem *Centre de Formation* schon vor Jahren eine viel bessere Einzelausbildung gehabt, nämlich mit dem jetzt auch bei uns eingeführten System, eins gegen eins, zwei gegen zwei, die Gewinner spielen gegen die Gewinner, die Verlierer gegen die Verlierer. Mehr *„competition"* geht nicht, die Kinder merken, wenn sie den Ball am Fuß haben, sofort, was sie anders machen müssen, und der Trainer kann sie verbessern. Über diese grundsätzliche Veränderung hat man bei uns lange diskutiert, und irgendwann wurde gesagt, okay, wir machen das. Gleichzeitig wurde dann aber auch gesagt, wir wollen dafür dieses oder jenes haben, es wurde geschachert und geschickert. Die Ausbildung der Jungs und Mädchen hat bei alldem keine Rolle gespielt. Es gab einen *„inner circle"*, der sich nur um sich und seine Positionen kümmerte. In solchen Strukturen war ich als Neuer nicht willkommen.

Die Leute fühlen sich daneben dann halt immer als „Underperformer". Die denken, da kommt jetzt jemand rein und will alles umkrempeln

Wenn man als Unternehmer oder haftender Vorstand irgendwo hinkommt – und ich war in dem Fall damals haftender Vorstand (man haftet übrigens mit dem gesamten privaten Geschäftsvermögen) – muss man, und nicht nur deshalb, alles aufdecken, was in der Vergangenheit nicht korrekt gelaufen ist.

Was war genau passiert?

In kurzen Zeitabständen kam immer wieder Besuch, entweder von der Steuerbehörde oder von der Staatsanwaltschaft, und ich habe dann irgendwann gesagt: So, hört zu, jetzt kommt die Salami auf den Tisch. Wir werden alles analysieren und dann eben selbst aufklären und nicht warten, bis die Staatsanwaltschaft kommt. Es ging dann darum, auch Sachen aufzuklären, durch die die Gemeinnützigkeit in Gefahr gebracht wurde, zu hohe Dotierungen an Aufwandsentschädigungen, Geschäftswagen, die zur Verfügung gestellt werden, wo gar keine zur Verfügung gestellt werden können, die Handhabung der 1 %-Regelung, um nur einige Beispiele zu nennen. Das alles sind Dinge, die man als Unternehmer kennt. Ein e. V., wie der *DFB*, hat im Verhältnis eine eher geringe Steuerlast, aber in diesem Rahmen muss man eben auch die Gesetzgebung berücksichtigen, und zwar so, wie es der Gesetzgeber fordert. Natürlich habe ich einiges auf die Hörner bekommen, weil da verschiedene Dinge gelaufen sind, die einfach so nicht sein sollten. Aber letztendlich habe ich auch einiges erreicht, und einiges, was ich initiiert habe, wurde später weitergeführt. Am Ende sind einige der, sagen wir mal, großen Blockierer, rausgenommen worden – zumindest aus den ersten Reihen. Es ist eine neue Chance da, aber einer musste nun mal den Finger in die Wunde legen.

Du hast den Finger in die Wunde gelegt. Hattest du nicht mal von einer Art Kampagne gesprochen, die in deiner Zeit als DFB-Chef gegen dich gefahren wurde, dass es Leute gab, die extra auf dich angesetzt wurden …
… und bezahlt wurden, ja, eine Medienkampagne. Das ist heute eine Waffe, vor allem in der Medienlandschaft, in der wir leben, wo einige Medien eben auch, sagen wir mal, Content und Aufmerksamkeit brauchen, und wo dann viele Dinge, die nicht mal spektakulär sind, aufgebauscht werden. Es ist schon so, dass in dieser Republik die Unschuldsvermutung keine Rolle mehr spielt …

Eher umgekehrt …
Man müsste sich schon mal fragen, ob unsere Gesetzesväter das so haben wollten. Das ist ein bisschen ausgehebelt, und mittlerweile empfehlen – und so war es bei mir auch – gute Rechtsvertreter und Kommunikationsmenschen, sowas nicht bis zum Ende durchzufechten. Denn selbst wenn es nicht mal justiziabel wäre, was du gemacht hast – bis es zur Verhandlung kommt, bist du platt, weil die Medien dich plattgemacht haben. Wir haben eine Verrohung des Umgangs untereinander in diesem Land. Wir erleben gerade Linksradikalismus, vor allem aber Rechtsradikalismus und auch Rassismus – eine Radikalisierung der gesamten Gesellschaft.

Zu dieser Radikalität hat auch die Pandemie mit beigetragen. Das hat eine ganze Generation geprägt, die jetzt heranwächst
Absolut. Deshalb ist es wichtig, dass wir die Kids in Sportvereine, in Fußballvereine schicken, um ihnen neben dem schulischen Druck sinnvolle Freizeitmöglichkeiten anzubieten. Früher hat es das immer gegeben, wenn du auf eine neue Schule gekommen bist. Es ist wichtig, unsere Kinder stark zu machen, um ihnen zu zeigen, dass es auch noch andere Menschen auf der Welt gibt – um ihnen dadurch die Welt auch ein bisschen größer zu machen.

Die Situation, in der du dich befunden hast, war sicher auch ein Indiz für eine Überforderung des Systems
Unsere Staatsanwaltschaft ist völlig überlastet. Von daher muss man sagen, dass auch diese Radikalisierung, die jetzt aus allen Ecken kommt, damit zusammenhängt. Wir bekommen ein paar Sachen einfach nicht mehr in den Griff. Wir leben in einer schwierigen Zeit. Deshalb brauchen wir starke demokratische Kräfte und müssen, auch was die Ausbildung anbelangt, unsere Werte zusammen mit neuen Bürgern in unserem Land über den Sport mitteilen.

Gute Idee, bloß, dass die „Influencer" der dem Zeitgeist entsprungenen Demokratiebewegungen mir manchmal wie alter Wein in neuen Schläuchen vorkommen. Jedenfalls sind unter diesen „neuen Heiligen" etliche, die Wein trinken und Wasser predigen. Oder war es umgekehrt?
Wasser predigen und Wein trinken.

Richtig. Das wäre die Frage: Ob man das nicht auch umdrehen kann? Unabhängig davon ist das Trinken von Wein immer eine gute Sache
Davon kannst du ausgehen [lacht und nimmt einen Schluck Tee].

Überhaupt wäre es schön, wenn wir metaphorisch noch den Bogen zum Wein hinbekommen würden. Ein Freund von mir hat ein Weingut in Österreich, wo er alte Reben rettet, die gerade am Sterben sind. Reben müssen reifen – Räte womöglich auch.
Da kommen wir zu einem viel genutzten Wort: Nachhaltigkeit. Der Begriff kommt aus der Landwirtschaft, eigentlich aus der Forstwirtschaft, aber auch aus dem erfolgreichen Weinbau, was so viel heißt wie in Generationen denken. Mein Sohn ist mittlerweile verantwortlich für den Ausbau und für alles, was mit Wein zu tun hat. Und ich bin sehr froh, dass er jetzt von den Reben profitiert, die ich vor 30 Jahren anpflanzen durfte. Ich meinerseits profitiere von den Reben, die meine Großmutter angepflanzt hat. Wir haben keine andere Chance, als hochwertige Qualität zu machen – und zwar inhaltlich hochwertige Qualität. Letztendlich sind diejenigen Produkte auf dem internationalen Markt am erfolgreichsten, bei denen der Inhalt stimmt. Insofern glaube ich, dass es sehr wichtig ist, sich manchmal zurückzunehmen.

Ich merke, dass mein Sohn heute in vielen Bereichen besser ist als ich. Er ist sehr radikal in seinen Zielsetzungen, und hat genau verstanden, was schon sein Großvater und mein Großvater wollten. Beide hatten ein sehr eigenes Qualitätsdenken, das immer auf dem beruhte, worin wir ausgebildet worden sind. Schon mein Großvater machte seine Ausbildung in Frankreich, mein Vater war der erste, der 1947 französische Weine importierte, und meine Mutter war die erste Köchin, die einen Stern im *Michelin* bekam; das war 1969. Dementsprechend waren unsere Weine immer auf gutes Essen und nicht auf irgendwelche Hitparaden ausgerichtet. Wir haben Weine, die vor allen Dingen reif sind und auch sehr gut schmecken, Weine, die wir mittlerweile in die ganze Welt exportieren. Wir haben immer langfristig gedacht und nicht in die Menge reinproduziert, stattdessen sind wir eher kleiner geworden und qualitativ hochwertig, um dadurch langfristig am Markt zu bestehen.

Wendigkeit beim Weinmachen. Was bedeutet das auf der praktischen Ebene?
Mein Sohn und ich, wir haben viel in ein neues Weingut, in eine neue Kellerei investiert. Dort laufen alle Prozesse allein über Gravitation, und ich hatte zu dem Zeitpunkt schon bestimmte geschlossene Tanks gekauft, die drei, vier, auch fünf Jahre im Gebrauch waren. Mein Sohn kam frisch von der Ausbildung aus Frankreich zurück und sagte zu mir: *„Vater, ich will das anders haben. Wir können da besser werden, das haben wir auch an unseren eigenen Versuchen gesehen."* Es geht also auch darum, die Möglichkeit zu geben, sich selbst zu korrigieren. Wir haben uns dann dafür entschieden, die neue Technik rauszunehmen und stattdessen eine alte – die offene Maischegärung – wieder reinzunehmen. Deshalb: Beweglichkeit ist wichtig.

Was unterscheidet das radikale von einem weniger radikalen Weinmachen? Du nennst Beweglichkeit und Geschwindigkeit als Faktoren, die man für unterschiedliche Produktionsverfahren nutzen kann. Hat das auch etwas mit Experimentieren zu tun?
Eigentlich war es der Weg weg von zu viel Technik, weg von irgendwelchen Hilfsstoffen, der radikale Weg in biodynamische Prozesse. Wir haben zwar gesehen, dass diese in den Reben wesentlich mehr Arbeit machen, aber viel ganzheitlicher und nachhaltiger sind. Heraus kommt eine deutlich bessere Qualität. Es geht darum, bei der Gärung keine fertigen Hefen zu kaufen, die jedes Jahr und überall auf der Welt dieselben langweiligen Primäraromen bringen und dadurch praktisch eine Art Massentauglichkeit bewirken. Stattdessen: Für deine Zielgruppe alles richtig machen.

Wer ist die Zielgruppe? An wen richtet ihr euch mit euren Weinen?
An aufgeklärte Menschen, die gerne gut essen, guten Geschmack haben und eine gute Bildung, die sich tiefer mit der Materie beschäftigen.

Aufsichtsräte sozusagen
Zum Bleistift [lacht]. Menschen, die im Leben stehen und verstehen, dass man nicht allein über Rationalisierungen eine bessere Qualität bekommt. Für uns ist Qualitätsdenken alles. Das ist ein bisschen wie in der Musik. Nicht jeder versteht Musik. Wir fangen vielleicht mit *„Hänschen klein"* an, vielleicht kommen dann *„Alle meine Entchen"* dazu, und irgendwann lernen wir, dass es auch Zwischentöne gibt, dass manche Lieder länger gehen als eine oder zwei Minuten. Irgendwann setzen wir uns dann in ein Konzert, dafür müssen wir investieren – dass wir Klassik oder Jazz oder auch gute Rockmusik verstehen …

… dass man eine Virtuosität entwickelt. Es gibt ja auch Gesetzmäßigkeiten zwischen diesen einzelnen Musikrichtungen; als gäbe es einen Code, mit dem sich jede Musik entschlüsseln lässt
Absolut, und das sind halt einfach Gaumen-, Magen- und Gehirn-trainierte Menschen, die wissen, was ihnen guttut oder eben nicht. Du kannst es bei einem Genussprodukt wie Wein oder auch bei Lebensmitteln, bzw. landwirtschaftlichen Produkten nicht allen recht machen. Ich schaue immer noch auf den Erfolg von *Apple*. Apple-Produkte sind wesentlich teurer als andere, aber sie sind nicht überall besser. Trotzdem wollen alle *Apple* haben. Da geht es um die emotionale Ebene, und um die geht es auch beim Wein. Die emotionale Ebene wird von Meinungsbildnern hervorgerufen, denen man zutraut, dass sie wissen, was gut ist. Und so ein herber Wein, wie wir ihn machen, ungesüßt und mit wenig Alkohol, der kann nicht jedem sofort schmecken. Wie fangen wir an, Wein zu trinken? Mit süßem Weißwein, schweren, auch süßen oder schweren, aber tiefroten Rotweinen. Und warum fangen wir mit süßen Weinen als Kind oder Jugendliche an?

Ich mochte schon als Kind keine süßen Weine. Übrigens lernte ich kürzlich, dass Menschen mit Demenz die Geschmacksrichtung „süß" im Vergleich zu bitter, sauer oder salzig sehr viel besser wahrnehmen können und deshalb so gerne Süßes essen.
Genau. Süß ist der einfachste Geschmack. Deshalb sind die Muttermilch, der Lolli, die Gummibärchen süß – alle anderen Geschmackserlebnisse müssen wir uns erarbeiten. Es gibt viele Menschen, die sich noch daran erinnern können, als sie das erste Mal Bier getrunken haben, und dass das unglaublich bitter war. Genau das müssen wir erlernen. Deshalb sind die billigen Weißweine alle süß. Ab und zu, bei einer richtig tollen Auslese zum Dessert, da geht das, aber bei einem normalen Trinkwein finde ich das furchtbar. Da hat man extra eine Gesetzgebung erlassen, die besagt, *„Neun Gramm, machen wir, da könnt ihr ein bisschen süßen, ohne dass ihr es draufschreiben müsst"*. Nur, dass das jetzt fast der Exitus für Diabetiker ist, daran hat niemand gedacht. Das sind so Dinge, die haben wir nie gemacht, auch mein Vater nicht.

Ich weiß, dass Du dich für ESG-Themen engagierst. Wie erlebst du das als Winzer?
Wir leben in der Zeit des Klimawandels, wir haben Global Warming, das weiß man als Winzer. Mittlerweile ernten wir sechs Wochen früher, meist schon im August – meine Großmutter erntete im Oktober. Unser Langzeitdenken hat uns insofern geholfen, als wir immer gesagt haben, uns interessieren die Frühproben nicht, diese Medaillen, die vergeben werden von Leuten, die 400 oder 500 Weine probieren und dann sagen, *„Das hier ist Silber, das ist Gold, das ist Bronze"*. Wir sind ein Unternehmen, das im Jahr 1454 gegründet wurde; wir sind immer leicht und langsam nach vorne gewachsen, und uns gibt es noch immer.

Sind deine anderen Kinder auch im Wein-Business unterwegs? Du erwähntest, dass einer deiner Söhne die Tradition fortführt
Ich habe drei Söhne. Der eine ist im Weingut geschäftsführend, der andere ist im Fußball tätig, der dritte ist ein sehr talentierter Koch, der jetzt auch in den Betrieb kommt und Führungsaufgaben übernimmt. Ich finde es wichtig, in meiner Aufgabe als sogenannter Aufsichtsrat nachzufragen und die Geldflüsse zu kontrollieren sowie zu schauen, dass das Geld an der richtigen Stelle ausgegeben wird. Außerdem auch Fragen zu stellen, in was investiert wird, denn es muss investiert werden. Aber vor allem auch darauf zu achten – und das ist die Hauptaufgabe –, in die Zukunft zu denken. Vorstände und Geschäftsführer dürfen sehr gerne – und müssen dies vielleicht auch – in Jahresabschlüssen denken.

Wir haben viel über die Qualität von Weinen gesprochen. Was sollte denn der geeignete Rat an Qualität mitbringen?
Es ist an der Zeit, eine verpflichtende Ausbildung für Aufsichtsräte zu haben. Eine Bilanz sollte man schon lesen können, und eine gewisse Markterfahrung oder, sagen wir mal, Branchenerfahrung, betriebswirtschaftliche Grundlagen wären auch nicht hinderlich – die Mischung macht's. Neugierige Menschen brauchen wir in den Gremien, die ein gutes Gespür für Menschen mitbringen, solche, die in ihrem Leben vielleicht schon

mal Führungskräfte rekrutiert haben, die Leistungsbereitschaft und Leistungswillen mitbringen und sich durch einen gewissen Ehrgeiz auszeichnen, gemeinsame Ziele des Unternehmens erreichen zu wollen.

Aufsichtsräte sollten brennen, für das, was sie tun … Was ist dir bei deiner Gremienarbeit am meisten aufgefallen, wo du dir sagst und schon immer gesagt hast: Das möchte ich noch verändern
Zunächst habe ich grundsätzlich in allen gleichgeschlechtlichen Gremien, in denen ich mitgearbeitet habe, immer gemerkt, dass es nicht zielführend ist, wenn nur Männer dort drinsitzen. Gleichzeitig habe ich aber auch erlebt, wie es war, wenn nur Frauen drinsaßen. Gut ist, dass es jetzt eine Gesetzgebung gibt, die einfordert, dass es anders werden muss.

Der Frauenfußball hat zu einer Veränderung von Rollenbildern geführt, die über den Sport hinausweist. Ein positives Beispiel, wie wir – sozusagen von innen heraus – Veränderung ohne Quotendiktat bewirken können
Ich bin kein Quotenbefürworter, ich bin ein Qualifikationsbefürworter. Im Moment bin ich in einem Gremium tätig, das eine Frau führt, die CEO eines großen Unternehmens ist. Das Gremium ist eine Mischung aus Männern und Frauen. Ich habe die Erfahrung gemacht, dass es in reinen Männergremien schwieriger ist, pragmatische und logische Lösungen hinzubekommen. Ich glaube jedoch nicht, dass man über eine reine Quote irgendwas erreicht. Man hat die Erfahrung gemacht, dass viele Frauen relativ schnell wieder aus den Gremien verschwunden sind. Wir müssen früher anfangen, z. B. mit Women-Leadership-Seminaren, und wir müssen den Frauen vor allem mehr Mut machen, sich einzubringen und zu engagieren. Niemand von den vielen guten Frauen, die ich kenne, möchte aufgrund einer Quote in ein Gremium kommen. Eine Quote schafft maximal Bewusstsein für das Thema insgesamt, sie bringt aber keinen wirklichen Fortschritt.

Manche – nachweislich mehr männliche – Räte übernehmen so viele Mandate, dass man sich fragt, wie sie das noch verantworten können
Ich glaube, dass man nur eine gewisse Anzahl von Aufsichtsratsmandaten annehmen sollte – zu viele Mandate sind nicht gut. Unabhängig davon gibt es leider noch viel zu wenige gut ausgebildete Frauen, die auch die Bereitschaft mitbringen, in so ein Gremium reinzugehen.

Wirklich? Ich beobachte in Netzwerken die gegenteilige Tendenz: Immer mehr Frauen gehen in die Verantwortung
Ja, bei den Women-in-Leadership-Initiativen, da hast du recht. Aber ansonsten bin ich permanent in Diskussionen und versuche, die Frauen zu motivieren, mehr Verantwortung zu übernehmen. Oft sind es immer die gleichen, auf die man sich verlässt. Dabei gibt es so großartige, kluge Frauen. Aber natürlich erlebe ich auch manchmal Situationen, in denen sich Frauen gegenseitig zerfleischen.

Die viel zitierte Bissigkeit der Frauen untereinander spielt bloß allen in die Hände, die dann mit gutem Grund sagen können: „Kein Wunder, wenn Frauen in ihrer Karriere nicht weiterkommen." Wenn sie sich gegenseitig dermaßen Steine in den Weg legen – selbst schuld. Sogar unter Frauen wird das Thema „Frauen in Führungspositionen" immer mehr gemieden, weil man nicht als Feministin oder Xanthippe abgestempelt werden will. Weil klar ist: Du wirst sofort nicht mehr ernst genommen. Das führt zu einer Retraditionalisierung, die ich kritisch sehe. Es ist en vogue, als Frau den Schulterschluss mit männlichen Kollegen zu suchen. Ich selbst hatte gerade wieder ein Meeting, in dem ich mich, um Gehör zu finden, von dem „ewig gestrigen Frauenthema" distanzieren musste. Du hättest die Erleichterung sehen sollen, die sich auf dem Gesicht meiner Gesprächspartnerin abzeichnete – übrigens Mitglied einer Aufsichtsratsinitiative (für Männer UND Frauen).

Ich kenne eine erfolgreiche Vorständin, die ein Unternehmen mit vier- bis fünftausend Mitarbeitenden leitet, die immer zu uns sagt: „Wisst ihr was, ich kriege jede Woche ein bis zwei Anrufe von irgendjemandem, der mich auf eine Veranstaltung einlädt oder mich in ein Gremium mit reinhaben möchte, und dann frage ich immer, warum. Und wenn ich nur den Hauch höre, dass das mit meinem Geschlecht zu tun haben könnte, lege ich sofort auf." Diese Geschichte hat die Kollegin bei uns in der Hochschule erzählt, weil wir dort natürlich auch immer wieder die Diskussion haben, warum es weniger Professorinnen als Professoren gibt, – und ich habe angeregt, dass man dort schon bei den Studentinnen Leadership-Seminare macht, um ihnen von Anfang an Mut zu machen, damit sich mehr Frauen schon in jungen Jahren sagen: *„Pass mal auf, ich mache das jetzt, ich springe da jetzt rein, in die und die Position."*

Wenn du solche Seminare nur für Frauen aufsetzt, hast du am Ende wieder bloß Monokultur. Bei den Frauen kann die Frage aufkommen: „Warum muss man mich fördern – weil ich eine Frau bin? Was bitte stimmt mit mir nicht?" Bei den Männern löst es Reaktanzen aus à la „Die wird gefördert und ich nicht". Besser sind, glaube ich, Mixed-Leadership-Workshops mit Slots, wo auch das Sprechen im geschützten Raum möglich ist.

Ich habe viele Einstellungsgespräche mit Führungskräften geführt und dabei erlebt: Männer trauen sich oft mehr zu. Die sind einfach frecher, obwohl die Frauen sehr oft besser qualifiziert sind. Aber meistens sind sie zu bescheiden und sagen dann z. B. sowas wie: *„Tut mir leid, da habe ich noch keine Erfahrung"*, und dann erhält oft der Mann den Vorzug.

Genau. Manche Frauen müssen erstmal alles gemacht haben, bis sie sich selbst abnehmen, dass sie es können. Und erst wenn sie etwas auch wirklich erfolgreich gemacht haben, kommunizieren sie es. Da wird man schnell abgehängt, in einer Gesellschaft, in der Vollmundigkeit und „so tun als ob" zum guten Ton gehören.

Die Frauen müssen im Grunde vermittelt bekommen: *„Sei mutig, du kannst das, du kannst mehr, als du glaubst."* Das ist wie bei einem Fußballtrainer, der sagt: *„Ich* *habe Kerle da drin, denen muss ich jeden Tag in den Hintern treten, und ich habe Kerle dabei, die muss ich in den Arm nehmen."* Es gibt Frauen, die ich mehr fördern muss, und den Männern muss ich, wenn sie eine große Klappe haben, mehr einen auf den Deckel geben. Dass es Unterschiede gibt, wissen wir, aber vielleicht ist die Idee, gemischte Leadership-Seminare zu machen, gar nicht so schlecht.

Komisch, dass so viele Kerle mit ihrer großen Klappe durchdringen, wo doch immer weniger Menschen das offene Wort noch vertragen können
Am wichtigsten ist es, eine gute Diskussionskultur zu haben. In einem geschlossenen Raum darf alles auf den Tisch. Wir müssen lernen, andere Meinungen zu ertragen. Dadurch gelingt es, wieder mehr Argumente in unsere gesellschaftlichen Diskurse zu bringen. Das war meines Erachtens eine der wichtigsten Regeln und mit das Erfolgreichste, was wir beim *SC Freiburg* umgesetzt haben.

Wir haben hier bei uns in der Region einen Kreis, den Kaiserstühler Gesprächskreis. Da sind sehr viele Menschen aus dem Top-Management drin, aus der Top-Wirtschaft, aus der Politik, die miteinander streiten. Dieser Kreis läuft schon seit über 25 Jahren, und da ist noch nie irgendein Artikel darüber geschrieben worden, und noch nie gab es irgendeine Veröffentlichung über das, was da besprochen wurde.

Wo trefft ihr euch denn dann – auf deinem Weinberg?
Ja, auf dem Weinberg. Es ist ein Tischgespräch, bei gutem Essen und gutem Wein. Nach jedem Gang gibt es ein neues Thema. Und alles, was an diesem runden Tisch besprochen wird, verlässt den Raum nicht. Es sei denn, man einigt sich auf die gleichen Worte.

That's it
That's it.

Das Gespräch führte Clarissa-Diana de Grancy

Fritz Keller, geboren 1957 in Freiburg im Breisgau, ist Gastronom und ehemaliger Präsident des SC Freiburg, ehemaliger Präsident des Deutschen Fußball-Bunds e. V. (DFB), ehemaliges Aufsichtsratsmitglied der Deutschen Fußball Liga (DFL). Zudem ist er Mehrheitsgesellschafter des Weinguts Franz Keller, Gesellschafter des Restaurants Grill Royal Hamburg, mehrfach ausgezeichneter Winzer des Jahres und Gastronom des Jahres. Ganz neu etabliert er außerdem das Wein- und Musik-Festival „Pinot & Rock" in Breisach am Rhein.

GPSR Compliance

The European Union's (EU) General Product Safety Regulation (GPSR) is a set of rules that requires consumer products to be safe and our obligations to ensure this.

If you have any concerns about our products, you can contact us on

ProductSafety@springernature.com

In case Publisher is established outside the EU, the EU authorized representative is:

Springer Nature Customer Service Center GmbH
Europaplatz 3
69115 Heidelberg, Germany

www.ingramcontent.com/pod-product-compliance
Lightning Source LLC
Chambersburg PA
CBHW082131180525
26896CB00009B/942